EXPLORER

VOILE

PASSION

Remerciements

Après des années de gestation et des mois de réalisation, l'heure des remerciements vient comme l'embellie. Les manœuvres mesurées, instinctives ou musclées pour étaler le gros temps sont derrière. Le soleil accroche les crêtes blanchies par l'écume, les cirés sont mis au placard, l'odeur de café chatouille les narines. Avec *Bruno Peyron* et *Daniel Allisy*, nous avons essayé de naviguer bien, la satisfaction du lecteur guidant à chaque instant nos manœuvres.

Les marins qui m'ont hanté tout au long de ce livre sont légion. Je remercie ceux qui m'ont appris, sur le pont, les choses les plus importantes : mon père, à l'époque où il n'était pas question de laisser un grain de sable dans le fond des bateaux ; *Alain Gliksman,* qui fut un rédacteur en chef exigeant ; *Michel Malinovsky,* avec qui j'ai partagé de nombreux milles en hiver ; *André Viant,* le pointilleux professionnel ; *Eric Tabarly,* qui "faisait" au lieu de parler.

Je remercie bien sûr ceux qui ont directement participé à cet ouvrage afin de faire profiter le lecteur de leurs connaissances :

Jean-Yves Chauve, médecin des courses au large, conseiller de la Fédération française de voile, expert auprès du Conseil supérieur de la navigation de plaisance (chapitre sur le mal de mer).

Jean-Philippe Malice, ancien capitaine au long cours, navigateur, journaliste à *Voiles et Voiliers*, spécialiste des questions d'équipement des bateaux de plaisance (chapitres sur le moteur diesel, le moteur hors-bord et l'électricité du voilier).

Dominique Presles, architecte naval.

Didier Ravon, dont les articles sur la météorologie parus dans *Voiles et Voiliers* ont guidé certains de nos propos.

Jean Sans, coureur et expert maritime passionné par la jauge qui a travaillé à la création puis au développement du système CHS (chapitre sur la jauge).

Loys Schmied, chargé de recherche au CNRS, au laboratoire d'optoélectronique de l'université de Toulon et du Var, pour l'explication du mouvement des particules d'eau à l'intérieur des vagues.

Jérôme Touzé, responsable de la base Moorings en Martinique.

Je n'oublie pas l'équipage de Libris, présent sur l'ensemble du plan d'eau, et en particulier l'acharnement d'*Alain Oriot* à réussir toujours de beaux virements de bord.

D. G.

Recherche iconographique : Daniel Allisy à SEA AND SEE.
Maquette : Alain Oriot.
Réalisation : LIBRIS, Grenoble.
Photogravure : IMAGIS, Grenoble.

VOILE
P A S S I O N

Bruno Peyron
Daniel Gilles

HACHETTE

L'AIR, L'EAU, LE VENT...

C'est simple comme un courant d'air, c'est évident depuis plus de 5 000 ans, c'est pur comme de la glisse, c'est magique comme apprendre à voler, c'est naturel comme apprendre à marcher...

Ça peut commencer comme un jeu, ou un besoin, voire un moyen... et ça peut même devenir un art...

C'est le moyen le plus harmonieux qu'ait jamais inventé l'homme pour se déplacer.

Ça s'appelle naviguer !

Il y a naviguer près, naviguer loin, naviguer utile, naviguer plaisir, naviguer lentement,

naviguer vite… tout cela n'est pas très important. Ce qui importe, c'est d'apprendre à se sentir bien en mer, et la nature fera le reste en vous attirant irrésistiblement vers le "naviguer bien".

"Naviguer bien" ne veut pas dire atteindre le niveau de toucher de barre d'un artiste du stick, ni même exécuter une manœuvre compliquée à la perfection. Naviguer bien veut dire sérénité, c'est plus un exercice de dosage qu'un exercice de niveau de compétence.

Bien sûr, il faut avoir compris un minimum de notions élémentaires pour accéder à ce bonheur, mais l'essentiel tient en quelques valeurs : humilité face à la nature, lucidité et contrôle. Ajoutez le calme, érigé en principe numéro un, et vous avez toutes les chances d'accélérer le processus d'harmonie entre l'homme et la mer.

Naviguer bien, c'est naviguer facile… naviguer fluide.

Une bonne nouvelle : c'est beaucoup plus facile aujourd'hui que hier ; et la mer, elle, n'a pas changé !

Profitez-en !

Bruno Peyron

1
Fresque océane

« Une nuit que, sous cette impression d'isolement, j'étais assis dans ma cabine, le profond silence fut soudain troublé par des voix humaines ! Je sautais immédiatement sur le pont, plus effrayé que je ne saurais le dire. Un grand trois-mâts barque blanc, tout dessus, passait lentement sous le vent, à contre-bord et me frôlant presque, comme une apparition… Je restais longtemps, cette nuit-là, assis sur le pont, à la clarté des étoiles, rêvant aux voyages des anciens voiliers et suivant des yeux la marche lente des constellations… »
Tiré du livre de Joshua Slocum (1896), Seul autour du monde sur un voilier de onze mètres.

Sur le vaste globe qui tourne sur lui-même et autour du soleil, les hommes sont minuscules ; pourtant, leur liberté a, depuis des siècles, permis d'engendrer des idées géantes. Sur l'Océan bleuté qui couvre quatre cinquièmes de leur domicile, ils ont décidé de partir naviguer. Les Vikings et les Indonésiens ont commencé depuis longtemps. Mais les véritables précurseurs de la plaisance actuelle n'ont pris la mer qu'au siècle dernier, pour accomplir leurs rêves de curiosité et de liberté. L'un des plus célèbres ancêtres plaisanciers reste Joshua Slocum et son fameux Spray, *qui accomplit le tour du monde en solitaire de 1895 à 1898. Cet ancien capitaine professionnel de voiliers américains inspira les générations suivantes. Parmi la longue chaîne des défricheurs d'océans, Bernard Moitessier baptise son plus célèbre bateau* Joshua *dans les années 1960. Au fil du temps et de l'expérience, les marins ont dompté la mer et tenté d'évoluer le plus naturellement possible dans ce décor mouvant. La mer reste un élément hostile, et l'homme s'y aventure encore avec crainte et respect. Mais il a compris tout l'avantage que pouvait procurer ce mode de locomotion. En un siècle, le bateau s'est véritablement transformé. L'étude des différentes techniques nécessaires pour naviguer profite de l'expérience de ceux qui inventèrent progressivement la plaisance.*

Le* Joshua *de Bernard Moitessier sur la* Longue route*, en 1969.

FRESQUE OCÉANE

Malgré son hostilité et son mystère, la mer a toujours exercé une fascination mêlée de crainte. Cet univers particulier, si différent du monde terrestre, a fait naître des héros. Pour le grand public, ces marins célèbres bouleversent l'ordinaire et balisent le rêve. Les marines de guerre et de commerce ont eut leurs grands hommes. Dans le domaine de la plaisance, trois hommes de mer, en France, dominent la seconde moitié du XXe siècle. Leurs actions complémentaires et différentes mettent en relief l'activité de la mer et des bateaux.

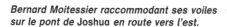

Bernard Moitessier fit naître quantité de vocations pour la croisière lointaine.

La popularité de Jacques-Yves Cousteau a fait de nombreux émules et contribué à la découverte des richesses sous-marines. Pourtant, il a été peu écouté par les plaisanciers, du moins à ses débuts. Le monde sous-marin n'avait alors rien à voir, en apparence, avec celui de la surface. C'est pourtant grâce à son action que, plus tard, ceux qui naviguaient à la plaisance ont pris conscience du monde vivant où ils évoluaient. Pour la première fois, dans les années 1970, des consignes sont formulées pour respecter ce poumon indispensable à la survie des espèces. Grands amateurs de liberté, les plaisanciers prennent alors conscience de leurs obligations, de la nécessité de respecter leur environnement liquide. Déjà, en 1972, *La Calypso* parcourait les rives glacées de l'Antarctique.

Le message du commandant Cousteau n'est pas seulement moraliste ; il enseigne la beauté de la mer, et à travers elle, la biologie, la connaissance des espèces, la géographie. Dans son dernier livre, il écrit : *« Eblouissant, le soleil surgit de la mer. Comme tous les marins, j'ai passé le plus clair de ma vie à fixer une ligne lointaine, l'horizon, qui semble séparer le ciel de la mer. Réduit à cette simple combinaison, le monde s'éclaircit, tout nous incite à la patience et à reconnaître l'immortalité. Mouettes et frégates donnent vie à ce symbolique quotidien, comme toutes les créatures marines, même si elles restent dissimulées sous un miroir étincelant. »* A la suite de ses premiers films à caractère scientifique, il part *A la redécouverte du monde*. Les tournages, effectués souvent dans des endroits idylliques de la planète, jouent un rôle important dans la conscience de ceux qui parcourent la mer pour leur plaisir.

Le rôle joué par Bernard Moitessier concerne un autre registre. L'influence du tour-du-mondiste n'est pas aussi importante que celle de l'océanographe – il n'a tourné aucun film dans le but d'enseigner –, mais son action a eu qualitativement une importance décisive sur les plaisanciers de son époque. Plusieurs navigateurs sont partis dans son sillage. Il a édicté en son temps des formules magiques pour rompre avec les vieilles techniques. Il a en particulier battu en brèche, après la découverte de Vito Dumas, la technique archaïque des traînards et de l'ancre flottante. En situation difficile à bord de son *Joshua* dans le Pacifique Sud, il a pris le risque de larguer brutalement ce qu'il avait mis à l'eau pour sa sauvegarde, de manière à ralentir sa vitesse et tenir son arrière à la lame. Il s'aperçut alors que son bateau se comportait beaucoup mieux de la sorte. Il fut le premier à l'écrire dans ses ouvrages, des jalons importants dans la littérature maritime de plaisance.

Bernard Moitessier raccommodant ses voiles sur le pont de Joshua *en route vers l'est.*

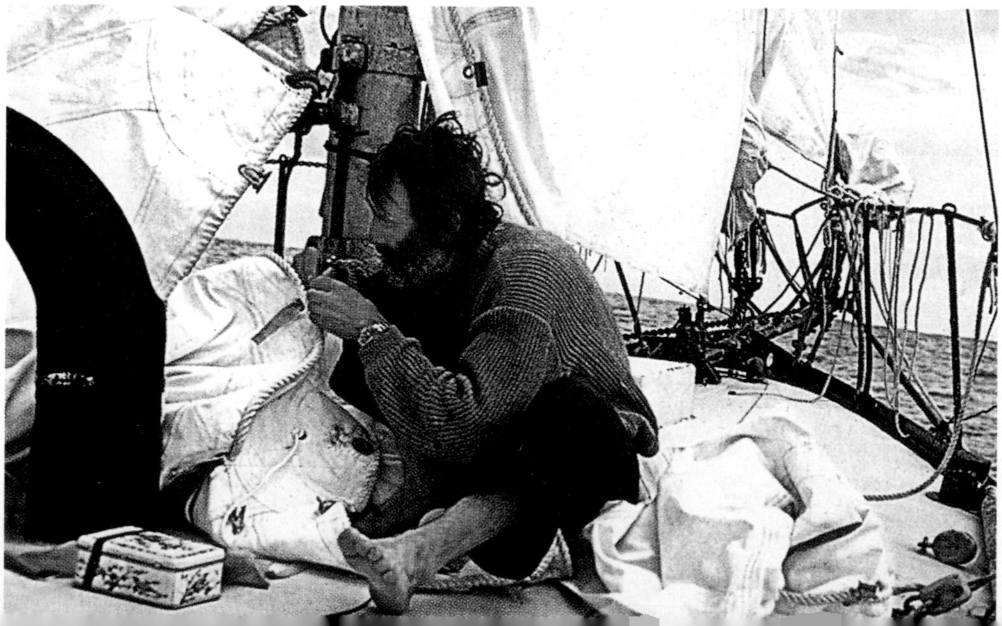

MOITESSIER LE PHILOSOPHE

Il est intéressant de relire Moitessier pour mesurer la rapide avancée des techniques. Quelque trente années après lui, Peyron, Blake et Kersauzon ont contourné le Horn en multicoques dans de fulgurantes moyennes, bouclant le tour du monde en 71 jours, beaucoup moins que les symboliques 80 jours du roman de Jules Verne. Et pourtant, Bernard Moitessier est presque de leur génération et demeure l'une de leurs idoles.

Les ouvrages de Moitessier sur l'Océan sont relus pour les mêmes raisons que ceux de Saint-Exupéry sur le désert. Il transfigure de façon magistrale la simple condition de l'homme. Dans *Tamata et l'Alliance* il écrit : « Joshua *me fait signe que le vent est en train de refuser. Je regagne le cockpit en vitesse. Il faut virer, prendre l'autre amure, qui nous fera passer dans la nuit par le nord de l'atoll Rangiroa, beaucoup moins dangereux... Ma compagne et moi échangeons un*

Sous le regard d'Alain Colas et d'Eric Tabarly, Bernard Moitessier observe les voiles en polyester du trimaran **Pen-Duick IV** *à Thahiti.*

regard. Bien que la mer ne soit pas son domaine, Iléana déborde de joie. Nous avons laissé la poussière de nos pieds nus sur les rêves anciens, et taillons à coups d'étrave un chemin vierge en direction de l'avenir... »

Avec ce philosophe, le bateau est un mode de vie qui permet à l'homme de s'exprimer pleinement, de se surpasser, d'observer la nature. La notion de performance n'a aucune importance dans son système de pensée. Il ne navigue pas pour rallier seulement le plus vite possible un point à un autre, pour battre l'adversaire, mais plus naturellement pour exister sur l'eau. Naviguer au large, à *« 1 000 milles de toute terre habitée »,* autorise le recueillement. C'est un moment privilégié, qui participe à l'accomplissement de l'homme.

Tabarly l'ingénieur

Eric Tabarly est le troisième personnage marin à troubler l'habitude des terriens grâce à ses faits d'armes à la mer. Le héros silencieux n'est ni scientifique ni philosophe, bien que sur ce second point, il trompe un peu son monde. Ceux qui le connaissent savent qu'il mène sa vie à la manière d'un sage. Chez ce marin-architecte, une chose étonne : cette faculté d'avoir, au-delà de la tradition qui guide naturellement son mode de vie, des clairvoyances d'une modernité exemplaire. Elles le conduisent à concevoir progressivement des bateaux vainqueurs dans des registres très différents : monocoque et multicoque, courses en solitaire et en équipage. Après la légendaire saga des *Pen Duick,* dont chacun inventa une manière d'aller plus vite, il travaille sur le principe de l'hydrofoil de haute mer, le bateau qui vole. Il fait alors appel à une technologie mise au point à bord de *Paul Ricard* dès 1980. Cinq années plus tard, ce bateau lui permet de faire voler en éclats le record de l'Atlantique, datant de 1905. Dirigé par l'un de ses disciples, cet engin à voile, amélioré par dix ans d'études, est en passe de pulvériser tous les records de vitesse du monde sur l'eau. L'art du déjaugeage permet de se libérer, grâce aux foils, du contact inutile avec la surface visqueuse de l'eau, et c'est Tabarly qui osa le premier mettre en œuvre cette technique en haute mer.

Eric Tabarly fut à l'origine de bien des découvertes, qu'il expérimenta lui-même, pour aller plus vite en course.

A côté de l'homme du *Monde du Silence* et de celui de la *Longue route*, le skipper des Pen Duick est considéré avant tout comme un magicien de la technique. Architecte et technicien, il va plus loin en expérimentant lui-même ses trouvailles. De la planche à dessin, il passe sur le pont. C'est aussi un formidable manœuvrier. A l'arrivée de la Transatlantique en solitaire, qu'il vient de gagner en 1976, il explique : *« Au plus fort du mauvais temps, j'ai mis à la cape. C'était le quatrième coup de vent. Le cinquième était pire. Le vent n'était pas plus fort, mais les vagues étaient très abruptes. On passait le sommet des vagues, et il y avait un gouffre qui s'ouvrait devant le bateau. Il tombait alors en chute libre. Cela faisait un bruit terrible. Le bateau n'a jamais cogné aussi dur. Il y a des objets à bord qui ne se sont jamais déplacés... Le panneau de l'établi s'est brisé sous le poids des outils, qui l'ont arraché. Jamais je n'avais connu pareille secousse... Mon anémomètre, qui va jusqu'à 60 nœuds, s'est bloqué pendant plusieurs heures. A voir l'état de la mer, on se rendait bien compte que ça soufflait... »*

Jusqu'en 1998, année de sa disparition en mer d'Irlande, Tabarly naviguait à bord de son cher *Pen Duick*. C'est de son pont qu'il a disparu. Il prenait beaucoup de plaisir à embarquer sur les anciens bateaux qui célèbrent encore aujourd'hui la beauté et l'harmonie du yachting du début du siècle. Il continuait d'être curieux des techniques adoptées par les bateaux les plus efficaces du moment. Il surfait sur sa notoriété et prolongeait son exceptionnelle expérience. Eric Tabarly était architecte, technicien et manœuvrier. On comprend qu'il ait été l'idole de bien des plaisanciers pendant de longues années. Olivier de Kersauzon, détenteur du record autour du monde et barde breton en verve à ses heures, avait dans les années 1970 baptisé son maître "l'idole des houles". Plus de trente années après sa victoire en solitaire dans la Transat anglaise de 1964, puis à nouveau dans celle de 1976, où il terrasse cinq dépressions successives, Eric Tabarly demeurait le personnage central du monde du yachting. Son aura perdure dans le milieu du bateau et auprès du grand public.

Tabarly a couru pendant quarante ans. Il a été de tous les coups, sur toutes les mers le capitaine courageux. Creusant l'écart au

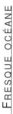

En course sur **Pen-Duick II**, *le monocoque en contre-plaqué marine vainqueur de la Transat en solitaire de 1964.*

bord d'une dépression propice, guettant sur l'arrière le retour du peloton qui profite d'un nuage porté par le vent, englué dans un anticyclone. En 1964, avec sa victoire dans la Transat anglaise contre Francis Chichester, il ne pouvait deviner qu'il donnait le signal de la ruée vers l'eau.

La Transatlantique en solitaire de 1964

Blondie Hasler, inventeur des Transat.

Pour la première fois, les Français se découvrent un héros des mers. La presse se déchaîne sur l'exploit du solitaire français qui franchit la ligne à Newport après 27 jours et 3 heures à bord de son *Pen Duick II* en contre-plaqué marine, construit à La Trinité chez Costantini. Cette victoire vient à point nommé pour faire éclater un phénomène naturellement en marche. Cette étincelle portera la plaisance au grand jour. A partir de cette date, la discipline de la voile prend une importance grandissante. Elle devient une véritable occupation de loisir vacancier pour le plaisancier. Petit à petit, le coureur au large devient un modèle de courage. Son action autour du globe enseigne au grand public les techniques nouvelles issues de celles de l'aéronautique, contribue à l'enseignement de la météorologie et à la connaissance du monde.

Créée par Blondie Hasler en 1960, disputée tous les quatre ans, la course transatlantique en solitaire est toujours prisée des meilleurs compétiteurs de la planète. Son slogan est simple : un homme, un bateau, un océan. Elle demeure la grande "classique" des courses en solitaire. Elle relie l'Ancien et le Nouveau Continent par un chemin difficile, le plus souvent accompli contre le vent. Les vainqueurs de Transat n'ont jamais été révélés par la chance. Cette épreuve a surtout consacré un grand marin à chacune de ses éditions. Chichester, Tabarly, Colas, Weld, Poupon, Peyron et quelques autres se sont fait connaître grâce à cette épreuve de 2 800 milles unique en son genre.

A l'époque de ces premières Transat, la plupart des grandes épreuves se disputent au départ de l'Angleterre, dont le passé maritime est particulièrement riche. Dans le domaine de la plaisance, le club du RORC, créé à l'occasion de la course du Fastnet de 1905, organise depuis le début du siècle une série de courses en équipage. Jusqu'en 1978, pour assister au départ des grandes compétitions océaniques, il a longtemps fallu se rendre en Angleterre. C'était une obligation. Après plusieurs jours pour les épreuves de Manche, plusieurs semaines pour les Transat ou plusieurs mois pour les tours du monde, les concurrents sortaient de la brume. Le vainqueur était fêté dignement, et il fallait attendre le bon vouloir du Royaume-Uni pour assister à un nouveau départ !

Pen-Duick VI *vient de franchir la ligne de départ de Plymouth dans la Transat 1976. Dans 23 jours, il sera le grand vainqueur à Newport (USA).*

La Route du Rhum de 1978

Jusqu'au jour où Michel Etevenon décida que personne n'avait le monopole de l'organisation des courses sur la planète. Contre vents et marées, il inventa la Route du Rhum. Sous des dehors plutôt classiques, Michel Etevenon prend beaucoup de plaisir à ouvrir des chemins dans la friche. Les skippers se battent dans des corps-à-corps surprenants avec l'Océan, dans une parfaite ignorance du grand public. Les vainqueurs sont fêtés par leurs pairs, mais l'arrivée de ces grandes compétitions se passent dans l'indifférence du grand public. De telles joutes méritent une plus grande audience. Moralité : les commanditaires n'y retrouvent pas leurs importants investissements – le budget des bateaux a augmenté avec la vitesse –, même si les courageux skippers réalisent des exploits !

Etevenon a été l'un des premiers à comprendre que pour aller plus loin dans l'exploitation de ces événements marins en mesure de passionner les foules, il fallait "travailler" la sacro-sainte trilogie skipper-sponsor-public. Que l'un des pilliers de l'édifice soit branlant, et tout s'écroule.

La Route du Rhum, sans limitation de taille des bateaux, glisse sa première édition folle entre les Transat 1976 et 1980 et c'est un feu d'artifice.

Les Anglais ont défriché l'Atlantique en course. Ils ont eu l'audace et le culot de lancer dès 1960 des hommes seuls sur l'Océan, et ils ont fait naître des héros. La Route du Rhum, quant à elle, a contribué à transformer ces rudes épreuves en véritables fêtes, à les révéler au grand public. La logique engendrera également en France une limitation de la taille des unités pour contrer la course à l'armement. Mais d'une certaine manière, la Route du Rhum a participé, pour une part importante, à la mise en place des nouvelles bases de la compétition océanique, transfigurée par l'avènement de 1978.

Les défricheurs d'océans

Les défis lancés à la planète bleue n'ont pas commencé avec la Transat ni la Route du Rhum. Progressivement, avec le respect dû à ses violents caprices, les hommes ont apprivoisé la mer. La conquête de l'Océan a commencé sur un fétu de paille. Elle s'est poursuivie au fur et à mesure de l'avancement des techniques, de la curiosité et du courage des hommes. Désormais, les bateaux empruntent la construction des avions et des fusées ; ils sont assez légers, robustes et rapides pour dépasser la vitesse du vent. Les bateaux de course actuels sont les descendants des long-courriers qui transportaient leur cargaison vers les différents pays qui bordent les sept mers. Les premières informations météorologiques sur les océans ont été recueillies au cours des siècles par les grands voiliers lors de chaque voyage en quête de la meilleure route. Matthew Fontaine Maury, hydrographe de l'US Navy, a l'idée de rassembler toutes ces statistiques au Département des cartes et instruments, à Washington, et de construire le premier *pilot chart*. Mieux, il met au point le principe des *sailing directions,* que chaque commandant de navire emporte dans ses bagages et restitue à son arrivée, enrichies de nouvelles expériences.

C'est en 1852 que le *Phonician* arriva en Angleterre, porteur du premier chargement d'or australien.

Les 72 mètres de Club Méditerranée, *engagé dans la Transat 1976, marquent l'époque de la démesure.*

Le célèbre bateau-pilote français Jolie Brise*, conservé et entretenu par les Anglais, montra le chemin à de nombreux navires à travers la Manche.*

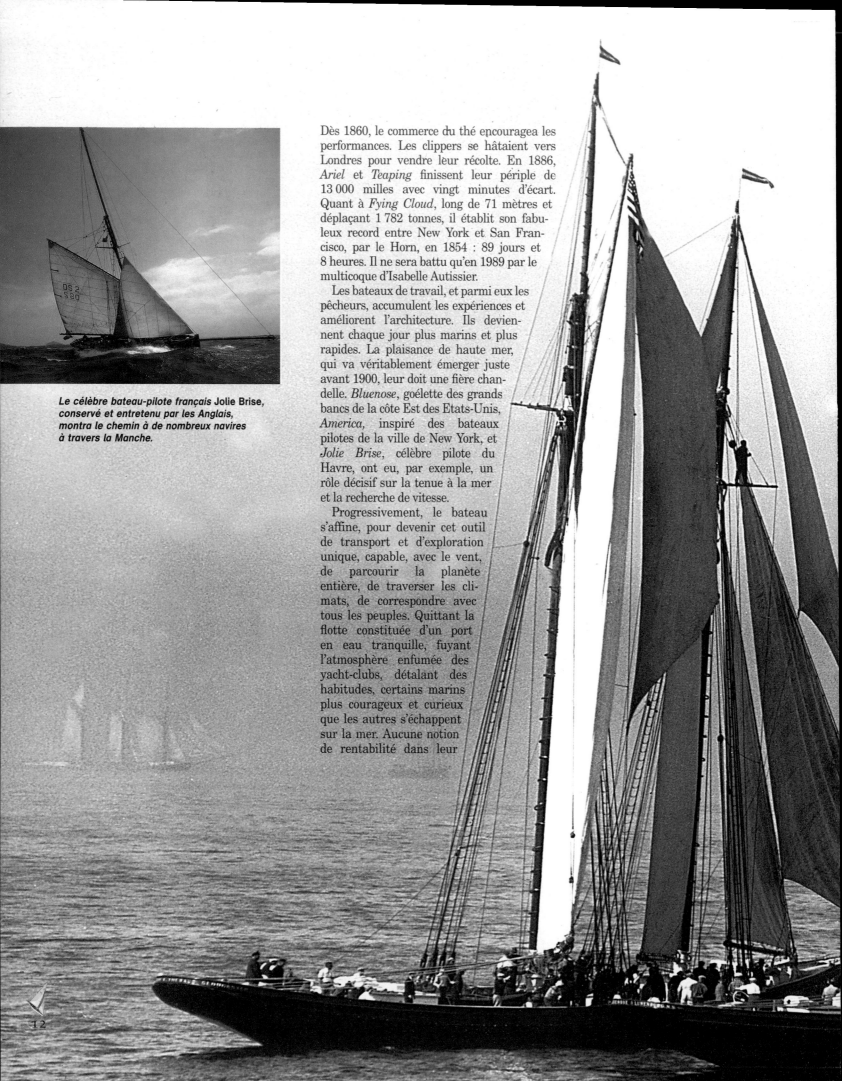

Dès 1860, le commerce du thé encouragea les performances. Les clippers se hâtaient vers Londres pour vendre leur récolte. En 1886, *Ariel* et *Teaping* finissent leur périple de 13 000 milles avec vingt minutes d'écart. Quant à *Fying Cloud*, long de 71 mètres et déplaçant 1 782 tonnes, il établit son fabuleux record entre New York et San Francisco, par le Horn, en 1854 : 89 jours et 8 heures. Il ne sera battu qu'en 1989 par le multicoque d'Isabelle Autissier.

Les bateaux de travail, et parmi eux les pêcheurs, accumulent les expériences et améliorent l'architecture. Ils deviennent chaque jour plus marins et plus rapides. La plaisance de haute mer, qui va véritablement émerger juste avant 1900, leur doit une fière chandelle. *Bluenose*, goélette des grands bancs de la côte Est des Etats-Unis, *America*, inspiré des bateaux pilotes de la ville de New York, et *Jolie Brise*, célèbre pilote du Havre, ont eu, par exemple, un rôle décisif sur la tenue à la mer et la recherche de vitesse.

Progressivement, le bateau s'affine, pour devenir cet outil de transport et d'exploration unique, capable, avec le vent, de parcourir la planète entière, de traverser les climats, de correspondre avec tous les peuples. Quittant la flotte constituée d'un port en eau tranquille, fuyant l'atmosphère enfumée des yacht-clubs, détalant des habitudes, certains marins plus courageux et curieux que les autres s'échappent sur la mer. Aucune notion de rentabilité dans leur tête, mais une recherche fondamentale de liberté, un besoin viscéral de se coltiner avec un milieu hostile, une quête inconsciente d'identité, ou, plus simplement, la nécessité d'oublier la civilisation et de vivre en symbiose avec la nature.

Sur la liste de ces "originaux", Joshua Slocum est l'un des plus célèbres, l'un des premiers à partir seul autour du monde. De 1895 à 1898, il accomplit une navigation dans un monde fleuri, une nature inviolée. Certains trajets sont difficiles, quelques rencontres dangereuses, mais elles sont vite oubliées au profit d'escales enchanteresses. Pour beaucoup de navigateurs de ce "début du monde", les îles du Pacifique sont comme des joyaux, des îlots de bonheur.

L'Histoire retient à juste titre le nom de Slocum, dont le livre a hanté la bibliothèque de nombreux voyageurs maritimes, mais la panoplie des précurseurs est vaste. Ces navigations s'accomplissaient le

Les bateaux de travail ont marqué de leur empreinte le développement de la plaisance : les deux goélettes morutières sont ici en régate au large de la Nouvelle-Ecosse, sur la côte Est de l'Amérique du Nord, dans les années 1930. Le célèbre Bluenose est ici au premier plan.

Joshua Slocum.

John Voss.

Harry Pidgeon.

Vito Dumas.

Spray *(1895).*

Tilikum *(1900).*

Islander *(1920).*

Legh 1 *(1930).*

plus souvent en solitaire, dans la mesure où il s'agit d'une formule habile pour venir à bout des difficultés sur l'eau. Sur la mer, un équipage de deux personnes pendant de longues périodes implique une entente parfaite et rare. Un équipage de trois personnes nécessite des aménagements importants, avec le risque de multiplier les mésententes et la formation d'un clan d'où le troisième est exclu.

Au tout début du siècle, John Voss réalise un tour du monde à bord de *Tilikum* : de la Californie à Londres en passant par l'Australie. Harry Pidgeon, dans les années 1920, à bord de *Islander,* fait de même au départ de Los Angeles, mais en partant vers l'est et le canal de Panama. Il récidive en 1932, accomplissant seul un second tour du monde par la Nouvelle-Guinée. Le Français Alain Gerbault quitte Cannes en 1923 à bord de *Firecrest* pour revenir au Havre six années plus tard après avoir flâné dans les îles du Pacifique. Puis Bernicot, à bord de *Anahita,* en 1936, accomplit son tour du monde par le détroit de Magellan. Vito Dumas, en 1942, à bord de son *Legh II,* fait le tour par le cap Horn, suivi de Marcel Bardiaux en 1950, à bord des *Quatre vents*. Jacques-Yves Le Toumelin appareille du Croisic en 1949, passe Panama, et revient quatre années plus tard avec son *Kurun*. Tous ces originaux apportent la preuve que le bateau est décidément un véhicule presque parfait pour parcourir le monde, à condition de ne pas être trop pressé.

Bernard Moitessier appartient à la race de ces précurseurs. Son bateau en acier est baptisé *Joshua*, du prénom du célèbre Slocum, son maître. Sur la *Longue route*, le Français fait beaucoup d'émules. Il défriche le comportement des bateaux “modernes” dans la formidable houle du Grand Sud. Alors qu'il parvient harassé devant son premier cap Horn, il sait que ses forces sont à bout, et il écrit : *« Toute la mer est blanche, tout le ciel est blanc. Je ne sais plus très bien où j'en suis, si ce n'est que nous courrons (mon bateau et moi) depuis longtemps au-delà des frontières du trop. Mais jamais je n'ai senti mon bateau aussi fort, jamais il ne m'avait donné autant. »* Quelques pages plus loin, le cap Horn surgit sous la lune : *«… Je regarde. Je n'arrive pas à y croire. Si petit et si grand. Un monticule pâle et tendre dans le clair de lune, un rocher colossal, dur comme du diamant… »*

Quant à l'Australien Jonathan Sanders, il réussit son rêve fou : accomplir cinq tours du monde à la voile en solitaire, dont trois tours d'affilée sans escale, entre mai 1986 et mars 1988 ! Ce périple de 80 000 milles est exemplaire, d'autres sont presque aussi étonnants.

La quête d'absolu touche plusieurs grands navigateurs. Ils accumulent les expériences et participent, au fil de l'Histoire, à l'élaboration de la connaissance du territoire maritime. Le fabuleux périple de Chay Blyth, baptisé l'homme d'acier en raison de la difficulté de sa navigation, est surprenant. Il effectue en 1971 et en solitaire à bord de son ketch *British Steel* le tour du monde vers l'Ouest, c'est-à-dire contre les vents dominants. Durée de l'opération : 302 jours.

Alain Gerbault.

Yves Le Toumelin.

Bernard Moitessier.

Marcel Bardiaux.

Firecrest *(1925).*

Kurun *(1950).*

Joshua *(1960).*

Deux années plus tard, en 1973, à bord du trimaran *Manureva*, Alain Colas navigue sur les traces des grands voiliers pendant 129 jours avec le passage des trois caps et une escale à Sydney. Il navigue en parallèle des bateaux qui disputent la Whitbread Around The World Race. Il s'agit de la première course avec équipage organisée en quatre étapes autour du monde.

Si en 1973 les *conquistadores* des Temps modernes partent à l'aventure dans des mers du Sud encore inconnues pour ce type de bateau, quelque 25 ans plus tard, sur des bolides de compétition, les jeunes équipages réalisent des moyennes époustouflantes. Ces nouveaux bateaux de 18 mètres, bavant d'écume dans des surfs sauvages, sont en mesure d'établir des distances de plus de

Alain Colas remporte la Transat anglaise de 1972 à bord de Pen-Duick IV*. Avec l'ancien trimaran de Tabarly, rebaptisé* Manureva*, il réalise le tour du monde en 129 jours avec escale à Sydney, puis disparaît à son bord au cours de la première Route du Rhum, en 1978.*

400 milles en 24 heures ! L'aventure s'est transformée au fil des éditions en une formidable régate planétaire, où les écoutes ne sont plus frappées aux taquets mais constamment tenues à la main par les équipiers. Alors qu'il court l'édition 1997-1998 à bord du 60 pieds *Innovation Kvaerner*, Knut Frostad parle du gros temps rencontré sur l'océan Indien : *« Tempête de neige, grosses vagues, grains à plus de 50 nœuds. Ce matin, un équipier a été projeté sur la barre à roue, qui s'est arrachée, de son support. C'est la seconde fois qu'on perd le volant… Un peu plus tard, c'est le balcon avant qui a été arraché à l'étrave quand on a enfourné sévère dans une vague. »* Quant à Hans Bouschotte, skipper de *Brunel Sunergy*, il est plus poétique : *« Notre vitesse a été de 30,3 nœuds et notre moyenne de 108 milles pendant 6 heures, avec des vagues de 6 mètres de haut… Vous sentez l'arrière soulevé par une montagne liquide, comme si l'étrave plongeait dans l'immensité abyssale, puis le bateau accélère, accélère encore, et surfe à une vitesse insensée. Chevaucher les mers australes à 50 km/h est un rêve… »*

Robin Knox Johnston, vainqueur en 313 jours du Golden Globe, première course organisée autour du monde en solitaire au départ de Falmouth.

Pendant que les marins du monde repoussent les frontières de leurs horizons, la boule Terre se rétrécit. Quelques "recoins" inexplorés demeurent, mais les grandes mécaniques atmosphériques sont démontées. Les trois caps sont "arrondis", les dépressions et anticyclones analysés, les déferlantes mieux maîtrisées. Se promener sur la mer n'est pas le terme à utiliser dans n'importe quelle circonstance ; il suffit de le faire pour voir se déchaîner les tempêtes, mais le marin parcourt désormais le globe avec plus de sérénité.

GOLDEN GLOBE EN 1968 : PREMIER TOUR DU MONDE EN COURSE

Avant Blyth et Colas, un ancien aviateur a marqué son époque. Francis Chichester a gagné la première Transat en solitaire de 1960 et accompli le tour du monde à bord de *Gipsy Moth IV*, en 1966, avec escale à Sydney, en 226 jours. C'est la belle navigation du vieux lion britannique qui va inspirer la naissance du Golden Globe en 1968. Elle sera historique à plus d'un titre : c'est la première course autour du monde organisée en solitaire et sans escale, qui donne lieu à des facéties imprévisibles. Robin Knox Johnston l'emporte dans le temps de 313 jours. Donald Crowhurst triche. Il fait semblant de faire le tour du monde et remet le cap vers l'Angleterre sans avoir quitté l'Atlantique… Mais il "craque" avant l'arrivée et son bateau est retrouvé sans personne à bord à la latitude des Açores. Tout laisse croire qu'il s'est donné la mort. Quant à Bernard Moitessier, il renonce à la première place, repasse le cap de Bonne-Espérance en route vers l'est, et continue vers Tahiti. Il refuse les honneurs de la ligne, la civilisation moderne… pour *« sauver son âme »*.

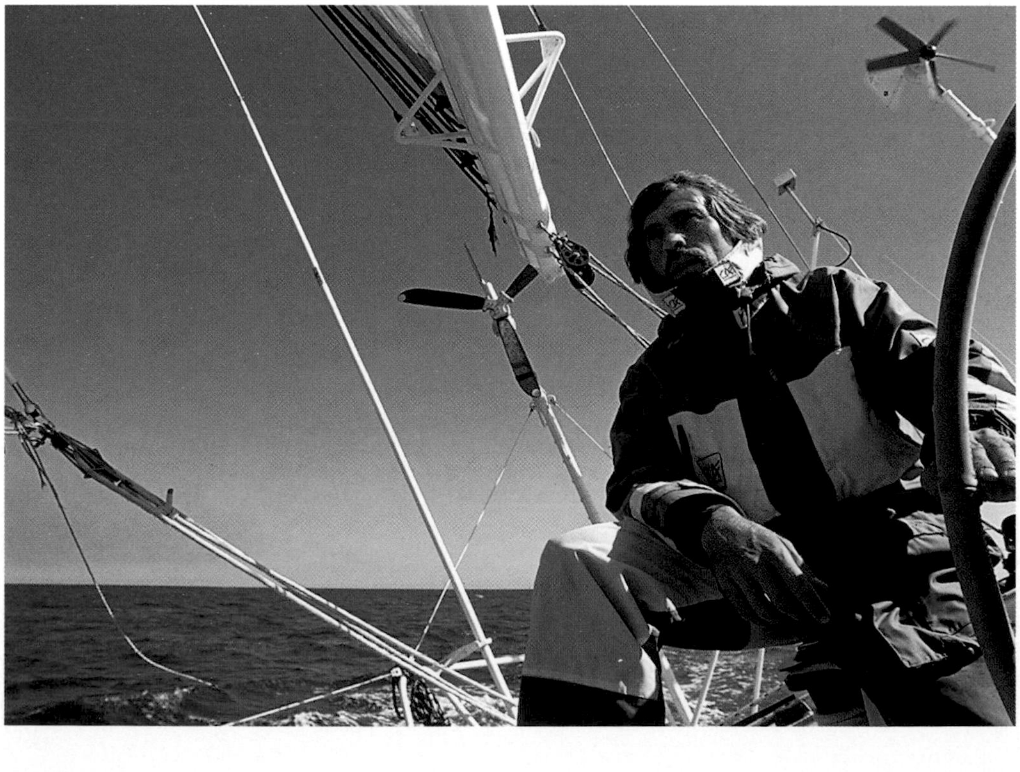

Philippe Jeantot, vainqueur des deux premières épreuves autour du monde du BOC Challenge, lance la course du Vendée Globe, également en solitaire, mais sans escale.

Quelques années après sa victoire dans le Trophé Jules-Verne, Bruno Peyron lance The Race, la course de l'an 2000.

Il faudra plusieurs années pour "digérer" les conséquences de cet événement fondamental. Mais la nécessité d'une telle épreuve est inscrite dans la quête de l'homme. En 1982, les concurrents du premier BOC Challenger, course autour du monde en solitaire avec étapes, quitte les USA. Philippe Jeantot l'emporte en 159 jours. Il gagne également l'édition suivante, disputée en 1986. C'est lui qui décide d'organiser une épreuve encore plus "libre" : le Vendée Globe Challenge en solitaire et non-stop au départ des Sables-d'Olonne. Titouan Lamazou est longtemps tenant du titre avec 109 jours en 1989. Christophe Auguin lui ravit le record avec 105 jours en 1997. Placé à l'avant d'une dépression, Auguin profite d'une navigation étonnante quand il déclare : « *En fait, le bateau est souvent à 27-28 nœuds. Il ricoche, il tape, il rebondit, il enfourne. Il passe en une seconde de 25 à 15 nœuds en percutant une vague, et toi, tu voles...* » Cette épreuve voit le chavirage de trois unités, dont les skippers seront récupérés par miracle au beau milieu de l'océan Indien par des secours militaires venant de l'Australie. Quant à Jerry Roof, il disparaît corps et biens dans le Pacifique Sud. Avec des règlements revus et corrigés, les deux compétitions géantes continuent et alternent dans le calendrier des coureurs du grand large.

Trophée Jules-Verne : 71 jours pour Kersauzon en 1997

Avec le Trophée Jules-Verne, les circumnavigateurs franchissent un nouveau degré. Ils entrent dans un "jeu" à la fois plus libre, plus fou et encore plus fascinant.

C'est après la course Québec-Saint-Malo de 1984, disputée à bord du grand trimaran *William-Saurin* d'Eugène Riguidel, que le jeune Yves Le Cornec a la révélation d'une aventure formidable. Il dépose la marque "Tour du monde en 80 jours". Calculette en main, curieusement, le temps annoncé par Jules Verne dans son livre écrit en 1873 est réalisable. Le Trophée Jules-Verne naît de cette étrange coïncidence. L'idée folle ne laisse pas indifférent. Olivier de Kersauzon, dans l'ombre, fourbit ses armes à bord de *Charal* – il a déjà bouclé plusieurs fois le tour du monde en solitaire et en équipage. Il pousse Bruno Peyron et Peter Blake au départ.

Les trois grands oiseaux du large quittent l'Europe au début 1993. Au vingt-troisième jour de mer, Peyron et ses hommes restent seuls en course, face à la grande houle des Quarantièmes. Blake et Kersauzon ont été contraints à l'abandon sur avaries. 79 jours, 6 heures et 16 minutes après le départ et une navigation insensée, en particulier au large du Horn où il doit mettre à la cape, le pari est gagné pour Bruno Peyron. 17 heures et 43 minutes de mieux que Phileas Fogg, le héros du *Tour du monde en 80 jours* de Jules Verne !

Il faut beaucoup de métier, de préparation, d'adresse et de courage, assortis d'un zeste de chance, pour parvenir à un tel exploit. Tout laisse croire que les 14,39 nœuds de vitesse moyenne horaire (345,35 milles par jour) de *Commodore Explorer* ont boulonné le record pour de longues années. C'est mal connaître Blake et Kersauzon, blessés dans leur amour-propre de marins têtus.

L'année suivante, le Néo-Zélandais, aidé du célèbre Robin Knox Jonhston, remet ça. « *Nous avons un travail à terminer avec le Trophée Jules-Verne.* » Ils font sauter la banque ! A bord de *Enza New Zealand*, avec leurs six équipiers, ils portent le record à 74 jours, 22 heures et 17 minutes (14,68 nœuds). Quatre jours de mieux que Bruno Peyron. Olivier de Kersauzon, rivé aux basques du géant blond des Antipodes, est battu. Il décroche le prix de consolation. *Lyonnaise des Eaux-Dumez* ne bat pas non plus le temps de Peyron, mais il est en dessous des 80 jours : 77 jours, 5 heures et 3 minutes. Phileas Fogg fait grise mine.

A force d'acharnement, Kersauzon et ses six équipiers, aidés à terre par le routeur américain Bob Rice, repartent en mer en 1997 à la chasse au record. Malgré l'époque tardive, qui ne place pas son bateau *Sport Elec* dans les meilleures conditions théoriques, il réalise le meilleur temps : 71 jours et 14 heures. A l'arrivée, heureux et serein, le regard lavé des méfiances, il déclare : « *Notre sport a doublé ses vitesses en vingt ans, avec les mêmes bonshommes ! La réussite d'un tel défi ne s'improvise pas. Nous avons accumulé la pratique pour nous forger une "culture" de ce type de navigation spéciale. On a vécu des années souvent douloureuses, souffrantes, sans argent, mais nous nous sommes amusés comme des fous. Je me rends bien compte que nous avons l'immense chance de faire un métier que l'on aime. Notre vrai bonheur est dans cette formidable qualité de navigation.* »

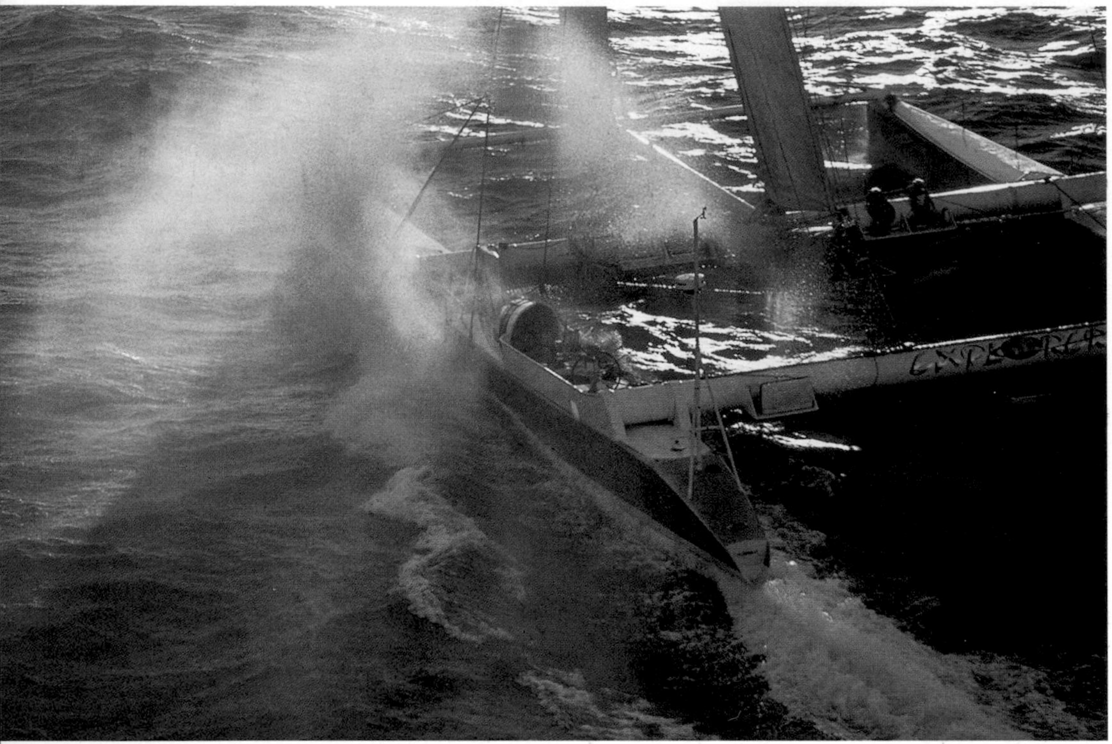

The Race au 31 décembre de l'an 2000

Après le Jules-Verne, The Race s'annonce pour la fin de l'an 2000 comme une course sans aucune limite. Cette compétition est née de la passion et de la détermination du navigateur Bruno Peyron. A l'issue de sa victoire lors du premier Trophée Jules-Verne, au printemps 1993, il a imaginé un grand projet pour l'an 2000. Il se nourrit des expériences effectuées par tous les marins du monde depuis que la terre tourne et laissera libre cours à toutes les inventions des techniques actuelles.

Au-delà de son exceptionnelle dimension sportive, The race présente une valeur toute

Commodore Explorer, *mené par Bruno Peyron, vole vers la victoire dorée dans le Trophée Jules-Verne de 1993.*

Battu à deux reprises, le grand trimaran de Kersauzon, ici à l'entraînement au large de Brest, place en 1997 la barre du record du tour du monde à 71 jours et 14 heures.

Conclusion de la folle aventure à Brest pour **Enza**, *qui porte le record du Trophée Jules-Verne à 74 jours, en 1994.*

symbolique. Elle met en place la première véritable confrontation des marins du monde à l'occasion d'une compétition débarrassée des habitudes culturelles. Au-delà de l'expérience des différents challengers, The Race devrait être l'une des plus belles démonstrations pour qui le mot "rêve" revêt encore une signification. *« Le rêve n'a besoin ni de culture, ni de frontières, seulement d'un peu de sensibilité, d'émotion, d'humilité et d'imagination »,* déclare Bruno Peyron. La course dessinera une boucle absolue autour du globe terrestre, en passant par les trois grands caps de Bonne-Espérance, Leewin et Horn. Libre et universelle, là réside son propre "équilibre".

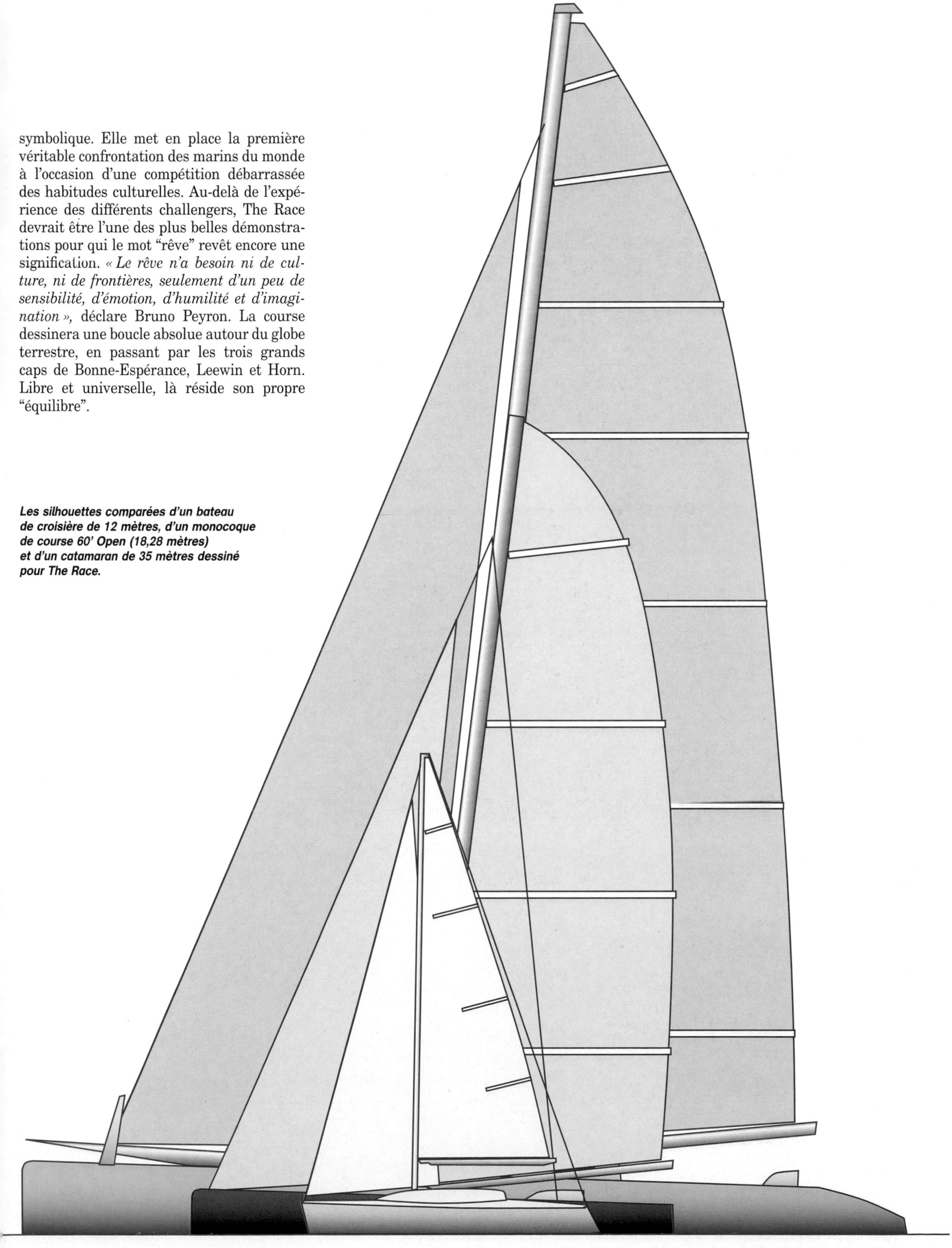

Les silhouettes comparées d'un bateau de croisière de 12 mètres, d'un monocoque de course 60' Open (18,28 mètres) et d'un catamaran de 35 mètres dessiné pour The Race.

D

2
La théorie du voilier

« Sur les sommets, on découvre un océan d'écume, et deux ou trois crêtes plus proches qui déferlent dans un éclatement inoubliable, tout rose à contre-jour. Face au vent, par exemple, il est difficile d'ouvrir les yeux. Ce qui est plus saisissant encore, ce sont ces extraordinaires plaques d'un vert ineffable, que j'ai toujours appelé le vert d'arc électrique, qui traînent sur les plus grosses lames, de celles qui déferlent, ou du moins qui tâchent de déferler, décapitées qu'elles sont par l'ouragan... »
Marin Marie dans Wind aloft, Wind alow. *1934-1937.*

Le bateau est un monde en équilibre sur deux fluides. Non seulement ses éléments sont différents – l'un est un gaz, l'autre un liquide –, mais chacun d'eux varie constamment au gré de la météo. Le vent agit sur les voiles, la mer sur la coque.
Ce véhicule marin dispose de qualités évolutives étonnantes. Il est capable de remonter contre le vent et de dépasser la vitesse de celui-ci dans certaines circonstances. L'art de l'architecture est de concevoir un ensemble homogène répondant au plus grand nombre de situations.
Elle privilégie le comportement à la mer par tous les types de temps, ainsi que la sécurité. Elle doit également tenir compte des capacités de vitesse et du confort des aménagements.
Les qualités et les défauts d'un voilier varient en fonction de ses caractéristiques. L'équilibre du voilier obéit aux lois de l'aérodynamique et de l'hydrodynamique et à celles de son environnement, en perpétuel mouvement.

L'équilibre du bateau répond aux deux lois conjuguées de l'hydrodynamique et de l'aérodynamique.

Paris Texas

L'ENVIRONNEMENT DU VOILIER

LE VOILIER NAVIGUE DANS DEUX FLUIDES DIFFÉRENTS

La configuration du gréement, la forme des voiles, sont organisées pour capter le vent de la façon la plus efficace possible. Cette force propulsive est transmise à la coque. Celle-ci doit frayer sa route dans un autre milieu. Elle déploie sous l'eau des formes capables d'offrir la meilleure portance et le passage idéal dans la mer. La voile, placée dans l'air, et la coque, placée dans l'eau, sont intimement liées l'une à l'autre, puisqu'elles constituent ensemble le bateau.

Elles réagissent d'une manière analogue aux deux fluides. Il y a interaction constante entre les deux milieux. Le voilier avance grâce à la combinaison de leurs effets. La meilleure carène ne peut progresser contre le vent avec une mauvaise voilure ; un bon gréement est inefficace sur une coque médiocrement dessinée.

Dans l'histoire de la voile, deux recherches ont été systématiquement poussées en parallèle au fur et à mesure des expériences : l'assemblage idéal entre les formes de la coque et celles de la voilure, et la manière de "monter" au vent, de diminuer au maximum l'angle de remontée. Un fétu de paille posé sur l'eau se déplace aisément dans le sens du vent. La navigation au portant est très éloignée de celle pratiquée au près, contre le vent. Ces deux méthodes de navigation vont progressivement développer des techniques différentes pour un même bateau. L'utilisation du spinnaker est intéressante pour renforcer la force propulsive au vent arrière ; un ou plusieurs focs bien coupés donnent un rendement optimal pour remonter au vent.

Les grands voiliers des XVIIe et XVIIIe siècles, mais aussi les voiles chinoises, les voiles latines et basques, celles des sinagots bretons et des pirogues polynésiennes, étaient capables de bonnes moyennes au portant. Seule comptait alors la surface déployée. Mais dès que le vent soufflait en avant du travers, le rendement de ces voilures était très médiocre. Lentement, au fil des découvertes et des milles parcourus, la voile s'est affinée en même temps que la coque. Les recherches aéronautiques mirent en valeur les lois fondamentales régissant le comportement des filets d'air frappant un plan. La force propulsive était différente selon la forme de la voile, son creux, l'angle d'incidence des filets d'air.

A l'allure de largue, la voilure développe la puissance maximum.

La voile aurique trapézoïdale fut abandonnée dans les années 1920 au profit de la voile bermudienne, de forme triangulaire et fortement allongée. Le rapport de un tiers généralement adopté entre la hauteur de la voile (le guindant) et sa base favorise la marche contre le vent avec une disposition plus aérodynamique. En même temps, la révolution sous l'eau s'opérait. Les quilles ont remplacé les dérives, et les coques se sont affinées. Les safrans ont quitté le plan de dérive principal de manière à diminuer la surface mouillée et être plus efficace à l'extrême arrière.

Depuis une quinzaine d'années, les progrès effectués dans les allures de largue, qui correspondent à l'envolée des autres sports de glisse, ont profondément modifié la mentalité des marins, et surtout des coureurs. Il est souvent préférable d'aller plus vite en ne serrant pas le vent. Le gain de temps, même à l'occasion d'une distance accrue, s'est avéré évident. Des voiles nouvelles, en particulier les spinnakers asymétriques, de nouvelles formes de carène, ont amené à un changement profond dans l'art de naviguer.

La subtilité des variables qui composent les forces en équilibre à bord d'un voilier, influencées par des facteurs en éternel mouvement comme la gîte ou la dérive, est importante. Sans entrer dans les détails, disons qu'un bateau en marche est soumis à l'équilibre de quatre forces égales et opposées deux à deux, ainsi que les couples qu'elles forment entre elles : deux de ces forces ont des actions positives. Les deux autres forces ont des actions négatives.

PRINCIPE DE L'AVANCEMENT DU VOILIER

Le couple formé par les forces R (résultante de la voilure) et D (force exercée sur la coque) est variable. Les valeurs de F (la flottabilité) et P (le poids du voilier ou déplacement) étant constantes et le point d'application P fixe, c'est le centre F qui se déplace de manière à garder en équilibre le couple R et D.

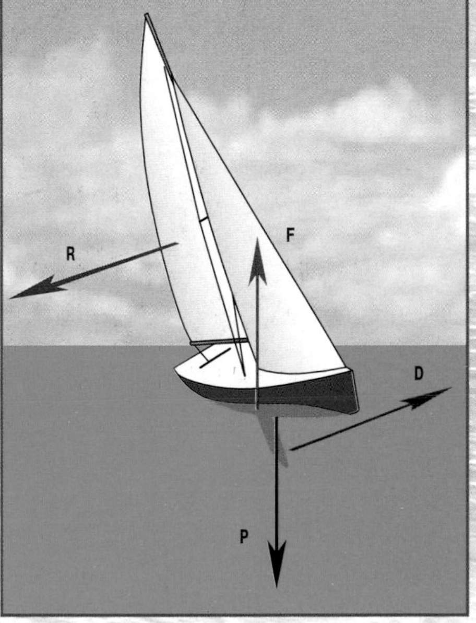

Le bateau se couche et s'arrête lorsque la force propulsive exercée sur la voilure est trop grande et que les œuvres vives du bateau se trouvent dissymétriques et déformées.

LA COQUE DANS L'EAU

LE MOUVEMENT D'UNE VAGUE
Le mouvement des particules d'eau en surface est symbolisé schématiquement par des cercles pour quatre instants du passage d'une vague.

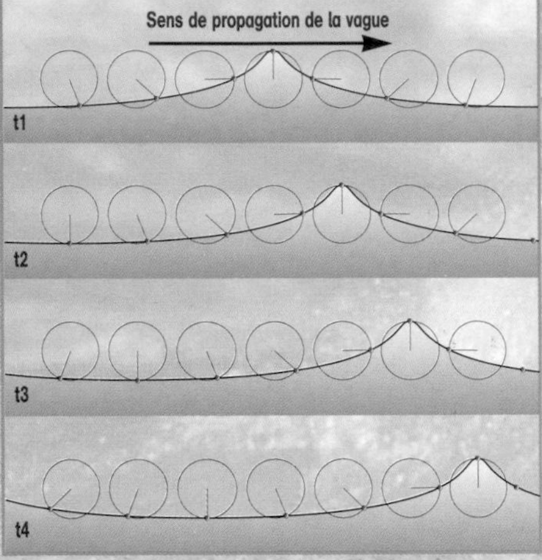

INFLUENCE DE LA PROFONDEUR SUR L'ÉTAT DE SURFACE
Par grand fond (1), la trajectoire des particules d'eau est circulaire ; pour des hauts fonds (2) – entrée de chenal ou proximité d'une côte –, le mouvement décrit des ellipses ; sur une plage (3), l'ellipse s'aplatit jusqu'au déferlement de la vague.

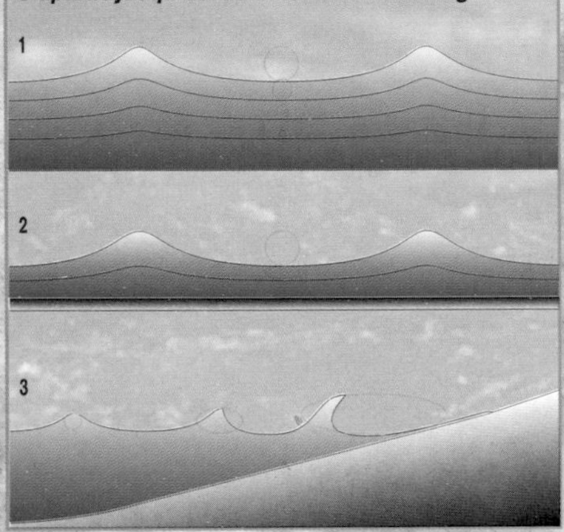

Le paysage terrestre revêt mille facettes selon les lieux. Les plaines alternent avec les vallées, les plateaux avec les montagnes. De la même façon, la mer, qui, vue d'avion, montre la même étendue lisse, compose un relief bien particulier selon les cas. En changeant sans arrêt de physionomie, elle impose au marin des comportements différents et donne lieu à de superbes spectacles naturels.

Cette mer n'a rien à voir avec l'eau douce. Ceux qui naviguent savent au premier embrun qu'elle est particulièrement salée. La salinité de la mer ne provient pas seulement de l'érosion des continents dont le ruissellement entraînerait le lessivage des minéraux de la croûte terrestre. Les géologues et les chimistes s'accordent sur la salinité des mers : elle remonte aux phénomènes de dégazage, de volcanisme, d'attaque acide des roches et de dissolution de gaz atmosphérique qui façonnèrent la terre à l'époque de sa formation. L'élément sodium abonde dans les roches continentales. Quant au chlore, il aurait été d'abord éjecté par la bouche des volcans, puis injecté dans l'atmosphère primitive, et enfin dissous par les eaux bouillonnantes de l'Océan en formation. Ce phénomène se serait déroulé en quelques dizaines de millions d'années.

Plusieurs facteurs influent sur la physionomie de cette étendue liquide et salée. Bien que la houle et les vagues agissent conjointement, ces deux phénomènes naturels sont d'origine différente. Il est possible d'observer une houle, même forte, alors que le vent est nul. Elle peut provenir d'une tempête qui souffle à plusieurs dizaines de milles de distance. La houle n'entraîne aucun transport de matière. Lorsqu'on lâche une pierre à la verticale dans un bassin d'eau calme, on distingue des cercles qui se forment autour du point attaqué. C'est un gonflement qui se forme à la manière de la houle à la surface de la mer. Une houle qui prend naissance, par exemple, aux Açores, et qui peut mesurer 150 mètres de longueur d'onde et avancer à une vitesse de 15 mètres par seconde. Elle mettra une trentaine d'heures pour parvenir jusqu'aux côtes du Maroc.

Quant aux vagues, elles sont formées par le vent local. Il suffit de souffler sur une tasse de café pour y produire des ondulations qui se propagent horizontalement. Le vent sculpte la mer en poussant les molécules d'eau dans le sens où il souffle. Une vague est caractérisée par sa hauteur, qui est la différence entre la crête et le creux, et sa longueur d'onde, qui est la distance qui sépare deux crêtes successives. La période permet de définir une troisième caractéristique qui donne une idée de la vitesse du phénomène. Le temps qui sépare le passage de deux crêtes successives est la période de la vague. Celle-ci peut varier de une seconde pour les plus courtes à trente secondes pour les plus espacées. Certaines vagues peuvent atteindre des hauteurs proches de 30 mètres avec des vents de 30 mètres/seconde pendant plus de six heures alternant des périodes de 15 secondes et des longueurs d'onde de 350 mètres. Ce type d'onde peut se propager sur de très longues distances. Au large de la Cornouaille, des vagues de plus de 22 secondes de période ont été observées. Elles avaient été engendrées au sud des îles Falklands et s'étaient propagées sur plus de 12 000 kilomètres, du sud au nord de l'Atlantique. Les superbes vagues qui viennent déferler sur le Pays basque français peuvent avoir des périodes de 14 secondes. Par grand fond, au large, elle se déplacent à 80 km/h, et leur longueur d'onde est de 300 mètres environ. Elles ont été engendrées au large des côtes du Groenland par des vents approchant 50 nœuds. Elles ont parcouru près de 3 000 kilomètres jusqu'au golfe de Gascogne (source : Loys Schmied, chargé de recherche au CNRS, dans un article de *Sciences et Avenir*).

L'INFLUENCE DU VENT ET DU COURANT

Dans les faibles profondeurs, le relief du fond influence la surface ; le courant vient également interférer sur la forme des vagues. C'est le cas de la sortie des estuaires de fleuves tels que la Loire, la Seine ou la Gironde. Le courant qui descend dans un entonnoir vient buter contre un vent fort qui se meut en sens inverse. Des rives resserrées et des petits fonds peuvent même créer, avec la présence d'un fort courant, une barre constituée de courtes vagues qui déferlent.

Au large, lorsque le vent change de direction, il se forme un second système sur les vagues déjà en mouvement, ce qui génère des vagues irrégulières. Sur les mers fermées, la distance entre la crête des vagues est plus rapprochée, ce qui donne la plupart du temps des mers plus creuses. Le fetch – l'étendue sur laquelle souffle le vent – est en effet l'une des causes de formation des vagues. Deux autres paramètres interviennent également dans cette formation : la force du vent, bien sûr, mais aussi la durée pendant laquelle il est en action. Un exemple : un coup de vent de force 7 baptisé "grand frais" dans l'échelle Beaufort, c'est-à-dire un vent soufflant à 30 nœuds, peut produire en pleine mer des creux de 10 mètres au terme de 24 heures. Le fetch plus ou moins étendu peut interférer sur cette estimation.

Les formidables mers rencontrées alentour de la latitude sud des Quarantièmes s'expliquent par la conjonction de ces trois phénomènes. En balayant les océans d'ouest en est, les dépressions peuvent engendrer des creux de houle gigantesques. Soufflant du nord-ouest pour mollir par le sud-ouest, la dépression suivante attaque à nouveau, et les trains de houle engendrent une mer croisée. Ce type de conditions peut faire naître des vagues pyramidales particulièrement dangereuses pour la navigation, dans la mesure où leur incohérence ne permet aucune tactique de défense réfléchie.

Ces conditions de mer sont exceptionnelles et vécues par les coureurs du grand large. Mais dans les eaux européennes, il n'est pas rare de subir également ces phénomènes. L'entrée de la Manche, influencée par le resserrement des côtes, la remontée des fonds et le courant ; le golfe de Gascogne, ouvert à l'ouest et situé en bordure du plateau continental ; la Méditerranée, où le violent mistral souffle sur une mer fermée particulièrement courte ; la mer d'Irlande, ouverte aux grandes perturbations d'ouest, peuvent en particulier offrir des conditions de mer difficiles pour un bateau de plaisance. Dans des situations semblables, la vague prend appui sur la houle. Elle lui sert de toboggan et devient déferlante.

Les professionnels de la mer qui naviguent à longueur d'année pour gagner leur vie subissent ces très mauvais temps. Ils peuvent quelquefois différer un appareillage, dérouter leur navire de ligne ou leur chalutier pour s'abriter sous le vent d'une côte et laisser passer la tempête. Le plaisancier, quant à lui, ne subit que rarement le très mauvais temps. Il n'est pas obligé de sortir, et peut désormais se tenir au courant de l'évolution du temps. Les progrès enregistrés récemment dans le domaine de la météorologie présentent de sérieuses garanties. Il n'empêche que le plaisancier consciencieux doit penser au mauvais temps et s'y préparer le mieux possible dans le cas où il se ferait surprendre en mer. Les témoignages de ceux qui ont essuyé le feu des tempêtes sont fondamentaux. C'est grâce à eux que la forme des bateaux, les différentes allures de sauvegarde et les mesures prises à la mer pour la sécurité sont mieux connues. Au cœur de l'action, il faut être en mesure de prendre, alors qu'il est encore tant, des décisions efficaces et dominer l'anxiété d'une situation qui devient vite exceptionnelle. Par très vilain temps, exécuter les manœuvres nécessaires à la bonne marche du bateau, même après une bonne décision, devient rapidement difficile. Pour ces raisons, rien ne remplacera l'expérience vécue à la mer.

PARCOURS DES PARTICULES D'EAU À L'INTÉRIEUR D'UNE VAGUE

Les particules d'eau décrivent un cercle qui se déplace dans le sens de propagation de la houle, ici symbolisé par une spirale pour les cinq instants du déplacement de la crête.

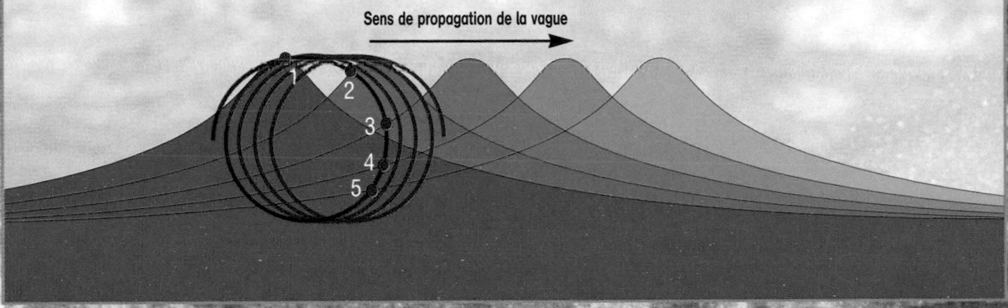

LE VENT DANS LES VOILES

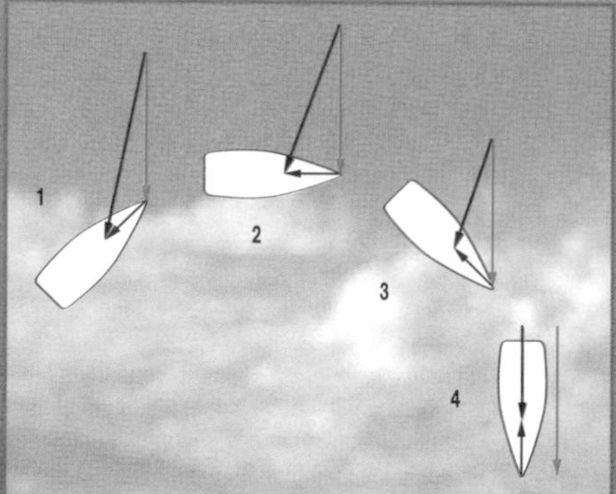

VENT RÉEL ET VENT APPARENT
Le vent apparent est la combinaison du vent réel et du vent produit par l'avancement du voilier. Au près (1) comme au travers (2), le vent apparent est plus fort que le vent réel et vient plus dans l'axe du bateau, alors qu'au largue (3), et surtout par vent arrière (4), le vent apparent est plus faible que le vent réel.

Il est difficile pour le profane d'imaginer la précision avec laquelle le voilier peut se mouvoir grâce au vent. Bien utilisée, cette force naturelle permet au marin d'être totalement maître de son voilier. Le vent permet d'accomplir de très longues randonnées dans le monde entier. A la façon des oiseaux migrateurs, les navigateurs utilisent les saisons et les grands systèmes météorologiques de la planète pour se mouvoir à travers les océans. Le calme absolu qui sévit par exemple dans le voisinage du pot au noir de l'équateur est rare.

La maîtrise du vent autorise également des manœuvres fines. Un bon barreur peut placer son bateau au mètre près. Ce sera utile à l'occasion d'une régate, d'une entrée de port ou d'une prise de mouillage. Pour accomplir de telles manœuvres, pour apprécier instinctivement la vitesse et la direction du vent, l'expérience est primordiale. Comme le musicien, le marin apprend constamment. Au démarrage du bateau comme durant une accélération, la force et la direction du vent se modifient, et le rendement du plan de voilure subit des variations sensibles. Celles-ci doivent être compensées par l'action du barreur sur le gouvernail et des équipiers sur les écoutes.

L'air est un mélange de gaz ayant ses propres caractéristiques de poids et de densité. A 20 °C au niveau de la mer, l'air pèse par exemple 1,2 kilo pour un mètre cube. Ces valeurs varient en fonction de la température, de la pression atmosphérique et de l'humidité. Pour ces raisons, un vent composé d'air sec et chaud en été présente d'importantes différences avec un vent marin, humide et frais. Le vent est généré par le déplacement des masses d'air dû à la différence des densités provoquées par des variations de pression et de température. Les masses lourdes, plus froides ou de pression plus élevée, chassent les masses plus légères.

Le vent moyen a deux origines. Il peut naître des variations issues des phénomènes météorologiques qui engendrent des différences de pression. Ces champs de pression forment les "reliefs de l'atmosphère", sur lesquels l'air s'écoule des anticyclones vers les dépressions. Le vent peut également naître de phénomènes physiques provoqués par le frottement de l'air sur le sol.

Le vent invisible, issu de ce gaz en déséquilibre, ne peut être observé qu'indirectement. On mesure son influence par son action sur l'environnement du bateau : les voiles, les penons, les nuages, les vagues, les fumées sur l'eau et à terre... On sent également le vent sur la peau. Les coureurs avertis connaissent des moments où le vent est si faible qu'il n'a aucune influence sur les instruments du bord. Pour connaître sa direction, ils allument alors une cigarette. La fumée indique le sens du vent. Progressivement, le plaisancier débutant prend en compte les nombreux signes qui renseignent

Les violents coups de vent (williwaws) soufflent brutalement sur la mer dans les canaux de Patagonie.

sur son environnement. A bord d'un bateau, l'observation est constante. Avec l'expérience, le marin averti devient un formidable observateur. Il est attentif à la forme d'un nuage, à la couleur de la mer, au moindre soubresaut de son bateau.

Par petite brise, l'équipage d'un bateau vent arrière sent très peu le vent. Avec le soleil, il a vite trop chaud. C'est l'allure où les chandails regagnent les équipets. Si le bateau passe au petit largue en lofant de quelques dizaines de degrés, le vent se fera davantage sentir sur la peau et la gîte sera plus importante. Si le bateau continue à remonter au vent pour arriver à l'allure de près, les chandails sont remis par l'équipage. Pourtant, le vent atmosphérique ne s'est pas modifié. C'est le bateau qui en changeant de cap s'est construit un vent apparent plus fort.

Au vent arrière, le vent apparent reçu à bord est diminué par la vitesse du bateau par rapport au vent atmosphérique ; celui qui souffle sur le plan d'eau. Au plus près, le vent apparent va être renforcé par la vitesse du bateau. Son orientation est également modifiée : le vent apparent souffle toujours en avant du vent réel. Cette notion de vent réel et de vent apparent est fondamentale. Elle conditionne la marche du voilier. Selon l'allure, le bateau ne porte pas la même voilure, il ne se comporte pas de la même manière ; l'équipage n'est pas habillé de la même façon.

ECHELLE DE BEAUFORT Force 0 à 12

Force	Appellation	Vitesse du vent		Etat de la mer	Effets à terre
		en nœuds	en km/h		
0	Calme	1	1	Mer d'huile	La fumée monte droit
1	Très légère brise	1 à 3	1 à 5	Mer ridée	La fumée indique la direction du vent
2	Légère brise	4 à 6	6 à 11	Vaguelettes	On sent le vent au visage
3	Petite brise	7 à 10	12 à 19	Petits "moutons"	Les drapeaux flottent
4	Jolie brise	11 à 16	20 à 28	Nombreux "moutons"	Le sable s'envole
5	Bonne brise	17 à 21	29 à 38	Vagues, embruns	Les branches d'arbres s'agitent
6	Vent frais	22 à 27	39 à 49	Lames, crêtes d'écume étendues	Les fils électriques sifflent
7	Grand frais	28 à 33	50 à 61	La mer se creuse lames déferlantes	On peine à marcher contre le vent
8	Coup de vent	34 à 40	62 à 74	Les crêtes de vague commencent à être arrachées	On ne marche plus contre le vent
9	Fort coup de vent	41 à 47	75 à 88		
10	Tempête	48 à 55	89 à 102	Les embruns obscurcissent la vue, très hautes lames en surplomb	Attention aux objets qui s'envolent : branches, ardoises…
11	Violente tempête	56 à 63	103 à 117		
12	Ouragan	64 et plus	118 et plus		

LA THÉORIE DE L'AVANCEMENT

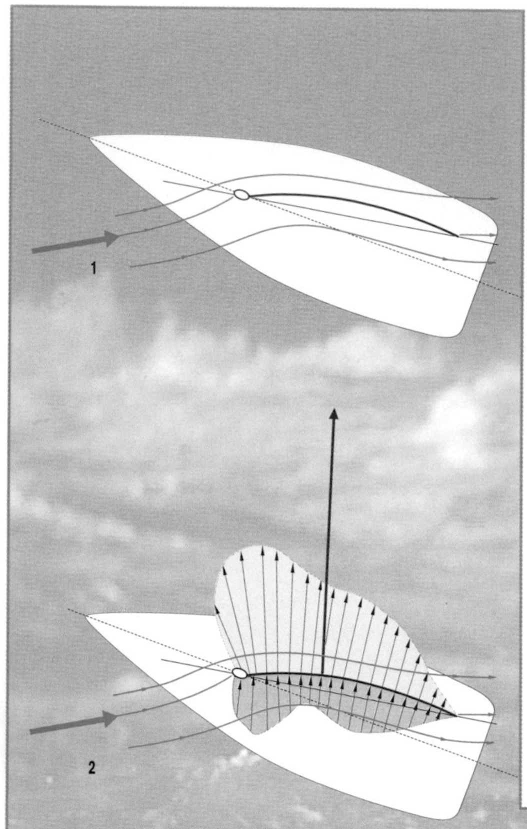

Du haut de la côte, par beau temps et belle brise, deux situations peuvent s'observer sur un plan d'eau parcouru par les voiliers de l'été. Certains bateaux font route vent arrière sous leurs spinnakers de couleur avec un sillage régulier. D'autres, très gîtés, formant chacun un petit triangle blanc minuscule, avancent en soulevant de l'écume irrégulière. Ils remontent les vagues blanches et semblent marcher contre le vent. Il est facile de comprendre comment avancent les premiers : le vent les pousse tout simplement. La marche des seconds est plus difficile à expliquer.

Sans pouvoir remonter face au vent, les voiliers actuels peuvent naviguer avec un angle relativement faible et jusqu'à environ 30 degrés par rapport à la direction du vent. Cet angle dépend à la fois de la forme du plan de voilure et des œuvres vives de la coque. Le vent transmet sur une voile, quel que soit son angle d'attaque, une force perpendiculaire au plan de voilure, appelée poussée vélique. Au vent arrière, cette force est dirigée vers l'avant du bateau. Le plan de voilure est alors perpendiculaire à l'axe du bateau. Dans les autres cas, cette force peut fictivement se décomposer en deux forces. Une force propulsive orientée vers l'avant et une force de dérive neutralisée en partie par les œuvres vives comprenant la quille ou la dérive. Ces œuvres vives, par réaction, agissent sur l'eau selon une force perpendiculaire et de sens opposé. C'est la force antidérive.

La poussée vélique est toujours orientée perpendiculairement à la voile, et il est nécessaire de la larguer le plus possible pour bénéficier d'une poussée dirigée au maximum vers l'avant. Pour cette raison, le réglage optimal est obtenu avec une voilure établie à la limite du faseyement et fournissant une force propulsive aussi forte que possible. Sur le plan théorique, la poussée vélique se décompose suivant le principe classique du parallélogramme des forces en une poussée latérale perpendiculaire à l'axe du bateau et une force propulsive dirigée vers l'axe de celle-ci. La dérive et la gîte sont prises en charge avec plus ou moins de succès par les formes de la carène. Aucun profil aérodynamique n'est parfait, et à mesure que la poussée engendrée par les voiles augmente, une force parasite en direction du flux d'air se développe. C'est la traînée, qui se trouve opposée à angle droit à une force utile engendrée par la voile. Il s'agit de la portance, orientée perpendiculairement au flux d'air.

La poussée vélique se présente donc comme la résultante de ces deux forces. Le rapport portance-traînée est appelé finesse. A mesure que la route du bateau se rapproche de la direction du vent, la valeur portance-traînée perd de son importance, et au vent arrière la traînée participe à la propulsion du bateau.

Le plan de voilure travaille dans le vent comme la quille du bateau dans l'eau, à une différence près. Le vent attaque le plan de voilure selon des angles différents, et il faut ajuster les voiles en permanence par rapport à sa direction. La quille conserve quant à elle un angle constant par rapport à la circulation de l'eau si l'on néglige la dérive du bateau. Celle-ci est variable selon les allures. Elle peut être nulle au vent arrière, mais présenter une valeur dont il faut tenir compte au plus près par forte brise et par mer formée.

Une voile se travaille à l'aide de l'écoute, mais sa forme peut également varier selon les allures. Le creux des voiles joue un rôle important dans la propulsion. Il doit être plus marqué dans le petit temps. Le dévers, c'est-à-dire le vrillage d'une voile, peut servir dans la forte brise à laisser s'échapper volontairement du vent trop fort.

Nous entrons là dans les subtilités du réglage, qui ne peuvent être développées que

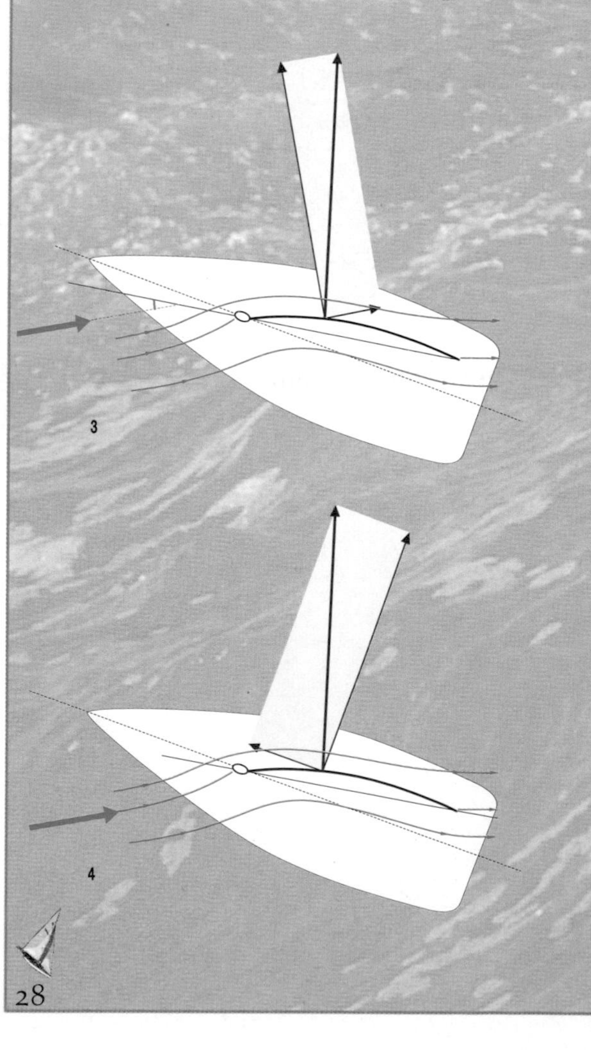

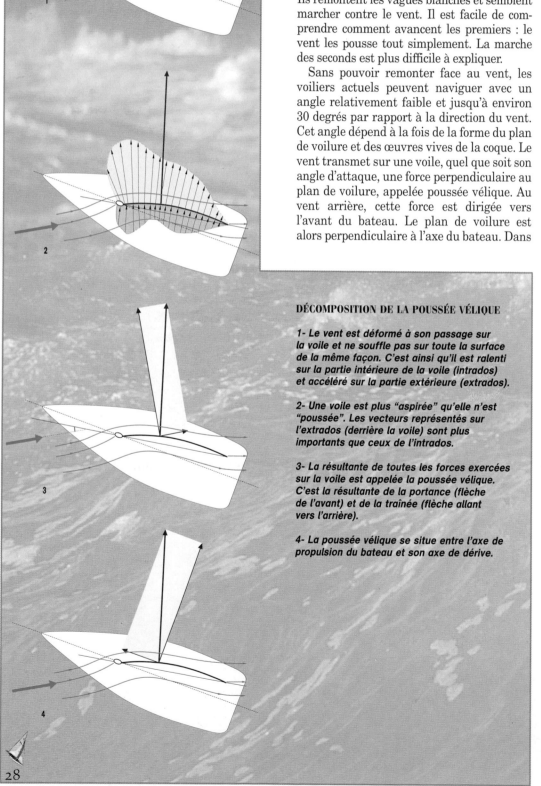

DÉCOMPOSITION DE LA POUSSÉE VÉLIQUE

1- Le vent est déformé à son passage sur la voile et ne souffle pas sur toute la surface de la même façon. C'est ainsi qu'il est ralenti sur la partie intérieure de la voile (intrados) et accéléré sur la partie extérieure (extrados).

2- Une voile est plus "aspirée" qu'elle n'est "poussée". Les vecteurs représentés sur l'extrados (derrière la voile) sont plus importants que ceux de l'intrados.

3- La résultante de toutes les forces exercées sur la voile est appelée la poussée vélique. C'est la résultante de la portance (flèche de l'avant) et de la traînée (flèche allant vers l'arrière).

4- La poussée vélique se situe entre l'axe de propulsion du bateau et son axe de dérive.

lorsque l'équipage a assimilé parfaitement la marche du voilier. Si ces manœuvres semblent compliquées, elles simplifient pourtant la navigation. L'ouverture de la chute de la voile, en agissant sur le pataras, l'ouverture du plan de voilure au près, à l'aide du débordement de la voile sur la barre d'écoute, sont par exemple des manœuvres qui peuvent repousser le moment de la réduction de la voilure. Ces simples actions, effectuées d'un geste par l'équipage, réduisent les forces exercées sur les voiles.

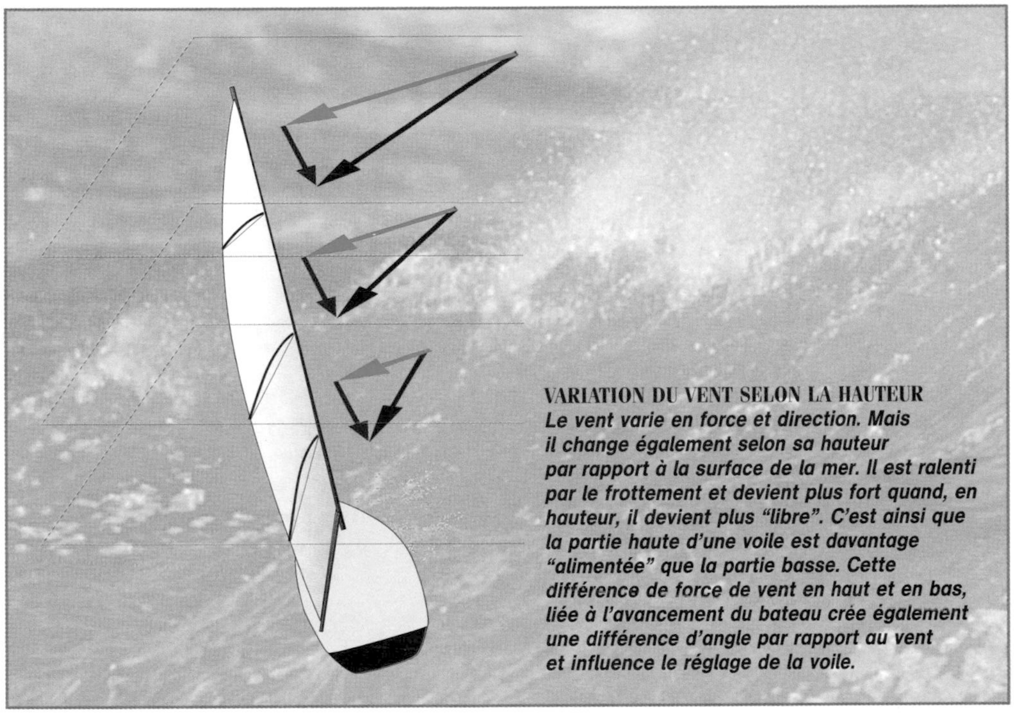

VARIATION DU VENT SELON LA HAUTEUR

Le vent varie en force et direction. Mais il change également selon sa hauteur par rapport à la surface de la mer. Il est ralenti par le frottement et devient plus fort quand, en hauteur, il devient plus "libre". C'est ainsi que la partie haute d'une voile est davantage "alimentée" que la partie basse. Cette différence de force de vent en haut et en bas, liée à l'avancement du bateau crée également une différence d'angle par rapport au vent et influence le réglage de la voile.

LES ALLURES DE LARGUE

Les allures de vent de travers sont les plus véloces. La voile bien débordée oriente la force vélique vers l'avant, le bateau gîte peu et la force de dérive est faible. Au petit largue, la voile travaille comme au vent de travers, mais la force vélique est plus latérale, la dérive est forte et le voilier gîte.

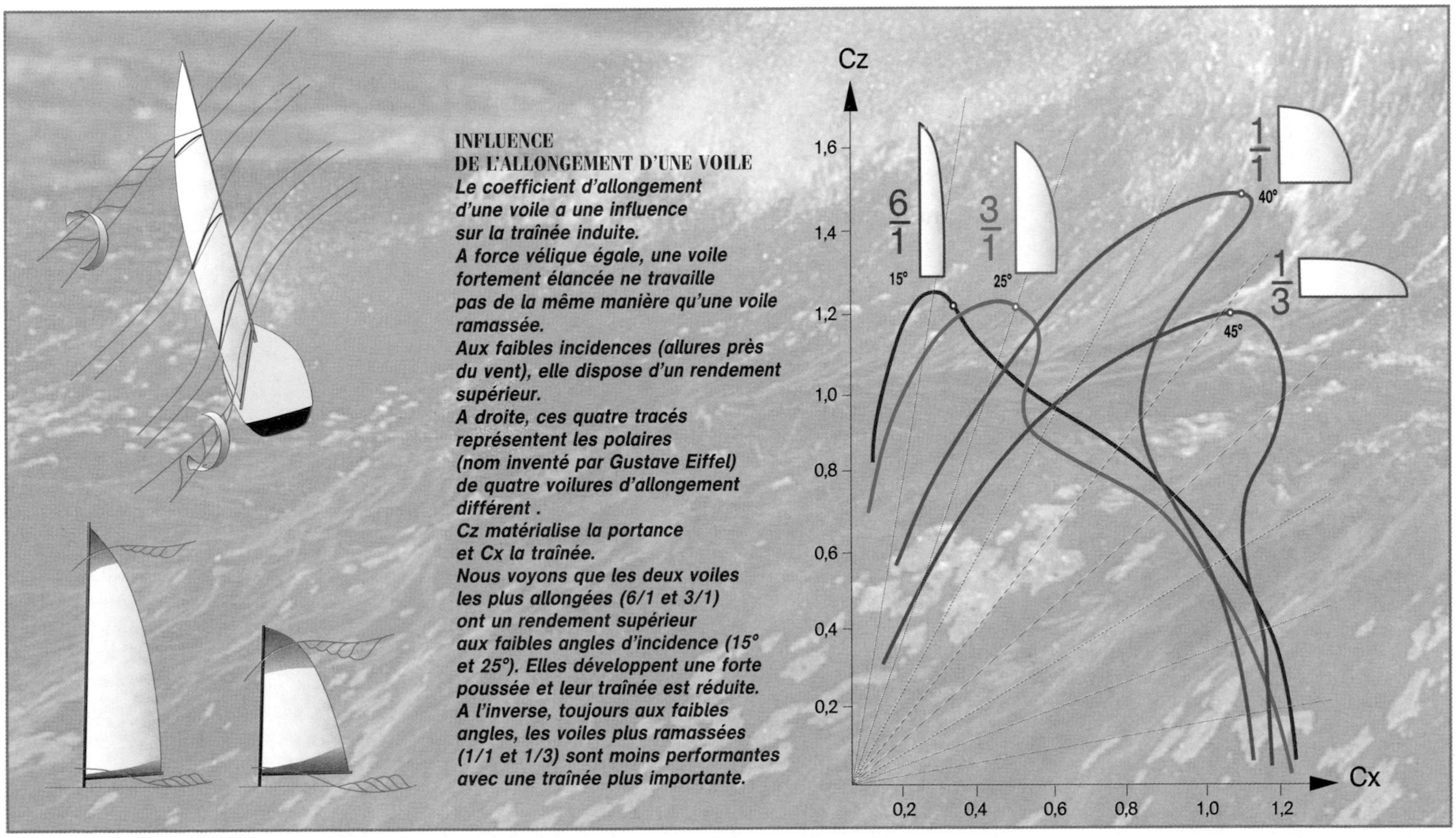

INFLUENCE DE L'ALLONGEMENT D'UNE VOILE

Le coefficient d'allongement d'une voile a une influence sur la traînée induite.
A force vélique égale, une voile fortement élancée ne travaille pas de la même manière qu'une voile ramassée.
Aux faibles incidences (allures près du vent), elle dispose d'un rendement supérieur.
A droite, ces quatre tracés représentent les polaires (nom inventé par Gustave Eiffel) de quatre voilures d'allongement différent .
Cz matérialise la portance et Cx la traînée.
Nous voyons que les deux voiles les plus allongées (6/1 et 3/1) ont un rendement supérieur aux faibles angles d'incidence (15° et 25°). Elles développent une forte poussée et leur traînée est réduite.
A l'inverse, toujours aux faibles angles, les voiles plus ramassées (1/1 et 1/3) sont moins performantes avec une traînée plus importante.

LES ALLURES PAR RAPPORT AU VENT

L'allure désigne tout simplement l'angle du bateau par rapport au vent réel. Ce sont les différentes positions du bateau en situation de navigation par rapport au lit du vent. Le vocabulaire utilisé permet à l'équipage de simplifier la coordination des manœuvres.

Si l'on considère les 360 degrés de la rose des vents, il faut considérer que 45 degrés environ sont neutralisés de part et d'autre du lit du vent. Aucun bateau ne remonte assez pour pénétrer dans cette zone située au vent. Dans la partie gauche de la rose des vents, les bateaux qui font route et reçoivent le vent de la droite naviguent tribord amures ; ceux qui reçoivent le vent de la gauche naviguent bâbord amures.

Selon le cap suivi, un bateau navigue avec un angle plus ou moins grand par rapport à la direction du vent. Au fur et à mesure que cet angle augmente, il ouvre son plan de voilure en larguant ses écoutes. De l'allure de près, il passe aux allures de largue, pour terminer au vent arrière. Et ceci qu'il soit bâbord ou tribord amures. L'angle de son plan de voilure est le même sur les deux bords, ses voiles sont simplement sur les côtés opposés du bateau.

Les allures de près permettent de remonter au vent. Le bateau est alors soumis à une gîte d'autant plus forte que le vent souffle fort. Ce sont les bateaux les plus fins, aussi bien dans la configuration de leur gréement que dans celle de leurs lignes d'eau, qui sont les plus efficaces à l'allure de près. Ils concilient l'angle de remontée par rapport au vent et la vitesse. Les 12 mètres de Jauge Internationale qui participèrent jusqu'en 1987 à la Coupe de l'America sont par exemple des champions. Leur important tirant d'eau et leur plan de voilure effilé leur permettent de faire du cap. A l'inverse, des unités tels les multicoques, particulièrement larges et voilés, ont des difficultés à faire du cap. Leurs performances de vitesse sont en revanche étonnantes et permettent souvent de compenser la perte de cap.

La meilleure marche au près est toujours un compromis entre le cap et la vitesse, l'essentiel étant de "gravir" de la route au vent, d'atteindre le plus efficacement possible un point situé dans le lit du vent en tirant des bords. La connaissance de son bateau est indispensable pour naviguer correctement au près. La force du vent et l'état de la mer

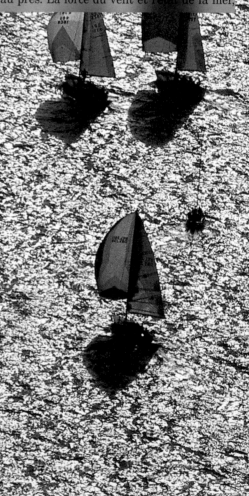

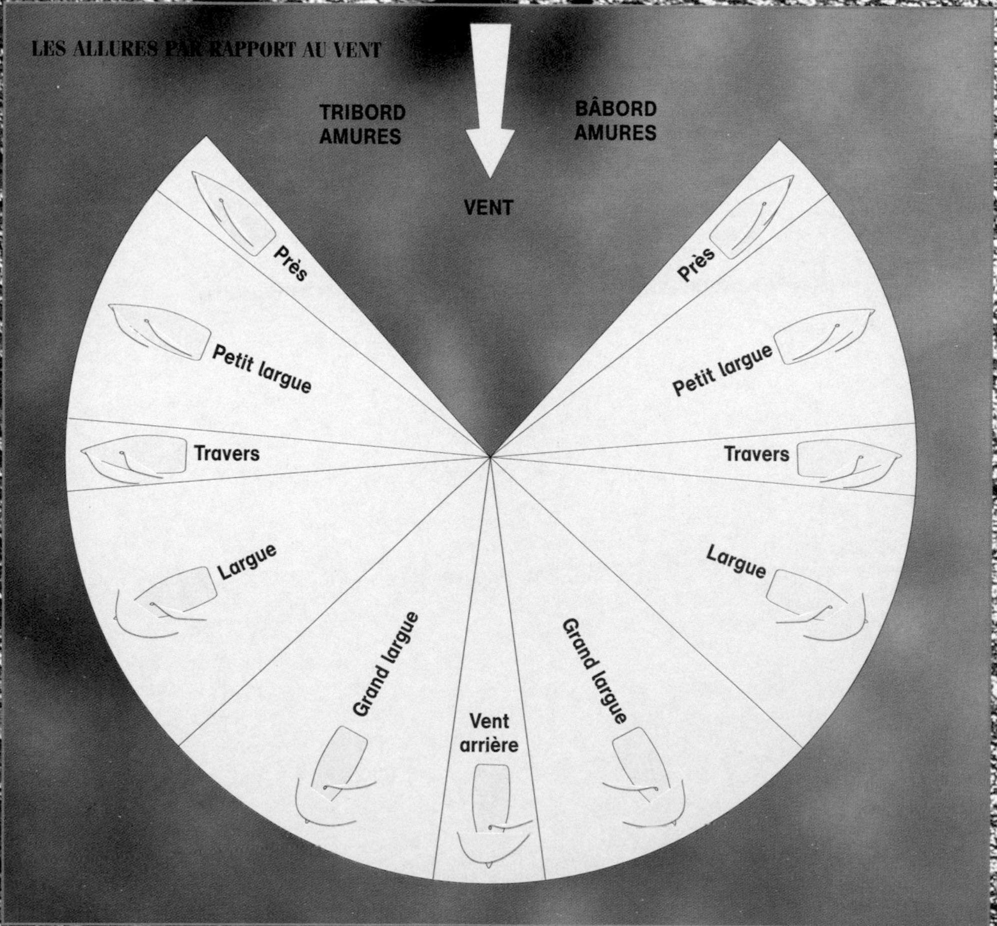

plus ou moins clapoteuse, interviennent pour choisir la meilleure route.

Les allures de largue permettent au bateau d'accomplir les meilleures moyennes. Les voiles sont toujours gonflées à leur maximum, le vent est puissant sans aucune déperdition, puisque le bateau renforce son vent apparent à mesure qu'il accélère. Quand on laisse porter (ouverture du plan de voilure encore plus importante), la force vélique s'oriente vers l'avant, la force de dérive diminue et la traînée n'entrave pas la vitesse. C'est également l'allure de planning : la grande force développée, liée au fait que la coque ne gîte pas trop, permet de se mettre en position favorable pour dépasser la vitesse critique dictée par la longueur de flottaison.

Le vent arrière est une allure très différente selon la force du vent. Par petit temps, l'avancement du bateau contribuant à réduire le vent réel donne une navigation plutôt molle. Si le vent est violent et la mer formée, ce type d'allure qui permet de dévaler la pente des vagues avec facilité peut en revanche devenir très amusant. Cette allure plus passive que le près est cependant délicate avec un peu de mer. Le barreur doit prendre garde de ne pas commettre de faute qui entraînerait des embardées pouvant conduire à un départ au lof (le bateau se met à remonter au vent sans que le barreur puisse le retenir) ou à un empannage involontaire. Dans ce cas, le vent prend la voile subitement à contre, et la projette sur l'autre bord. Il s'agit d'une manœuvre qui, en temps normal et à condition de la préparer, peut être effectuée couramment.

Pour les bateaux rapides, dériveurs de compétition ou catamarans de sport, la désignation des allures est plutôt théorique. Le vent réel est perturbé par le vent apparent, influencé par le vent de la vitesse. Ces voiliers naviguent la plupart du temps contre le vent pour augmenter leur vent apparent, même au vent arrière, où ils tirent des bords en descendant le lit du vent. Les penons qui indiquent le vent à bord se rapprochent de l'axe du bateau, un peu à la manière d'un drapeau placé sur le capot d'une auto. Dans ce cas, ces penons sont loin de désigner la direction des allures dites classiques. Ils indiquent la résultante, en force et direction, du vent réel et du vent de la vitesse.

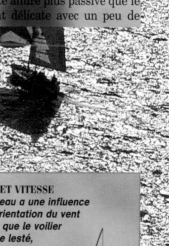

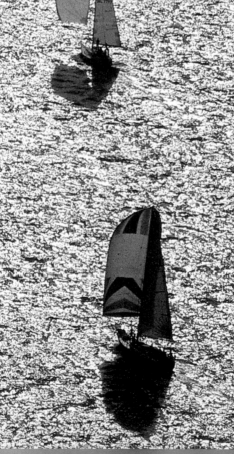

VENT APPARENT ET VITESSE

La vitesse du bateau a une influence sur la force et l'orientation du vent apparent, suivant que le voilier est un monocoque lesté, un multicoque de course ou un engin de vitesse (comme ici en bas Yellow Page). Ce dernier est capable de naviguer à 2,5 fois la vitesse du vent réel, et, au largue, obligé de régler sa voilure comme au près serré.

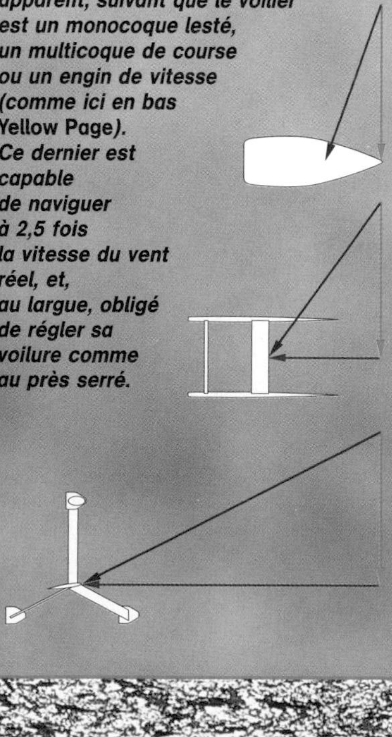

De haut en bas :
au près bâbord amures,
au largue sous spi,
au grand largue sous spi,
au vent arrière tribord amures.

LA STABILITÉ DU VOILIER

Un bateau qui navigue sous spi par mer formée voit sa longueur de flottaison, celle qui influence directement la vitesse, s'allonger. Quand la mer vient lécher l'étrave ou la voûte arrière, à l'occasion d'un surf ou du passage d'une vague, la coque s'allonge par rapport au moment où elle se trouvait sur eau plate. Au près, c'est la largeur qui se modifie au fur et à mesure du passage dans les vagues et de la gîte, constamment différente selon les risées. Compte tenu de ces changements perpétuels d'implication des forces sur la coque et le gréement, le voilier doit garder sa stabilité.

Comprendre cette métamorphose est le rôle de l'architecte. C'est l'artisan des formes de la carène, de la répartition du poids et de la configuration du plan de voilure. Un bateau bien dessiné, stable en route, doit conserver une barre neutre en navigation. La forme et le poids ont un rôle sur la stabilité longitudinale, cette capacité de la coque à amortir les mouvements de tangage dus aux vagues, aussi bien par mer de l'avant que par mer de l'arrière. En fait, de nombreux facteurs contribuent à l'équilibre du bateau. Mais pour résister à la force du vent et offrir un maximum de force antidérive, l'architecte effectue un compromis entre la forme et le poids.

La stabilité de forme est dictée par la largeur. Une bonne largeur fait gagner du poids tout en permettant de diminuer le lest et de donner plus de place aux aménagements. Au fil du temps, le bateau s'est beaucoup allégé, avec les contre-plaqués des années 1960, puis la mise en œuvre des nouveaux matériaux à base de tissus polyester et de carbone à partir de 1970. Ces matériaux à la fois légers et solides ont bouleversé la construction des bateaux autant que leur tenue à la mer.

L'effet d'une stabilité de forme décroît avec la gîte, pour devenir nul lors du chavirage. Pour cette raison théorique, celle-ci n'est pas suffisante pour un bon voilier de croisière. L'exemple du multicoque, dont les caractéristiques de stabilité de forme, en raison de son extrême largeur, assurent à elles seules cette fonction, est particulier. Une fois chaviré, ce type de bateau, parfaitement stable en position inversée, reste à l'envers.

La stabilité de poids doit pouvoir prendre le relais dès les angles de gîte moyens. Au contraire de la stabilité fondée sur la forme, la stabilité de poids se manifeste faiblement aux petits angles pour devenir maximale à 90 degrés. Un bateau culbuté par une vague dans un temps extrême revient dans sa position initiale grâce au poids de son lest. Plus le lest est bas et important, plus la stabilité de poids est grande. L'excès est pourtant néfaste, dans la mesure où il fatigue le bateau avec des mouvements violents et une structure lourde. Le compromis entre la forme et le poids doit être trouvé en fonction de l'utilisation du bateau et de son programme de navigation. Il doit disposer d'un tirant d'eau acceptable et d'une largeur moyenne pour bénéficier d'une bonne stabilité.

La forme et le poids influencent l'ensemble du comportement à la mer du bateau. Le passage dans la vague, la tendance à dériver, la tenue dans le gros temps, la vélocité par temps calme sont directement fonction des formes de coque. Chaque bateau possède son caractère. La stabilité intervient aussi au niveau de la sécurité. Elle représente une forme de résistance au chavirage indissociable de la notion même de bateau.

STABILITÉ COMPARÉE D'UN QUILLARD ET D'UN DÉRIVEUR

Comparaison de la stabilité d'un quillard et d'un dériveur léger : alors que le quillard est instable à l'envers, le dériveur ne peut se redresser seul sans l'aide de l'équipage.

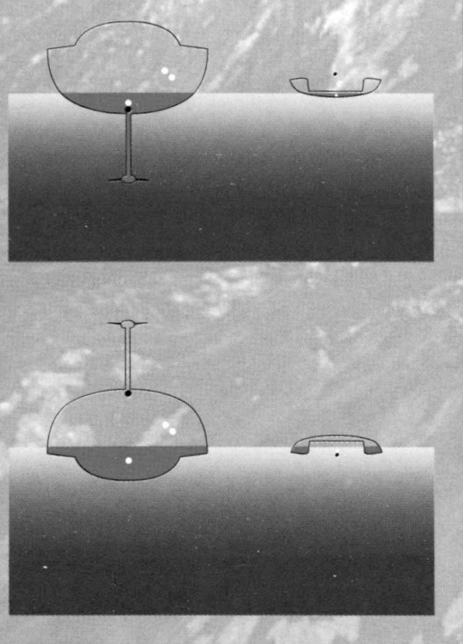

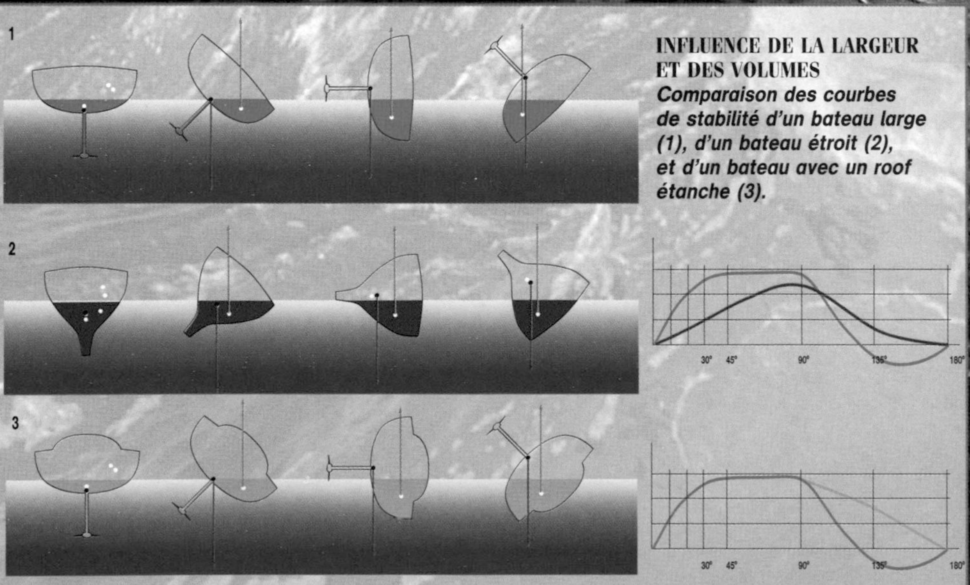

INFLUENCE DE LA LARGEUR ET DES VOLUMES

Comparaison des courbes de stabilité d'un bateau large (1), d'un bateau étroit (2), et d'un bateau avec un roof étanche (3).

Ce bateau en rupture d'équilibre part au lof. Avec la gîte, le safran n'a plus aucun effet.

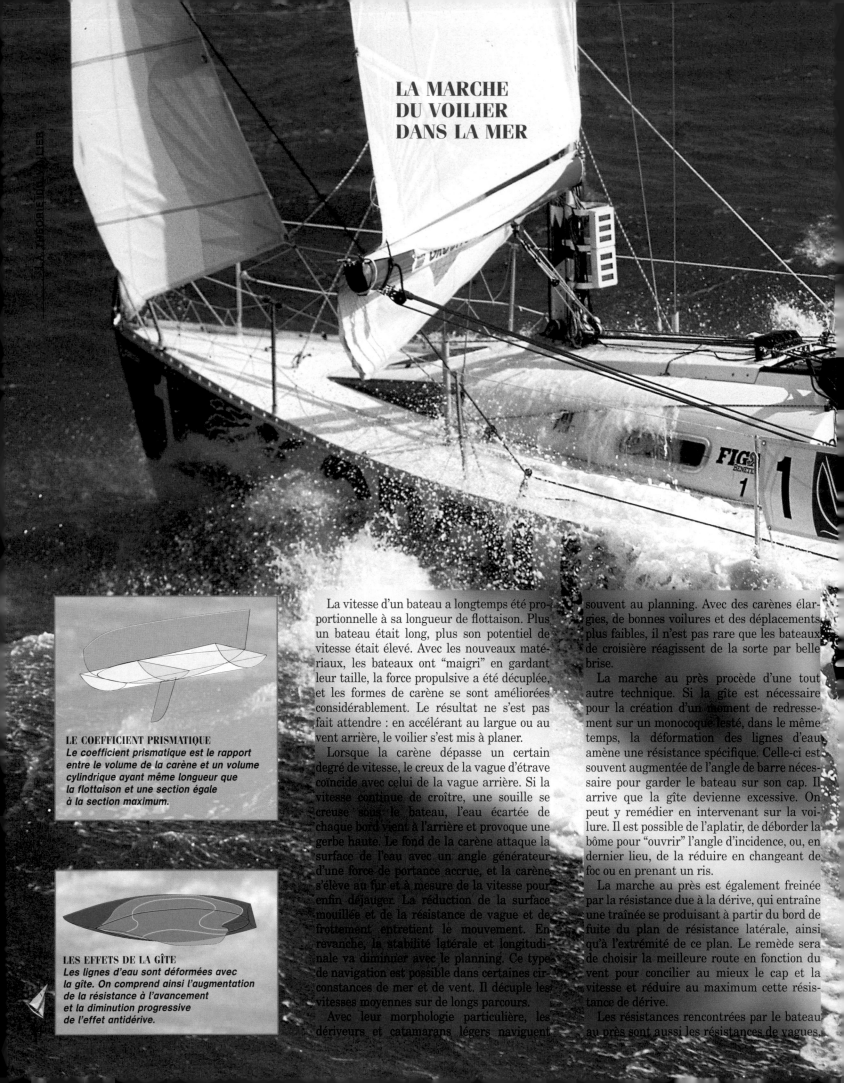

LA MARCHE DU VOILIER DANS LA MER

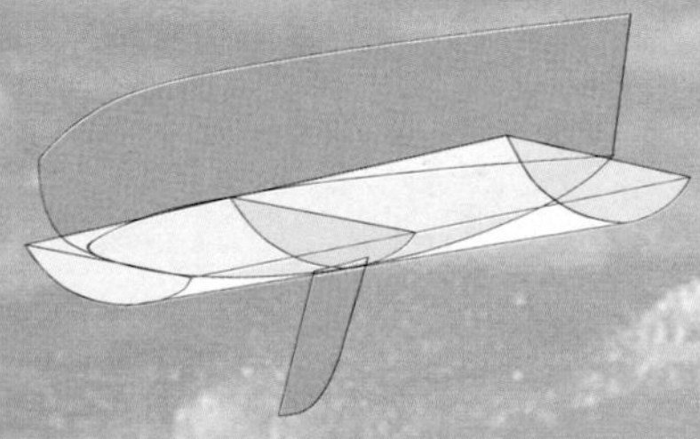

LE COEFFICIENT PRISMATIQUE
Le coefficient prismatique est le rapport entre le volume de la carène et un volume cylindrique ayant même longueur que la flottaison et une section égale à la section maximum.

LES EFFETS DE LA GÎTE
Les lignes d'eau sont déformées avec la gîte. On comprend ainsi l'augmentation de la résistance à l'avancement et la diminution progressive de l'effet antidérive.

La vitesse d'un bateau a longtemps été proportionnelle à sa longueur de flottaison. Plus un bateau était long, plus son potentiel de vitesse était élevé. Avec les nouveaux matériaux, les bateaux ont "maigri" en gardant leur taille, la force propulsive a été décuplée, et les formes de carène se sont améliorées considérablement. Le résultat ne s'est pas fait attendre : en accélérant au largue ou au vent arrière, le voilier s'est mis à planer.

Lorsque la carène dépasse un certain degré de vitesse, le creux de la vague d'étrave coïncide avec celui de la vague arrière. Si la vitesse continue de croître, une souille se creuse sous le bateau, l'eau écartée de chaque bord vient à l'arrière et provoque une gerbe haute. Le fond de la carène attaque la surface de l'eau avec un angle générateur d'une force de portance accrue, et la carène s'élève au fur et à mesure de la vitesse pour enfin déjauger. La réduction de la surface mouillée et de la résistance de vague et de frottement entretient le mouvement. En revanche, la stabilité latérale et longitudinale va diminuer avec le planning. Ce type de navigation est possible dans certaines circonstances de mer et de vent. Il décuple les vitesses moyennes sur de longs parcours.

Avec leur morphologie particulière, les dériveurs et catamarans légers naviguent souvent au planning. Avec des carènes élargies, de bonnes voilures et des déplacements plus faibles, il n'est pas rare que les bateaux de croisière réagissent de la sorte par belle brise.

La marche au près procède d'une tout autre technique. Si la gîte est nécessaire pour la création d'un moment de redressement sur un monocoque lesté, dans le même temps, la déformation des lignes d'eau amène une résistance spécifique. Celle-ci est souvent augmentée de l'angle de barre nécessaire pour garder le bateau sur son cap. Il arrive que la gîte devienne excessive. On peut y remédier en intervenant sur la voilure. Il est possible de l'aplatir, de déborder la bôme pour "ouvrir" l'angle d'incidence, ou, en dernier lieu, de la réduire en changeant de foc ou en prenant un ris.

La marche au près est également freinée par la résistance due à la dérive, qui entraîne une traînée se produisant à partir du bord de fuite du plan de résistance latérale, ainsi qu'à l'extrémité de ce plan. Le remède sera de choisir la meilleure route en fonction du vent pour concilier au mieux le cap et la vitesse et réduire au maximum cette résistance de dérive.

Les résistances rencontrées par le bateau au près sont aussi les résistances de vagues.

qui seront naturellement plus importantes par mer formée et irrégulière. L'équipage doit régler au mieux la voilure pour donner au bateau le plus de puissance possible. Mais c'est surtout au barreur d'accompagner son bateau dans la mer, éviter qu'il ne tape, abattre en haut d'une vague pour lui redonner ce surcroît de puissance qui le remettra en équilibre et le fera accélérer. La compétence d'un barreur est faite de patience, d'observation et de beaucoup d'expérience.

Au près, enfin, le bateau doit lutter contre la résistance aérodynamique formée par le fardage de la coque et du gréement. Certaines unités ont des coques plus fines et des gréements mieux adaptés à cette allure. Mais la morphologie d'un bateau est un compromis qui doit pouvoir répondre le mieux possible à toutes les allures et se comporter avec adresse, aussi bien dans une navigation en poussée (vent arrière) qu'au cours d'une navigation en finesse (plus près).

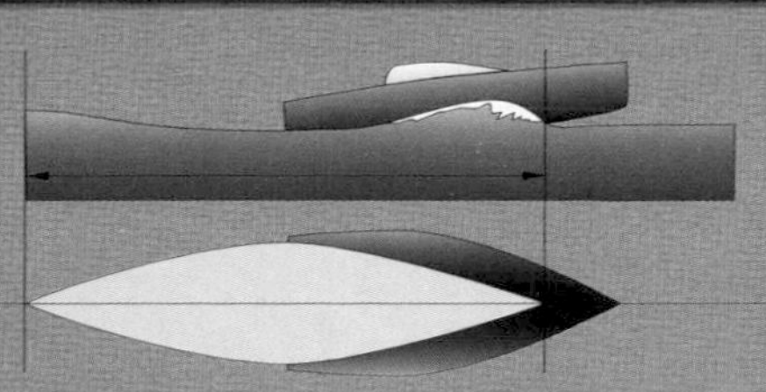

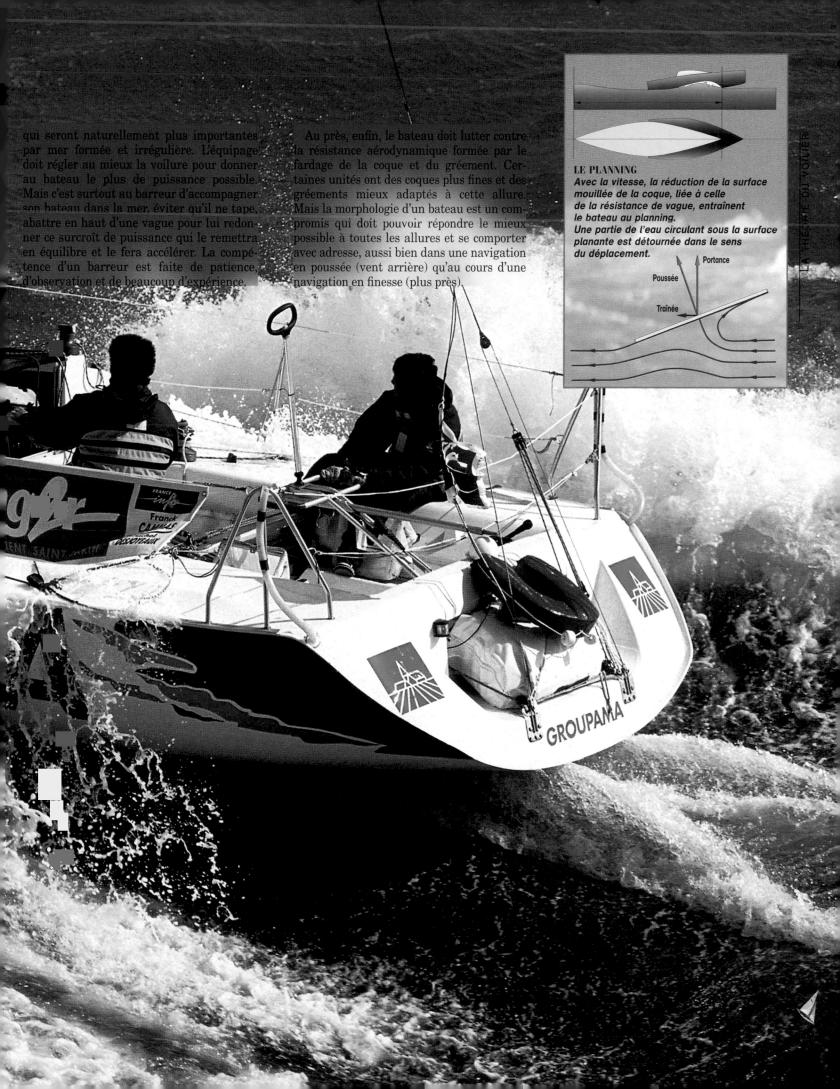

LE PLANNING
Avec la vitesse, la réduction de la surface mouillée de la coque, liée à celle de la résistance de vague, entraînent le bateau au planning. Une partie de l'eau circulant sous la surface planante est détournée dans le sens du déplacement.

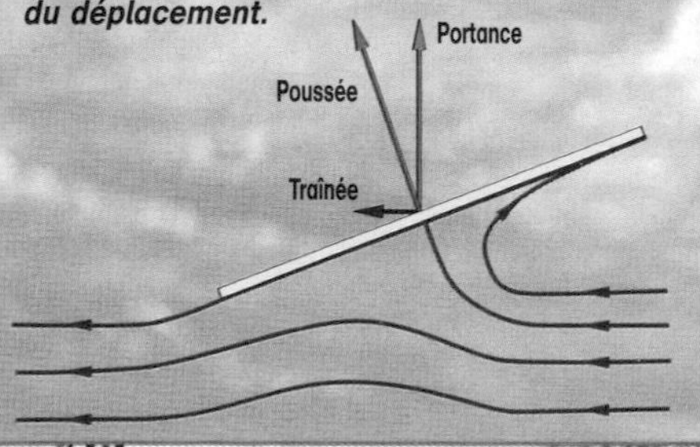

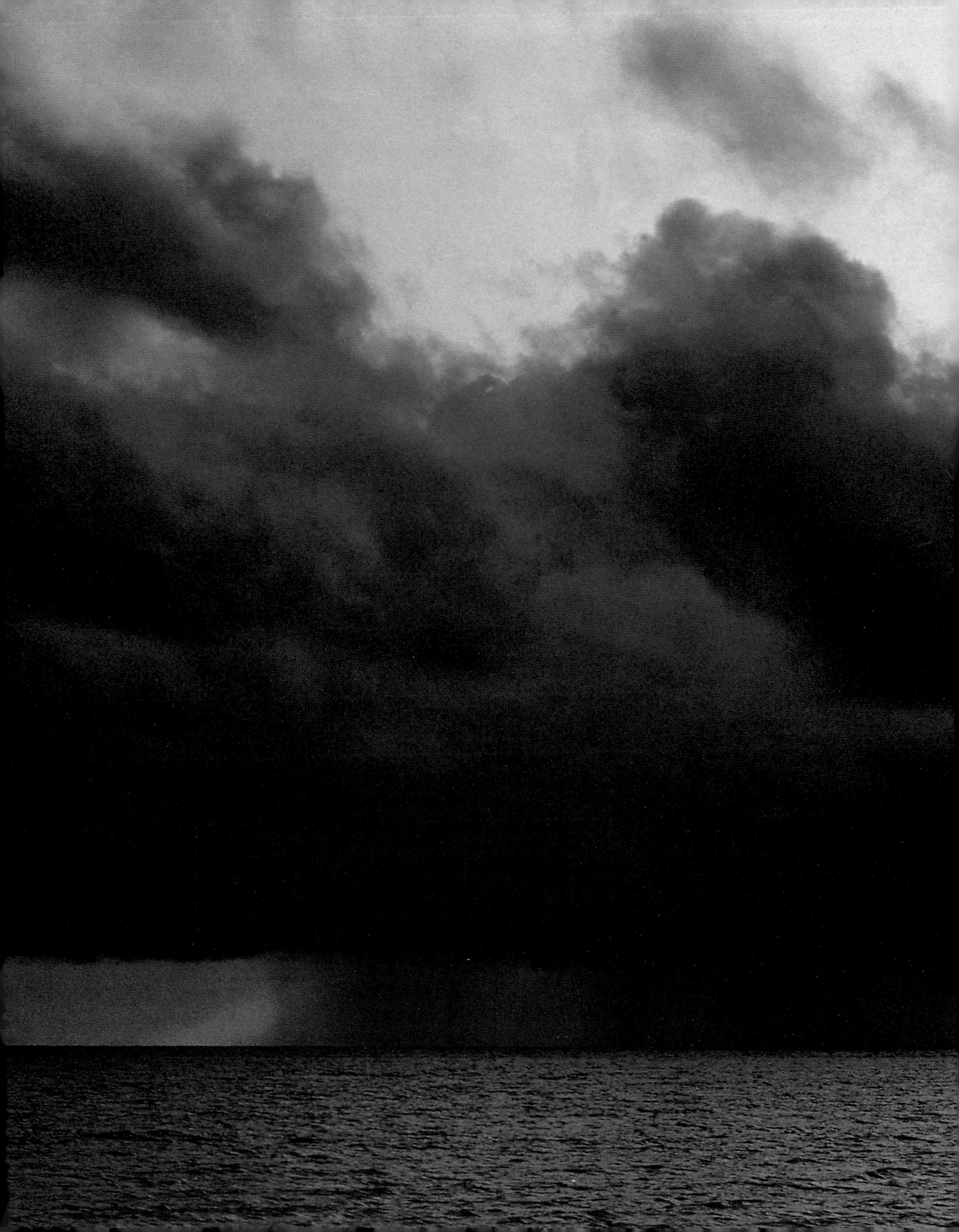

3
La météorologie

« Ce sont les coups de vent qui représentent, pour un yacht en croisière ou en course océanique, le danger permanent, le risque omniprésent qui fait toute la différence entre sport et passe-temps et que parfois la mémoire amplifie… Mais qu'on aime ou qu'on n'aime pas le mauvais temps, il faudra bien qu'une fois ou l'autre la plupart d'entre nous le subissent… »
Adlard Coles dans Navigation par gros temps. *1967.*

Le marin n'a jamais fini d'apprendre. Après avoir fait connaissance avec son bateau, il est confronté au milieu ambiant. Et si certains plaisanciers se contentent de subir le temps, la plupart d'entre eux, petit à petit, prennent beaucoup de plaisir à assimiler les rudiments qui permettent de le prévoir. Rien de plus normal pour un environnement directement lié à la propulsion du voilier.
Certaines conditions météorologiques classiques sont aisément prévisibles, d'autres font appel à une bonne culture et s'accompagnent d'une savante observation du ciel et de la mer.
Les bulletins destinés aux plaisanciers, et régulièrement émis, expriment des prévisions, mais donnent en même temps de nombreuses indications pour celui qui a de bonnes notions de météorologie. La science de la navigation est très étendue. Elle concerne la manière de manœuvrer un bateau, mais elle peut aussi permettre d'aller plus loin dans l'art de comprendre l'évolution du temps.

L'ÉVOLUTION DU TEMPS

Certains patrons de pêche d'autrefois avaient une mémoire surprenante. Elle était pour eux un précieux outil de travail. Elle permettait de mémoriser des distances, des temps, des situations. Un bon patron de thonier, par exemple, était en mesure de donner, à quelques milles près, toutes les distances entre les côtes espagnoles, françaises et anglaises. Il avait arpenté le large des années durant, guettant à l'horizon la terre et ne perdant pas de vue la couleur du ciel pour anticiper un refus de vent ou profiter d'une adonnante. A la voile, les vitesses étaient faibles, et tout était bon à prendre pour raccourcir la route. Avant que ne se développe, avec la radio et les satellites, la formidable science météorologique, le marin n'avait que ses yeux pour prendre la mesure du temps. Son expérience était forgée par les souvenirs accumulés par sa mémoire au fil des navigations. Il les intégrait dans un modèle, de façon à l'appliquer à un cas rencontré plus tard. Dans la bouche des marins, les fameux dictons salés ou colorés permettaient de mémoriser les différentes situations à venir. Le ciel d'hier permettait de mieux comprendre celui de demain.

Désormais, la science météorologique a fait un bond avec l'amélioration des moyens techniques d'observation et de communication. Elle est devenue précise et sûre. La qualité des nombreux renseignements recueillis par les stations terrestres, les avions, les bateaux et les satellites a permis une connaissance globale et planétaire des phénomènes météo. Les méthodes utilisées pour la prévision à court terme reposent sur l'étude chronologique des cartes de la situation atmosphérique dressées plusieurs fois par jour. Elles consistent à déterminer la marche et l'évolution des perturbations. A moyenne échéance, la prévision porte surtout sur l'étude de la transformation des grands anticyclones, des zones dépressionnaires et des courants de perturbations. A longue échéance, les essais de prévision font appel à la notion de "type de temps" sur une vaste région.

Les prévisions météo diffusées à l'intention des plaisanciers font désormais partie de la vie quotidienne, et il est maintenant difficile de s'en passer. Les connaître permet par exemple d'éviter de se coltiner avec du vent debout. Un programme de navigation de croisière peut être adapté au dernier moment pour profiter d'une belle brise portante, au lieu de remonter contre elle dans une navigation qui importune l'équipage. Ces prévisions permettent de naviguer plus intelligemment et plus agréablement. A l'évidence, elles permettent surtout d'être au courant de l'arrivée du mauvais temps.

L'ATMOSPHÈRE

La météorologie travaille sur l'atmosphère qui entoure la terre et qui est soumise à de nombreux éléments. Il s'agit d'une pellicule gazeuse entraînée avec la terre dans sa rotation et composée de plusieurs couches. Ces couches ont reçu des noms différents selon leur altitude. La plus instable, celle qui se trouve au ras du sol et monte jusqu'à 9 kilomètres aux pôles et 16 à 17 kilomètres à l'équateur, est la troposphère, elle-même divisée en trois autres couches. Cette atmosphère est composée d'air, d'eau et de poussière. Cet air que nous respirons et qui est nécessaire à notre vie se compose d'environ 21 % d'oxygène, 78 % d'azote, 0,9 % d'argon, ainsi que de gaz carbonique et autres gaz rares. Les échanges multiples de températures dans cette atmosphère, de taux d'humidité, de variations de volume et de pression fabriquent le temps que nous avons. C'est-à-dire le vent, la pluie et les différents phénomènes qui composent notre environnement. Ils agissent en fonction de lois précises.

LA PRESSION

L'air est pesant, contrairement à ce que l'on pourrait croire, et cette force exercée sur la surface de la terre est la pression atmosphérique. Un chiffre : un mètre cube d'air pèse, au niveau de la mer, entre 1,5 kilo par temps chaud et 1,3 kilo par temps froid. Cette mesure peut être enregistrée par le baromètre, et s'exprime désormais en hectopascal (hPa). Selon le moment de la journée, la pression s'élève puis baisse régulièrement. Elle est ainsi plus haute le matin et le soir ; plus basse vers midi et minuit.

Cette pression n'est pas la même sur l'ensemble du globe, et diminue avec l'altitude. En connaissant la pression atmosphérique en différents lieux, il est possible de rejoindre

Page précédente
Les formidables masses nuageuses de la région équatoriale entraînent les puissants grains de la zone baptisée le pot au noir.

tous les points d'égale pression et de dresser une carte isobarique. Ces courbes formant la carte font apparaître deux familles de pressions. Les hautes pressions, ou anticyclones, sont les régions où la pression est supérieure à la pression standard (1 013 hPa au niveau de la mer). Les basses pressions, ou dépressions, sont les régions où la pression est inférieure à cette pression standard. Le gradient barométrique est la distance mesurée sur la carte entre les isobares, exprimée en degré. Selon les reliefs de pression, la vitesse du vent sera plus ou moins forte. Plus les isobares sont rapprochées et plus le vent sera fort.

La température

La vie de l'atmosphère dépend d'une donnée essentielle : la température. Elle influe sur le poids de l'air et conditionne en grande partie les mouvements atmosphériques. C'est elle qui régit les conflits, génère les instabilités physiques et détermine le temps à travers différents échanges. Ces échanges sont dus au rayonnement de la chaleur, à la conduction différente selon la nature des corps, enfin, à la convection, qui est un système d'échange qui se pratique en mouvement. Ce dernier phénomène est important dans l'atmosphère où se manifestent les courants. Si la couche atmosphérique qui entoure le globe terrestre possédait une température uniforme, le temps serait invariable à la surface. Ce n'est pas le cas.

L'eau et le vent de l'atmosphère

L'atmosphère contient de l'eau en permanence. Même dans les régions les plus sèches, l'eau est toujours présente dans l'air et provient de l'évaporation incessante à la surface du globe des océans et des fleuves. Elle peut se présenter à l'état gazeux invisible ou sous un aspect liquide avec les nuages, voire solide avec la grêle et la neige. Dans l'enchaînement de tous les phénomènes atmosphériques, le vent est omniprésent. Il s'agit d'un mouvement de l'air qui agit dans une direction déterminée, qu'il est possible de calculer. Si la terre ne tournait pas, le vent se déplacerait sans doute en ligne droite, des hautes pressions vers les basses pressions. Mais la terre tourne, et sa rotation provoque une accélération transversale qui modifie la direction du vent. Cela nous conduit à formuler une loi fondamentale en météorologie : la loi de Buys-Ballot (météorologiste hollandais du siècle dernier).

Elle peut s'énoncer ainsi : dans l'hémisphère Nord, le vent tourne dans le sens des aiguilles d'une montre dans les hautes pressions et dans le sens inverse autour d'une dépression. Le phénomène est inversé dans l'hémipshère Sud. Cette loi est elle-même issue d'un phénomène appelé force de Coriolis. La rotation de la terre entraîne une force centrifuge sur les masses d'air qui est perpendiculaire à ces masses. Le sens de la déviation se fait vers la droite dans l'hémisphère Nord, vers la gauche dans l'hémisphère Sud. On peut énoncer cette loi de façon différente : en se plaçant face au vent dans l'hémisphère Nord, nous avons les dépressions à droite et les hautes pressions à gauche.

La vitesse du vent est toujours plus forte en altitude. Si vers 1 000 mètres, la direction du vent est tangente aux isobares, le moindre obstacle au sol perturbe cet écoulement. La direction au voisinage du sol fait un angle d'environ 30 degrés avec les isobares convergeant vers le centre des dépressions.

Comment se forme le vent ?

Le vent est le résultat des forces qui mettent l'air en mouvement. En raison du poids de l'air, la pression n'est pas partout la même, elle varie avec l'altitude.

Ces forces sont le résultat d'une pression dirigée des hautes pressions vers les basses pressions. Il accélère selon la pente. Comme le vent souffle toujours des hautes pressions vers les basses pressions, plus les isobares sont serrées, plus la pente est forte et plus le vent est puissant.

La force de Coriolis, qui s'applique perpendiculairement à la trajectoire de toute particule qui se déplace vers la droite dans l'hémisphère Nord explique le sens de rotation des vents dans les deux hémisphères. Interviennent enfin la force de frottement directement opposée au sens de déplacement de la particule et la force centrifuge, qui renforce la force résultante dans une courbe anticyclonique et la diminue dans une courbe cyclonique. Une raison qui fait qu'à gradient identique, le vent est plus fort près d'un anticyclone que dans une dépression.

LES GRANDS SYSTÈMES MÉTÉOROLOGIQUES

LES VENTS DOMINANTS
Symétrie des vents dominants, au nord et au sud, de chaque côté de l'équateur.

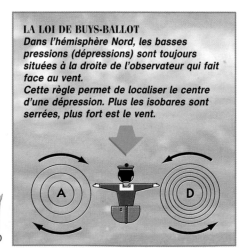

La répartition générale des vents à la surface du globe est une conséquence directe de la disposition des grandes masses d'air qui encerclent la planète et de l'application de la loi de Buys-Ballot :

- les hautes pressions aux pôles donnent des vents de direction générale est ;
- les basses pressions dans les régions tempérées donnent des vents généraux d'ouest ;
- les hautes pressions dans les régions tropicales donnent des vents dominants de secteur est. Autour des hautes pressions subtropicales va se constituer un vaste anticyclone, généralement centré sur les Açores, dont la partie sud se confond avec les alizés et la partie nord avec les vents d'ouest. La région des vents d'ouest qui est la nôtre est le siège de phénomènes perturbateurs particuliers. Pour s'en rendre compte, il faut également faire appel à la notion de "front", la clef des conditions météorologiques auxquelles sont soumises nos régions tempérées ;
- les basses pressions à l'équateur avec un gradient de pression faible donnent des vents faibles et instables. C'est le pot au noir, appelé aussi front intertropical. Cette ceinture sépare les deux zones d'alizés, avec un vent très chaud toujours à la limite de la saturation ;
- au sud de l'équateur, les hautes pressions subtropicales donnent des vents d'est ;
- au voisinage du 40e parallèle sud soufflent les grands vents dominants ouest, baptisés

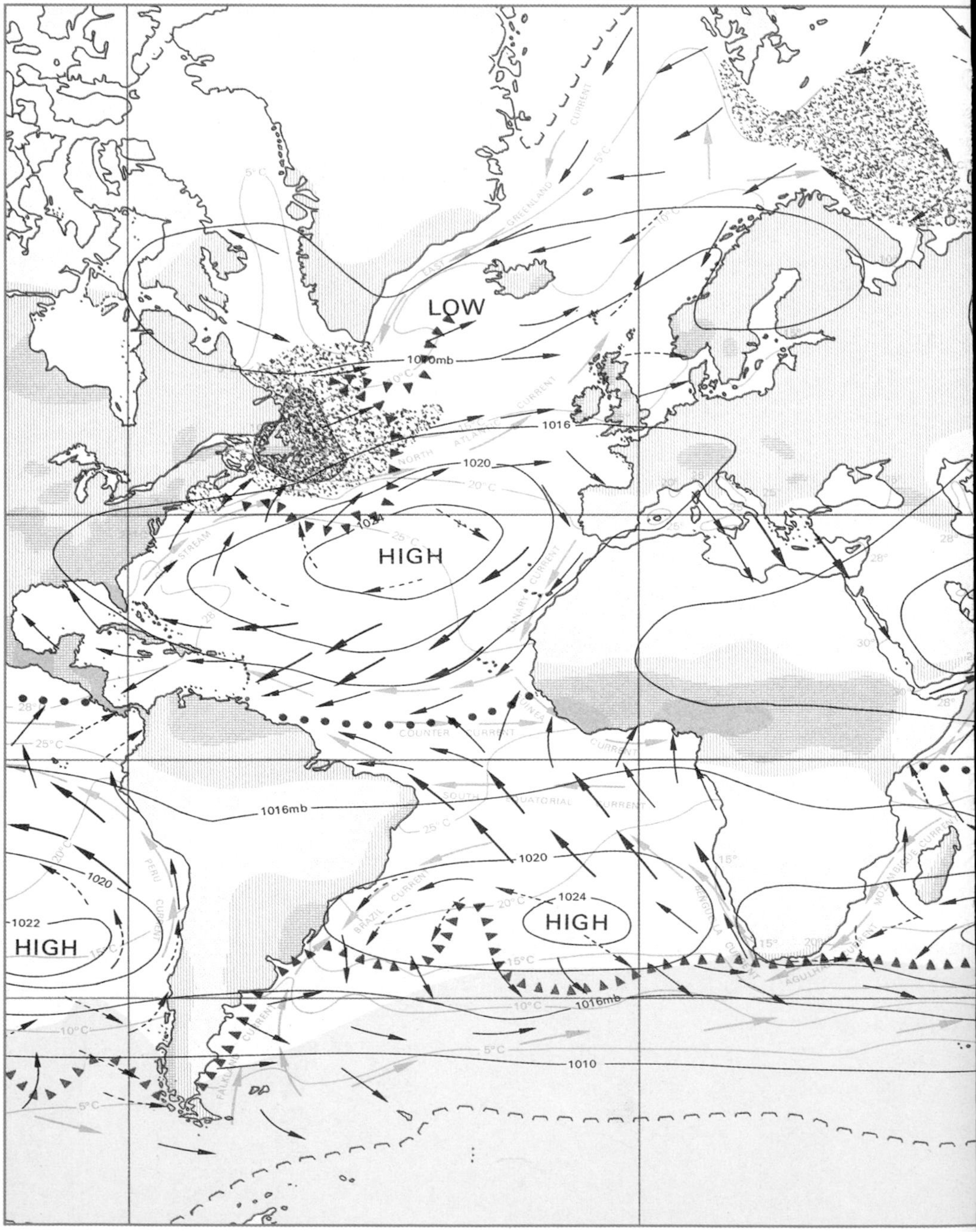

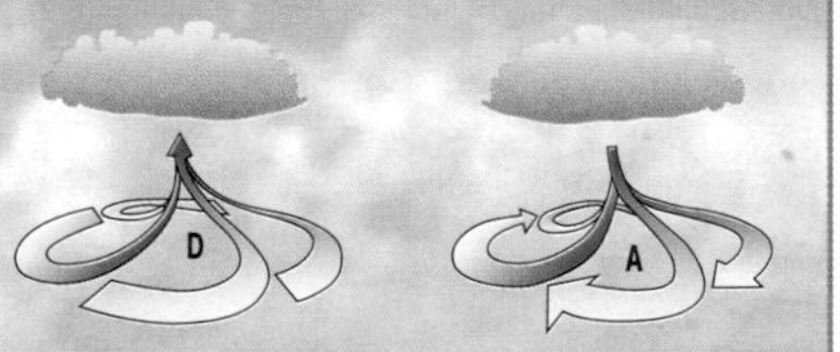

LA LOI DE CORIOLIS
Convergence horizontale des masses d'air d'une dépression : l'air entre, l'accumulation se résorbe dans le mouvement ascendant. Divergence horizontale d'un anticyclone : l'air sort, le vide est comblé par le mouvement descendant (hémisphère Nord).

LA LOI DE BUYS-BALLOT
Dans l'hémisphère Nord, les basses pressions (dépressions) sont toujours situées à la droite de l'observateur qui fait face au vent.
Cette règle permet de localiser le centre d'une dépression. Plus les isobares sont serrées, plus fort est le vent.

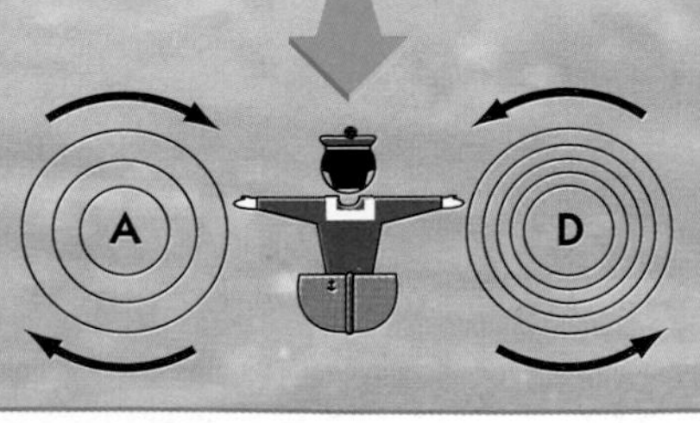

Quarantièmes rugissants par les équipages de grands voiliers ;

- les hautes pressions polaires du sud donnent des vents d'est.

Dépression

Un air chaud qui donne naissance à un temps humide et chaud engendre une zone de basse pression appelée dépression. La circulation d'air s'effectue, à l'intérieur de cette dépression, dans le sens contraire des aiguilles d'une montre dans l'hémisphère Nord. Les vents peuvent être forts. Dans les basses couches, le vent "rentre" dans la dépression. L'accumulation des particules d'air ne peut se résorber que par un mouvement vertical ascendant, qui entraîne une détente et parfois une condensation. La pression se met à diminuer et la masse d'air augmente de volume.

Anticyclone

Un air froid engendre une zone de haute pression appelée anticyclone. Le plus souvent, le temps est clair et sans nuages. La circulation d'air s'effectue, au centre de cet anticyclone, dans le sens des aiguilles d'une montre dans l'hémisphère Nord. Les vents sont plutôt faibles. Le vent "sortant" se traduit par une dispersion des particules d'air vers l'extérieur. Elles sont remplacées par un apport venant du haut, et il y a mouvement descendant, compression et échauffement.

Carte mondiale des climats pour le mois de juillet, publiée en 1973 dans l'ouvrage **Ocean Passage for the World.** *Y figurent les hautes et basses pressions, les vents dominants, la limite des glaces et la fréquence des coups de vent (5 à 10 jours par mois en jaune pâle et supérieur à 10 jours par mois en jaune foncé).*

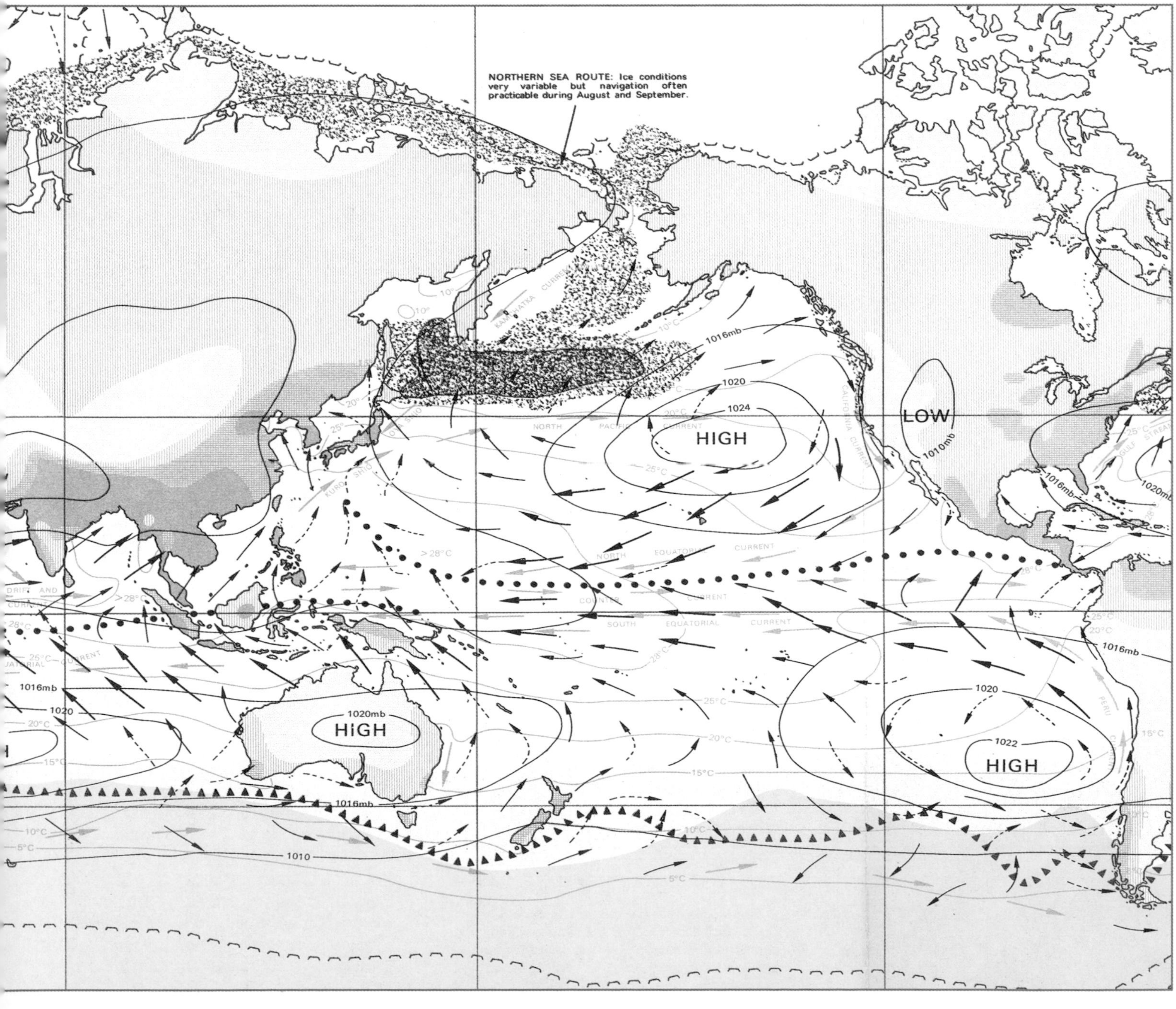

QU'EST-CE QU'UNE DÉPRESSION

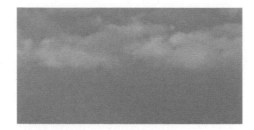

1 Les cirrus annonçent l'arrivée prochaine de la dépression, et le ciel se couvrira bientôt de cirro-stratus.

2 La pluie arrive par le sud-ouest avec le développement des nimbo-stratus. La dépression est là avec le secteur chaud. La visibilité va chuter, le temps se couvrir, et la pluie redoubler.

3 Le front froid fait son apparition après le passage de la dépression. L'arrivée des cumulo-nimbus génère encore des grains violents, mais les éclaircies sont là. Le vent tournera au noroît, avec le baromètre qui remonte.

Signes avant-coureurs d'une dépression

Trois signes distincts annoncent l'arrivée d'une dépression : la pression barométrique baisse, des cirrus apparaissent, et le ciel se couvre par le sud-ouest en se voilant progressivement ; le vent vient au sud, puis s'oriente au sud-ouest en fraîchissant.

La zone dépressionnaire s'approchant, les hautes pressions s'affaissent et le baromètre chute. Plus la baisse est importante et plus la dépression se creuse avec du vent fort. L'observation du ciel traduit l'arrivée de nuages très élevés nommés cirrus. Ces nuages blancs et fins sont le signe de la présence d'air chaud (basse pression) en altitude. Le ciel ne va pas tarder à se couvrir par le sud-ouest avec des altostratus et des cirro-stratus. Le vent, enfin, qui soufflait du secteur nord-est sous l'effet des hautes pressions, s'oriente vers le sud. Il fraîchira lorsque la dépression se rapprochera en s'orientant vers le sud-ouest.

Formation

Une dépression naît de l'affrontement de deux masses d'air de température différente. En Atlantique Nord, l'une est d'origine polaire. Il s'agit de l'air venant du nord. L'autre est d'origine tropicale. Il s'agit de l'air chaud venant du sud.

La formation d'une dépression s'effectue en une infinités de phases successives plus ou moins rapides, dont on peut résumer l'action en quatre temps forts.

L'air chaud monte vers le nord et entre en contact avec l'air froid qui descend. C'est la masse d'air chaud qui tend à repousser la masse d'air froid devant elle. C'est le front chaud qui se développe.

Cette masse d'air chaud et humide avance au-dessus de l'air froid et s'infiltre par la droite, déviée par la force de Coriolis.

La pointe d'air chaud continue son avancée, et les deux masses, air chaud et air froid, ainsi déviées entament un mouvement tourbillonnaire dans le sens contraire des aiguilles d'une montre (hémisphère Nord). Le vent suit ce mouvement.

Le tourbillon ainsi créé à la pointe de l'air chaud devient le centre dépressionnaire. L'air froid, plus lourd, rattrape l'air chaud, qui alimente le phénomène et forme alors une occlusion. La dépression est née et se creuse petit à petit, tandis que les vents augmentent de plus en plus autour du centre dépressionnaire.

Familles de dépressions

Sur l'Atlantique Nord, il n'est pas rare que l'instabilité créée par une première dépression donne naissance à la création d'une succession de dépressions. Elles peuvent se succéder par familles de quatre à cinq, positionnées de plus en plus sud en latitude. A la suite de quoi une nouvelle famille naît plus au nord. Elles se déplacent d'ouest en est, naissent et meurent en huit à dix jours. Certaines d'entre elles peuvent s'installer et cesser pour un temps d'évoluer et de se déplacer. Ces dépressions stationnaires, comme les anticyclones peu mobiles, jouent le rôle de centre d'actions et commandent les prévisions à plus long terme.

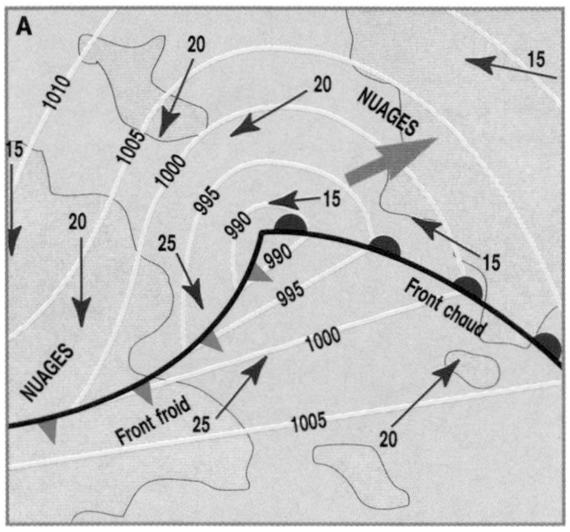

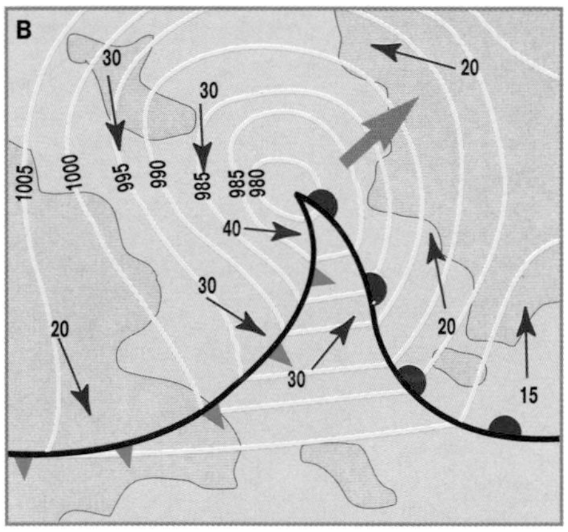

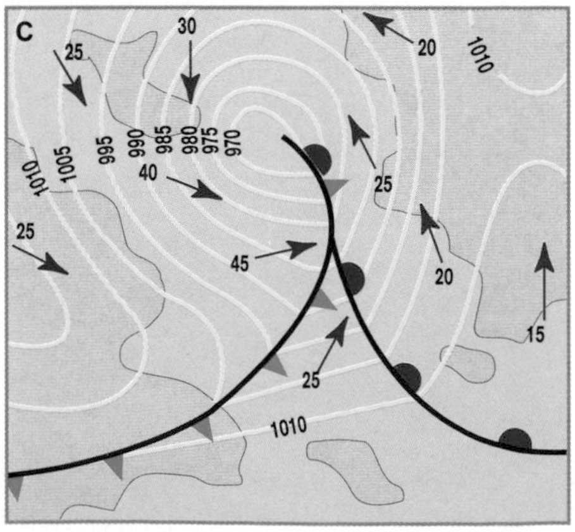

DÉVELOPPEMENT D'UNE DÉPRESSION DANS L'HÉMISPHÈRE NORD

A La masse d'air chaud venant du sud se heurte à celle venant du nord. L'équilibre de la ligne de front polaire est rompu ; cette ligne se déforme à droite de chaque front dans l'hémisphère Nord en raison de la force de Coriolis (sens de rotation de la terre). Le mouvement circulaire engendre une dépression dans laquelle les vents tournent dans le sens inverse des aiguilles d'une montre (même sens que la terre).

B L'air froid rattrape le front chaud et accélère, formant l'occlusion de la perturbation. Il progresse vers l'est, avant d'obliquer au nord-est. La zone des nuages de pluie s'étend en avant du front chaud.

C Au nord, le front est désormais occlus. Cette occlusion va s'étendre progressivement vers le sud à mesure que l'air chaud est chassé par l'air froid. Encore fort, le vent va mollir avec le comblement de la dépression.

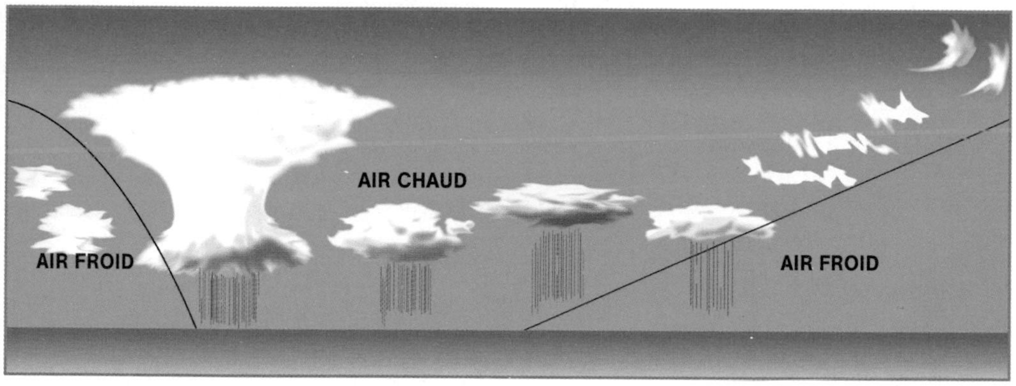

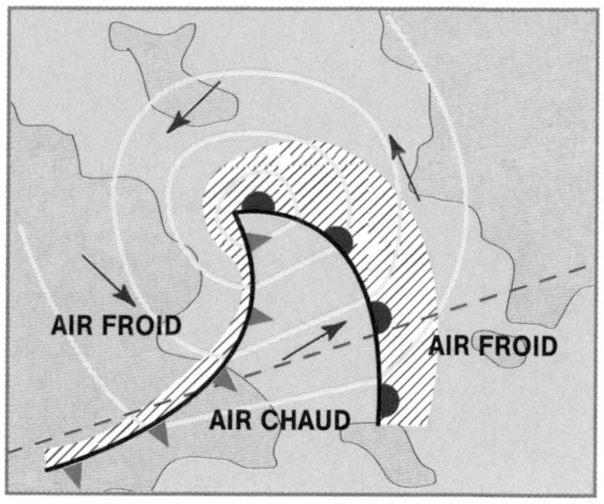

EVOLUTION D'UNE DÉPRESSION EN ATLANTIQUE NORD

L'air chaud qui forme la partie sud (dans l'hémisphère Nord) de la perturbation occupe un secteur d'abord très ouvert, qui est le secteur chaud. Puis le système frontal va s'enrouler autour de la dépression qui se creuse.

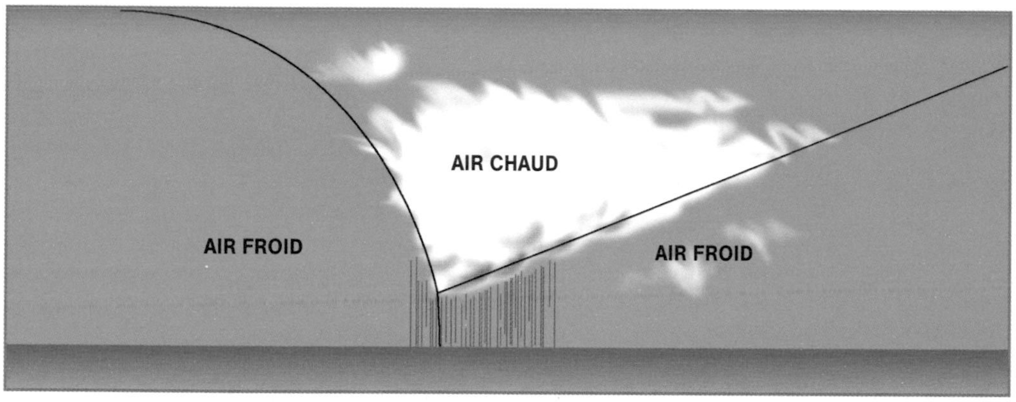

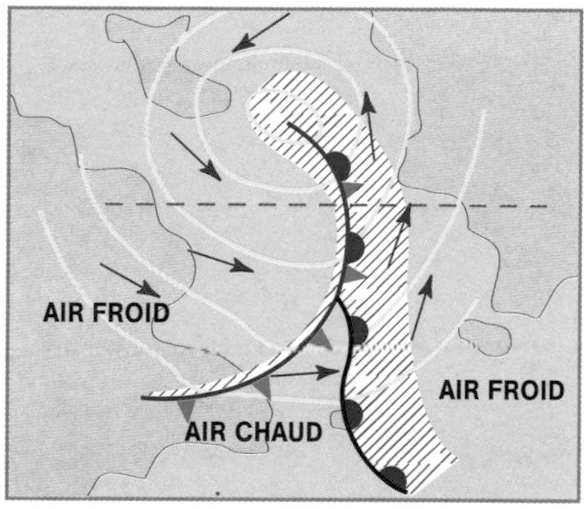

Le secteur chaud "s'étrangle" par son sommet et rejette l'air chaud en altitude. Le front froid rattrape le front chaud, formant une occlusion.

COMPRENDRE LES NUAGES

1 Cirrus.
Nuages élevés, isolés, en forme de filaments blancs. Leur forme soufflée signale un fort vent en altitude.

2 Cirro-stratus.
Nuages transparents, fibreux. Entraînent un halo autour de la lune et du soleil.

Le ciel du marin comme celui de l'aviateur est un immense écran où l'on peut lire les prévisions climatiques. Reconnaître les nuages est précieux en mer et permet de prévenir la force du vent et l'état de la mer, deux facteurs qui conditionnent directement la vie du bord. Quelques nuages d'importance secondaire sont difficiles à interpréter, mais les nuages essentiels, au nombre d'une dizaine, sont souvent très explicites.

Par beau temps anticyclonique, l'air est limpide et la masse nuageuse absente. Mais dès qu'une dépression s'annonce, sa formation est toujours constituée des mêmes éléments. Son évolution se développe, à quelques exceptions près, selon le même processus. Les grandes zones de mauvais temps résultent de la rencontre des masses d'air d'origine différente. Les conflits entre air chaud et air froid se manifestent par la présence de perturbations. L'air soulevé se refroidit par détente, et la vapeur d'eau contenue se condense et donne naissance à des formations nuageuses. En avant du système nuageux, la "tête" est constituée de nuages élevés. Vient ensuite le "corps" de la dépression, généralement pluvieux. Il est suivi de la "traîne", qui suit le front froid.

La tête de la dépression, celle qui précède le mauvais temps pluvieux, est animée par des vents de sud, venant au sud-ouest. Elle peut avoir une vitesse de déplacement de 15 à 40 nœuds pour la plus rapide. Elle est accompagnée de nuages horizontaux formés en haute altitude entre 5 000 et 13 000 mètres. Ce sont des nuages constitués par des cristaux de glace, qui vont voiler progressivement la lumière du soleil. Leurs noms portent le

Schéma d'une dépression avec ses nuages.

6 Nimbo-stratus.
Ils forment une couche très épaisse et couvrent le ciel après les altostratus. De petits nuages noirs courent souvent en dessous.

7 Strato-cumulus.
Nuages bas (en forme de dalles) qui précèdent la bruine.

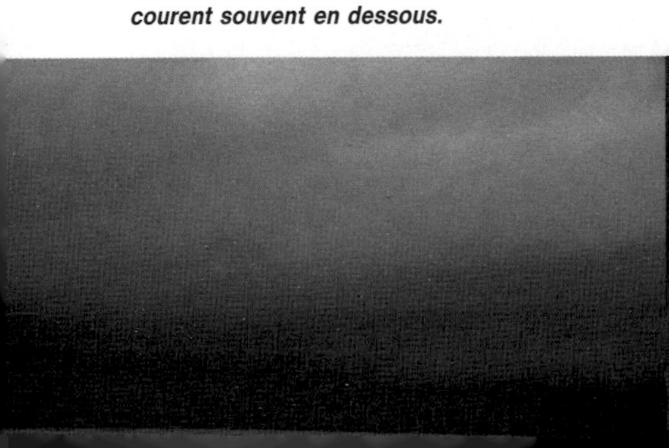

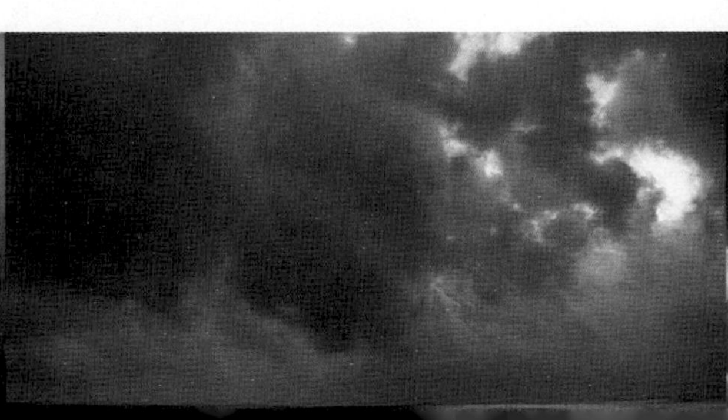

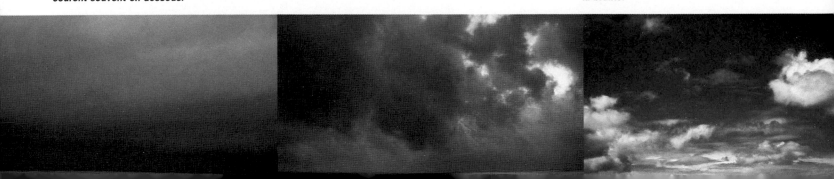

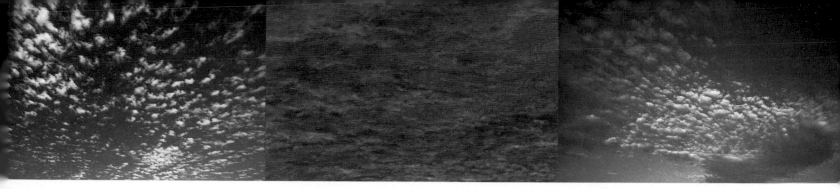

3 Cirro-cumulus.
Nuages élevés et blancs, très régulièrement disposés.

4 Altostratus.
Succèdent souvent aux cirro-stratus, en étant plus bas et plus opaques.

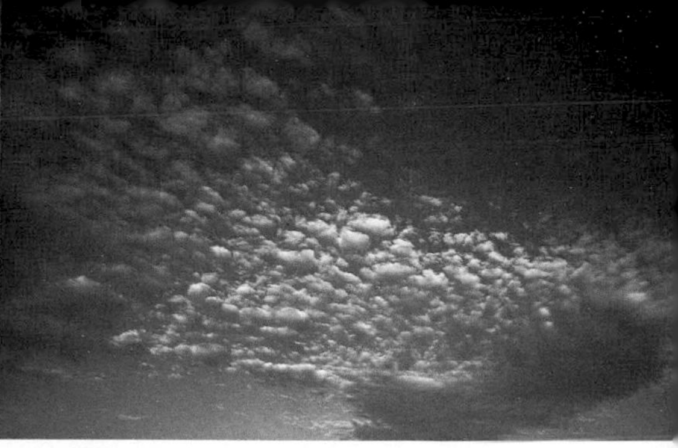

5 Altocumulus.
Moins élevés et plus gros (en forme de galets) que les cirro-cumulus. Changent de taille dans un ciel alors qualifié de pommelé.

préfixe “cirro” : les cirrus, puis les cirro-stratus et cirro-cumulus.

Avec l’arrivée du corps de la dépression, le vent s’installe au sud-ouest, et les nuages de moyenne altitude, c’est-à-dire entre 2 000 et 7 000 mètres, sont porteurs de pluie (préfixe “alto”). Les altostratus et les altocumulus masquent le soleil, et la lumière s’obscurcit. Ce sont les nimbo-stratus, à basse altitude (depuis la surface jusqu’à 2 000 mètres), qui déclenchent la pluie et les premiers renforcements du vent de sud-ouest à ouest. Cette situation peut durer jusqu’à 24 heures, davantage si un second front s’en mêle et vient se conjuguer au premier.

Avec l’arrivée du front froid, en arrière de la dépression, la traîne fait naître l’embellie, avec un ciel qui redevient bleu, ponctué de cumulus et de cumulo-nimbus qui se développent à haute et moyenne altitude. Le vent ne va pas tarder à remonter au nord-ouest en soufflant encore fort, avant de mollir progressivement.

Ainsi, la reconnaissance des nuages, qui occupent une place bien précise dans l’évolution des perturbations, est une précieuse indication du temps. Leur observation, liée à celle du baromètre, qui indique la pression de l’air, est vitale pour le marin qui souhaite comprendre le temps avant de le subir.

La dépression passe comme un cortège savamment orchestré : l’air chaud du milieu est encadré par deux secteurs d’air froid. Les nuages ont chacun leur place par rapport au corps de la dépression, mais aussi en fonction de l’altitude.

:umulo-nimbus.
mulus ayant grossi en sortant au-dessus
s autres avec une forme d’enclume.
ne d’un vent très violent.

9 Cumulus congestus.
Cumulus beaucoup plus volumineux, sombres à leur base, en forme de chou-fleur.

10 Cumulus.
Nuages très blancs bien séparés les uns des autres, d’aspect cotonneux.

DEUX SYSTÈMES MÉTÉOROLOGIQUES PARTICULIERS

SITUATION DE MISTRAL
Anticyclone sur le sud-ouest de la France plus dépression sur le golfe de Gênes plus air chaud à l'est de l'Italie égale violent flux d'air froid du nord-ouest vers le sud-est.

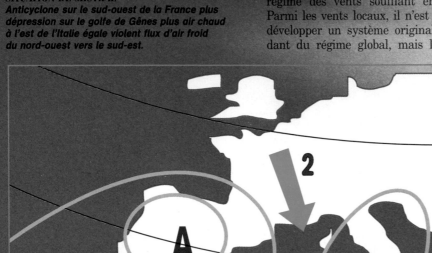

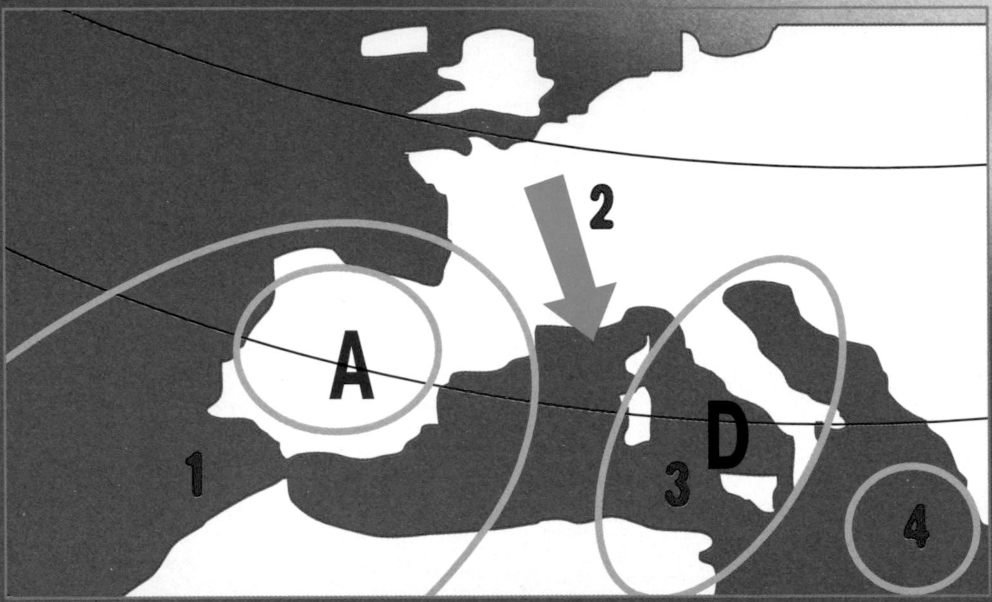

LE MISTRAL

Pourquoi le mistral mérite-t-il une présentation particulière ? La raison est simple : sa formation originale échappe totalement au régime des vents soufflant en Atlantique. Parmi les vents locaux, il n'est pas le seul à développer un système original et indépendant du régime global, mais la soudaineté avec laquelle il se lève peut mettre le plaisancier en difficulté. Soufflant sur une mer fermée bordée de reliefs importants, le mistral canalise les forces du vent. Il peut se développer avec beaucoup de violence, par grand soleil, et il agit toujours du nord vers le sud, c'est-à-dire vers le large, aussi bien en hiver qu'en été. Il rend alors impossible un retour vers la terre. Les coups de mistral d'au moins force 8 sont le plus souvent enregistrés d'octobre à avril.

Près de la côte, sa violence n'a pas le temps de lever une mer trop grosse, mais au large, le mistral peut engendrer des mers énormes, dont les vagues rapprochées forment des creux abrupts pouvant atteindre 6 à 8 mètres. Dans ce type de temps, seule l'allure de sauvegarde au vent arrière peut être adoptée avec un minimum de toile. Il serait pourtant préférable de quitter cette "tuyère" pendant qu'il en est encore temps, en essayant de la traverser, mais ce n'est pas toujours possible. Les exemples de voiliers en difficulté par fort vent de mistral sont nombreux, et les accidents mortels occasionnés par ce type de temps malheureusement à déplorer. La violente tempête de novembre 1995 demeure dans les mémoires. Elle barra la route à plusieurs bateaux en course dans le golfe du Lion. Si quelques-uns s'en tirèrent avec beaucoup de frayeur, d'autres y laissèrent leur vie. Durant cette tempête, 6 bateaux furent coulés, 17 personnes purent être hélitreuillées par les secours, mais 10 disparurent.

Les marins expérimentés se méfient à juste titre de la réputation dangereuse et caractérielle de la Méditerranée. Faire face en quelques heures à des rafales de 70 nœuds et des vagues déferlantes sur des crêtes approchant 10 mètres exige beaucoup d'expérience et des bateaux équilibrés, bien préparés et solides. Au sud de Toulon et par le travers de la Corse, il m'est personnellement arrivé de subir du très gros mistral à bord d'un ketch de 18 mètres, et je n'oublierai jamais la violence de la mer qui déferlait dans un grondement sourd. Sous tourmentin seul, nous ne pouvions naviguer que dans l'axe du vent, en fuyant avec lui. La moindre modification de cap nous couchait dans la mer. Une déferlante enleva d'abord tout ce que nous avions laissé sur le pont : gaffe, avirons et menus équipements, mais aussi le canot de sauvetage solidement arrimé avec des sangles sur la plage avant. Quelque temps plus tard, le vent éclata le tourmentin, nous laissant à sec de toile, ce qui ne nous empêcha pas de couvrir la distance de 100 milles en 10 heures. Pour éviter que l'eau entre par la descente, les panneaux étaient fermés. Mais nous avions été obligés de clouer une voile par-dessus les panneaux pour

SENS DE ROTATION DE LA BRISE THERMIQUE
Toujours vers la droite en raison de la force de Coriolis qui dévie les flux d'air vers la droite dans l'hémisphère Nord. Le cycle complet s'effectue donc en passant successivement par le nord, puis l'est, enfin le sud, avant de revenir à l'ouest.

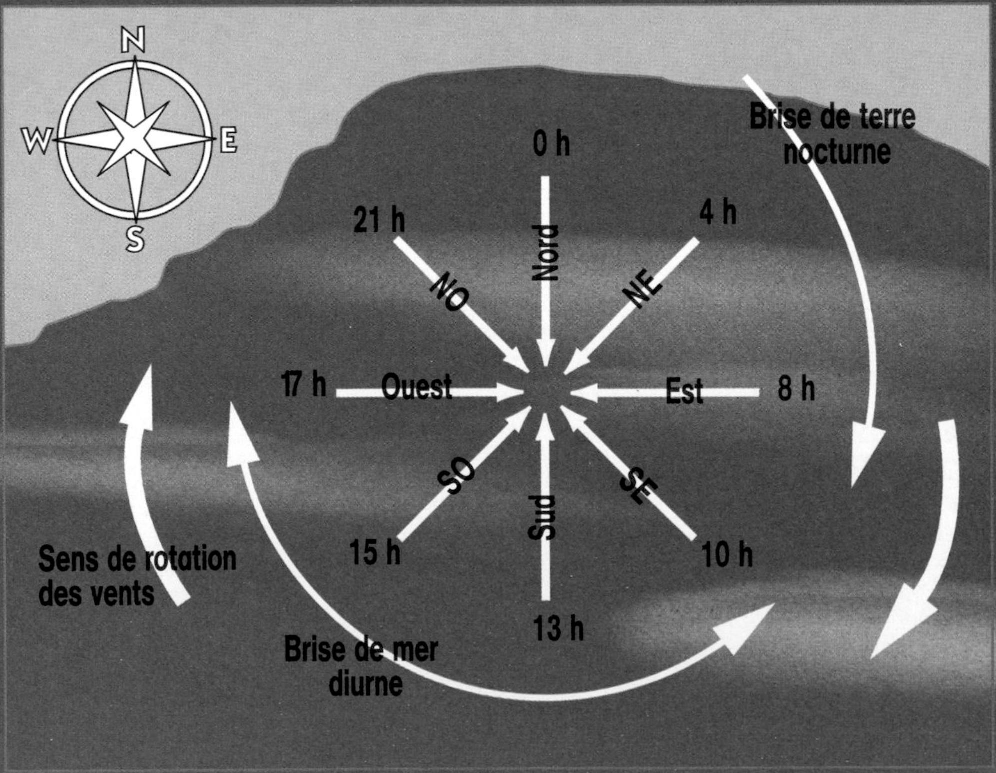

garantir l'entrée de la cabine, qui manquait d'étanchéité par ce type de temps. Certaines déferlantes rattrapaient le bateau, totalement "mangé" par la mer. Cette expérience se termina heureusement avec un mollissement du vent. Après dix heures de fuite, nous avons pu renvoyer un peu de toile et faire route vers l'ouest pour rallier l'île d'Ibiza.

Les signes avant-coureurs du mistral

Le maître vent – son origine latine signifie *magistral* – dégringole de la vallée du Rhône, d'où il est soufflé, pour fondre sur le littoral et cingler vers le large jusqu'à plusieurs centaines de milles. Sa naissance est favorisée par plusieurs conditions : basse pression sur le golfe de Gênes, haute pression sur le reste de la France, ou au moins sur la région Aquitaine. C'est la ville de Toulon qui délimite la plupart du temps les deux zones : l'anticyclone est à l'ouest de cette ville, la dépression à l'est. Les fameux altocumulus lenticulaires sont des signes sérieux d'arrivée du mistral, provoquée dans les conditions suivantes :

- anticyclone sur l'Espagne avec présence d'une dorsale sur le Sud-Ouest de la France ;
- arrivée d'un flux d'air froid du nord-ouest, canalisé par les montagnes des Pyrénées à l'ouest et des Alpes à l'est ;
- dépression sur la Méditerranée occidentale, golfe de Gênes, qui se creuse derrière les Alpes ;
- éventuellement air chaud dans la zone dépressionnaire pouvant séjourner à l'est le long des côtes grecques.

Les brises thermiques

Le vent qui se fait sentir près de terre peut être lié à des effets locaux, et dans ce cas, l'apparition de la brise est liée à des phénomènes thermiques. Par exemple l'été, près de la côte, par beau temps avec des pressions hautes. La brise change alors de direction selon l'heure de la journée.

L'influence du soleil n'est pas la même sur la terre et sur la mer. Pendant le jour, le sol devient plus chaud que la mer ; en revanche, il se refroidit plus vite la nuit. Les basses couches de l'atmosphère subissent des variations analogues. La conséquence de ce déphasage de température fait que, la nuit, l'air refroidi sur terre s'écoule vers la mer : c'est ce qu'on appelle la brise de terre. Elle se déclenche lorsque la différence de température de l'air entre la terre et la mer approche 4 degrés. Le jour, l'air, fortement chauffé par la terre, tend à s'élever, et il est remplacé par de l'air plus frais venant de la mer : c'est la brise de mer. Avec de l'humidité, l'ascendance de cet air chaud peut provoquer la naissance de cumulus.

Ce phénomène classique est intéressant à connaître pour le plaisancier, qui pourra compter sur la brise et une mer plate. En règle générale, la brise de mer s'établit après le lever du soleil. Elle souffle d'abord perpendiculairement à la côte, puis vient sur la droite si l'on fait face au vent. Sa force est variable, mais peut monter dans certains cas jusqu'à une vingtaine de nœuds. Mais cette brise de mer, liée à la différence de température de l'air entre la terre et la mer, ne se produit pas dans tous les cas de figure. En effet, une nébulosité du ciel peut annuler le réchauffement des rayons du soleil et la naissance de la brise. Il faudra également que l'air soit instable à terre pour favoriser l'établissement de ce vent thermique. Cet air instable est la plupart du temps matérialisé par la présence de cumulus de beau temps. Enfin, cette brise de mer va se produire avec un écart thermique fort, matérialisé par une instabilité marquée de l'air humide.

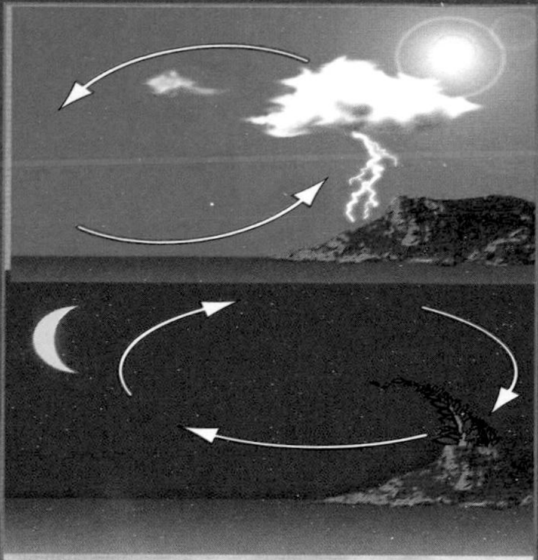

BRISES DE TERRE
Le jour, la brise naît de la différence de température entre la terre et la mer, qui crée l'instabilité. Le vent vient se réchauffer sur la terre.
La nuit, l'air refroidi dans les basses couches au-dessus du sol s'écoule vers la mer.

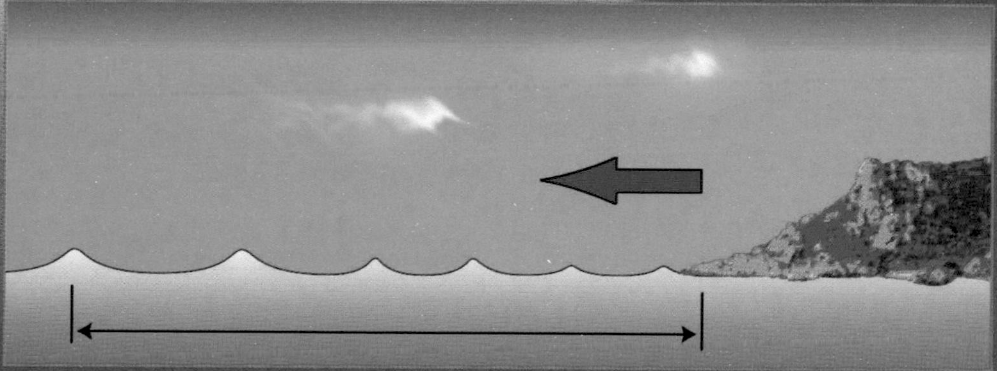

LE FETCH
Ce mot anglais désigne à la fois une distance et une durée. Il est possible d'exprimer un fetch de 400 mètres ou encore un fetch de 12 heures. De son importance dépend en fait l'état de la mer. Plus il est important, et plus la mer sera creuse.

L'ÉTAT DE LA MER
La hauteur des vagues dépend de plusieurs facteurs : le fetch, exprimé ici en milles, et la force du vent (en nœuds). Avec ces deux valeurs qui croissent, la mer devient de plus en plus grosse. Dans ce schéma, des facteurs annexes, le courant par exemple, ne sont pas pris en considération. Ils peuvent bouleverser ces données de base.

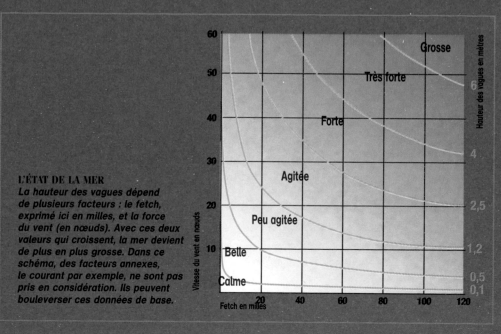

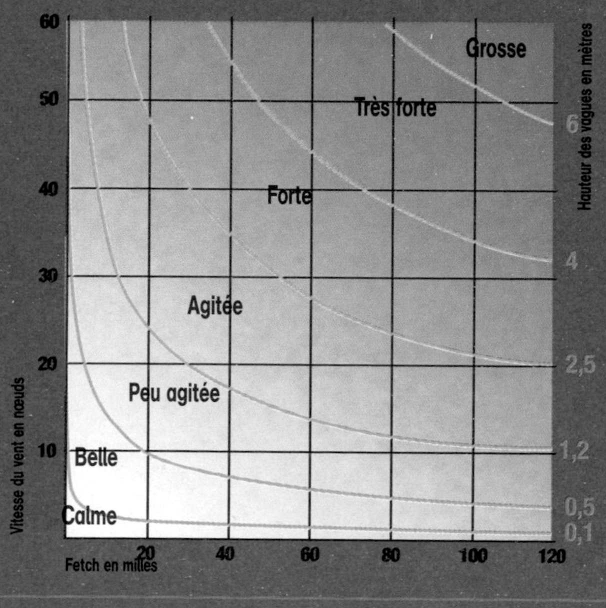

LES INFORMATIONS MÉTÉOROLOGIQUES

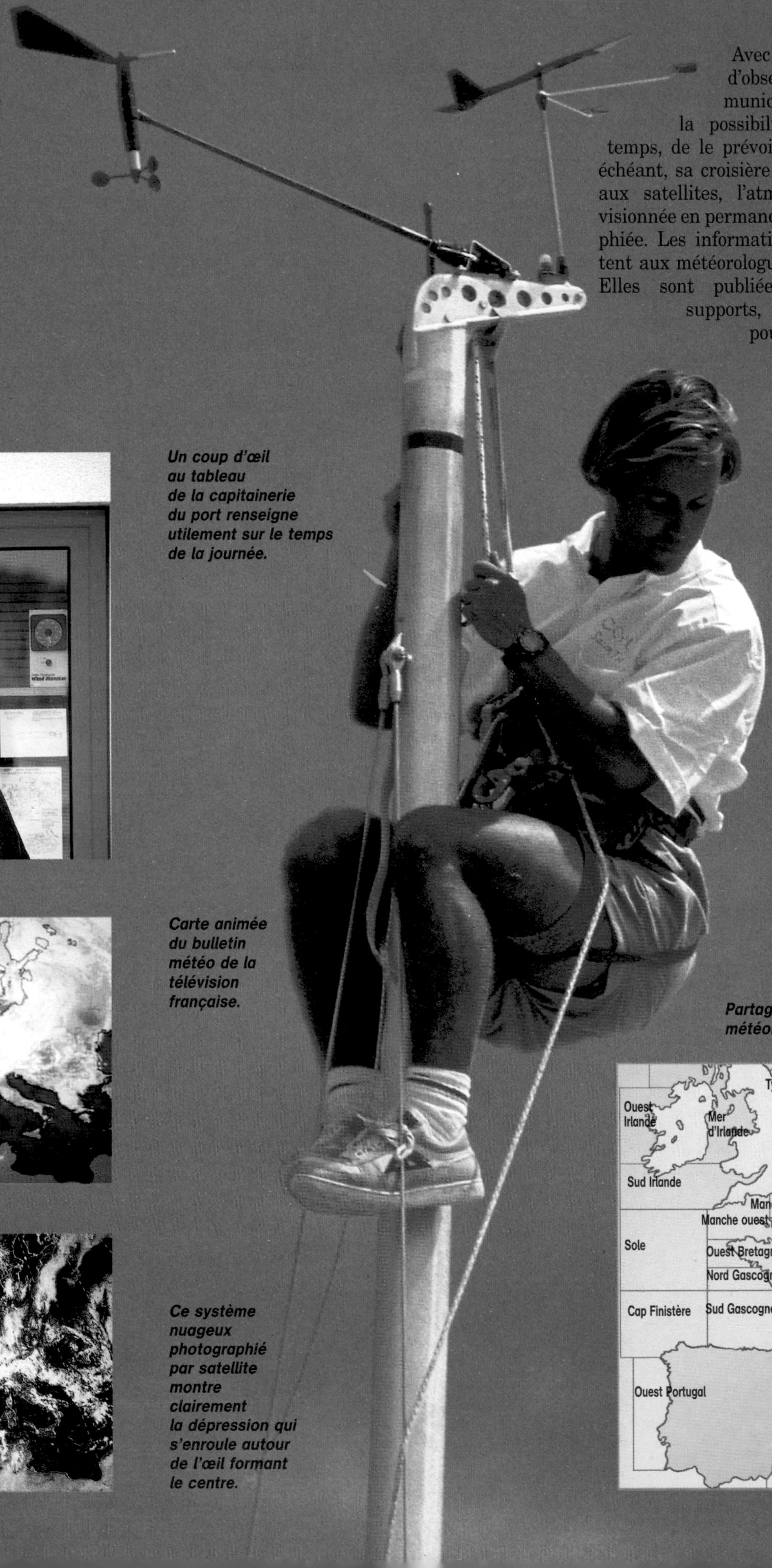

C'est en tête de mât, dans un système de vent le moins perturbé possible, que l'on place les différents appareils de mesure (vitesse et angle du vent).

Avec les moyens actuels d'observation, puis de communication, le plaisancier a la possibilité de comprendre le temps, de le prévoir et d'organiser, le cas échéant, sa croisière en conséquence. Grâce aux satellites, l'atmosphère terrestre est visionnée en permanence, filmée et photographiée. Les informations recueillies permettent aux météorologues de prévoir le temps. Elles sont publiées sur de nombreux supports, comme les télévisions pour le traditionnel bulletin, imprimées par la météorologie qui alimentent les différents journaux d'information. Elles sont aussi envoyées vers des serveurs Internet et peuvent être consultées par les abonnés.

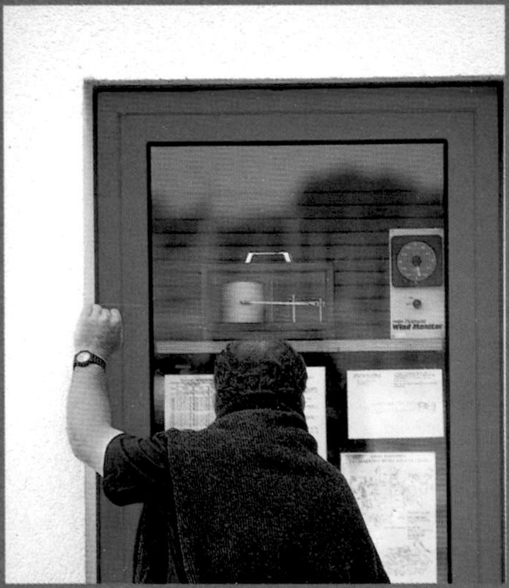

Un coup d'œil au tableau de la capitainerie du port renseigne utilement sur le temps de la journée.

Carte animée du bulletin météo de la télévision française.

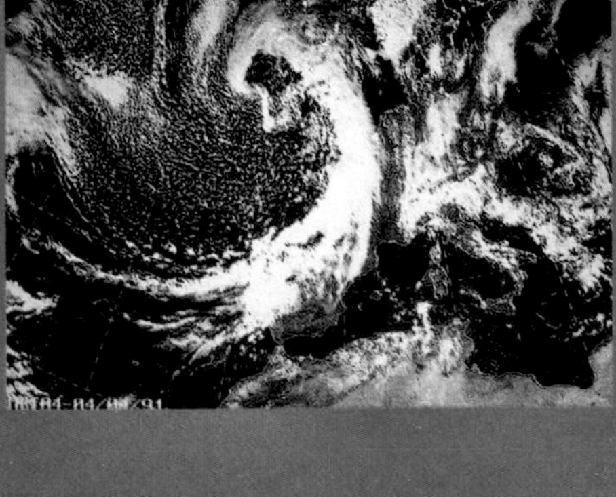

Ce système nuageux photographié par satellite montre clairement la dépression qui s'enroule autour de l'œil formant le centre.

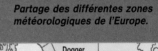

Partage des différentes zones météorologiques de l'Europe.

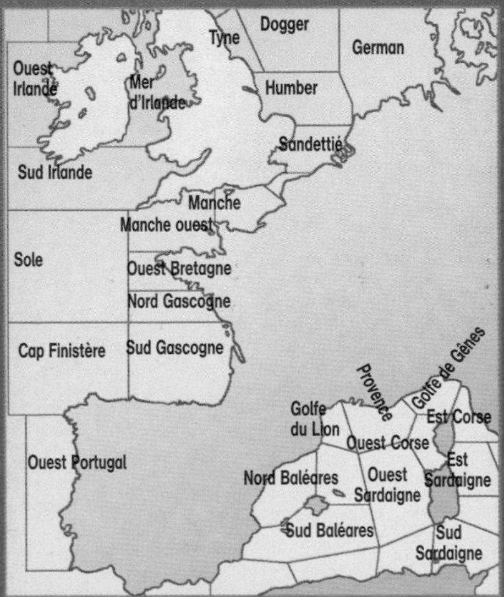

Ces deux cartes météorologiques du 13 et 14 août 1979 montrent la dépression qui souffla sur le Fastnet en 1979 et provoqua une catastrophe historique (25 bateaux sombrent, 19 disparus dont 15 participaient à la course).
La dépression paraissait d'abord banale (carte du 13 août avec une pression de 995 mb au centre et des vents de force 5 à 6). Mais le lendemain (carte du 14 août), on pouvait esquisser le schéma précurseur d'une tempête avec une baisse de pression de 2 millibars, et des isobares très rapprochés (moins de 100 milles entre les isobares 985 et 995 mb).
L'équivalent d'une tempête hivernale se déchaîna en plein mois d'août et passa brutalement sur les 306 bateaux en course.

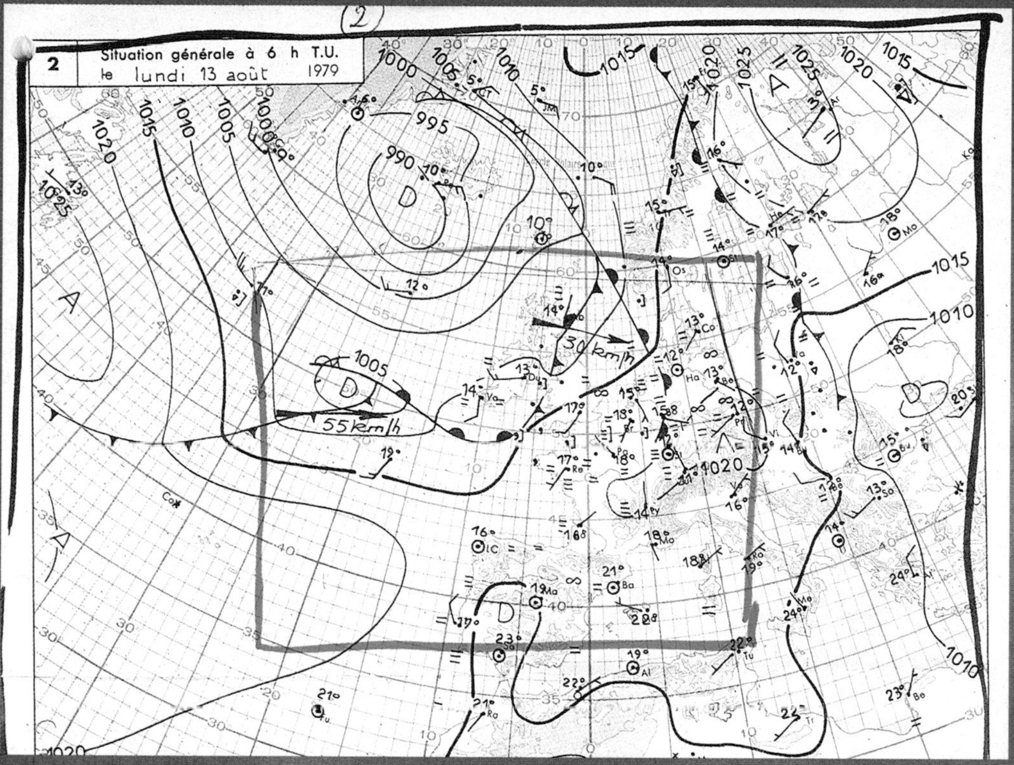

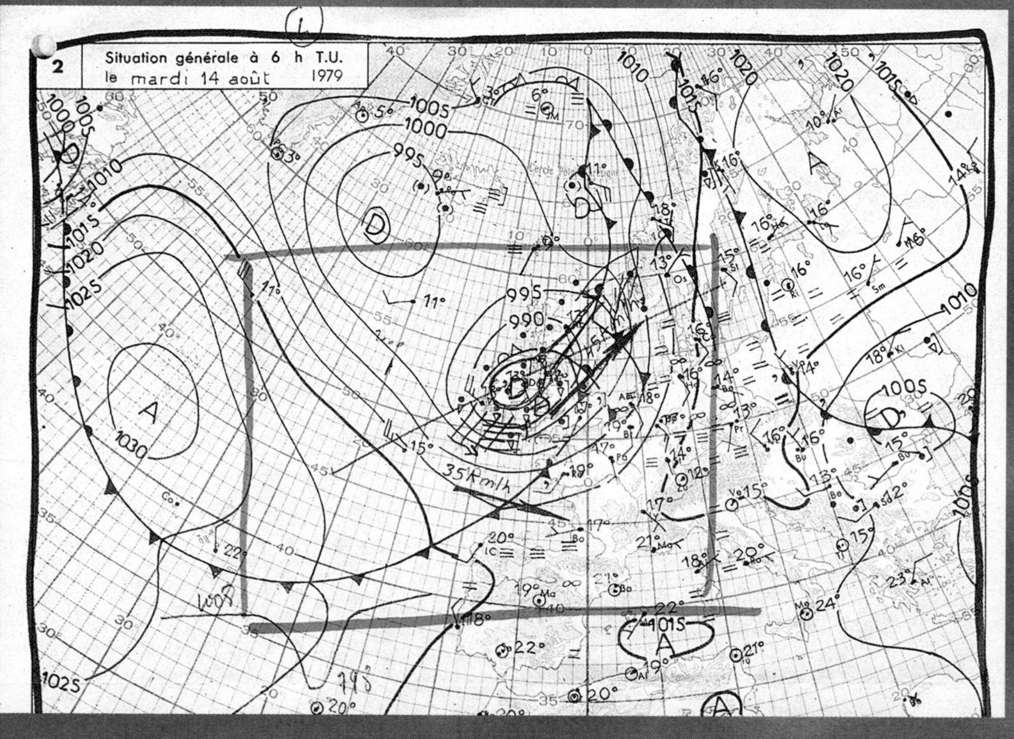

Le "sorcier", baromètre enregistreur, donne la pression. Sa descente signale l'arrivée probable de la dépression. Ce tracé est celui du passage meurtrier de la tempête qui balaya la mer d'Irlande au moment du Fastnet en 1979.

Ces différentes cartes météo appartiennent aux banques de données pouvant être lues sur les serveurs Internet.

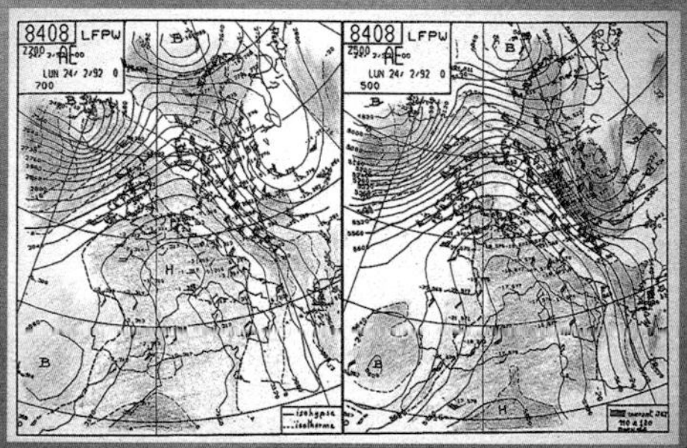

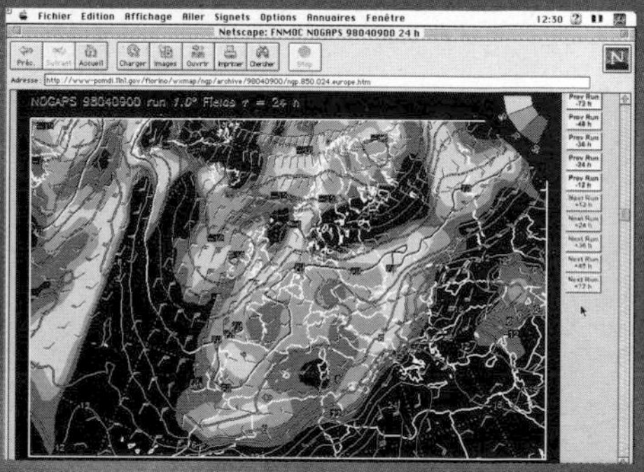

4
La découverte du bateau

« N'as-tu pas observé en te promenant dans cette ville que, d'entre les édifices dont elle est peuplée, les uns sont muets, les autres parlent, et d'autres enfin, qui sont plus rares, chantent ? Ce n'est pas leur destination, ni même leur figure générale, qui les animent à ce point, ou qui les réduisent au silence. Cela tient au talent de leur constructeur ou bien à la faveur des muses. »
Paul Valéry, Eupalinos.

Le bateau à voile est un véritable univers en équilibre, une maison flottante et en même temps un étonnant véhicule marin doté de nombreuses ressources. Il est conçu pour faire route par tous les temps, à la voile et au moteur. Sur le pont, les hommes d'équipage y font constamment du sport. Ils vivent nuit et jour dans les aménagements intérieurs, partagent les repas et s'y reposent. Certains bateaux sont conçus pour répondre à un programme de croisière tranquille ; d'autres sont davantage tournés vers la vitesse et la course. Leurs formes, leurs dimensions, leurs gréements et leurs équipements seront différents selon la navigation envisagée. Pour effectuer une sortie l'après-midi, faire une croisière côtière, ou encore partir autour du monde, une large variété de bateaux est offerte au choix du plaisancier. Rien d'étonnant à ce que l'architecture du voilier et son équipement répondent à une procédure complexe et intègrent en même temps la tradition et la haute technologie. Plusieurs bateaux anciens, construits en bois, continuent de naviguer et sont encore des modèles d'esthétisme. Quant à certains bateaux de course récents, conçus sur ordinateur et construits avec les matériaux de l'aéronautique, ils battent des records de vitesse impossibles à imaginer il y a quinze ans. La passion de la voile tient à la variété des connaissances qu'elle fait naître.

Symétrie des grosses membrures en bois d'une construction classique.

LA FORME

Profil de coque de America (1850) : importance de la surface mouillée, quille longue, safran dans le prolongement de la carène, étrave à guibre.

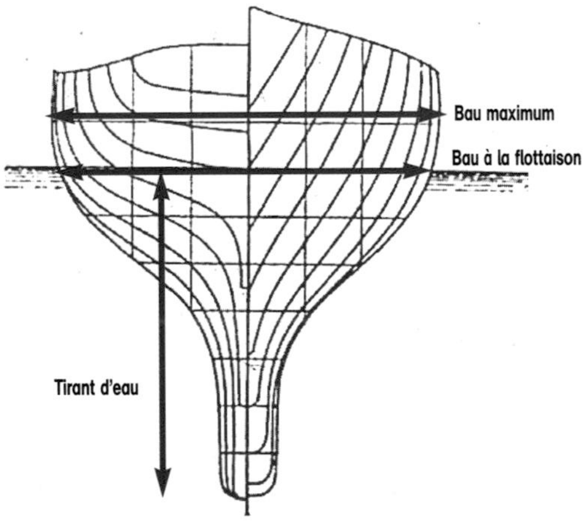

Les caractéristiques qui définissent la forme d'une coque.

De tout temps, les marins ont offert des *ex-voto* pour remercier le ciel de s'être tiré d'un mauvais pas. Il existe encore dans les églises de Bretagne ou de Provence de nombreux modèles suspendus ou placés dans des cadres. A l'examen attentif de ces répliques, on peut se faire une idée précise des lignes d'eau d'un bateau. Même si elles ne sont pas exactement fidèles à la réalité, les formes pincées de l'avant, l'arrière large et la quille longue donnent une idée de l'équilibre du navire.

L'art de la maquette fut également présent dans les chantiers en tant qu'outil de travail. En trois dimensions où en demi-bloc, ces coques de bateau servaient de modèles pour prendre la pleine mesure de la forme avant la construction. Ces maquettes n'avaient pas toutes le même degré de finition. Certaines étaient faites pour informer le client ou l'armateur, d'autres, plus exactes, guidaient l'étude du chantier. Plusieurs constructeurs, par exemple Jézéquel en Bretagne du Nord, ont conservé très tard cette méthode de travail. Traditionnellement, la construction d'un bateau commençait par l'élaboration d'un modèle à petite échelle qui servait à mieux définir les formes du futur bateau. La mode des demi-coques qui ornent aujourd'hui les salons vient de l'époque où elles remplissaient un rôle essentiellement pratique. Il est évident que l'ordinateur a bousculé cette tradition.

Les premiers ordinateurs, beaucoup trop volumineux, n'ont pu être efficaces pour les architectes spécialisés dans la plaisance, qui continuèrent à travailler à la main et à tracer leurs plans à partir de la sacro-sainte méthode de la règle, tenue par des poids sur la feuille de dessin. La calculette manuelle permit d'abord de faciliter les calculs. Mais c'est en 1980 que les micro-ordinateurs changèrent la vie des architectes navals. Les programmes spécialement destinés au calcul et au dessin des bateaux bouleversèrent la profession.

Sur l'écran de l'ordinateur, la coque en trois dimensions dessinée au départ par l'architecte est semblable à l'*ex-voto* qui se balance au bout de son fil dans la chapelle. Elle ressemble aussi au modèle du constructeur taillé dans un morceau de bois dur. En la faisant tourner sur elle-même, l'observateur peut en apprécier tous les aspects. Mais il va beaucoup plus loin grâce à l'informatique, pouvant évaluer toutes les cotes, mesurer le devis de masse aussi bien que l'élaboration de la forme et en tirer les calculs de structure. L'ordinateur est devenu indispensable. S'il ne résout pas un projet à coup sûr, il permet de lever un certain nombre d'incertitudes en quelques minutes et affranchit l'architecte de toutes les anciennes tâches particulièrement longues et ingrates Ceci étant, les différentes données de base introduites dans la machine sont toujours les mêmes, et l'ordinateur ne restitue jamais que ce qu'on lui donne. Un bateau sera toujours apprécié par rapport à ses valeurs fondamentales, qu'il convient de passer en revue. Les principales caractéristiques du bateau, celles qui figurent dans tous les catalogues et journaux spécialisés, permettent de l'apprécier à sa juste valeur.

LA LONGUEUR

C'est la caractéristique principale la plus évidente. Elle conditionne les tarifs de port : plus elle est grande et plus la place coûte cher. Elle influence également le prix du bateau lui-même dans la plupart des cas. C'est également un gage de confort pour l'utilisateur et une marque de “respectabilité” pour le propriétaire. Les constructeurs le savent bien, qui énoncent la plupart du temps la longueur en prenant en compte les balcons avant et arrière.

Pour ce qui concerne la tenue à la mer, la longueur ne présente que des avantages. Elle conditionne directement la vitesse, elle améliore le passage dans la mer – aussi bien le

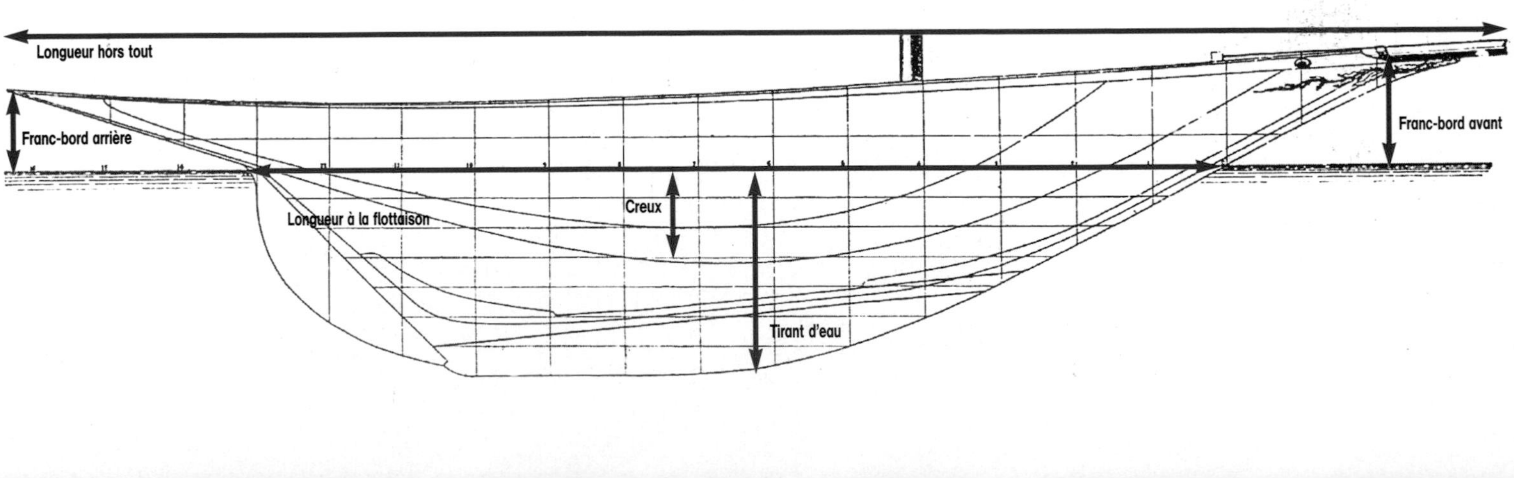

clapot que la mer formée. Elle joue un rôle primordial par mauvais temps en permettant au bateau de mieux se défendre. Au regard du volume intérieur, qui conditionne le confort des aménagements, la longueur est également un avantage. Ne perdons pas de vue néanmoins que le fameux mètre de plus, dont beaucoup de propriétaires rêvent, entraîne un déplacement important, et qu'en matière de bateau, les contraintes grossissent avec le déplacement, pour les manœuvres comme pour l'entretien.

Dans la pratique, il y a plusieurs manières d'apprécier la longueur d'un bateau. La longueur hors tout est traditionnellement la longueur totale de la coque en tenant compte des élancements. La longueur de flottaison est celle mesurée au ras de l'eau. Elle est plus significative dans la mesure où elle est liée à la vitesse du bateau et où elle conditionne le volume des aménagements. Enfin, la mesure de longueur pour la jauge est, pour un bateau de course, celle où sont prises les mesures pour calculer le rating.

La largeur

Elément important de la stabilité du bateau, plus elle est grande et plus le bateau sera stable. A l'inverse, elle peut constituer un frein en augmentant la surface mouillée. Sa valeur est liée à celle du tirant d'eau, qui joue également un rôle primordial dans la stabilité du bateau. Sur le plan du comportement à la mer, elle intervient aussi favorablement. Les bateaux larges sont généralement plus doux à la mer. Quant aux aménagements, ils seront plus vastes dans un bateau large que dans un bateau étroit.

La largeur maximale mesurée sur le pont d'un bord à l'autre est appelée le bau maximum. Il est situé plus ou moins en arrière selon les cas. Le rapport entre la longueur et le bau donne une idée de la finesse d'une coque.

Le déplacement

C'est le poids du bateau ou le poids de la quantité d'eau déplacée qui déborderait si on posait le bateau dans un bassin rempli à ras bord. Le déplacement est un élément fondamental du prix. Si l'on considère deux bateaux de même taille, le plus lourd sera plus cher. La construction, l'accastillage, la voilure demanderont plus de matière et d'efforts. Le déplacement d'un bateau inclut le poids du lest placé dans les fonds du bateau ou dans sa quille.

Au regard des performances, le déplacement est lié à la forme (longueur et largeur), mais aussi au rapport de lest. Depuis une vingtaine d'années, le déplacement des bateaux a tendance à diminuer, et l'on a progressivement découvert les qualités des bateaux légers, qui, à longueur égale, sont plus rapides que les bateaux lourds. Ceci est valable aux allures portantes, où le poids est un frein. Ce n'est pas toujours vrai aux allures contre le vent, où le poids peut être un atout. Dans une mer formée, il peut être un allié en favorisant le passage dans les vagues. Par tout petit temps, il peut permettre d'entretenir la vitesse. Enfin, le problème du déplacement est inséparable du volume intérieur.

Le tirant d'eau

Il indique la profondeur maximale de la quille ou de la dérive, mesurée de la flottaison au talon de la quille ou à la base de la dérive. C'est un élément qui joue sur le couple de redressement, et donc sur la stabilité du bateau. C'est aussi un plan porteur qui réduit la dérive aux allures de près et qui permet de faire du cap. La totalité de ce plan antidérive comprend également la surface du safran. Le tirant d'eau est un frein aux allures portantes et une contrainte dont il faut tenir compte dans les mers à marée et dans l'approche des ports et des côtes.

Le franc-bord

Il désigne la hauteur de la coque au-dessus de l'eau. La mesure est prise depuis la flottaison jusqu'au pont. Elle n'est pas constante, dans la mesure où les bateaux fortement tonturés sont plus hauts sur l'eau à l'avant qu'à l'arrière, par exemple. Il influence directement le volume intérieur et protège l'équipage de la mer. Un bateau bas sur l'eau mouillera davantage par brise fraîche. Un bateau haut sur l'eau augmentera le confort de l'équipage sur le pont.

Le creux

Cette mesure donne une idée de la profondeur de la coque et de la partie immergée du bateau. Le creux ne tient pas compte des volumes de la quille ni du gouvernail. Au niveau des aménagements, il intéresse l'habitabilité du bateau ; au niveau de la tenue à la mer, il influence la stabilité initiale.

Parce qu'elles sont particulièrement éloquentes, deux expressions méritent d'être connues parmi les nombreux termes du vocabulaire marin. Les *œuvres vives* désignent la carène immergée, la partie cachée sous l'eau mais bien "vivante". Les *œuvres mortes* sont représentées par les parties à l'air libre de la coque, qui, n'étant pas dans l'eau, peuvent offrir un frein. Au mouillage, par exemple, par forte brise, le volume extérieur de la coque et son roof offrent de la prise au vent et participent au "fardage" du bateau.

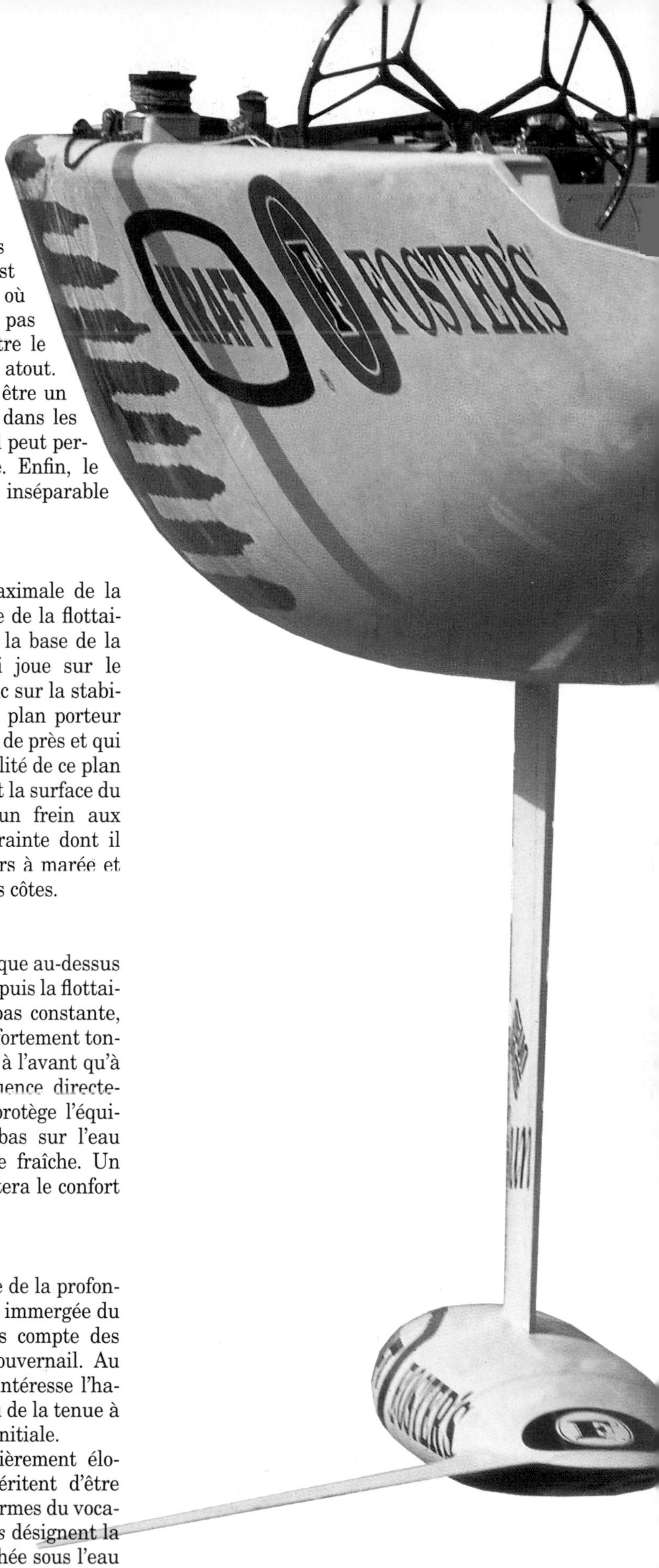

Bateau de la Coupe de l'America : recherche de la vitesse en fonction d'une jauge définie à l'avance. Surface mouillée minimale, bulbe destiné à descendre au maximum le centre de gravité du lest. Les ailettes, utilisées pour la première fois en 1983 par l'architecte australien Bob Miller, améliorent le passage de la quille dans l'eau.

LE PLAN DES FORMES

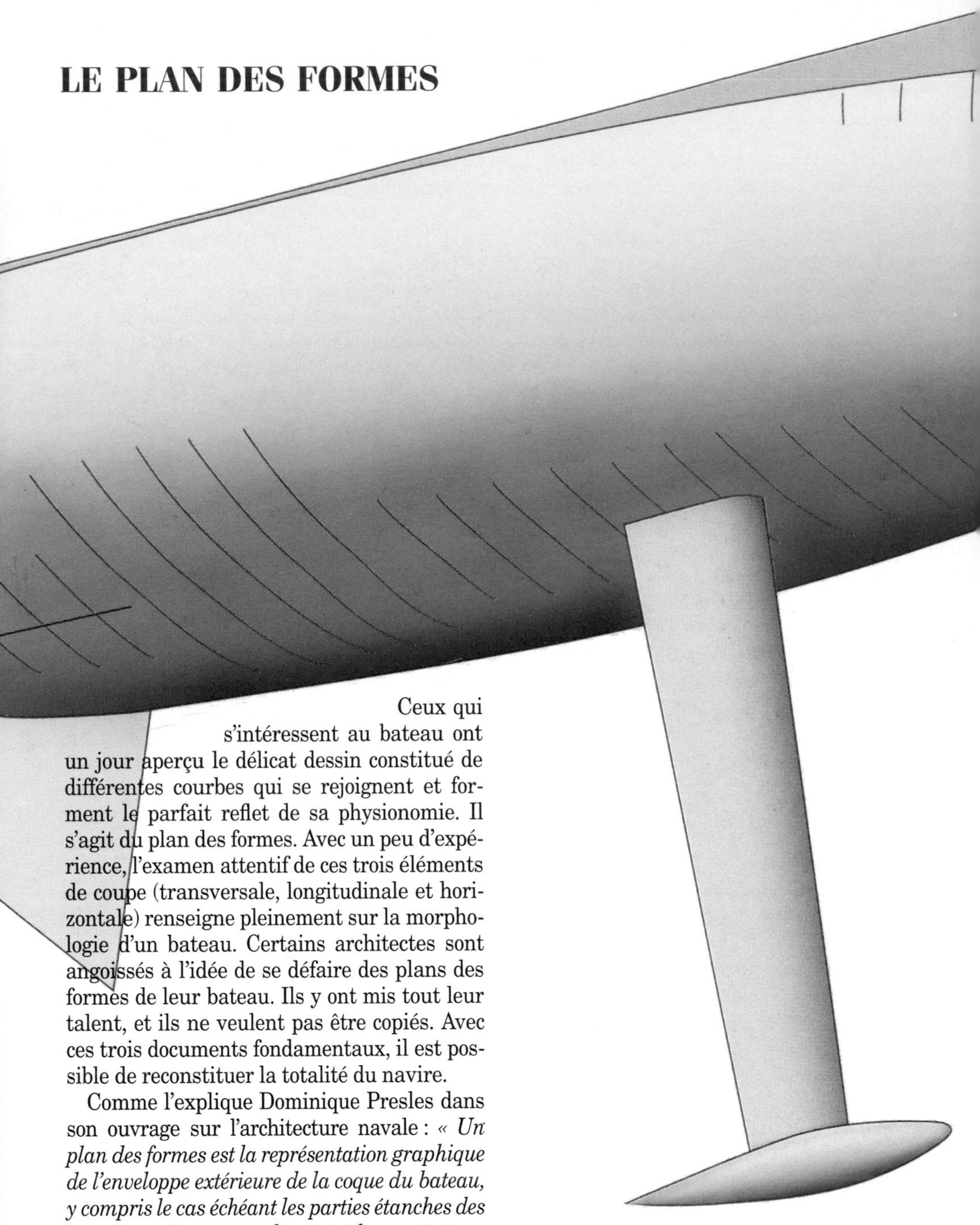

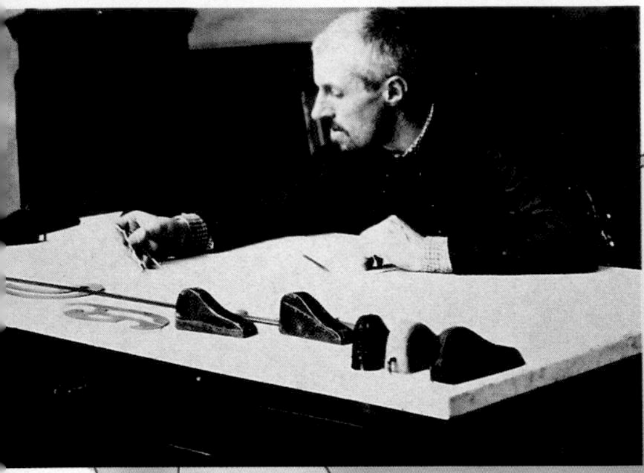

L'architecte Gustave Caillebotte (1848-1894) à l'époque où le traçage s'effectuait avec des règles maintenues sur le plan par des poids.

Caillebotte visitant un chantier des bords de la Seine dans les années 1870.

Dessin d'une carène en trois dimensions, réalisée par l'architecte à l'aide d'un ordinateur.

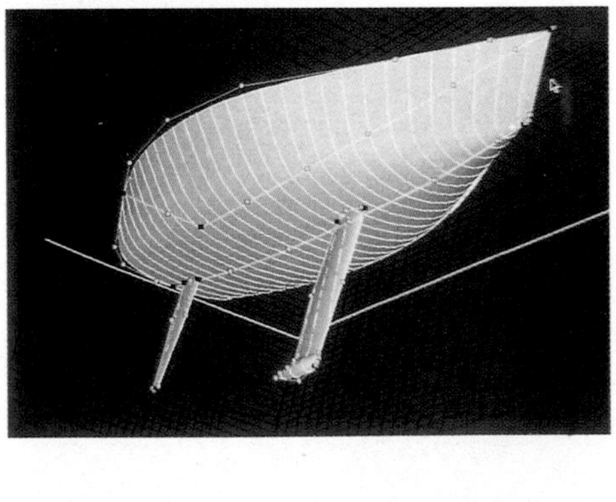

Ceux qui s'intéressent au bateau ont un jour aperçu le délicat dessin constitué de différentes courbes qui se rejoignent et forment le parfait reflet de sa physionomie. Il s'agit du plan des formes. Avec un peu d'expérience, l'examen attentif de ces trois éléments de coupe (transversale, longitudinale et horizontale) renseigne pleinement sur la morphologie d'un bateau. Certains architectes sont angoissés à l'idée de se défaire des plans des formes de leur bateau. Ils y ont mis tout leur talent, et ils ne veulent pas être copiés. Avec ces trois documents fondamentaux, il est possible de reconstituer la totalité du navire.

Comme l'explique Dominique Presles dans son ouvrage sur l'architecture navale : « *Un plan des formes est la représentation graphique de l'enveloppe extérieure de la coque du bateau, y compris le cas échéant les parties étanches des œuvres mortes, comme le pont et les superstructures susceptibles d'être considérées comme délimitant des volumes de flottabilité. Il s'agit, dans l'espace, d'une surface dont on trace l'épure dans les trois vues d'un repère orthonormé, par projection d'un certain nombre de coupes qui correspondent normalement, à leur endroit, au contour extérieur de la coque.* »

Sur une feuille de papier, le plan des formes montre l'ensemble de toutes les vues telles que l'on pourrait les observer en tournant autour d'un bateau à sec. Le plan longitudinal décrit le profil de la coque dans sa longueur et ses différentes lignes de l'arrière à l'avant, agrémentées de la quille et du safran. Le plan transversal ou vertical explique la largeur du bateau en le montrant à l'avant (partie droite de l'épure) et à l'arrière (partie gauche). Quant au plan horizontal, il n'est autre que la représentation des formes du bateau vues de dessous.

Observation du passage d'une coque dans l'eau en utilisant une maquette tractée dans un bassin de carène.

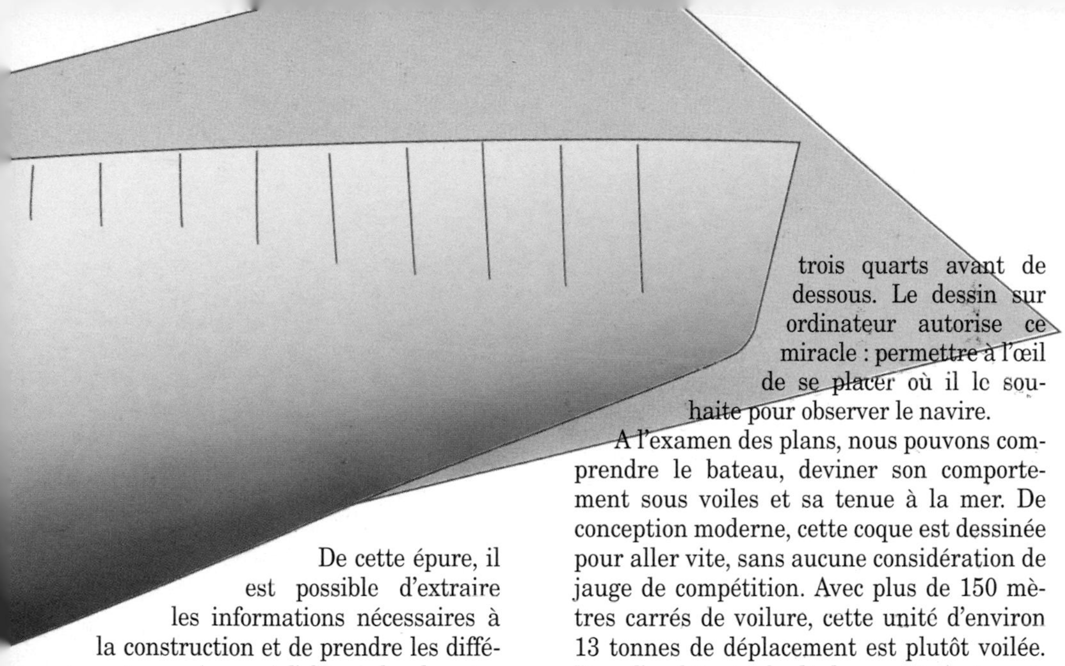

Esquisse informatique d'un 60 pieds Open dessinée par les architectes Jean-Marie Finot et Pascal Concq.

De cette épure, il est possible d'extraire les informations nécessaires à la construction et de prendre les différentes cotes, mais aussi d'obtenir les données qui permettent d'analyser l'ensemble des formes de coque. C'est un document fondamental pour l'architecture, qui à lui seul est un véritable résumé du projet. Après avoir fait l'analyse du programme du bateau avec le client et avoir dessiné les premières ébauches d'un plan d'ensemble, l'architecte procède à l'élaboration du plan des formes. C'est le premier document qui résume de façon exacte, bien avant la construction, la forme parfaite du bateau. Le relevé des cotes permet de définir un "devis de tracé" pour le constructeur.

Ce plan des formes, traditionnellement représenté en repères transversal, longitudinal et horizontal, est celui d'un bateau de croisière de 50 pieds de longueur hors tout, dessiné par l'architecte français Dominique Presles. Grâce à l'ordinateur, nous disposons également de la configuration en perspective de cette coque en trois dimensions montrée de deux façons différentes : une vue trois quarts arrière de dessus, ainsi qu'une vue trois quarts avant de dessous. Le dessin sur ordinateur autorise ce miracle : permettre à l'œil de se placer où il le souhaite pour observer le navire.

A l'examen des plans, nous pouvons comprendre le bateau, deviner son comportement sous voiles et sa tenue à la mer. De conception moderne, cette coque est dessinée pour aller vite, sans aucune considération de jauge de compétition. Avec plus de 150 mètres carrés de voilure, cette unité d'environ 13 tonnes de déplacement est plutôt voilée. Pour l'architecte, le déplacement peut revêtir trois valeurs distinctes selon le cas. Il peut être calculé lège, c'est-à-dire avec son armement de base, dans ce cas son déplacement est de 12 tonnes. En charge, avec son équipage au complet, ses pleins de carburant et ses vivres, il atteint 13,8 tonnes. Enfin, à mi-charge, il ne pèse que 12,7 tonnes. Ses formes de carène sont rondes : en V à l'avant et plates et porteuses à l'arrière pour faciliter l'écoulement au vent arrière et favoriser les allures de largue. La quille est placée plutôt en avant pour compenser l'importance donnée à la surface du safran, dont la taille est plus importante que la moyenne de façon à accroître son efficacité. Le creux de la coque est faible, mais le franc-bord est important, de manière à donner du volume aux aménagements. Précisons pour l'anecdote que pour ce bateau construit en 1995, aucun document papier n'a été envoyé au constructeur. Seuls des éléments informatiques ont été fournis sous forme de disquette par l'architecte.

REPRÉSENTATIONS DU PLAN DE FORME

Le plan des formes est la représentation graphique de l'enveloppe extérieure de la coque d'un bateau.
A gauche, les trois dessins caractéristiques du plan des formes : plan transversal, plan longitudinal et plan horizontal.
Ci-contre, l'ordinateur permet de reconstituer, à partir des différentes données, l'ensemble de la coque vue sous différents angles.
Nous avons ici deux représentations de la coque : trois quarts arrière, vue de dessus et trois quarts avant, vue de dessous.

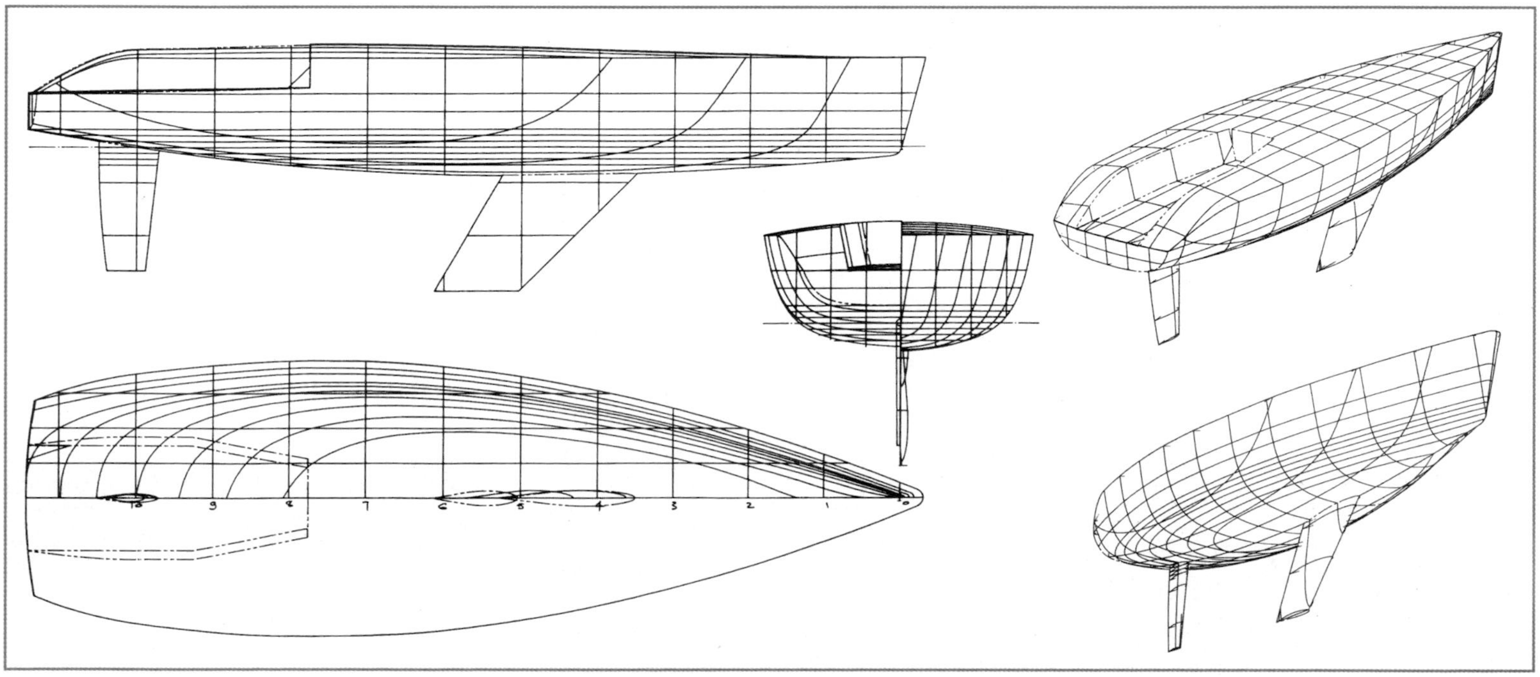

LES MATÉRIAUX

Construction à clin. Les bordés de la coque sont assemblés en se chevauchant.

Construction classique en bois. Les solides membrures soutiendront les bordés de ce sinagot du Morbihan.

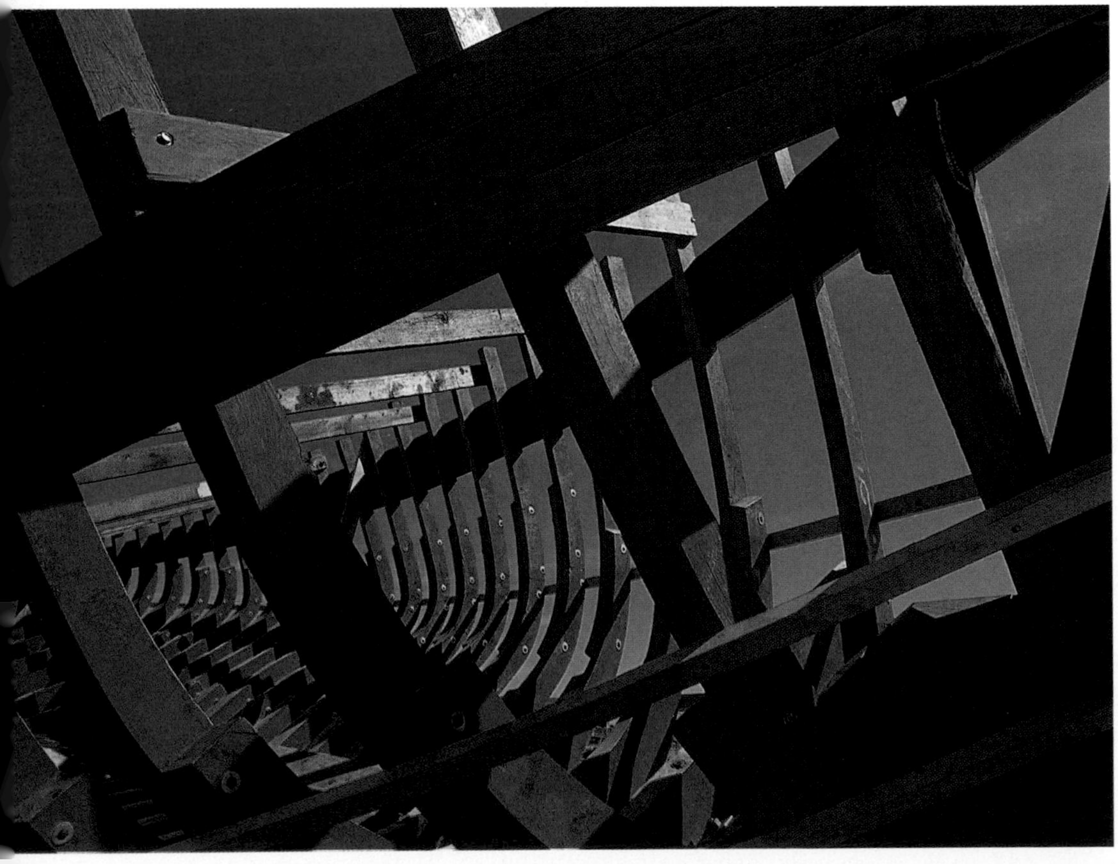

Vu de l'extérieur, rien ne ressemble plus à un bateau... qu'un autre bateau. Mais à regarder de plus près, non seulement les formes ne sont pas les mêmes, ni les poids répartis de la même façon, mais les matériaux peuvent être très différents.

Le grand architecte américain Rod Stephens, qui dessina pendant une cinquantaine d'années pour de nombreux chantiers à travers le monde, déclara un jour : *« Il n'y a pas de bons ou de mauvais matériaux. Ce sont les chantiers qui les mettent en œuvre qui sont responsables de la qualité d'une construction. »*

En choisissant un matériau pour son bateau, un propriétaire doit se poser deux types de questions : quel programme de navigation et pour quel budget ? Le bois peut séduire un amateur d'unités anciennes. L'esthétisme primera, et le budget pourra atteindre des sommets. Pour celui qui part autour du monde en passant par la Patagonie, la robustesse de l'acier peut convenir. La légèreté liée au faible entretien de l'aluminium aussi. Dans les années 1970, le ferrociment a même percé dans la construction amateur en raison de son faible coût et de la relative facilité de mise en œuvre. Mais le déplacement très lourd engendré par cette construction armée acier-béton handicapait sérieusement les performances sous voiles dans de nombreux cas.

Si en matière de quantité de bateaux produits, la construction polyester l'emporte, c'est que ce matériau satisfait plusieurs critères. Cette appellation revêt de nombreux types de produits, généralement des stratifiés de tissu de verre liés à de la résine polyester, mais aussi des sandwiches de toutes sortes selon l'utilisation que l'on veut faire du bateau. Parfaitement adapté au milieu marin, particulièrement corrosif, le stratifié polyester et ses différents composants mécaniques et chimiques peuvent s'adapter aux exigences de la construction : renforcer la résistance de certains points de la coque tels les fonds, alléger par exemple le pont tout en le rigidifiant.

POLYESTER ET CONSTRUCTION EN SÉRIE

Mais le succès du polyester et ses composés tient à un autre facteur prépondérant : il autorise la construction en série. Adapté à la plaisance dans les années 1960, ce matériau a permis de travailler à partir de moules, supprimant ainsi le délicat travail de la mise en œuvre, long et coûteux. Avec la construction en polyester, s'est développée la notion de bateau de série, dont le principal avantage, non des moindres, fut de diminuer les coûts. Le développement de la plaisance, amorcé dans les années 1960 et qui s'est considérablement amplifié dans le monde au cours des années 1970 et 1980, tient à ce facteur essentiel.

De nombreux constructeurs, en particulier en France, se sont engouffrés dans la mise en œuvre de cette technologie. Ils produisent sur le marché des unités répondant à des programmes et des dimensions différentes. Ces unités sont remises régulièrement au goût du jour par les architectes et les bureaux d'études utilisant les dernières nouveautés. D'une certaine manière, les autres matériaux comme l'acier, le bois ou l'aluminium ont suivi des améliorations analogues, compte tenu des progrès technologiques. Dans le domaine de l'aluminium, la qualité des alliages et des soudures a par exemple beaucoup évolué. L'arrivée des matériaux dit "exotiques" comme les Kevlar et les carbones a également joué un rôle dans l'amélioration de la rigidité et de la légèreté. En raison de leur coût élevé, ils sont surtout utilisés pour la haute compétition, bien que certains de ces produits entrent désormais dans la composition des bateaux de série. La facilité de mise en œuvre du polyester a rendu ce matériau très largement majoritaire en France et dans le monde.

Quelques chantiers offrent à leur clientèle des bateaux conçus à partir d'autres matériaux. Au regard de la construction de série en polyester, il ne s'agit que d'une industrie marginale. Sans mettre en cause la qualité de ces matériaux différents, qui ont leurs propres avantages, ils ne représentent qu'une infime partie de la construction en polyester.

Le bois

Le bois est utilisé depuis toujours pour la construction des bateaux. Au XVIIIe siècle, un gros effort fut fait pour entretenir les forêts dans ce but. Il faut dire que les vaisseaux marchands étaient de grands consommateurs d'arbres, en particulier de chênes, pour la construction du bordage. Un bateau réalisé à l'unité dans une matière aussi noble que le bois gardera toujours son attrait et sa personnalité.

La construction classique en bois – bordés sur membrures – fut couramment utilisée jusque dans les années 1950. Des bateaux fins et léchés, vernis et laqués de blanc, naissaient d'un formidable désordre de planches, de copeaux et de sciure, dans de misérables hangars. Chaque bateau était unique. La décade suivante découvrit la première amorce de la construction en série avec l'utilisation du contre-plaqué marine et du bois moulé, qui amorça une véritable révolution parmi les constructeurs. Certains vieux charpentiers de marine, les seigneurs de la construction en bois, refusèrent de se plier à cette discipline. Elle annonça les prémices de la mise en œuvre du polyester, dont les premières unités firent leur apparition en Europe juste avant 1960.

De nos jours, peu de plaisanciers passent commande de bateaux en bois. Pourtant, depuis les années 1980, un véritable renouveau s'exerce dans le milieu des bateaux anciens. Quelques amateurs continuent de se passionner pour de vieux bateaux encore en état de naviguer, mais il s'agit surtout du sauvetage de quelques pièces de musée, retrouvées à l'état d'épave par des collectionneurs fortunés. Grâce à eux, des yachts ayant appartenu à l'histoire de la voile s'inscrivent dans la réhabilitation du patrimoine maritime. Ils renouent avec les régates du début du siècle. Mais au regard de la flotte actuelle, ils sont l'exception. Même si la mentalité en faveur de certaines valeurs traditionnelles a refait surface dans le secteur maritime, la construction d'un bateau en bois nécessite un budget élevé. Il faut beaucoup de passion pour venir à bout des contraintes d'entretien, qui consomment temps et argent.

Le contre-plaqué se présente sous la forme de panneaux de bois déroulé, dont le fil est croisé d'une couche à l'autre. La résistance de ces panneaux est obtenue en assemblant à chaud ces différentes couches de bois sous une forte pression, en présence d'une colle adaptée et sous une température appropriée. Le perfectionnement des colles résistant à l'eau de mer autorise l'assemblage des bateaux en contre-plaqué marine selon la technique du bouchain vif. Les panneaux sont assemblés à angles vifs, à la différence d'une coque ronde, dite classique, possédant des bouchains ronds. Le contre-plaqué dispose d'excellentes qualités mécaniques, qui autorisent la légèreté en même temps que la solidité. Ce fut, avant le plastique, un mode de construction rationnel et économique prôné par les architectes Jean-Jacques Herbulot et Philippe Harlé. Leurs travaux jouèrent un rôle important dans la démocratisation de la voile.

La technique du bois moulé n'est rien d'autre que la mise en place du bordé à l'aide de multiples lattes de bois tranché, ajustées et posées en plusieurs plis. Ces lattes de 10 à 15 centimètres de large et de 3 à 6 millimètres d'épaisseur sont disposées selon plusieurs plis croisés sur un moule à la forme du bateau et collées entre elles par de la résine synthétique. L'ensemble, renforcé généralement par un réseau de lisses intérieures, donne une coque légère et solide, mais sensible aux pointes dures et au poinçonnement.

Les tissus de verre et les résines en polyester sont progressivement entrés dans la fabrication des bateaux en bois. Contre-plaqué et bois moulé peuvent être aisément plastifiés. Si cette technique enlève un peu de beauté et de charme à la coque, elle représente néanmoins un intérêt certain, celui de

Construction en West System. L'alliance du bois et des résines Epoxy favorise la solidité et l'étanchéité tout en privilégiant la légèreté.

Utilisation du bois moulé pour la construction de ce multicoque géant.

Soudure d'un bateau en acier au chantier Meta.

Utilisation de l'aluminium pour ce grand monocoque à la recherche de légèreté. La "peau" en tôle d'aluminium est posée sur cette armature constituée de varangues pour les fonds, de membrures pour le franc-bord de coque et de barrots pour le roof et le pont.

la rendre totalement étanche. Les nouveaux matériaux tels les Epoxy et le polyuréthane peuvent être associés au bois. Ils facilitent la construction, assurent l'étanchéité, et permettent de gagner du poids. Ces résines, qui assurent les soudures des tissus Epoxy, évitent par exemple d'utiliser dans certains cas des tasseaux de bois pour la rigidification de certains assemblages.

A côté de la construction classique et de la mise en œuvre du bois nu, se sont développées des techniques qui permettent de conserver l'aspect du bois tout en simplifiant l'assemblage, l'étanchéité et l'entretien. Dans le droit fil de cette politique en faveur de l'utilisation du bois dans la construction navale de plaisance, il est désormais courant de le trouver dans l'habillage d'une coque en polyester, en acier ou en aluminium. C'est souvent le cas pour le pont, mais le bois peut également constituer les listons, les hiloires et une partie du cockpit, et bien sûr les aménagements intérieurs. A la mer, peu de matériaux peuvent remplacer à la fois les propriétés mécaniques du bois, ses facultés d'adaptation au milieu marin et son aspect noble et chaleureux, sans parler de son agréable toucher.

L'acier

La soudure des bateaux en acier remplaça le patient travail du rivetage. Ce type de construction lourde doit être réservé aux bateaux d'une certaine taille. C'est un matériau économique, qui demande néanmoins un entretien soigneux pour combattre les phénomènes de corrosion. Et si des progrès ont été réalisés dans l'amélioration de la constitution de ce matériau et des peintures de protection par rapport à l'agressivité de l'eau de mer, la rouille est toujours menaçante au fil des ans. Ce matériau a souvent supplanté le bois, par exemple en Hollande, dont certains chantiers sont encore en mesure de construire des bateaux d'une qualité rare et d'une solidité à toute épreuve. L'utilisation de l'acier inox pour réduire les problèmes de corrosion a été tentée, mais la cherté du matériau et de sa mise en œuvre n'a pas donné les résultats escomptés.

L'aluminium

Plus léger que l'acier, comportant des propriétés mécaniques bien adaptées aux contraintes d'effort exercées sur la coque d'un bateau, l'aluminium convient à la construction navale de plaisance. Le matériau est coûteux, la mise en œuvre également – il faut souder sous argon –, mais la légèreté obtenue est un gage de performance. Un inconvénient : plongé dans l'eau de mer, l'aluminium est particulièrement vulnérable aux phénomènes électrolytiques et se comporte comme une pile électrique. L'isolation doit en conséquence être soignée, en particulier le montage du circuit électrique. La coque est généralement protégée par la présence d'anodes sacrificielles fixées sous la flottaison. L'aluminium est un matériau délicat, qui demande, tant de la part du constructeur que de l'utilisateur, des soins attentifs. Bien mis en œuvre et bien entretenu, ce matériau largement utilisé procure de nombreux avantages pour naviguer à la voile.

Le polyester

L'argile et la paille forment un matériau renforcé qui remonte à la nuit des temps. C'est à la fois la brique des Hébreux d'Egypte et le torchis des fermes bretonnes. Une pâte sans grande propriété mécanique forme, une fois sèche, le lien de l'assemblage, tandis que le tissu des fibres confère de la raideur au système. Le plastique renforcé des bateaux construits en stratifié de polyester répond à un principe analogue.

Le liant n'est autre que la résine polyester, le résultat de la réaction chimique de divers produits. Avant sa mise en œuvre, la résine se présente sous la forme d'un liquide visqueux qui peut durcir à température et pression ambiante. C'est la polymérisation. Les renforts sont constitués par de la fibre de verre tissée ou non, qui forme le stratifié. Celui-ci peut être obtenu à partir de mât ou de tissu roving. Le mât est constitué par des fils de tissu de polyester coupés en section de 25 à 50 millimètres et agglomérés entre eux. Le grammage peut être différent selon la densité. Quant au roving, il s'agit de faisceaux de fibres synthétiques assemblés en long. Il se présente sous la forme de bobine. Dans la pratique, on utilise une combinaison des deux produits. Une fois cet amalgame mis en œuvre et formant un seul et même matériau, un Gelcoat vient finir l'extérieur du stratifié. Il joue le même rôle que la peinture ou le vernis sur le bois, et assure à la fois l'étanchéité et l'aspect final.

rend le plastique poreux. Les grands chantiers ont longtemps minimisé cet inconvénient grave. Ils ont travaillé pour y remédier. Mais il est désormais prouvé que de nombreuses constructions, même les plus soigneusement entreprises, sont à la merci de l'osmose. A la suite de plusieurs études, les experts ont trouvé le moyen de retarder sa formation. Ils savent aussi y remédier moyennant un traitement long et coûteux qui ne peut être dispensé que par des professionnels.

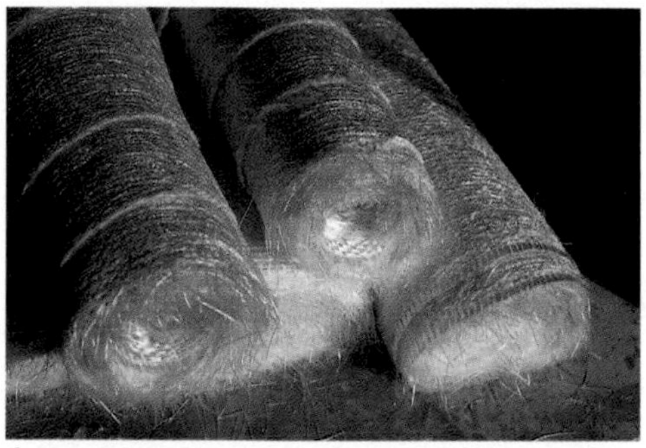
1

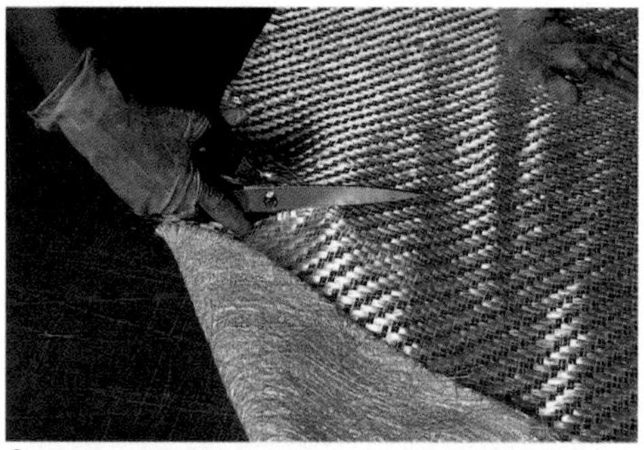
2

3

4

5

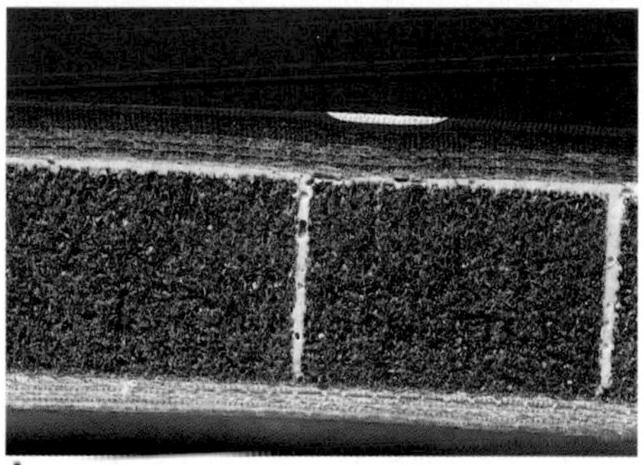
6

Depuis la naissance du polyester peu avant 1960, les usines ont acquis un savoir-faire au fil des expériences. Les gros bateaux ont succédé aux plus petits, et, à une autre échelle, mais d'une manière analogue à l'industrie automobile, la fabrication des bateaux s'est automatisée avec l'arrivée des ordinateurs. Les produits chimiques ont également beaucoup évolué au fil des expériences. Le stratifié de polyester est un matériau tout à fait compatible avec le milieu marin. Il apporte de multiples avantages : résistance, facilité de mise en œuvre et d'entretien. Il assure une totale étanchéité. Ceci étant, la relative jeunesse de cette industrie – elle a moins de quarante ans – ne permet pas encore de faire le bilan définitif de ce matériau "nouveau". Un fait marquant est venu bouleverser tous les pronostics après une vingtaine d'années de vie. La découverte du phénomène d'osmose sur les coques, mis au jour en 1986, est un exemple des réactions auxquelles on doit s'attendre avec un tel matériau chimique. Il s'agit d'un phénomène de vieillissement qui

Dans cette industrie du loisir où la recherche perpétuelle de réduction des prix de revient doit être liée au souci de qualité, les chantiers qui construisent en polyester et en série ont fait d'immenses progrès en quarante ans. La concurrence pousse aussi les chantiers à innover en permanence. Les Français, dans ce domaine, ont toujours joué un rôle primordial. Le groupe Bénéteau, originaire de Vendée, est depuis quelques années le premier producteur de voiliers au monde. Rien d'étonnant à ce que chaque chantier ait développé ses propres techniques de fabrication et garde parfois ses découvertes secrètes. Mais le principe de base de la mise en œuvre de la construction polyester reste le même depuis l'origine.

Les chantiers polyester procèdent toujours aujourd'hui au moulage au contact. Les mâts et tissus de roving sont disposés dans le moule fabriqué à la forme du bateau et imprégnés d'une résine qui durcit sous l'action d'un catalyseur. Après durcissement, la pièce peut être démoulée. Les moules sont

1 Rouleaux de tissu de verre.
2 Toile mixte constituée de mat et de roving.
3 Tissu unidirectionnel en carbone.
4 Structure d'aluminium en nid d'abeille.
5 Sandwich constitué de divers matériaux carbone et nid d'abeille Kevlar.
6 Sandwich Divinicel-polyester.

RÉPARTITION DES MATÉRIAUX DE CONSTRUCTION

Le choix du matériau dépend de deux facteurs : le prix et le programme. Mais depuis les années 1960, le polyester a un rôle dominant pour la simple raison qu'il est le mieux adapté à la construction en série. Pour ce large créneau, de loin le plus important en nombre de bateaux produits, il n'a pas de concurrent direct. L'acier et l'aluminium sont le plus souvent adaptés à des programmes de navigation hauturière ; les matériaux "précieux" en composite et carbone aux bateaux de course ; le bois à la construction traditionnelle luxueuse.

Fabrication d'un bras de liaison destiné à un multicoque.

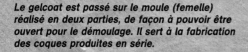

Le gelcoat est passé sur le moule (femelle) réalisé en deux parties, de façon à pouvoir être ouvert pour le démoulage. Il sert à la fabrication des coques produites en série.

Pose des différents tissus de verre à l'intérieur de cette grande coque en sandwich balsa.

Une fois démoulée, la coque accueille ses aménagements intérieurs.

fabriqués en bois, en métal et en polyester. Ils requièrent un soin attentif et leur coût, amortissable sur une grande production, est par exemple d'environ 500 000 francs pour un bateau d'une dizaine de mètres. Une fois en place, la première opération de construction est la pose du Gelcoat, qui sera la peau étanche du bateau. Viennent ensuite les différentes couches de mât puis de roving. Couche après couche, ce sandwich doit être soigneusement imprégné de résine en éliminant la présence de l'air. Le temps de polymérisation est réglé par le dosage de l'accélérateur et du catalyseur.

Certaines parties du bateau, comme le pont ou les endroits de la coque, demandant un surcroît de rigidité et d'isolation, utilisent le sandwich. Il est composé d'une âme constituée d'un matériau léger, mousse PVC, feutre, nid d'abeille, balsa, placée entre les deux peaux de stratifié. Il apporte un surcroît de résistance et de rigidité.

Une fois la coque terminée, elle reçoit toutes les pièces qui vont assurer sa rigidité : varangues de fond, cloisons, jouant également un rôle dans le fractionnement des aménagements. Vient alors le patient travail de montage des aménagements et la pose du moteur. La plupart du temps, le bateau reçoit une seconde peau intérieure soudée à la première et destinée à assurer le positionnement et l'ancrage des meubles. C'est le contre-moule prémoulé en polyester. Une technique utilisée dès les années 1960, qui facilite le travail de la construction en série dans la mesure où elle permet de prépositionner bon nombre de pièces entrant dans la fabrication des aménagements. Le travail

Dans l'immense coque qui vient d'être démoulée et remise à l'endroit, les ouvriers travaillent à l'armature et à sa rigidification.

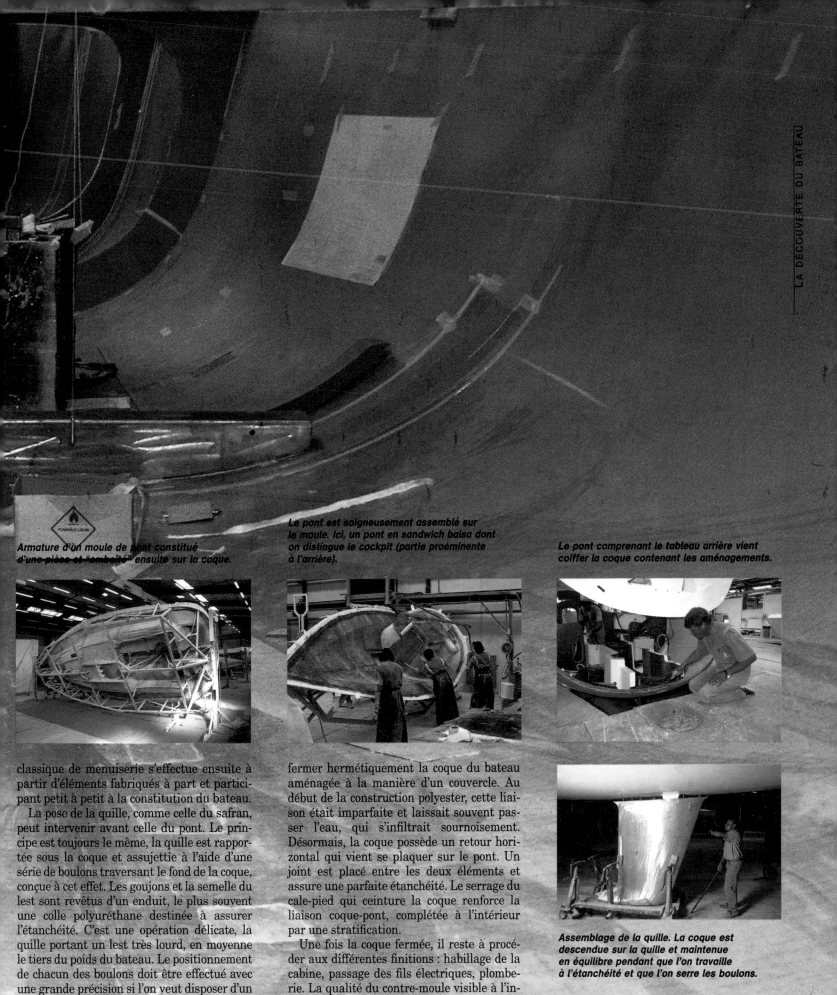

Armature d'un moule de pont constitué d'une pièce et "emboîté" ensuite sur la coque.

Le pont est soigneusement assemblé sur le moule. Ici, un pont en sandwich balsa dont on distingue le cockpit (partie proéminente à l'arrière).

Le pont comprenant le tableau arrière vient coiffer la coque contenant les aménagements.

classique de menuiserie s'effectue ensuite à partir d'éléments fabriqués à part et participant petit à petit à la constitution du bateau.

La pose de la quille, comme celle du safran, peut intervenir avant celle du pont. Le principe est toujours le même, la quille est rapportée sous la coque et assujettie à l'aide d'une série de boulons traversant le fond de la coque, conçue à cet effet. Les goujons et la semelle du lest sont revêtus d'un enduit, le plus souvent une colle polyuréthane destinée à assurer l'étanchéité. C'est une opération délicate, la quille portant un lest très lourd, en moyenne le tiers du poids du bateau. Le positionnement de chacun des boulons doit être effectué avec une grande précision si l'on veut disposer d'un montage à la fois solide et étanche.

Après avoir reçu ses éléments d'accastillage, le pont, construit sur un moule, vient fermer hermétiquement la coque du bateau aménagée à la manière d'un couvercle. Au début de la construction polyester, cette liaison était imparfaite et laissait souvent passer l'eau, qui s'infiltrait sournoisement. Désormais, la coque possède un retour horizontal qui vient se plaquer sur le pont. Un joint est placé entre les deux éléments et assure une parfaite étanchéité. Le serrage du cale-pied qui ceinture la coque renforce la liaison coque-pont, complétée à l'intérieur par une stratification.

Une fois la coque fermée, il reste à procéder aux différentes finitions : habillage de la cabine, passage des fils électriques, plomberie. La qualité du contre-moule visible à l'intérieur, les bois employés, le soin apporté aux assemblages jouent un rôle primordial dans l'ambiance d'un intérieur de bateau.

Assemblage de la quille. La coque est descendue sur la quille et maintenue en équilibre pendant que l'on travaille à l'étanchéité et que l'on serre les boulons.

RECONNAÎTRE LES GRÉEMENTS

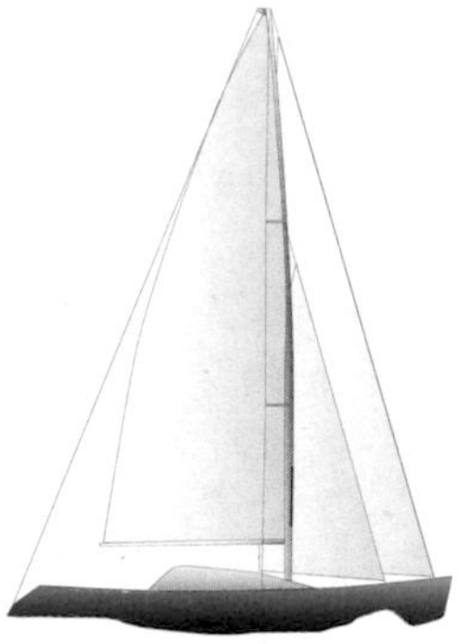

Cotre.

Sloop.

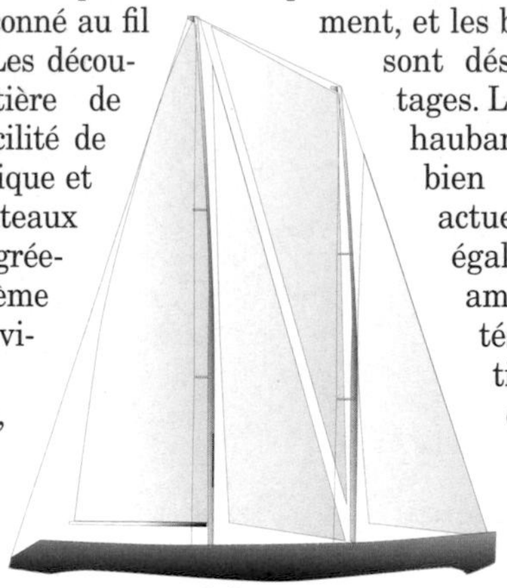

Goélette.

La force propulsive du voilier est procurée par son plan de voilure, façonné au fil du temps et des expériences. Les découvertes scientifiques en matière de formes et de matériaux, la facilité de manœuvre, mais aussi l'esthétique et la tradition, ont conduit les bateaux de plaisance à porter des gréements différents. Le problème est aussi ancien que la navigation à voile.

Les voiles des sinagots, par exemple, ces bateaux du Morbihan qui naviguent depuis des siècles, ont vu leur vergues apiquer progressivement. Au siècle dernier, elles étaient encore horizontales. Le gain de surface, et surtout l'angle de remontée au vent, se sont améliorés à mesure que l'on relevait les vergues et tendait la chute. Mais l'histoire des gréements est surtout marquée au début des années 1920 par le passage du gréement houari au gréement bermudien. Le nom de la voile bermudienne trouverait son origine à bord des bateaux de pêche des Bermudes, qui portaient des mâts très hauts et d'une seule pièce. A eux revient la paternité de nos gréements Marconi européens, dont le nom a été donné par comparaison avec les antennes de TSF inventées par l'ingénieur du même nom, mort en 1937. La vergue qui surmonte la voile trapézoïdale est abandonnée. Elle devient un triangle allongé tenu par le mât et la bôme.

Cette voile est la plus utilisée à l'heure actuelle. Elle est née d'une évidence : à surface égale, elle est plus propulsive, surtout aux allures de près, et son maniement est pratique. Son utilisation fut rendue possible dans les grandes dimensions grâce aux progrès enregistrés en matière de gréement. Si elle ne présente pas d'avantage propulsif aux allures de largue par rapport à la voilure houari, la voilure Marconi, de forme beaucoup plus allongée, dispose d'un bien meilleur rendement dans la marche contre le vent. En pratique, et de manière à conserver de la portance à toutes les allures, cette voilure a un rapport moyen de 1 (bôme) à 3 (mât). Avec les nouvelles colles à bois, l'apparition du métal et la mise au point des ridoirs pour tenir les haubans, les grands espars pouvaient être dressés au-dessus du pont et encaisser les contraintes de la mer et du vent même par mauvais temps.

L'histoire de la voile est jonchée de mâts brisés, et le travail de l'architecte et du constructeur consista depuis la dernière guerre à améliorer la tenue de cet espar qui se dresse au-dessus du pont et qui doit supporter de grosses charges à la flexion et à la compression. De gros progrès ont été accomplis sur l'ensemble de l'équipement du gréement, et les bateaux standard de l'époque sont désormais à l'abri des démâtages. Les mâts sont plus souples, les haubans plus résistants, les ridoirs bien conçus. La voile Marconi actuelle est le fruit des études également rassemblées pour améliorer sa forme et les qualités de ses matériaux de confection. Les tissus polyester sont d'un emploi courant, et des matériaux exotiques comme le Kevlar, d'abord testé sur les bateaux de course, commencent à équiper les voiliers de croisière. Dans cette recherche perpétuelle, les progrès sont constants, et la dernière tendance consiste à mouler les voiles. Leur mise en œuvre est réalisée en trois dimensions sur des moules construits sur mesure et intégrant le creux dès l'origine.

Comme le moteur d'une voiture, le gréement, qui porte la voilure d'un bateau, conditionne son comportement. De lui dépendent l'équilibre, la puissance, la vitesse, la faculté à remonter au vent, ou encore la facilité de conduite. Selon le déplacement du bateau, sa longueur, quelquefois son milieu d'origine – tradition oblige –, cette voilure est disposée différemment sur le gréement, donnant lieu à des appellations appropriées.

LE SLOOP

Avec une grand-voile et un foc, ce gréement a l'avantage de la simplicité. Pour cette raison, c'est celui qui est le plus souvent utilisé, et la quasi-totalité des bateaux de série sont armés de la sorte. Avec les moyens actuels de manœuvre (winches puissants) et la bonne tenue des gréements, la voilure de sloop a pu être adoptée même parmi les bateaux de grande taille. C'est un gréement qui permet de monter au vent avec facilité. Les virements de bord nécessitent simplement le maniement de l'écoute du foc sur chaque bord. Il suppose un bateau bien dessiné et stable pour éviter les changements de voilure incessants selon la modification de la force du vent.

La mode n'est plus au génois (foc disposant d'un fort recouvrement sur la grand-voile) surpuissant qui limitait l'utilisation du sloop et rendait difficile sa manœuvre en équipage réduit. Une tendance influencée par la course, dont la jauge pénalisait la grand-voile. Avec les années 1980, la forme des voiles avant sur les sloops est plus réduite, et, surtout, la banalisation des focs à enrouleur a supprimé toute difficulté de manœuvre. Désormais, un simple geste permet d'escamoter le foc autour de l'étai.

Ketch actuel portant foc étroit, grand-voile, et artimon à l'arrière.

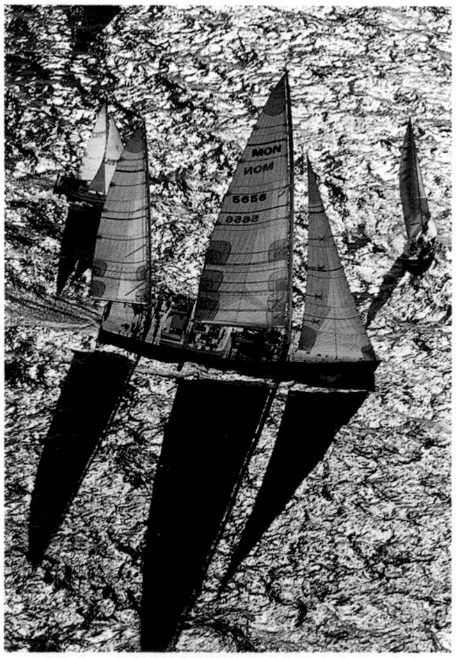

LE COTRE

Il s'agit du gréement traditionnel des bateaux de pêche avec plusieurs focs. On parle couramment d'un bateau de pêche comme d'un cotre. Par extrapolation, les yachts de plaisance équipés à l'avant de plusieurs focs ont été baptisés cotres. C'est d'une certaine manière l'interprétation d'un sloop, avec également un seul mât, une grand-voile, mais plusieurs focs. L'intérêt principal est de fractionner la voilure avant et de disposer de voiles plus petites afin de faciliter leur manœuvre. Le rendement d'un tel gréement est moins bon dans le petit temps, où l'air à l'avant est perturbé par la présence d'un étai supplémentaire. Mais dans la forte brise, cela devient un avantage. Les deux voiles travaillent avec une puissance accrue et sont plus faciles à manœuvrer. Les bastaques qui tiennent l'étai du petit foc sur l'arrière compliquent un peu le gréement. Mais ce n'est que pour déborder la grand-voile au vent arrière que la bastaque sous le vent doit être larguée. Par grosse brise, le cotre peut faire route sous grand-voile arisée et un seul foc. Celui qui se trouve sur l'étai avant peut être rentré, et le bateau faire route en sécurité.

Ketch.

Le principe du gréement à deux mâts est utilisé sur des bateaux importants, à partir de 12 à 14 mètres. Il présente l'avantage de diviser la voilure et de faciliter la manœuvre en utilisant de petites voiles. Il permet de répartir longitudinalement la toile et d'améliorer ainsi la stabilité de route du bateau. Dans le gréement à deux mâts, le yawl est tombé en désuétude. La faible surface de la voile d'artimon présentait très peu d'avantages. Elle n'était là que pour équilibrer la voilure principale et favoriser la marche au près dans le gros temps (sans la grand-voile).

LE KETCH

Le ketch continue en revanche à être en vogue. Il s'agit d'un gréement à deux mâts dont le petit, à l'arrière, est emplanté à l'intérieur de la flottaison arrière de la quille. Sur le yawl, le mât d'artimon, beaucoup plus petit, est emplanté dans le voisinage de la voûte, au-dessus de l'eau. Le gréement de ketch est intéressant en croisière. Le fardage du mât d'artimon et ses équipements sont un frein en course, mais présentent l'avantage de pouvoir établir une voile d'étai, voire un spi d'artimon, aux allures arrivées. Le principal avantage du gréement de ketch est la division des voiles, plus faciles à manœuvrer quand le vent souffle fort.

LA GOÉLETTE

En configuration de goélette, le mât arrière est égal ou de taille supérieure au mât avant. Sur le plan esthétique, ce gréement a beaucoup d'attrait. Il habille bien le bateau. Les deux grand-voiles, les focs et les voiles d'étai envoyées le cas échéant entre les mâts, au portant, composent souvent une belle silhouette. C'est plutôt un gréement de vent portant, qui permet alors de porter beaucoup de voilure. Au près, l'interférence de chacune des nombreuses voiles est difficile à combattre efficacement, l'écoulement du vent est davantage perturbé que sur un sloop classique, et le cap par rapport au vent est médiocre. C'est la plupart du temps un gréement choisi pour équiper un bateau de grande croisière en mesure de couvrir de longues distances avec le vent.

Sloop classique avec gréement en tête. L'étai monte en tête de mât, contrairement au gréement 7/8e, où l'étai est amuré à quelques mètres du sommet du mât.

Sur cette vue de dessus, la fonction de la voile d'artimon est parfaitement montrée. Elle équilibre la voilure principale, tient le bateau dans le sens longitudinal et renforce sa stabilité de route.

Beauté et équilibre d'un gréement de goélette à l'ancienne.

LE RETOUR DE LA TRADITION

Les rassemblements de voiliers traditionnels organisés depuis les années 1980 ont réhabilité les gréements anciens. Les fêtes de Douarnenez, qui ont connu leur point d'orgue avec celles de Brest en 1992, ont permis de renouer avec l'histoire de la voile, comme d'ailleurs les régates de Cannes et de la Nioulargue, à Saint-Tropez. Mais très peu de bateaux répondant à l'architecture de la fin du siècle dernier ou du début de ce siècle sont construits de nos jours. Ils sont très cher à mettre en œuvre, leur entretien est contraignant, et le marché actuel dispose d'une infinité de bateaux plus pratiques.

Pourtant, l'engouement pour ces bateaux anciens est de retour. Le moteur au lendemain de la guerre, puis le polyester des années 1960, avaient gommé leur existence. Quelques belles unités ont été rénovées par des passionnés, et les plaisanciers actuels peuvent les voir naviguer avec bonheur. Celles-ci n'appartiennent pas uniquement à la catégorie des yachts de plaisance. Les années 1990 ont réhabilité quelques belles unités de travail destinées à l'origine à la pêche, au transport et à la guerre.

L'Ecole navale de Brest a donné l'exemple. Ces deux répliques de goélettes à huniers de Paimpol ont été reconstruites au lendemain de la guerre pour la formation des élèves officiers de la Marine. Elles perpétuent l'histoire de la grande pêche en Islande, où elles étaient jusqu'à 80 à pêcher la morue sur les bancs avant 1914.

Il est possible de revoir également les fameuses bisquines. La reconstruction de la *Cancalaise* en 1987 puis de la *Paimpolaise* en 1990 est un clin d'œil au passé. Formidablement voilés, ces bateaux à trois mâts draguaient l'huître de la baie du Mont-Saint-Michel dès la seconde moitié du siècle dernier. Elles pratiquaient également les grandes lignes durant l'été et la pêche au filet.

Les sinagots du Morbihan, portant leurs deux voiles rouges au tiers, égayent désormais les eaux de son golfe. Eux aussi draguaient l'huître sur les petits fonds. Une flotte d'une centaine de ces bateaux à coques noires, longues d'une dizaine de mètres, animait le port de Séné au début du siècle. Comme les autres bateaux de pêche, le moteur les avait rendus inutiles au lendemain de la guerre.

Fleur de Lampaul, réarmée récemment, raconte quant à elle l'histoire des gabarres, dont la taille et le tirant d'eau étaient adaptés à leur fonction. Avant la motorisation des véhicules routiers, ces bateaux travaillaient le long des côtes et sur les chemins d'eau qui pénétraient dans les terres tels ceux de la rade de Brest. Ils transportaient le tout-venant, s'adaptaient aux chargements les plus divers — sable, bois, pierres, vin, goémon, primeurs, sel. Peu de bateaux ont autant contribué au mariage de la terre et de l'eau.

Le *Mutin* est un autre bateau de travail. Il fut construit à l'origine pour l'Ecole de manœuvre de la Marine nationale, mais il perpétue avec élégance la tâche des célèbres thoniers du début du siècle, qui avaient pour ports d'origine Groix, les Sables-d'Olonne, Belle-Ile, Yeu ou Le Croisic. Ils appareillaient pour des campagnes au thon qui pouvaient durer une quinzaine de jours.

Désormais, ces belles unités naviguent à la voile aux côtés des bateaux de plaisance. Au hasard des mouillages et à l'orée de l'an 2000, il n'est plus impossible de voir ensemble quelques beaux yachts assistés de ces travailleurs de la mer, qui évoquent en une même fresque tout le passé de la voile.

A la suite de ce renouveau de la tradition dans les années 1990, quelques petits chantiers proposent des bateaux de taille beaucoup plus modeste, mais faisant appel à une nouvelle réflexion. C'est en quelque sorte une réaction au "tout plastique". Ce mouvement de faible ampleur, mais qui mérite d'être mentionné, donne naissance à des bateaux originaux. Leurs formes sont anciennes, mais leur mise en œuvre profite des nouvelles techniques de construction. Ces bateaux conservent l'esprit d'une navigation simple, mais s'enrichissent des progrès réalisés dans le domaine de l'architecture, de la construction et des technologies de pointe, qui marient le bois et les résines synthétiques. Ils célèbrent le même art que leurs respectueux anciens, qui étaient cependant plus lents et poussifs.

La mise en œuvre de nouveaux matériaux a permis de gagner du poids, les coques, mieux dessinées, ont perdu de la surface mouillée, les gréements ont gagné en performance. La vitesse, toute relative, n'est pas l'essentiel pour ce type de bateau. Mais pour certains d'entre eux, la beauté et l'élégance sont renforcées par l'agrément sous voiles, la tenue à la mer et la facilité de manœuvre. La belle plaisance d'aujourd'hui renoue avec l'art de la manœuvre bien faite et le besoin de retrouver les gestes essentiels d'autrefois. L'absence de moteur modifie profondément la mentalité des équipages, dans la mesure où il devient alors nécessaire de choisir la meilleure route, de barrer finement, de porter la juste voilure, et de savoir aborder son mouillage en douceur. Pour les plaisanciers qui ne peuvent vraiment se passer de moteur, la meilleure des techniques est de l'utiliser en ultime recours. Avec la tradition retrouvée renaissent comme par enchantement les termes de marine à la fois expressifs et imagés.

La restauration des bateaux anciens a commencé dans les années 1980.

Heureux retour des formes anciennes grâce à l'utilisation des nouveaux matériaux polyester, moins contraignants à l'entretien.

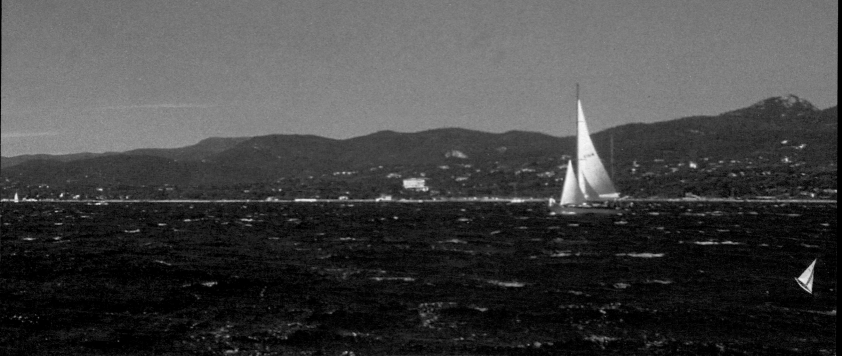

LE PLAN DE PONT

Le pont plat (flush deck) facilite le travail des équipiers de ce grand bateau de course actuel.

Plan de pont du début du siècle. Les superstructures discrètes constituées par les claires-voies et le roof en bois vernis.

Le plan de pont d'un bateau de plaisance actuel comprend le cockpit de manœuvre à l'arrière, le roof au milieu, et la plage avant pour accéder au foc et aux apparaux de mouillage.

Pour être réussi, un plan de pont doit réunir des qualités qui ne sont pas toujours aisément compatibles. Il doit permettre une bonne circulation, offrir suffisamment de place à la manœuvre de l'équipage, mais également à son repos, alors que le bateau se trouve au mouillage. Il s'agit d'une partie du bateau particulièrement exposée à la vue, et son esthétique doit se marier harmonieusement avec celle de la coque. La répartition des divers volumes, l'équilibre des formes, la nature des matériaux utilisés, la place donnée à chaque pièce, composent le caractère du bateau.

Son organisation influe directement sur le confort, l'esthétisme, la facilité de manœuvre, mais aussi la sécurité. Le fameux pont en teck souvent cité en exemple suffit à personnaliser une unité. Particulièrement agréable au toucher, il donne au bateau cet aspect propre et chaud qui le démarque des ponts en polyester.

C'est un peu moins vrai aujourd'hui, mais il est bon de se souvenir que les chantiers avaient des approches différentes pour les bateaux destinés à naviguer au soleil et dans les pays froids. Pour la clientèle de Méditerranée, par exemple, l'importance était donnée aux larges cockpits ouverts, aux vastes ponts, de manière à offrir un maximum de surface à l'air libre, là où peut se tenir l'équipage tant à la manœuvre qu'au repos. A l'inverse, les pays nordiques fabriquaient des bateaux "fermés" avec des cockpits étroits, de petits passavants et des roofs plutôt proéminents de manière à profiter de la lumière tout en restant à l'intérieur.

Avec la tradition, cette tendance demeure, bien qu'une nouvelle donne ne cesse d'influencer la conception des plans de pont. Mieux contrôlée, grâce en partie à la légèreté des bateaux d'aujourd'hui, la sécurité impose des règles différentes. Il y a à peine trente ans, le cockpit d'un bateau de déplacement lourd devait s'abriter des vagues qui venaient sur le pont. Les membres d'équipage devaient pouvoir trouver refuge dans un lieu encaissé pour être mieux tenus et protégés. Avec des formes plus rondes, de plus grandes flottabilités de coque, un poids moins important à longueur égale, les bateaux actuels subissent différemment le mauvais temps : leurs coques soulagent plus aisément. Avec la vogue des loisirs, les bateaux n'ont plus seulement été étudiés pour la seule navigation, mais pour le confort d'une tranquille croisière et d'un moment passé au mouillage. L'organisation du pont des bateaux de croisière actuels prend en compte l'agrément de la vie à bord pendant la navigation en position gîtée, mais également pendant les moments de détente, lorsque le bateau est immobile. Les plaisanciers veulent alors profiter des ponts pour la sieste et le bain de soleil.

En règle générale, trois parties principales constituent le pont d'un bateau. La plage avant permet d'effectuer les manœuvres de foc et toutes les opérations de mouillage. Le milieu du bateau est occupé par le roof, plus ou moins important et qui laisse le passage libre de chaque côté. L'équipage emprunte les passavants pour se rendre de l'avant à l'arrière. Le cockpit, situé à l'arrière, est l'endroit vital du pont. Il est conçu pour être étanche et autovideur, c'est-à-dire qu'il se vide à la mer par un nable de vidange, dont l'orifice est situé sous la flottaison, en même temps que les vagues suintent. C'est généralement là que l'équipage manœuvre les écoutes sur les winches lors des virements de bord ; dans le cockpit, se trouve également le barreur. De plus en plus souvent, les drisses qui servent à hisser les voiles sont renvoyées du pied de mât pour être également manœuvrées du cockpit. Enfin, il donne accès aux aménagements intérieurs par l'intermédiaire de la descente.

Le cockpit d'un bateau est de fait la zone névralgique du pont. Il est souvent pourvu de coffres de rangement où peuvent prendre place ballons et aussières, ou encore voiles de rechange. On y déjeune par beau temps. On prend plaisir à s'y asseoir au mouillage dans un port pour observer la vie alentour. En navigation, par belle brise et par mauvais temps, c'est également l'endroit où se livrent les confidences entre barreur et équipier de quart, qui partagent cigarettes et friandises en attendant la relève.

La fonction du plan de pont d'un bateau de course est différente. Son rôle est essentiellement de faciliter l'efficacité et la rapidité des manœuvres. Le confort passe au second plan. Ces raisons amènent les architectes à dessiner des plans simples, dépouillés, avec un maximum de surface de travail. Dans la mesure où le confort intérieur est également réduit à sa plus simple expression, les roofs sont le plus petit possible, voire inexistants. De larges panneaux coulissants et étanches permettent d'accéder au ventre du bateau, pour le changement des voiles par exemple. Il s'agit généralement de bateaux difficiles à vivre, qui nécessitent un bon entraînement de la part des équipiers et une manière de s'habiller particulière pour être à l'abri de l'humidité. L'esprit dans lequel est dessiné le plan de pont d'un bateau de course est très différent de celui qui anime la recherche de l'architecte du bateau de croisière.

LE PONT DANS TOUS SES DÉTAILS

Le succès de la conception d'un pont jusque dans ses ultimes détails, son efficacité en quelque sorte, est souvent lié à la simplicité. Si, du haut du quai, nous observons un plan de pont en contrebas, cette simplicité semble évidente. Comme dans beaucoup d'autres domaines, elle est cependant le fruit d'une rigoureuse réflexion et d'une bonne expérience. Le bon architecte doit pouvoir, à chaque obstacle, trouver la solution la plus simple. A l'échelle de la voilure, la surface du pont est petite. Elle doit pourtant résoudre l'ensemble des problèmes liés à la navigation.

Le pont d'un bateau est une surface de travail, une sorte de plateau recevant les divers éléments servant au fonctionnement de la voilure. C'est du pont que l'on transmet, grâce aux différentes pièces d'accastillage, la force propulsive des voiles à la coque. Sur le pont, les drisses sont étarquées, les écoutes bordées. C'est du pont que l'on procède aux manœuvres d'appareillage et de mouillage. Les pièces d'accastillage sont calculées de manière à fournir les efforts nécessaires à leurs travaux multiples. Leur emplacement ne doit pas entraver la circulation.

LA PLAGE AVANT

Ce terme désigne la place située en avant du mât et entourée par les filières et le balcon avant. Cet endroit du pont est généralement occupé par un panneau ouvrant, donnant de la lumière aux aménagements du poste avant. C'est depuis cette place que l'on procède aux opérations de mouillage en utilisant le guindeau. C'est là également que le tangon est manœuvré au vent arrière pour le spi, et que l'on change les focs le cas échéant. Par brise fraîche au près, la plage avant est vite envahie par les embruns, ce qui nécessite l'utilisation de cirés. En croisière, le travail à cet endroit peut être grandement facilité en venant au vent arrière. Le bateau se redresse alors, et le vent apparent diminue. En quelques secondes, et sans aucun effort de l'équipage, la manœuvre s'en trouve simplifiée.

LE MILIEU DU BATEAU

Le roof est longé à chaque bord par les passavants, qui permettent de circuler grâce à des mains courantes, le plus souvent fixées à son sommet. Les rails d'écoute boulonnés au pont reçoivent les filoirs coulissants, placés selon la taille du foc utilisé. Plus la bordure est grande, plus le filoir sera reculé. Dans certains cas, c'est également dans les passavants, à la hauteur du pied de mât, que sont fixés les points d'ancrage des haubans sur le pont. L'effort est repris sous le pont par un renfort dans la coque. L'arrière du roof supporte le cas échéant les principaux indicateurs électroniques de navigation, visibles de l'emplacement du barreur. Depuis le pied de mât, les drisses arrivent également à cet endroit, après être passées dans les coinceurs situés juste avant le winch. Le panneau de descente peut être poussé pour accéder plus facilement à l'intérieur.

Sur la droite de ce pied de mât, on distingue les diverses drisses de couleurs différentes (afin de les reconnaître) qui reviennent vers l'arrière jusqu'au cockpit. Le palan en avant du mât est un hale-bas qui empêche la bôme de monter et combat ainsi le dévers de la grand-voile.

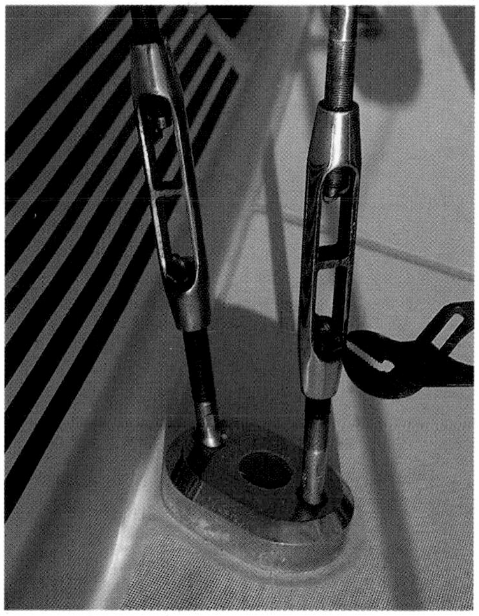

Les haubans sont tenus sur des cadènes fixées au pont. La tension est réglée au moyen des ridoirs. Ici, l'équipier prend soin de vérifier la position de la goupille qui verrouille le ridoir et évite qu'il ne se défasse sous l'action des vibrations du gréement et de la coque (en particulier les ridoirs sous le vent qui ne sont pas en tension).

Le passavant permet de se rendre sur le pont, de l'arrière vers l'avant, en se tenant à la main courante de bois.

Le guindeau, ici encastré partiellement dans le pont, facilite les opérations de mouillage, en particulier le relevage de l'ancre.

Naviguer est un travail d'équipe. Sous l'œil du barreur, les deux équipiers, l'un au pied de mât, l'autre dans le cockpit, s'apprêtent à larguer le ris de la grand-voile.

Le rail de foc, placé ici sur l'angle du roof, permet de positionner la poulie d'écoute en fonction de la taille du foc et de l'allure par rapport au vent.

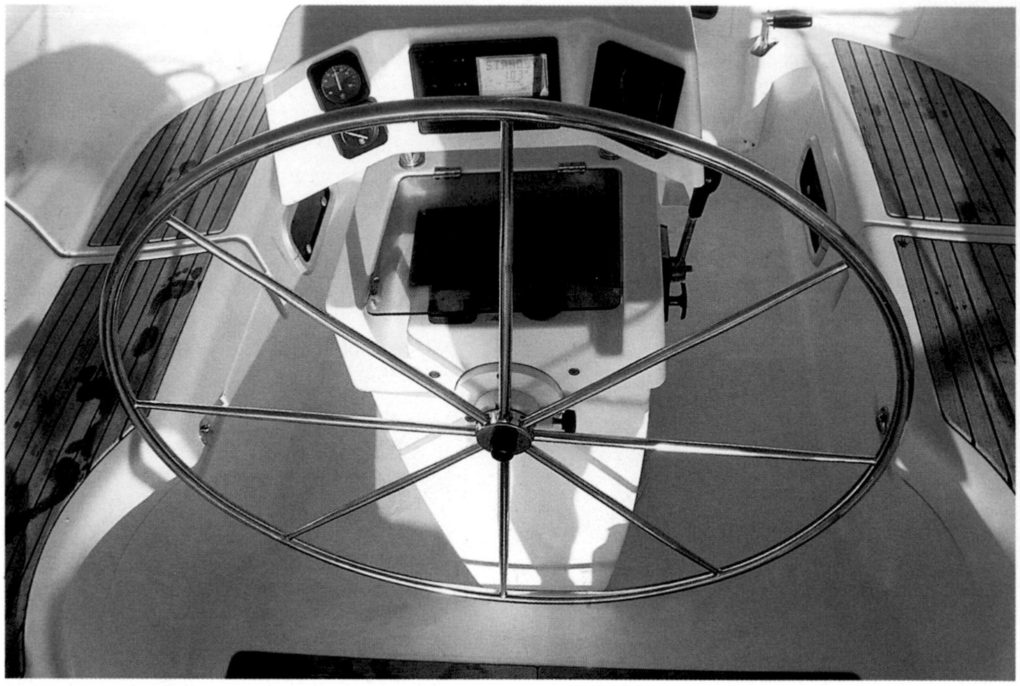

La barre à roue est utilisée sur des bateaux d'une longueur dépassant une dizaine de mètres.

DÉTAIL MÉCANIQUE D'UN WINCH SELF-TAILING LEWMAR.
Pour intervenir sur un winch, il est nécessaire de disposer des documents du fabricant. Pour nettoyer un winch, commencer par placer un chiffon sur une surface plane pour y déposer soigneusement les pièces une par une. En enlevant la poupée, vous avez accès aux différents roulements, axe central et pignons. Nettoyer l'intérieur avec un chiffon et un pinceau trempé dans du pétrole ou du white spirit. Une fois propre, utiliser les graisses recommandées par le fabricant.

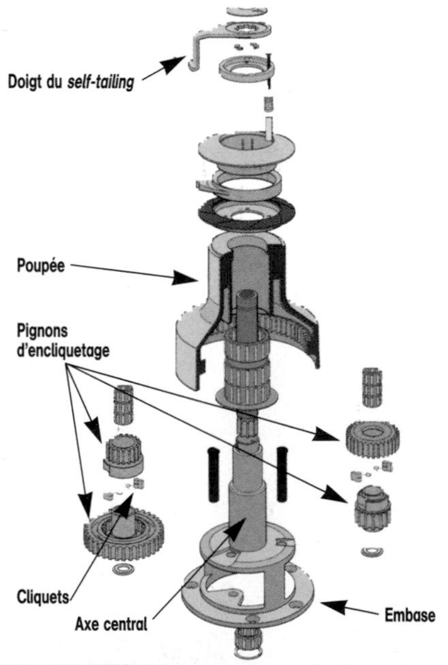

Le cockpit

Plus ou moins vaste et dégagé, le cockpit étanche est souvent équipé de deux bancs formant des coffres de rangement. Sur le pont sont fixés un ou plusieurs winches de chaque côté pour le foc et le spi. L'écoute de grand-voile peut être vissée sur le roof, ou traverser latéralement le cockpit et se trouver alors à portée du barreur, qui peut la manipuler en même temps qu'il tient la barre. L'ergonomie des formes de cette partie vitale du bateau est étudiée pour être assis confortablement, pouvoir tourner les winches et se tenir debout à la manœuvre. Un plancher habille le fond du cockpit en ayant soin de ne pas obstruer le nable de vidange. Les commandes moteur sont placées sur la paroi verticale des bancs, à la main du barreur.

Selon la conception de chacune des unités, la plage arrière est plus ou moins spacieuse. Elle est ceinturée par le balcon arrière, comporte un tube de jaumière où passe la mèche de gouvernail et des taquets d'amarrage.

Les winches

Sur le pont, le winch occupe un rôle majeur et fondamental. Grâce à lui, l'équipier a la possibilité de maîtriser les drisses et écoutes qui commandent la voilure. C'est l'un des piliers de la navigation de plaisance, apparu dans les premières années du XXe siècle. Auparavant, les différentes manœuvres étaient montées sur palans pour démultiplier l'effort, l'huile de coude faisant le reste. Les photos représentant les grappes humaines pesant sur les écoutes des classes J, montrant les voltigeurs accrochés dans les drisses à plusieurs mètres du pont, sont éloquentes. Les monstrueux efforts exercés sur ces grandes voiles étaient maîtrisés par la démultiplication des palans et le nombre des équipiers unissant leurs forces.

Faire un tour mort sur une pièce ronde et fixe facilite la tenue d'un bout sur lequel est exercé un effort. Que cette pièce tourne dans un sens et soit retenue automatiquement dans l'autre sens facilita les manœuvres. Le winch est né de ce principe. Au préalable, ce fut un treuil à bras, actionné par un grand levier horizontal. Puis le dispositif se miniaturisa. Fabriqué d'abord en bronze, pourvu d'une seule vitesse, la manivelle était placée sur un axe dépassant le sommet de la poupée. Vinrent ensuite les alliages spéciaux, résistants, non corrosifs et légers. Le dispositif intérieur, doté de pignons de différentes grosseurs, permit d'adapter plusieurs vitesses : rapide lorsque l'effort n'est pas trop grand, plus lente quand la pression se fait sentir.

Le travail sur le winch met en œuvre deux actions indépendantes : l'action sur la manivelle et la tenue de l'écoute à la sortie de la poupée. Un seul équipier peut, avec de l'habitude, effectuer les deux tâches à la fois. L'efficacité est bien meilleure avec deux équipiers travaillant en synchronisation. Naturellement, les fabricants d'accastillage inventèrent autour des années 1970 le winch *self-tailing*, qui permet à un seul équipier d'utiliser la force de ses deux bras pour peser sur la manivelle, l'écoute se déroulant automatiquement et échappant par le haut de la poupée grâce à la présence d'une couronne dessinée à cet effet.

Dans certains cas, l'utilisation du winch vient s'ajouter à celle du palan. Beaucoup d'écoutes de grand-voile sont bordées au près, en phase finale de réglage, à l'aide d'un winch qui travaille "après" que l'écoute ait emprunté plusieurs palans.

Le "moulin à café" inventé sur les 12 mètres de la Coupe America est le plus souvent utilisé sur les bateaux de course. Ces moulins à café sont en mesure de développer davantage de force que les winches, et équipent les bateaux portant de très grandes surfaces de voilure. Autre avantage : la poupée placée à plat pont qui reçoit l'écoute peut être manœuvrée à distance et par plusieurs "moulins" disposés sur le pont à des endroits différents.

Les batteries de winches ont fleuri les ponts des années 1970 pour répondre à un phénomène de mode. A bord de ces bateaux de course, les équipiers se sont vite rendu compte que si les winches étaient nombreux, les manœuvres étaient plus compliquées. La recherche des concepteurs passa ensuite par un stade de simplification et d'économie des mouvements. L'étude judicieuse d'un circuit d'écoute permet l'utilisation d'un nombre de winches réduit. La meilleure solution fut souvent l'utilisation de winches "à tout faire". Le chemin de plusieurs écoutes, ou encore de plusieurs drisses, fut étudié pour aboutir au même endroit. Là, un seul winch pouvait servir plusieurs manœuvres. Une fois étarquée, l'une des manœuvres est bloquée en amont du winch. Cela permet de le libérer et de l'utiliser pour une autre manœuvre.

Aujourd'hui, pour des questions de coût, de recherche de légèreté et de simplification générale, le dispositif utilisant le winch "à tout faire" domine l'équipement des bateaux de série. Il est couramment admis qu'un seul winch peut servir à trois ou quatre manœuvres simultanément.

Les bateaux actuels disposent désormais d'une panoplie d'instruments renseignant le barreur sur la marche du bateau et l'état du vent (force et direction).

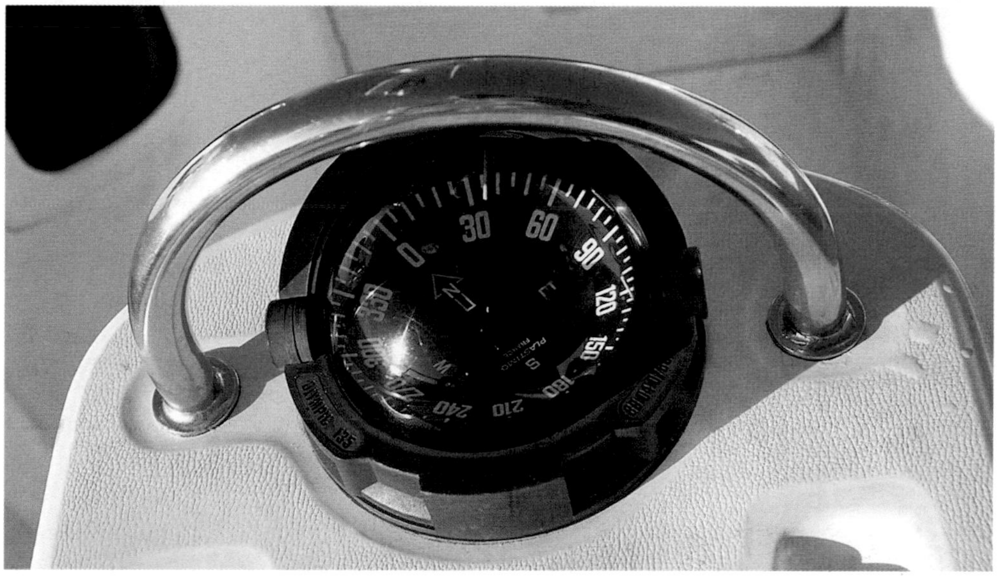

Le compas de route, indispensable compagnon du barreur.

Les winches simplifient le maniement des drisses et des écoutes. Celui-ci est équipé d'un self-tailing permettant de bloquer le "dormant" de l'écoute, et pour l'équipier d'utiliser ses deux mains pour tenir la manivelle du winch.

L'utilisation des bloqueurs permet d'utiliser un seul winch pour ces cinq manœuvres différentes.

Taquet en aluminium dont la forme permet de bloquer le filin en un seul tour.

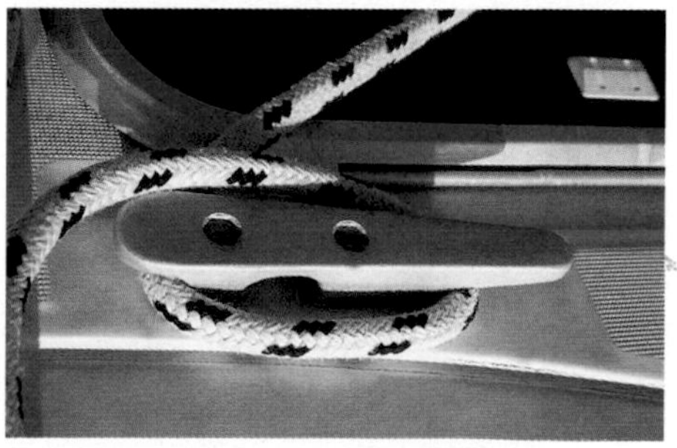

LES AMÉNAGEMENTS INTÉRIEURS

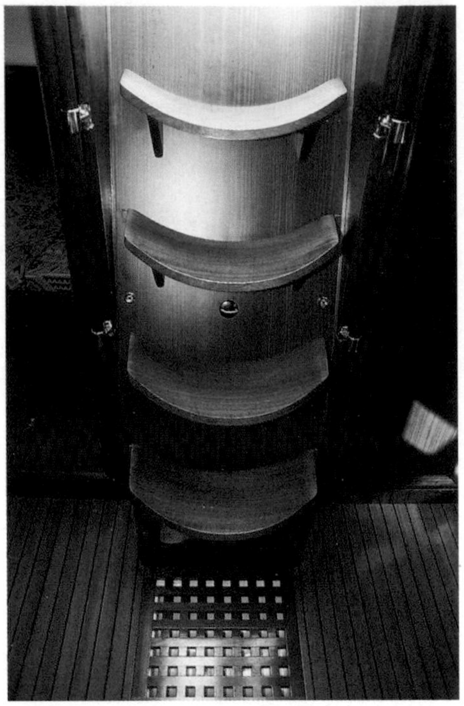

Sun Fast 36. ***L'arrondi des marches à la descente facilite le déplacement de l'équipier lorsque le bateau gîte.***

Gib Sea 44. ***Table à cartes classique située, dans le sens de la marche, au pied de la descente sur tribord.***

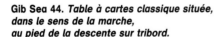

Centurion 36. ***Exemple d'un carré classique sur un monocoque, avec une banquette en U autour de la table dont une partie est rabattable.***

Le confort des bateaux de croisière a considérablement évolué depuis une quinzaine d'années. Le volume habitable a été mis en valeur et il exploite astucieusement les moindres recoins ; la lumière a fait irruption dans l'ensemble des aménagements ; les nouveaux matériaux de construction ont permis à la fois d'améliorer l'esthétique tout en facilitant l'entretien. L'organisation des aménagements, le côté pratique et le design pèsent aussi lourd dans le choix du propriétaire que les performances sous voiles.

Privilège 65. ***Situé dans la nacelle entre les deux coques, le carré des multicoques est particulièrement aéré et spacieux.***

Centurion 41. *Confortable cuisine située à tribord, au pied de la descente, pour ce bateau de 12 mètres.*

Etap 26. *Coin toilettes indépendant comprenant lavabo et W.-C. pour ce bateau de moins de 8 mètres.*

Centurion 38. *Poste avant classique disposant de deux couchettes simples pouvant être transformées en une double.*

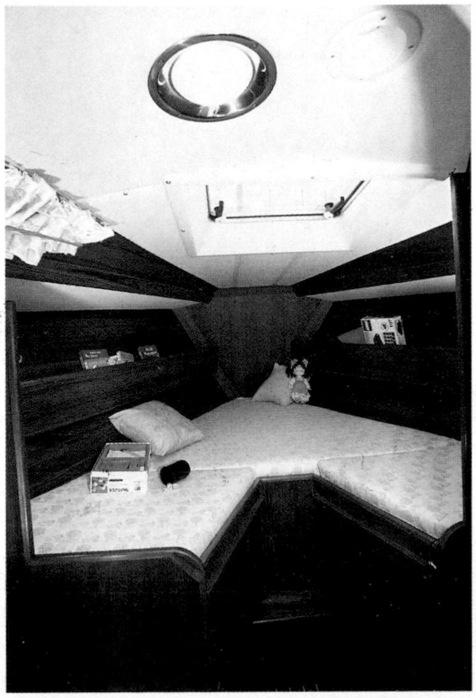

Sun Fast 36. *La mode est aux cabines arrière doubles, disposées à tribord et bâbord sous les bancs du cockpit et accessibles du carré.*

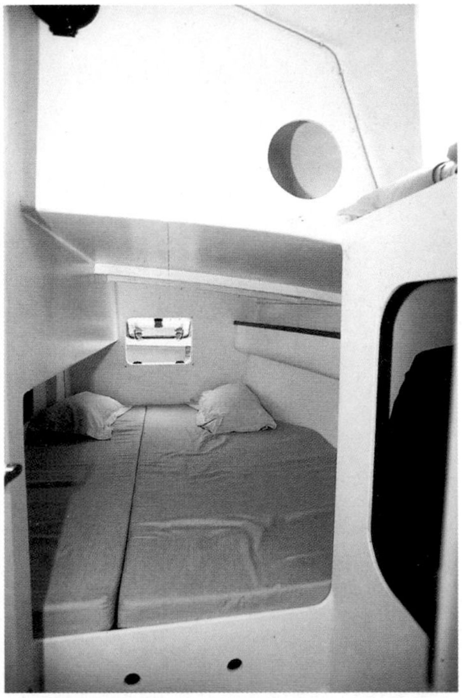

LE GRÉEMENT

L'appellation de gréement désigne l'ensemble du système qui soutient la voilure. Il se divise en deux grandes parties. Le gréement dormant désigne les câbles fixes qui tiennent le mât, tels les haubans, l'étai (avant) et le pataras (arrière). Le mât, comme la bôme, possèdent une multitude de points d'ancrage, de renforts, de systèmes de fixation servant aux réglages et à la tenue. Quant au gréement courant, il est constitué de l'ensemble des manœuvres servant à contrôler la voilure et à la manœuvre, comme les drisses, les écoutes, les bras et les hale-bas.

LE GRÉEMENT DORMANT

Le rôle du mât est bien sûr de porter les voiles. La grand-voile coulissant dans une gorge est contrôlée sur toute sa hauteur. Pour le foc, l'effort est beaucoup plus ponctuel dans la mesure où il n'est tenu que par la tête de mât, qui exerce une pression importante par forte brise de portant, mais aussi au près serré.

Au pied sur le pont, le mât est facile à tenir naturellement en raison de la compression. Il est la plupart du temps posé dans une ferrure à plat pont, l'effort de compression étant repris à l'intérieur du bateau par une pièce appelée étambrai, qui s'appuie sur la quille. Dans certains cas, le mât traverse le pont pour être directement posé sur la quille.

La tenue de la tête de mât est plus délicate. Elle est immobilisée dans le plan longitudinal, en avant par l'étai principal et quelquefois un étai secondaire, en arrière par le pataras. La présence d'un guignol ou de bastaques peut dans certains cas améliorer la tenue longitudinale de l'espar. Dans le plan latéral, le mât est tenu par un ensemble de haubans portant des noms différents selon leur position. Les galhaubans montent en tête, les bas haubans et haubans intermédiaires prennent le mât plus bas. Les galhaubans sont tenus écartés par les barres de flèche pour augmenter l'angle de tire. Les bas haubans tiennent le mât un peu plus bas avec leurs points d'ancrage situés dans le mât juste sous la barre de flèche.

Un hauban qui partirait de la tête de mât avec un angle d'une dizaine de degrés se positionnerait en bas, hors du bateau. La barre de flèche est utilisée pour écarter le hauban tout en lui permettant de revenir au pont. Mais elle exerce alors un effort de compression horizontale sur le mât. D'où la nécessaire présence du bas hauban, qui permet d'équilibrer cet effort.

Plusieurs plans de haubanage sont en vigueur selon les types de gréements et les efforts exercés en fonction de l'inertie du mât plus ou moins forte selon le diamètre du tube et le matériau utilisé. Un système de losange en haut du mât permet de limiter la longueur des barres de flèche. Elles sont en effet néfastes pour le rendement de la voilure au près. La qualité de la navigation au près dépend de l'angle de remontée au vent, qui ne peut se faire qu'avec un foc bordé le plus plat possible, à toucher l'extrémité de la barre de flèche.

En règle générale, les bateaux pourvus d'un étai en tête font appel à un gréement rigide qui demande à être réglé une fois pour toute et surveillé ensuite par mesure de sécurité. Les bateaux dotés d'un étai qui ne monte pas en tête (gréements 3/4 et 7/8) sont équipés de gréements plus souples, qui peuvent être travaillés selon les allures et la

Triangulation particulière d'un mât de grande taille. La partie supérieure est indépendante et tenue par un haubanage en forme de losange.

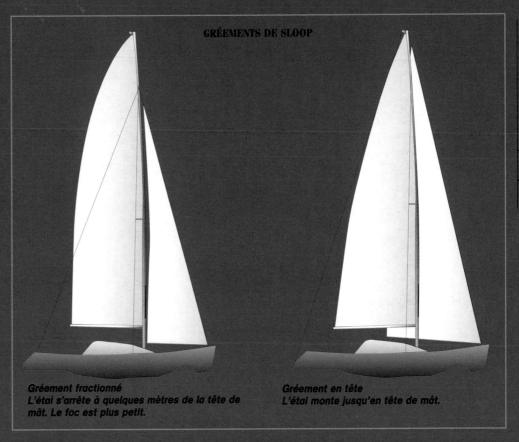

GRÉEMENTS DE SLOOP

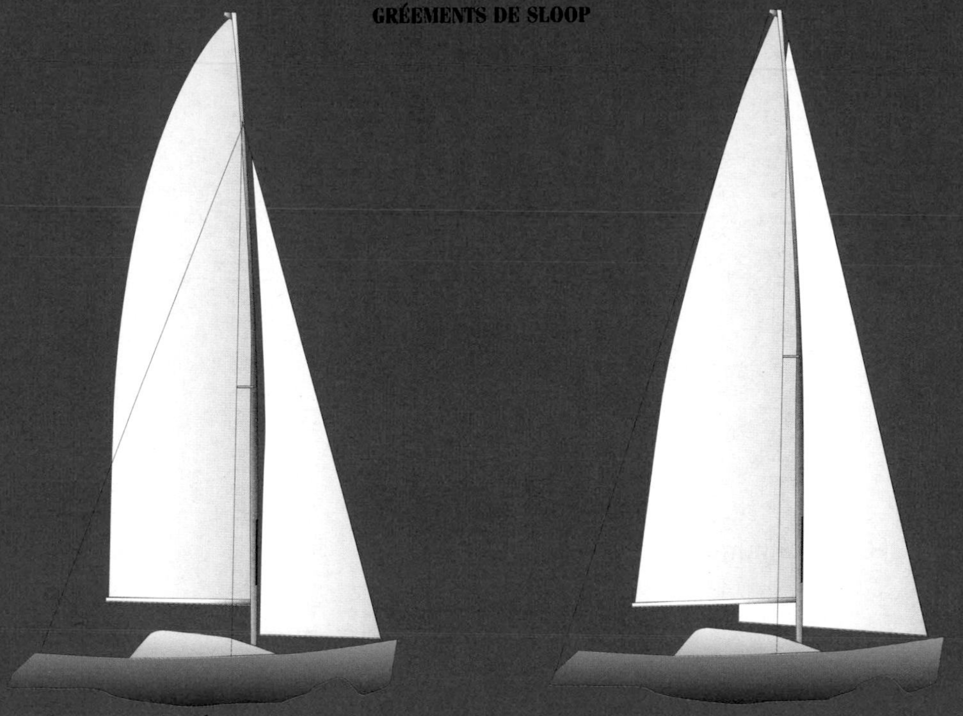

Gréement fractionné
L'étai s'arrête à quelques mètres de la tête de mât. Le foc est plus petit.

Gréement en tête
L'étai monte jusqu'en tête de mât.

LE VOCABULAIRE DU GRÉEMENT

Un gréement est tenu sur la coque : dans le plan longitudinal par les étais et le pataras ; dans le plan latéral par les différents haubans écartés par les barres de flèche.

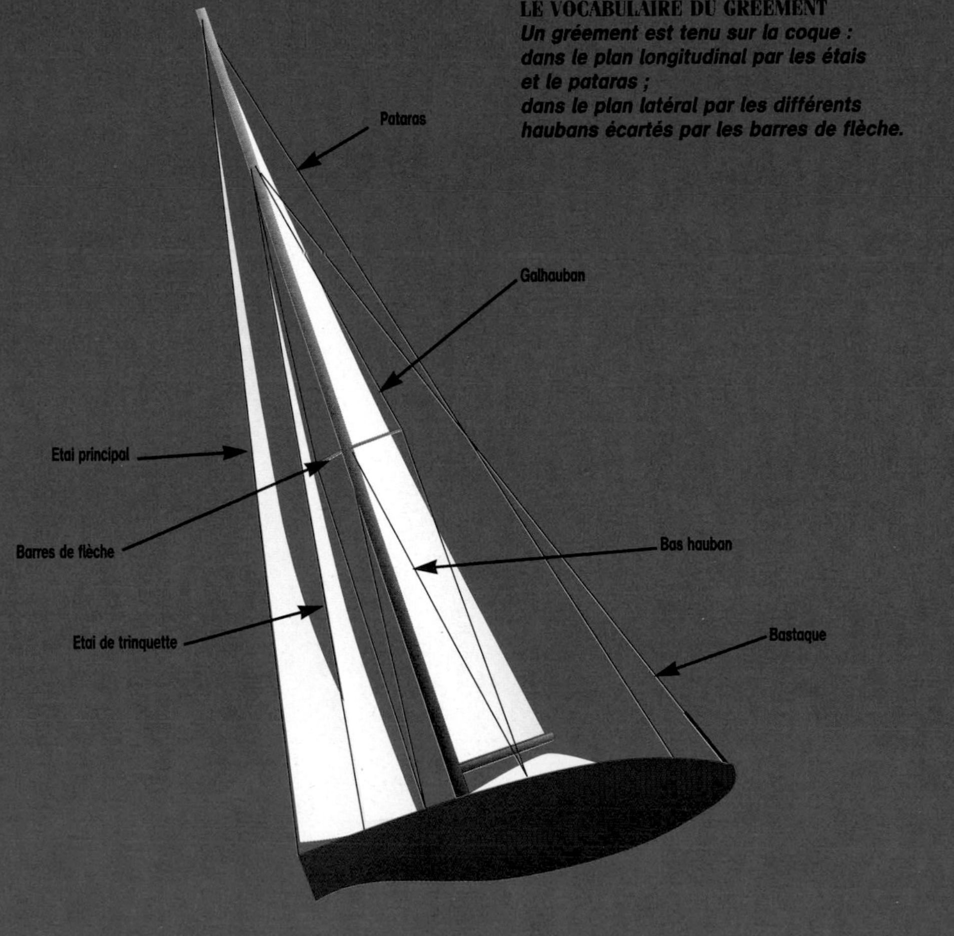

force du vent. Ils sont la plupart du temps équipés de bastaques, qui reprennent les efforts à l'arrière dès l'allure de largue. Cette solution est adoptée à bord de bateaux qui donnent la priorité aux performances. Selon que l'on se trouve au vent arrière ou au près, dans le petit temps ou la forte brise, les voiles appellent des formes différentes pour développer leur meilleure force propulsive. La faculté de courbure du mât est une aide précieuse à l'obtention de ce rendement optimal.

Les haubans parviennent au pont sur des cadènes en acier spécial, noyées dans la construction de la coque et solidement ancrées. L'effort d'arrachement de la cadène est contrebalancé par des plaques noyées dans le polyester et tenues par des équerres métalliques à l'armature de base du bateau. Les haubans sont assujettis aux cadènes par des pièces intermédiaires appelées ridoirs, qu'ils convient de toujours avoir à l'œil. Ces pièces tiennent le gréement en équilibre ; c'est sur elles que l'on agit pour régler le mât à sa guise.

Les câbles métalliques que l'on trouve chez les fabricants répondent à des normes très différentes en fonction des qualités mécaniques attendues : résistance, coefficient d'élasticité, facilité de courbure. Le câble peut être constitué d'une seule barre filetée aux deux bouts (monofil ou Rod) ; il peut être fabriqué en monotoron, une composition de 19 fils assemblés autour d'un fil central servant d'âme. L'embout des fils métalliques servant à la fabrication des haubans revêt une importance capitale. Il peut être forgé pour les câbles en inox, fileté, voire serti sur les petits bateaux. Le ridoir frappé sur la cadène de pont est fixé à cet embout.

Comme le mât, la bôme est désormais fabriquée en métal creux. Elle remplace depuis longtemps le superbe spruce blond dans une recherche permanente de rigidité, de légèreté et de facilité d'entretien. Son diamètre est étudié pour encaisser les efforts de flexion quand l'écoute exerce une forte pression au près. Elle est équipée de réas placés à des endroits étudiés pour le passage des bosses de ris. Le point névralgique d'une bôme est son accrochage avec le mât par une pièce délicate nommée le vit-de-mulet. A la manière d'un cardan, cette pièce en acier permet à la bôme de bouger dans les trois dimensions en restant maintenue fermement au mât. Le hale-bas permet de tenir la bôme vers le bas, l'empêchant de monter. De cette manière, la chute de la grand-voile reste tendue au largue et au vent arrière.

Le troisième espar classique du voilier est le tangon, dont le rôle est d'écarter l'écoute de foc ou de spi au vent arrière.

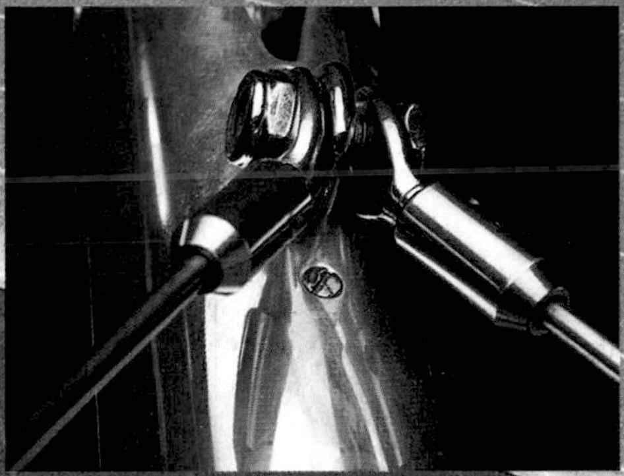

Ancrage des haubans sur une ferrure fixée dans le mât.

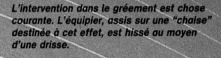

L'intervention dans le gréement est chose courante. L'équipier, assis sur une "chaise" destinée à cet effet, est hissé au moyen d'une drisse.

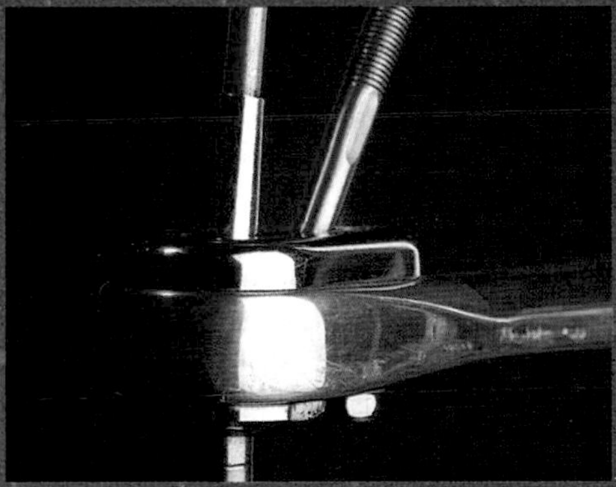

Passage des haubans dans les embouts de barres de flèche.

Le vit-de-mulet est une des pièces névralgiques du gréement. Il assure la liaison entre le mât et la bôme, et doit permettre à cette dernière d'évoluer dans les deux dimensions.

Le tangon est destiné à repousser le point d'écoute du spi au maximum pour lui permettre de prendre le vent.

Drisses et écoutes de rechange dans le container d'un bateau de course.

Le gréement courant

Les bons marins savent que la seule "corde" d'un bateau est celle qui permet de sonner la cloche du bord. Une infinité de bouts, filins, aussières, cordages multiples équipe le bateau. Ils ont chacun leur appellation. Non pas pour perturber le néophyte, mais pour désigner des manœuvres de fonction différente. Le gréement courant des bateaux actuels n'a rien à voir avec celui des grands voiliers d'autrefois, qui étalaient leur "toile d'araignée" entre les mâts. Nous sommes encore subjugués en observant les différentes manœuvres d'un trois-mâts école au mouillage. L'énorme râtelier à drisses placé au pied de chaque mât réunit jusqu'à une vingtaine de manœuvres qui circulent dans l'enchevêtrement des différents espars. Chacune d'entre elles a sa fonction propre. Les gabiers et les voltigeurs entretenaient soigneusement à longueur d'année ces kilomètres de manœuvre.

De tout temps, le marin s'est trouvé confronté à ces multiples bouts qui forment la base de la manœuvre. Sur un bateau actuel d'une douzaine de mètres, le mouillage, les drisses et les écoutes totalisent une longueur d'environ 150 mètres, sans compter les manœuvres annexes de spi ou de balancine. Deux types de manœuvres courantes équipent le voilier. Les drisses pour hisser et les écoutes pour border. Il n'existe pas de cordage universel, mais de nombreux types de filins dont le matériau et le diamètre sont adaptés à chaque usage. Une drisse et une écoute doivent pouvoir résister à l'effort demandé. Cet effort dépend du tonnage et de la surface de chacune des voiles. Ces manœuvres doivent être également adaptées aux réas, qui permettent leur cheminement dans le gréement.

Pour les drisses, la résistance doit s'accorder avec un faible allongement. La diminution maximale de diamètre est recherchée, comme le faible poids. Pour les écoutes, la résistance est également fondamentale, mais la dimension du diamètre est moins importante. En revanche, la souplesse et la bonne tenue à l'abrasion jouent un rôle non négligeable.

Il y a encore une dizaine d'années, les drisses étaient en métal inox, serties à l'une des extrémités, au niveau du mousqueton, et épissées à l'autre extrémité sur un textile. Les longueurs étaient étudiées pour faire arriver la partie métallique sur le winch et combattre ainsi l'allongement. Quant aux drisses, elles étaient en fibre synthétique pour les petites et moyennes unités. Sur les bateaux de gros tonnage, les écoutes étaient également en acier.

Les matériaux des cordages

Un cordage assurant le mouillage doit être suffisamment souple pour pouvoir amortir les à-coups et résister à l'abrasion. Pour être efficaces, les drisses et les écoutes ne doivent pas s'allonger. Dans certains cas, il peut être intéressant d'avoir un bout qui flotte. Quant aux écoutes, elles doivent résister au frottement et à l'abrasion de la poupée du winch tout en étant d'un diamètre agréable pour la main. Avec les progrès enregistrés dans le domaine de la fabrication des cordages en fibres synthétiques, il est possible d'adapter chaque manœuvre à sa fonction. Ceux-ci sont toronnés pour les aussières et les lignes de mouillage, tressés autour d'une âme pour les drisses et écoutes devant s'adapter au travail des winches et des coinceurs. Les fournisseurs donnent pour principe qu'un cordage doit être utilisé avec une marge de sécurité de 4. Cela revient à dire qu'il va travailler à 25 % de sa charge de rupture. Ces matériaux

Bout en propylène.

Bout en chanvre.

nouveaux et différents se répartissent en plusieurs familles.

Les polypropylènes sont utilisés sur les petits bateaux et les manœuvres de remorquage et d'amarrage. Ils sont légers, imperméables, et flottent. Ce n'est pas toujours un avantage : attention à l'hélice ! Leur propriété mécanique est médiocre, et la résistance aux ultraviolets mauvaise.

Les filins à base de polyamide ou Nylon sont particulièrement élastiques tout en ayant une bonne résistance et une excellente tenue au raguage. De ce fait, ils constituent de belles aussières et sont bien adaptés à l'amarrage et à la confection de lignes de mouillage.

Les filins de polyester, Tergal ou Dacron sont adaptés pour les drisses et les écoutes en raison d'une faible élasticité, d'une bonne ténacité, d'une raisonnable tenue à l'eau de mer et aux rayons UV. Son principal inconvénient est sa relative importance de densité.

Les aramides compensent en partie ce défaut. Il s'agit de fibres également nommées Kevlar (marque déposée Dupont de Nemours), dont le grand avantage est de posséder un très faible allongement tout en conservant une résistance élevée deux fois supérieure au polyester et cinq fois à l'acier. Leurs points faibles : elles résistent mal aux UV et perdent jusqu'à 70 % de leur résistance au niveau des nœuds. Les manœuvres en aramide sont la plupart du temps recouvertes d'une gaine en polyester pour combattre les UV et renforcer la résistance à l'abrasion. Leur diamètre relativement important nécessite la présence de réas de fort diamètre pour respecter des rayons de courbure qui doivent être supérieurs à la normale.

En règle générale, le diamètre et la largeur de la gorge du réa d'une poulie doivent tenir compte des matériaux utilisés. Les manœuvres en polyester se pliant plus facilement que celles en Kevlar nécessitent un diamètre de réa plus faible.

Citons enfin les polyéthylènes ou Spectra, qui s'apparentent à l'aramide avec une meilleure résistance aux rayons UV, une bonne résistance à l'eau de mer et au raguage. Ils sont utilisés pour les écoutes et les drisses de haute performance. La résistance au nœud est 30 % supérieure à celle des aramides, et l'allongement ne dépasse pas 3,5 %. Ils résistent bien à la torsion et aux flexions répétées.

Les drisses et écoutes d'un bateau neuf sont bien sûr en place au moment de l'acquisition, et le propriétaire n'interviendra sur le choix de ces manœuvres qu'en cas de remplacement. Pour choisir une drisse ou une écoute, il faut savoir qu'un nœud réduit dans la plupart des cas 40 à 50 % de la résistance. Quant à la longueur, elle doit être soigneusement calculée. Pour une drisse, il ne faut pas oublier de prendre la dimension "voile amenée", avec un dormant suffisant pour s'enrouler confortablement sur le winch de manœuvre. Toute longueur inutile envahira le cockpit. Pour les écoutes de foc, il faut tenir compte du recouvrement du génois sur chaque bord. Pour l'écoute de grand-voile, il faut pouvoir déborder la bôme au vent arrière.

Les drisses de couleurs différentes peuvent faciliter leur identification. Le roulement des réas doit être vérifié régulièrement. Un nœud en huit formé à l'extrémité d'une drisse ou d'une écoute évite qu'elle n'échappe. Le fait de lover drisses et écoutes après chaque manœuvre est un réflexe qu'il faut acquérir automatiquement en vue de la manœuvre suivante. Il est facile de faire en sorte que chaque extrémité d'une écoute ou d'une drisse soit propre. Les matériaux synthétiques brûlent facilement, et une petite surliure évite aux torons de se défaire. Rincer les bouts à l'eau douce participe à leur entretien et les rend plus agréables au toucher.

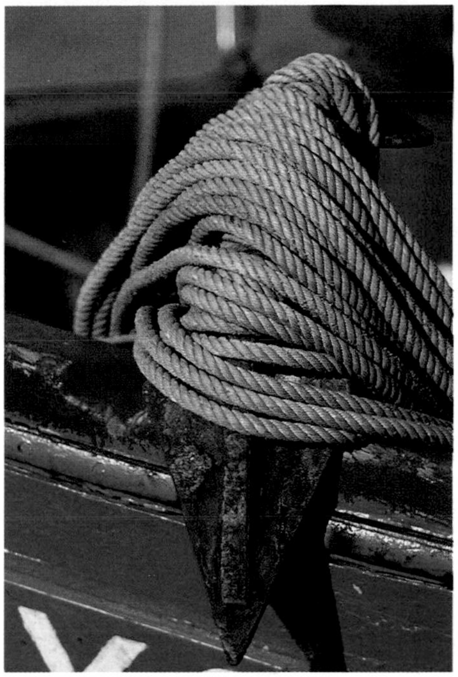

Mouillage propylène d'un bateau de pêche.

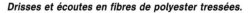

Drisses et écoutes en fibres de polyester tressées.

Ecoutes de couleur en Spectra et Vectran.

LA VOILURE

La discipline de la voile revêt encore ce côté passionnel des premiers jours. Son évolution n'a pas seulement été dictée par la raison. Poussée par la démocratisation et le progrès technique, la navigation de plaisance s'est néanmoins considérablement simplifiée. Les milliers de personnes qui naviguent aujourd'hui ont à leur disposition des bateaux pratiques. En quelques dizaines d'années, le portrait du marin plaisancier a changé de visage. Alors qu'il était considéré comme normal et salutaire qu'un équipier d'autrefois s'épanouisse dans la souffrance, c'est la recherche du bien-être, de la simplicité et du *farniente* qui anime le plaisancier d'aujourd'hui. Chaque année, les chantiers vont plus loin dans la découverte de nouvelles solutions techniques qui rendent la vie à bord plus agréable.

La simplification du bateau tel que nous le connaissons aujourd'hui ne s'est pas opérée en un jour, mais son évolution a été si rapide qu'une seule génération a pu vivre un pan entier de sa mutation. A son retour du tour du monde, alors qu'il venait de battre le record du Trophée Jules-Verne, Olivier de Kersauzon s'est exprimé sur cette curieuse évidence : *« Il est passionnant pour ceux qui ont découvert les premiers multicoques de penser qu'il est désormais possible de battre le record du monde avec ces engins. Notre sport a doublé ses vitesses en vingt ans, avec les mêmes bonshommes ! »* Et avant les premiers multicoques, Kersauzon avait fait ses débuts sur les plates et canots de La Trinité au moment où la plaisance moderne prenait son envol.

Les bateaux de croisière de série ont également suivi cette fulgurante mutation. Les carènes se sont affinées avec le calcul par ordinateur, l'accastillage a subi une véritable révolution technologique grâce à la découverte de matériaux adaptés au milieu salin, les voilures, enfin, ont activement participé à cette fantastique simplification.

La coupe et les matériaux de fabrication des voiles sont en perpétuelle mutation. Entre le coton égyptien d'avant-guerre et les voiles moulées en trois dimensions, les progrès se sont accumulés au fil des expériences. Debout sur le pont, regardant sa voile capter le vent avec autant d'aisance, le plaisancier a aujourd'hui quelques difficultés à comprendre l'histoire de cette évolution rapide. Quelques innovations ne peuvent être oubliées.

L'arrivée des matériaux polyester des années 1950 a procuré un confort incomparable. D'un seul coup, une voile était étanche au vent, jamais humide, bien plus légère. Dans un autre domaine, les techniques de réduction de voilure apparues dans les années 1970 bouleversaient la manœuvre. Terminée la dangereuse gymnastique nécessaire au maniement des focs sur la plage avant. Grâce au dispositif monté sur enrouleur, l'équipier reste sagement dans le cockpit et la voile s'escamote comme par magie. Les enrouleurs placés à l'intérieur du mât ont également été mis au point pour réduire la grand-voile plus aisément. Même le système classique de prise de ris à l'aide de bosses revenant sur un winch est grandement simplifié. Avec un minimum d'expérience, la grand-voile est réduite en quelques minutes lorsque le vent monte. Côté spinnaker, la technique de la “chaussette” inaugurée en 1976 par Tabarly sur *Pen Duick VI* est en vigueur sur les bateaux de série. Quant au spi asymétrique, il a simplifié grandement la manœuvre. Avec quelques conseils et peu d'efforts, la surface de voilure est triplée au vent arrière et la vitesse souvent doublée.

LE VOCABULAIRE DE BASE POUR DÉSIGNER UNE VOILE

De forme triangulaire, une voile possède trois côtés :

- La bordure située en bas. Elle est libre pour le foc (dans de rares cas, le foc est bômé), et coulisse généralement dans la bôme pour la grand-voile. Elle peut être envoyée en bordure libre et seulement tenue en deux points : près du vit-de-mulet côté mât, et en extrémité de bôme.
- Le guindant formé par l'attaque de la voile dans le lit du vent. Pour le foc, le guindant est tenu sur l'étai par des mousquetons, ou par une ralingue dans le cas d'un enrouleur. Pour la grand-voile, le guindant coulisse dans le mât.
- La chute représentée par l'hypoténuse du triangle est libre. Elle comporte le plus souvent des lattes sur la grand-voile, moins souvent sur le foc.

La bordure, le guindant et la chute relient les trois points de la voile qui portent les noms suivants :

- le point de drisse en haut, qui reçoit la drisse pour hisser ;
- le point d'amure en avant et en bas, qui sert à amurer la voile sur le pont ;
- le point d'écoute en bas et en arrière, qui reçoit l'écoute de grand-voile ou l'écoute de foc pour border.

LA GARDE-ROBE CLASSIQUE DE CROISIÈRE

Un minimum de voiles permet de répondre de façon complète à un programme de croisière. La garde-robe classique comporte :

- une grand-voile lattée équipée de trois ris. Il faudra également prévoir un taud pour la protéger au repos, et éventuellement un système de lazy-jacks pour faciliter son maniement ;

- un génois sur enrouleur – pourquoi se priver d'une telle simplification ?
- un tourmentin (tout petit foc très résistant), rendu indispensable par le législateur. Cette voile extrême sera utilisée dans du gros mauvais temps, et vous serez un jour content de l'avoir à bord !
- un foc de route qui s'envoie sur un étai largable et qui est indispensable pour faire route dans la brise fraîche ;
- un spinnaker classique manœuvre avec un tangon qui prend appui sur le mât. La mode est désormais au spinnaker asymétrique, plus facile à porter, mais qui offre sans doute moins de satisfaction qu'un spi classique. Mais c'est là une affaire de goût.

Le matériau des voiles

Les voiliers actuels utilisent couramment l'ordinateur pour dessiner, concevoir et couper les voiles des bateaux de course, mais également des bateaux de série. Une fois la coupe définie, il reste à choisir le tissu. Le polyester est le matériau de base utilisé dans la plupart des cas. Il s'agit d'un tissu imprégné tissé fin et serré, en fibre de haute résistance, ayant l'avantage de la souplesse, et pouvant résister au raguage, au faseyement et à la déchirure. La plupart des grand-voiles sont assemblées avec des laizes perpendiculaires à la chute, de manière à utiliser la résistance maximale de la trame. Le grammage moyen du tissu d'une grand-voile se situe entre 300 et 400 grammes par mètre carré.

Les progrès accomplis par les voiles lattées sur les grands monocoques de compétition et les multicoques ont mis en valeur le rendement de ce type de voilure. A telle enseigne que de nombreux bateaux de série sont équipés de la sorte. Ces grand-voiles sont complètement lattées (*full-batten*), ou à demi simplement pour les bateaux d'une longueur supérieure à une dizaine de mètres. Les avantages sont nombreux : le faseyement est réduit, la voile mieux tenue, tant par forte brise que dans le petit temps. Il est également possible d'avoir une voile proportionnellement plus grande dans la mesure où les lattes permettent d'obtenir un rond de chute plus important. La difficulté provient d'un poids plus important de l'ensemble de la voilure et de la nécessité d'avoir des coulisseaux de guindant fonctionnant correctement. Au moment d'amener, des lazy-jacks (sortes de balancines montées sur pantoire et disposées de part et d'autre de la bôme) sont nécessaires pour guider puis recevoir la toile.

Pour les génois, les matériaux sont identiques, mais la disposition des laizes n'est pas la même que sur la grand-voile. La chute doit encaisser de fortes charges ; la partie du foc située dans l'axe du point d'écoute également. Les voiliers utilisent différentes manières de positionner les laizes. En règle générale, il convient d'équilibrer les forces en présence et de trouver un bon compromis de résistance entre la trame et la chaîne. Un génois "à tout faire" dispose d'un bon recouvrement pour développer de la puissance aux allures de largue. Le foc de route, quant à lui, est coupé avec une forme plus allongée et dispose de moins de surface de voilure. Il est conçu pour disposer d'un maximum de rendement au près et avec du vent déjà frais (à partir de 20 nœuds).

Pour la fabrication des spis, où la légèreté du matériau joue un rôle important, le Nylon reste le tissu le plus utilisé.

Les expériences réalisées à bord des bateaux de course qui sollicitent les voiles à leur maximum ont mis en avant les "sandwiches". Il s'agit d'assembler entre eux, par collage, des matériaux disposant de qualités de résistance complémentaires tels le Mylar, fragile au pliage et aux ultraviolets, et le Kevlar, ou encore le Dacron et le Mylar. La trame et la chaîne des laizes sont orientées en fonction des efforts à amortir. Avec l'apparition de ces nouveaux matériaux, la résistance d'une voile n'est plus, comme autrefois, fonction du grammage de son tissu.

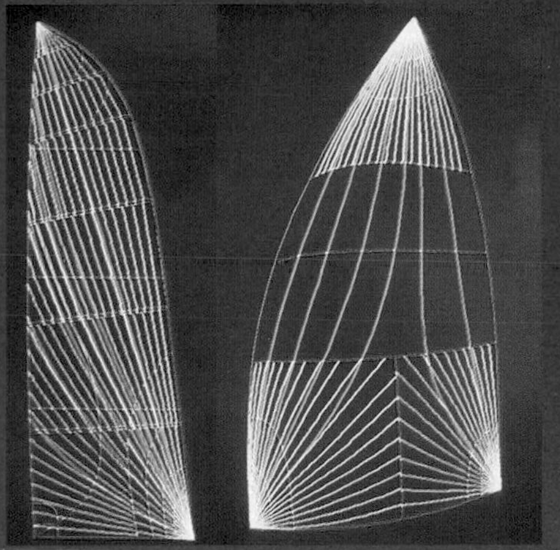

Dessins sur ordinateur d'une grand-voile et d'un spi asymétrique de Class America.

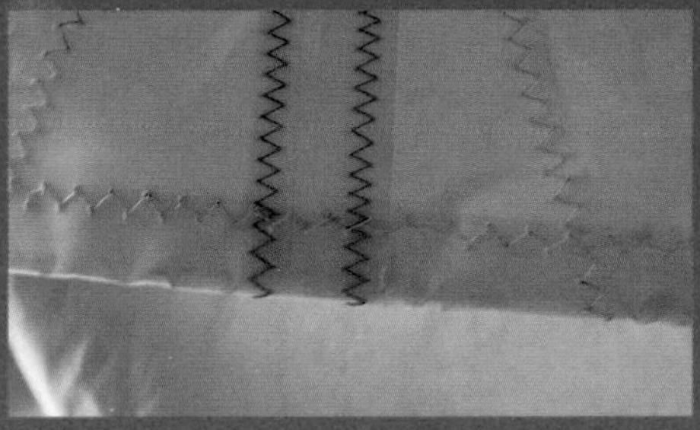

Dacron des grand-voiles et des focs classiques.

Toile à spi ultra-légère.

Laizes constituées de matériaux différents sur une voile lattée. Les tissus les plus résistants sont placés aux endroits où les efforts sont les plus importants.

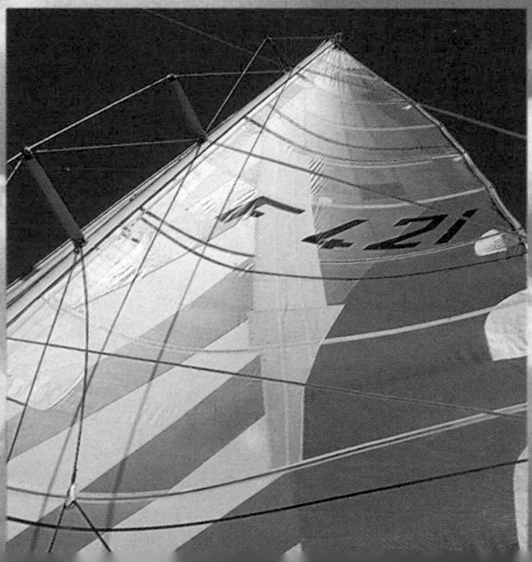

Le tambour placé au bas de l'étai, et commandé du cockpit, permet d'enrouler le foc à la demande.

Les voiles montées sur enrouleur

Le foc

Utile sur les petits bateaux, devenu quasiment indispensable sur les bateaux d'une taille supérieure à 10 mètres, le foc à enrouleur a transformé la vie de l'équipier. Avant qu'il n'existe, il était nécessaire de faire coulisser le guindant dans la gorge de l'étai ou d'endrayer le foc mousqueton après mousqueton sur l'étai, puis de frapper la drisse et fixer l'amure et l'écoute de foc avant de partir naviguer. Il fallait effectuer le mouvement inverse à la fin de la sortie pour ranger le foc dans son sac. Mais la manœuvre la plus délicate était de changer de foc en mer pour adapter sa surface à la force du vent qui variait. L'avantage majeur de ce dispositif était, et demeure, d'avoir un foc bien adapté à son utilisation. Encore fallait-il disposer d'une garde-robe de deux ou trois focs pour être à l'aise en toute circonstance.

Avec le foc à enrouleur, plus aucune manipulation sur l'étai ! Il reste toujours enroulé à poste avec ses trois points de drisse, d'amure et d'écoute fixés une fois pour toute. A l'origine de cette technique, il n'était possible de naviguer qu'avec le foc totalement enroulé ou totalement déroulé. La position intermédiaire, foc partiellement déroulé, offrait une coupe pitoyable, dans la mesure où le creux de la voile n'était pas contrôlé. Les génois sur enrouleur ont fait des progrès considérables, et sont désormais coupés de manière à rattraper le creux lorsqu'ils ne sont pas entièrement déroulés. Le mécanisme d'enroulement du tambour de ces premiers génois n'était pas fiable, et le risque était de voir ces voiles incontrôlables. Aujourd'hui, cet inconvénient a été maîtrisé, et ce dispositif présente beaucoup plus d'avantages que d'inconvénients.

Du cockpit, le foc est déroulé en quelques secondes. Lorsqu'on décide de passer au moteur pour venir accoster ou prendre un corps mort, il est roulé tout aussi rapidement, et évite le faseyement intempestif du génois classique. Enfin, sa surface de voilure s'adapte à la demande à la force du vent. Si sa coupe ne vaut pas celle d'un génois classique, les voiliers sont désormais parvenus à minimiser les problèmes du creux pour une brise moyenne. Par vents extrêmes, petit temps et forte brise, la coupe sera moins bonne.

Des repères marqués sur le foc donnent une indication de la façon dont est enroulé le génois. Le même signe peut marquer l'emplacement du point de tire d'écoute correspondant. Ne pas oublier en effet que la position de l'écoute varie en fonction de la taille du foc. Son point de tire demande à être avancé à mesure que le foc est roulé. Pour protéger la voile des effets néfastes des ultraviolets au mouillage, les voiliers ont disposé des bandes de toile protectrice le long de la bordure et de la chute.

La grand-voile

La voile disposant d'un système à enrouleur est moins courante que le génois à enrouleur. C'est que la manœuvre consistant à réduire la grand-voile en prenant des ris est moins contraignante qu'un changement de foc. Mais ce dispositif fait néanmoins des adeptes.

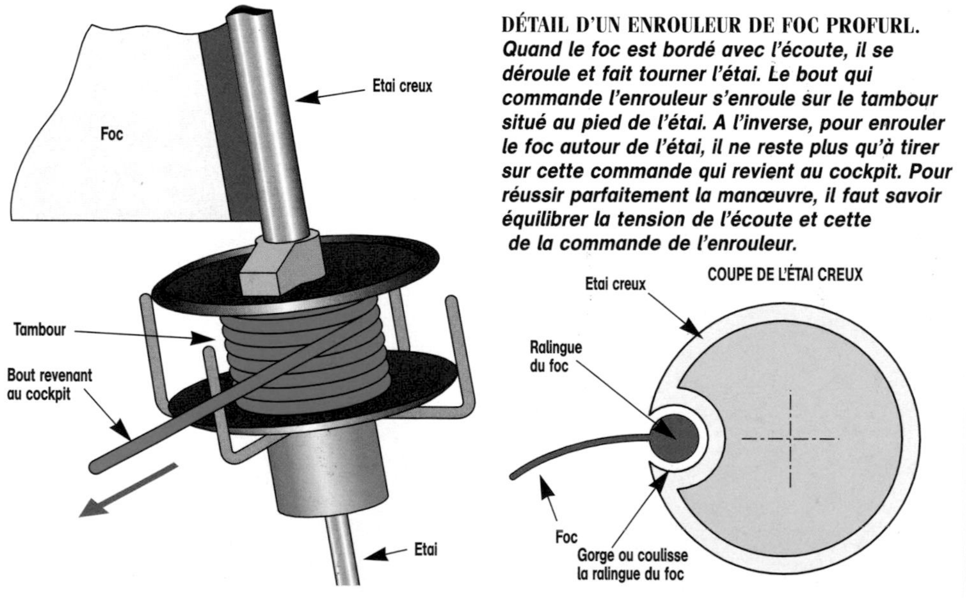

DÉTAIL D'UN ENROULEUR DE FOC PROFURL.
Quand le foc est bordé avec l'écoute, il se déroule et fait tourner l'étai. Le bout qui commande l'enrouleur s'enroule sur le tambour situé au pied de l'étai. A l'inverse, pour enrouler le foc autour de l'étai, il ne reste plus qu'à tirer sur cette commande qui revient au cockpit. Pour réussir parfaitement la manœuvre, il faut savoir équilibrer la tension de l'écoute et cette de la commande de l'enrouleur.

L'Américain Phil Weld gagna la course transatlantique en solitaire de 1980 à bord du trimaran *Moxie,* dont la grand-voile était montée sur enrouleur et disparaissait entièrement dans le mât. Il était âgé de 65 ans, et son bateau fut baptisé avec humour le "bateau gériatrique". Peu de supporters au départ de Plymouth avaient misé sur un tel vainqueur face aux bolides qui l'entouraient !

Dans le domaine du bateau de croisière classique, ce dispositif d'enroulement à l'intérieur du mât demeure un luxe, en raison du prix élevé que demande la fabrication d'une voile adaptée, d'un dispositif particulier sur la bôme et d'un mât spécial. Ceci étant, judicieusement mis en œuvre, ce dispositif élégant procure bien des intérêts. L'inconvénient sera toujours marqué par la difficulté de naviguer avec une voile ne pouvant supporter les lattes.

L'autre solution consiste à disposer d'un système d'enroulement en arrière du mât. Il possède de nombreux inconvénients, et n'est pas aussi séduisant que le premier.

Le spinnaker

Spinnaker classique

C'est une voile qui fait peur dans la mesure où elle dispose de beaucoup plus de liberté que le foc ou la grand-voile. Sa surface est généreuse, et elle n'est tenue qu'en trois points sur les espars. C'est pourtant une voile vivante et passionnante à porter. Avec quelques notions simples, elle donne de grandes satisfactions et présente l'avantage, même en croisière, d'accroître la vitesse au vent arrière dans des proportions importantes.

Son accastillage est toujours le même. Le spi est tenu en tête par la drisse ; à la base, le point d'écoute sous le vent est commandé depuis l'arrière du bateau par une écoute. Quant au second point d'écoute, celui placé au vent, il est relié au tangon et tenu à l'arrière du bateau par le bras (écoute sous le vent ; bras au vent). C'est le tangon qui permet d'ouvrir la base du spi et de profiter d'un vent maximum. Le tangon coulissant sur le mât est tenu vers le haut par la balancine de tangon, vers le bas par le hale-bas de tangon.

Les coupes de spi sont différentes les unes des autres. Comme les focs, chaque spi est fait pour un angle de vent idéal. Un spi porté au largue n'aura pas la même forme qu'un spi de vent arrière pur. Les bateaux de course disposent de plusieurs spinnakers, selon la force et l'angle du vent. En croisière, un seul bon spi à tout faire peut suffire, et permet une plage d'utilisation raisonnable. Dans certaines conditions de vent, une chaussette de spi facilite son maniement, mais un sac bien adapté et un spinnaker correctement plié permettent une utilisation aisée avec un peu d'habitude.

Spinnaker asymétrique

Le spi asymétrique a fait son apparition sur les bateaux de course et, surtout, sur les multicoques. Leur grande vitesse au largue rend les allures de vent arrière inintéressantes, dans la mesure où le vent apparent diminue avec la vitesse. Le bateau rattrape le vent. La mode du spi asymétrique est née également sur les bateaux de croisière. L'intérêt principal est de faciliter son maniement en supprimant l'utilisation d'un tangon encombrant.

Le spi asymétrique est amuré sur le nez du bateau ou à l'extrémité d'un petit bout dehors. Il dispose de deux écoutes (il n'y a pas de bras au vent et pas de tangon). Elles servent, comme pour le foc, à régler la voile selon le vent. Il est également possible d'agir sur la drisse et sur le point d'amure pour donner du mou au guindant et creuser le spi. Pour empanner, la manœuvre est simple. Il suffit de laisser partir l'écoute, passer le spi sur l'autre bord par-devant l'étai, puis border la nouvelle écoute qui passe à l'extérieur des haubans et de l'étai. Comme le spinnaker classique, il apporte un gain de surface, et donc de puissance, important.

La mode est au spi asymétrique, qui favorise la vitesse aux allures de largue.

Pour profiter de la moindre brise, ce bateau arbore un spi transparent confectionné dans un tissu ultra-léger.

LE MOTEUR DIESEL

Installé sous le cockpit, le moteur Diesel est accessible par le capot supportant les marches de la descente et des panneaux latéraux.

AVANT DE LANCER LE MOTEUR

N'appareillez pas sans le plein de gasoil, même pour une courte traversée. Jl est toujours frustrant d'avoir à déplacer son moteur à la godille pendant les derniers milles. Complétez également les niveaux d'huile du moteur et de l'inverseur s'ils en ont besoin, de l'électrolyte de la batterie et de l'eau douce de la caisse d'expansion si votre moteur est refroidi par un circuit fermé. Donnez également un petit coup de serrage aux cosses de batterie, c'est une raison fréquente de démarrage laborieux.
Le ventilateur électrique de cale n'est pas obligatoire sur les voiliers équipés d'un moteur Diesel, mais, s'il y en a un, mettez-le en route avant de lancer la machine et laissez-le fonctionner tant que celle-ci tournera. Un moteur est un gros consommateur d'air.

LANCEMENT ET SURVEILLANCE

Conçu pour la mer, simple, robuste et fiable, le moteur Diesel équipe désormais la majorité des voiliers à partir de 8 mètres.

La meilleure façon de préparer un moteur à fonctionner est de lui donner un rapide coup de chiffon. Vous découvrirez ainsi la Durit craquelée à changer, le collier à resserrer ou le fil à rebrancher. Toutes opérations plus faciles à effectuer au port, à proximité des magasins d'accessoires, qu'en mer. De plus, la cale doit être régulièrement nettoyée. D'abord pour la sécurité, car le mélange d'huile et de gasoil qui flotte sur l'eau peut s'enflammer assez facilement lorsque le moteur tourne et qu'il s'échauffe. Ensuite, pour pouvoir déceler plus aisément l'origine de fuites éventuelles...

LANCER LE MOTEUR

Ouvrez la vanne d'eau de mer. Celle du réservoir de gasoil demeure ouverte en permanence pour que le circuit ne se désamorce pas. Vérifiez celui-ci quand même. Fermez le coupe-circuit général. Assurez-vous que la commande “stop” qui règle l'arrivée de carburant à la pompe d'injection est bien enfoncée. Balancez le levier de l'inverseur pour être sûr qu'il est au point mort, après l'avoir désynchronisé des gaz sur une commande unique. Donnez des gaz entre la mi-course et le maximum selon le caractère du moteur. Vérifiez que tout est clair autour du bateau.

Mettez le contact. Les voyants s'allument et la sirène retentit. Tournez la clé d'un nouveau cran ou enfoncez le bouton. Relâchez dès que le moteur tourne. N'insistez pas plus de dix secondes sur le démarreur. Si le moteur ne démarre pas du premier coup, attendez une vingtaine de secondes avant de le relancer.

Les voyants s'éteignent. La sirène se tait. Réduisez les gaz à 1 000 tours, et laissez le moteur tourner cinq minutes à ce régime pour qu'il monte doucement en température. L'eau de refroidissement est rejetée par l'échappement. La pompe de cale fonctionne. La pression de l'huile monte. L'alternateur charge les batteries.

Vous pouvez embrayer. Manœuvrez doucement, sans à-coups, et ne montez en puissance que progressivement, pour laisser le temps aux organes fixes et mobiles de se dilater. Les débits des circuits de graissage et de refroidissement ne s'adaptent pas non plus instantanément à de brutaux changements de régime. Tous les excès se payent tôt ou tard par une fatigue de la mécanique, conduisant rapidement à un vieillissement prématuré de celle-ci. Le régime de croisière se situe à 300 ou 400 tours en dessous du régime maximal. Trop élevé, il surcharge le moteur. Trop faible, il l'encrasse.

ARRÊTER LE MOTEUR

Ne réduisez jamais brutalement les gaz. Ramenez la commande d'inverseur au point mort, et laissez le moteur tourner à 1 000 tours pendant quelques minutes afin que les températures se stabilisent. Ensuite, maintenez la tirette de stop tendue jusqu'à ce que le moteur s'étouffe. Tous les voyants s'allument. Coupez le contact. Surtout, ne le coupez jamais avant, lorsque le moteur tourne encore, car vous endommageriez le régulateur de l'alternateur. Ouvrez le coupe-circuit général si vous n'avez plus besoin d'électricité et fermez impérativement la vanne d'eau du moteur. Serrez éventuellement le presse-étoupe s'il coule. Videz la cale et notez le nombre d'heures moteur, de façon à les comptabiliser pour la prochaine vidange.

QUATRE CONTRÔLES ESSENTIELS

1. LE PRESSE-ÉTOUPE

Le presse-étoupe empêche l'eau d'entrer par le tube d'étambot.
Le modèle classique à tresse se règle à la clé pour laisser couler quelques gouttes d'eau par minute. Le joint d'étanchéité ne demande qu'une purge par pression du soufflet.

2. LA COURROIE DE L'ALTERNATEUR

La courroie entraîne l'alternateur et la pompe. Pas assez tendue, elle patine. Trop tendue, elle s'use. Bien réglée, elle s'enfonce de dix millimètres sous le doigt. Pour l'ajuster, desserrez l'écrou de la patte de l'alternateur et tendez celui-ci avec un tournevis comme levier.

3. LA VANNE DE COQUE

Ouverte, la vanne de coque autorise l'aspiration de l'eau de mer pour le refroidissement du moteur. Elle doit être fermée lorsque celui-ci n'est pas en service. Pulvérisez un lubrifiant hydrofuge sur son axe pour qu'il ne grippe pas. Vérifiez le serrage des colliers.

4. LA MANETTE DES GAZ

La manette du cockpit commande les gaz en direct et l'inverseur de marche par un bouton d'embrayage. Pulvérisez du WD40 sur le mécanisme en le faisant aller et venir. Déposez une goutte d'huile sur la came de l'inverseur avec la jauge lors du contrôle du niveau.

LA COULEUR DES GAZ D'ÉCHAPPEMENT

Une fumée claire légèrement bleutée indique un fonctionnement normal du moteur, mais :

• une fumée noire est provoquée par un défaut d'alimentation, un filtre à air bouché ou une température de cale trop élevée. Elle peut indiquer aussi qu'un bout freine l'hélice ou que le presse-étoupe est trop serré ;

• une fumée blanche épaisse qui ne se dissipe pas indique que le joint de culasse doit être changé ou qu'il faut régler la pompe d'injection.

Attention ! un diesel s'encrasse rapidement lorsqu'il tourne à vide, débrayé, pour recharger les batteries au port par exemple.

SURVEILLER LE MOTEUR EN ROUTE

En route libre, effectuez un contrôle rapide toutes les heures. Astreignez-vous à relever les cadrans et à soulever le capot pour jeter un œil attentif sur tous les circuits. Réagissez immédiatement à toute anomalie.

Une fuite d'eau dans le circuit de refroidissement peut remplir rapidement la cale, et une fuite de gasoil provoquer un incendie s'il s'échappe sur une partie très chaude du moteur.

Le voyant rouge de pression d'huile s'allume. Stoppez immédiatement le moteur. Vérifiez et complétez le niveau de l'huile quelques minutes après. Relancez. Le problème est résolu si le voyant s'éteint. Sinon, changez le filtre à huile, il est peut-être colmaté.

Le voyant rouge de température s'allume ou l'aiguille passe dans le secteur rouge. Le moteur n'est plus refroidi. Stoppez-le. Si l'eau de refroidissement ne s'échappe pas, vérifiez que la vanne est ouverte, qu'aucun tuyau n'est débranché, que le filtre d'eau de mer n'est pas bouché, que la crépine d'aspiration n'est pas obstruée par un sac en plastique, et que le rotor de la pompe n'est pas hors d'usage. Sur un circuit de refroidissement indirect, vérifiez le niveau de la caisse à eau.

Ne jamais faire tourner au moteur avec un voyant rouge allumé.

Le voyant vert s'allume. L'alternateur ne charge plus les batteries. Retendez la courroie si elle est détendue, changez-la si elle est cassée. C'est peu de chose que de mettre une courroie neuve en place quand on la possède à bord.

Le moteur peut continuer à tourner sans aucun danger, mais, comme les batteries ne sont plus rechargées, utilisez le minimum d'électricité pour ne pas les mettre à plat.

LE TABLEAU MOTEUR

Installé dans le cockpit ou près de la descente, le tableau moteur regroupe tous les instruments de contrôle, les voyants, la clé de contact et le démarreur. Attention ! la jauge indique le niveau de carburant dans le réservoir et non son volume. Il faut l'étalonner lors d'un plein pour connaître le nombre de litres de gasoil correspondant à l'indication de l'aiguille.

QUATRE OPÉRATIONS FRÉQUENTES

1. RAJOUTER DE L'HUILE

Arrêtez le moteur et attendez quelques minutes pour vérifier et compléter le niveau d'huile. Comme il est impossible de verser l'huile neuve sans en répandre sur le bloc-moteur, coupez une bouteille en plastique pour fabriquer un entonnoir de fortune.

2. RESSERRER UN COLLIER

Attention ! une fuite est toujours dangereuse pour la sécurité du voilier et de son équipage. L'eau refoulée par le moteur et les gaz refroidis passent, par exemple, par le pot d'échappement. Il suffit souvent de resserrer la vis du collier pour supprimer la fuite.

3. DÉBOUCHER LE FILTRE

Le filtre à eau, placé entre la vanne et le moteur, retient les impuretés pour protéger le rouet de la pompe d'aspiration d'eau de mer. S'il est colmaté, ouvrez le couvercle, sortez le bol filtrant et brossez-le sous l'eau courante. Graissez le joint torique au remontage.

4. RAJOUTER DE L'EAU DOUCE

Le refroidissement du moteur s'effectue souvent avec un circuit fermé d'eau douce et un circuit d'eau de mer. Attention au risque de brûlure ! N'ouvrez jamais le bouchon de l'échangeur de température du circuit fermé pour ajouter de l'eau lorsque le moteur est chaud.

Les interventions simples

Intervenez avec beaucoup de prudence sur un moteur qui tourne. Retirez vos bagues, foulard et autres vêtements amples, pour ne pas vous faire happer par une pièce tournante.

Une notice et des clés

La notice du moteur est absolument indispensable pour repérer ses circuits et intervenir. N'hésitez pas à la réclamer au constructeur si vous ne la possédez pas, ainsi que la liste de ses agents pour une croisière à l'étranger. Ayez également à bord :
- un jeu de clés plates, quelques clés à pipe aux diamètres usuels, trois tournevis, petit, moyen et gros, un solide marteau, une bonne pince multiprise et une clé à sangle pour démonter les filtres ;
- de bons chiffons de coton ;
- une cartouche pour le filtre à gasoil et une autre pour le filtre à huile, une courroie d'alternateur, un rotor de pompe, les principales Durit, un bidon d'huile pour compléter les niveaux ;
- quelques longueurs de tuyau, des colliers de serrage, des boulons et écrous de différents diamètres, des fusibles et quelques mètres de fil électrique.

Avec ce matériel minimum, vous assurerez l'entretien complet du moteur et viendrez à bout de bien des tracas mécaniques.

La panne du diesel

Lorsque le moteur tousse en route, reprend ses tours, s'étouffe et s'éteint, c'est la panne sèche, ou des bulles d'air qui se sont introduites dans le circuit d'alimentation en gasoil du moteur. Dans un cas comme dans l'autre, il faut que le circuit soit purgé pour que le moteur redémarre. Très simple à réaliser, cette purge permet de maîtriser la panne la plus fréquente des diesels.

Pour limiter les risques de panne, maintenez le réservoir régulièrement plein pour éviter la formation d'eau de condensation sur ses parois internes, et pensez à vérifier que le nable de pont est parfaitement étanche.

Attention également aux pertes d'équilibre ! Le plus sage est d'arrêter le moteur dès que l'intervention se complique un tant soit peu. Mais, là encore, prenez garde de ne pas vous brûler.

Le moteur ne démarre pas

Si, après quatre ou cinq tentatives, le moteur ne démarre toujours pas, n'insistez pas. Le démarreur consomme beaucoup de courant et vous allez mettre les batteries à plat. Réfléchissez et plongez-vous dans la machine avant d'appeler un mécanicien.

Maîtriser le circuit de gasoil

La purge du circuit de gasoil s'effectue à la remise en route du moteur après l'hivernage, et, en mer, dès que le moteur ne tourne plus rond. Disposez des chiffons sous la pièce à purger, desserrez la vis de purge, laissez le gasoil s'écouler jusqu'à ce qu'il ne mousse plus, resserrez la vis et passez à l'élément suivant.

1. Connaître le niveau
Pour connaître très exactement le niveau de gasoil, la plus sûre des jauges est un tube transparent fixé sur un côté du réservoir.

2. La vanne de réservoir
Pour éviter les désamorçages, laissez la vanne de sortie du réservoir toujours ouverte, hormis en cas d'intervention sur le circuit.

3. Le filtre décanteur
La purge du circuit commence par celle du filtre décanteur. Desserrez la vis de trois tours jusqu'à ce que le gasoil s'écoule clair.

4. Le filtre fin
Changez la cartouche du filtre fin chaque année pour un moteur utilisé irrégulièrement tel celui d'un voilier. Desserrez bien la purge.

5. La pompe d'alimentation
Actionnez le levier de la pompe d'alimentation jusqu'à ce que le gasoil s'écoule sans bulles par la purge du filtre fin. Serrez la vis.

6. La purge des injecteurs
Desserrez les écrous des tubes de refoulement des injecteurs. Faites tournez le moteur au démarreur pour que le gasoil arrive.

FAIRE LA VIDANGE SOI-MÊME

Comme il n'est pas plus difficile de faire la vidange que de compléter le niveau d'huile, autant le faire soi-même. Faites tourner le moteur une quinzaine de minutes pour rendre l'huile plus fluide avant de vider le carter, et redoublez de précautions pour ne pas renverser l'huile dans les fonds.

1. Nettoyer le bouchon

Comme le sable et la poussière attaquent la mécanique, essuyez soigneusement l'orifice de remplissage et le bidon.

2. Pomper l'huile

L'huile usagée se vide avec une pompe, par le tube de jauge, dans un récipient ou, mieux encore, dans des bouteilles en plastique.

3. Démonter la cartouche

À changer à chaque vidange, la cartouche jetable du filtre à huile ne peut se démonter proprement qu'avec une clé à sangle.

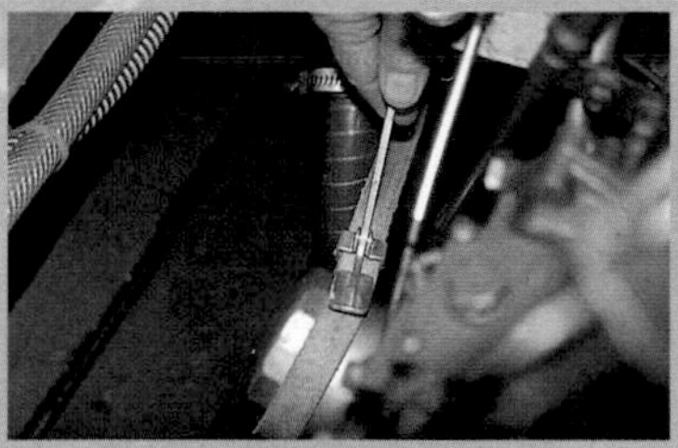

4. Huiler le joint

Appliquez de l'huile avec le doigt sur le joint de la cartouche avant de la visser. Ne la serrez que de trois quarts de tour à la main.

5. Verser avec un entonnoir

Sans entonnoir, il est impossible de verser l'huile neuve dans le moteur sans la répandre. Prenez un modèle simple en plastique.

6. Faire le plein

Faites le plein d'huile en plusieurs fois, et vérifiez le niveau avec la jauge après quelques minutes. Ne dépassez jamais le maximum.

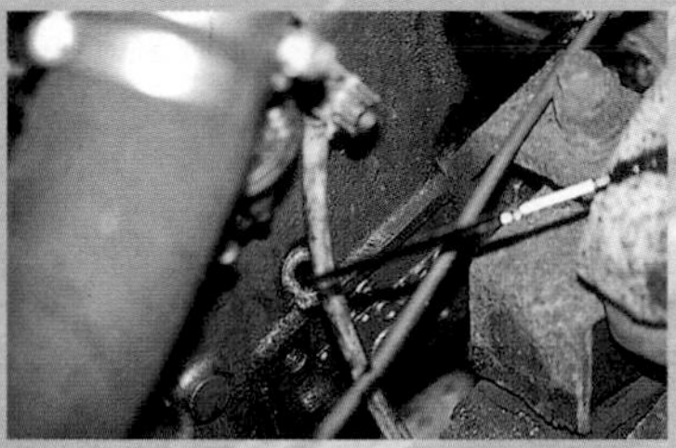

Le démarreur tourne normalement. Il n'y a plus de gasoil ! Faites le plein et purgez le circuit. Vérifiez auparavant que le robinet du réservoir est bien ouvert et que la tirette de stop est repoussée à fond. Le régime de démarrage est peut-être trop faible, augmentez les gaz. Le filtre à air ou la prise d'air du réservoir est bouchée, contrôlez-les et débouchez.

Le démarreur entraîne difficilement le moteur. Rechargez la batterie si elle n'est pas assez chargée. Mettez la commande d'inverseur au point mort si elle est embrayée. Le niveau d'huile est trop élevé, jaugez et vider le surplus avec la pompe de vidange.

Le démarreur ne tourne pas. Le contact général n'est pas enclenché, vérifiez-le. La clé de contact est mal positionnée, sortez-la et remettez-la en place. Vous suivez mal le processus de démarrage à froid, relisez la notice. Les cosses de la batterie sont oxydées, brossez-les, graissez et resserrez. Le contact est mauvais au niveau du démarreur, pulvérisez du WD40. Le pignon du démarreur est grippé, une pulvérisation et quelques légers coups de marteau vont le débloquer. La batterie est complètement à plat, vérifiez la tension pour en être convaincu.

LA COMPATIBILITÉ DES HUILES

Attention ! toutes les huiles ne sont pas compatibles entre elles. Vous pouvez, sans grand risque, mélanger deux huiles de marques différentes, à condition de ne jamais mélanger une huile minérale avec une huile synthétique et, en aucun cas, une huile au graphite avec une autre.

Par ailleurs, il faut impérativement respecter la viscosité de l'huile indiquée par le constructeur du moteur et ne jamais mélanger entre elles deux huiles de viscosité différente. Le plus simple est de suivre la même qualité d'huile dans la même marque et de conserver un ou deux bidons à bord pour compléter les niveaux ou faire une vidange à la mer.

LES ANODES

Les anodes empêchent la corrosion des pièces métalliques sous la flottaison. Jl y en a souvent deux sur les coques en polyester. L'une serrée sur l'arbre d'hélice, et l'autre vissée à l'extrémité. Changez-les lorsqu'elles sont à moitié corrodées, et ne les peignez surtout pas, au risque d'annuler leur effet.

LE MOTEUR HORS-BORD

Indispensable moteur auxiliaire des petits voiliers pour la navigation côtière, le hors-bord est aussi un facteur important de sécurité pour les annexes.

SÉCURITÉ

Un petit hors-bord de deux à trois chevaux sur une annexe gonflable n'est pas un luxe ou un refus de l'effort, mais bel et bien un facteur de sécurité. En effet, l'action permanente de l'hélice dans l'eau parvient à faire progresser le canot contre un vent de plus de 15 nœuds, là où les avirons n'étalent plus du tout.

DANGER

Le hors-bord n'est dangereux que par son carburant et son hélice.

• Redoublez donc de précautions pour faire le plein d'essence.
• Ne passez pas près d'un nageur.
• Arrêtez impérativement le moteur pour dégager une algue, au risque de vous sectionner un doigt.

De 1,5 à 9,9 chevaux, le hors-bord est le moteur de l'annexe et des voiliers jusqu'à 7 ou 8 mètres sans Diesel fixe. Robuste, bien conçu et très au point, il est facile à mettre en place, à manœuvrer et à entretenir.

LANCER LE HORS-BORD

A quelques détails près, tous les moteurs hors-bord fonctionnent de la même façon. Pour un réservoir intégré :

• ouvrez complètement le robinet d'essence ;
• desserrez en grand la vis de mise à l'air placée sur le bouchon de remplissage ;
• mettez le starter à fond lorsque le moteur est froid ; ne le mettez pas pour un moteur chaud ;
• placez l'accélérateur sur la position démarrage ;
• tenez le moteur d'une main par le capot pour qu'il ne bascule pas en avant ; tirez la poignée du lanceur de l'autre jusqu'à sentir une résistance ; puis donnez une traction rapide. Que les équipiers se penchent pour ne pas prendre votre coude en pleine figure ! Ne lâchez pas la poignée, mais accompagnez-la pour que la corde du lanceur se réenroule bien sur son tambour. Répétez cinq ou six fois, pas plus. La bougie est encrassée ou noyée s'il ne part pas ;
• réduisez le starter au bout de quelques secondes ou dès que le moteur cogne. Le mettre à zéro après cinq minutes.

Attention ! Tous les petits hors-bord sont à transmission directe, sans point mort. L'hélice tourne dès que le moteur est lancé. Tenez solidement l'annexe au bateau ou dégagez-la du ponton.

ARRÊTER LE MOTEUR

La manœuvre est tout aussi simple pour arrêter le moteur :

• réduisez progressivement les gaz, jusqu'à zéro ou presque. Maintenez le bouton d'arrêt enfoncé jusqu'à ce que le moteur soit stoppé ;
• fermez le bouchon de mise à l'air et le robinet d'essence ;
• basculez le moteur en position de relevage pour que l'embase sorte de l'eau.

SURVEILLER LE MOTEUR EN ROUTE

• Dès que le moteur tourne, vérifiez que l'eau de refroidissement sort par la pissette témoin de circulation d'eau. Surveillez-la aussi en route, car la prise d'eau peut se boucher.
• Resserrez souvent les vis des presses, qui prennent du jeu avec les vibrations et les à-coups du moteur.
• Stoppez impérativement le moteur pour retirer un fil ou une algue. Débranchez, en plus, le fil de bougie s'il vous faut intervenir sur l'hélice et la faire tourner à la main pour la dégager.
• Arrêtez immédiatement le moteur lorsque son hélice cogne sur le fond et qu'il se relève. La pompe, en outre, va aspirer du sable. Ne faites jamais marche arrière dans les petits fonds.

MISE EN PLACE DU MOTEUR

SUR UN VOILIER

Sur un voilier, le hors-bord reste à poste du début à la fin de la saison, bloqué par un solide cadenas, et la chaise articulée ou coulissante est la meilleure solution lorsqu'il n'y a pas de puits. En position basse, l'hélice plonge dans l'eau et les commandes sont accessibles du cockpit avec un arbre long ou super-long, selon la hauteur du tableau arrière.
Le relevage est aidé par un puissant ressort, ou la chaise coulisse sur des rails, pour mettre le moteur hors de l'eau en route sous voile. Avec une chaise fixe, il faut basculer le moteur, et son arbre devient agressif au port. Pour que l'hélice travaille bien dans l'eau et que l'aspiration soit suffisante pour le refroidissement du moteur, la plaque anti-cavitation doit être immergée de trois à cinq centimètres.

SUR UNE ANNEXE

Le moteur de l'annexe, lui, est stocké sur un support de bois fixé sur le balcon arrière, avec un solide cadenas contre le vol. Jl faut être deux pour le transborder, même s'il est très léger, car le pneumatique glisse sur l'eau sous l'effort. Frappez donc une solide sauvegarde sur une presse, et ne la lâchez que lorsque l'équipier à genoux dans l'annexe aura emboîté et verrouillé le moteur sur le tableau.
Frappez le bout sur l'annexe, assez court pour qu'il empêche le moteur d'être complètement immergé en cas de chute, mais, surtout, qu'il ne traîne pas dans l'eau, au risque de se prendre dans l'hélice. Prenez les mêmes précautions pour le déposer. Tenez-le verticalement afin que l'eau s'échappe, et ne mettez jamais le boîtier d'hélice plus haut que la tête du moteur.

1. Moteur sur chaise en position haute.

2. Moteur sur chaise en position basse.

1. Moteur sur le tableau de l'annexe.

2. Moteur verrouillé sur le balcon arrière.

Dessaler le hors-bord
Comme le sel de l'eau de mer peut se cristalliser dans le circuit de refroidissement, et même parfois le colmater, il est raisonnable de faire tourner le hors-bord une bonne trentaine de minutes dans un bac d'eau douce, au minimum une fois pendant la saison et avant l'hivernage.

Chasser l'humidité
Essuyez le moteur après chaque utilisation en commençant par passer un chiffon humide. Régulièrement, ou s'il a été très mouillé d'embruns, ouvrez le capot et pulvérisez un lubrifiant hydrofuge sur l'ensemble de la mécanique et des parties électriques pour chasser l'humidité et les protéger.

QUELLE PUISSANCE ?

Ne dépassez en aucun cas la puissance maximale indiquée par le constructeur du voilier ou de l'annexe.
Jl est raisonnable de limiter le 4 chevaux à un voilier léger de 5,50 mètres environ. Un 5 chevaux suffit pour un 6 mètres de faible déplacement, et le 6 chevaux est parfait pour un habitable en croisière. Jl pousse encore bien un voilier de 7 mètres, souvent même un 8 mètres, mais il faut passer à 8 chevaux dès lors que le déplacement devient plus lourd. Quant au puissant 9,9 chevaux, il apporte confort, sécurité et maniabilité à partir de 7 mètres, et va bien au-delà, sur un multicoque par exemple.
Pour une annexe simple, plus un hors-bord est léger, plus il est facile à manipuler, et les puissances entre 1,5 et 2,5 chevaux sont suffisantes pour le mouillage et les petites explorations. Vous irez plus vite avec un 3 ou 4 chevaux, mais c'est un maximum.

- Prenez toujours avec vous la trousse à outils, contenant au minimum une bougie de rechange neuve ou propre et sa clé de démontage. N'oubliez pas non plus les avirons de l'annexe.

FAIRE LE MÉLANGE ET LE PLEIN

L'essence, normale ou super, que l'on trouve dans toutes les stations-service, convient très bien dès lors qu'elle est fraîche et propre. La qualité de l'huile, en revanche, est essentielle pour assurer la meilleure lubrification. Choisissez celle conseillée par le fabricant, et possédez toujours un bidon d'avance, avec un flacon doseur pour mettre le pourcentage exact d'huile. Si votre moteur n'est pas alimenté par une nourrice, faites le mélange dans le bidon de réserve que vous emmènerez avec vous. Remplissez-le à moitié d'essence. Ajoutez toute l'huile pour le plein du bidon. Secouez bien et complétez d'essence pour obtenir un mélange homogène.

Stoppez impérativement le moteur pour refaire le plein. Les accidents prouvent que la manipulation de l'essence est dangereuse. Remplissez le réservoir avec un bec verseur ou un entonnoir, et essuyez immédiatement l'essence répandue. Attendez que tout soit sec avant de relancer.

Jetez systématiquement le mélange de la saison précédente, qui a gommé et va encrasser le moteur.

LE HORS-BORD S'ARRÊTE

Le hors-bord est une mécanique simple, et le meilleur moyen pour le connaître est de le nettoyer entièrement avec l'aide de la notice pour repérer toutes les pièces. Les pannes sont toutefois rares.

1. L'ESSENCE NE CIRCULE PLUS

- Le réservoir est vide. La vis d'entrée d'air n'est pas ouverte sur le bouchon du réservoir. Le robinet d'essence est fermé.
- Un tuyau de carburant est déconnecté ou bouché. Le filtre est obstrué. Jl y a de l'eau dans le circuit, ou le mélange, incorrect ou trop vieux, a encrassé le circuit.

Pour nettoyer le circuit : retirez le capot ; débranchez la sortie du réservoir ; ouvrez pour voir si l'essence coule ; videz le réservoir ; rincez-le à l'essence claire ; déconnectez toute la tuyauterie ; soufflez dedans ; nettoyez le filtre ; purgez le carburateur avec la vis située en dessous ; démontez-le et nettoyez-le ; remontez tout le circuit ; faites le plein de mélange ; contrôlez qu'il n'y a aucune fuite et lancez.

Purger le circuit.

2. LA BOUGIE

- Très souvent, la bougie est défectueuse. Retirez le capuchon et le conducteur HT. Nettoyez-le et séchez-le. Changez-le s'il est très oxydé. Démontez la bougie. Séchez-la et brossez-la. Vérifiez l'écartement des électrodes, de 0,4 à 1 millimètre selon les moteurs. Si la bougie est grasse, le mélange est trop riche en huile. Elle doit être couleur brun léger. Remontez la bougie, ou placez une bougie neuve, avec une rondelle neuve. Serrez-la et rebranchez. N'utilisez que le type de bougie préconisé par le constructeur.
- Débranchez impérativement le fil de bougie pour changer la goupille cisaillée, après un choc sur l'hélice, lorsque celle-ci tourne dans le vide.

Débrancher le conducteur HT

L'ÉLECTRICITÉ DU VOILIER

Le circuit électrique d'un voilier n'est pas plus complexe qu'une autre installation. Il suffit de bien le repérer à bord, de connaître ses points essentiels et de les surveiller régulièrement pour éviter tout souci.

LES ÉLÉMENTS DU CIRCUIT ÉLECTRIQUE

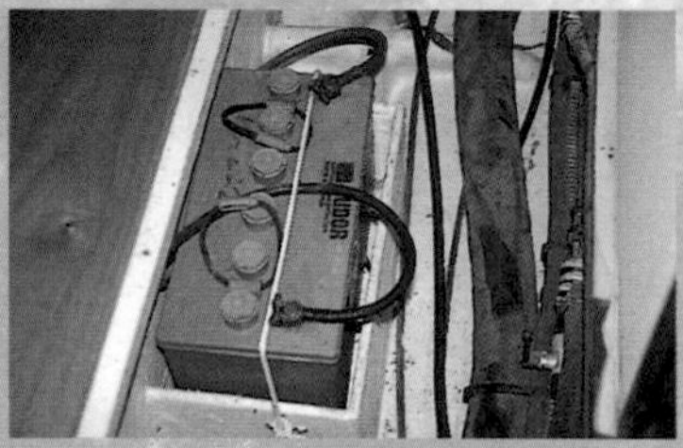

1. La batterie

Placée dans un bac étanche près du moteur, la batterie est maintenue par un bout ou une courroie pour ne pas se désarrimer.

2. Le contact général

Constitué d'un coupe-batterie unipolaire ou d'un coupleur rotatif, le contact général coupe l'arrivée du courant au tableau électrique.

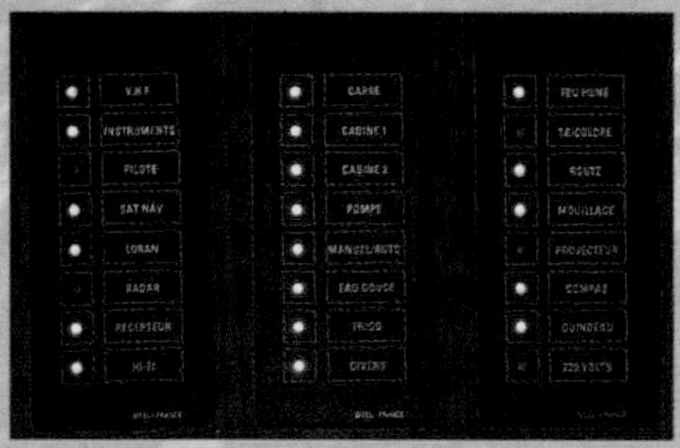

3. Le tableau électrique

Installé à côté de la table à cartes, le tableau électrique alimente et protège tous les circuits par des disjoncteurs ou des fusibles.

4. Le voltmètre

Intégré au tableau ou séparé, le voltmètre de précision est essentiel pour surveiller en permanence l'état de charge des batteries.

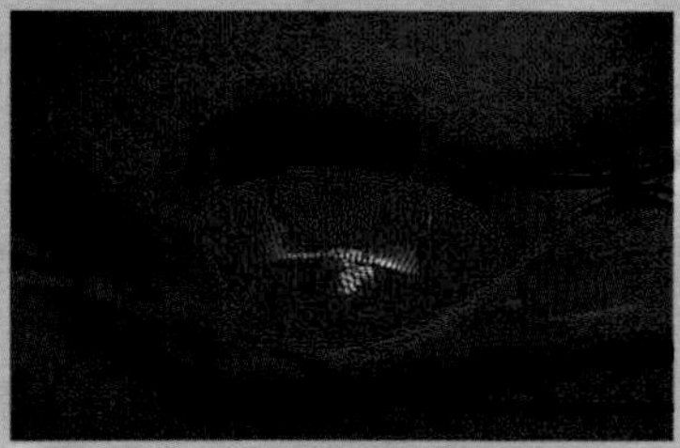

5. Les points lumineux

En plus d'être protégé par le disjoncteur du tableau, chaque instrument ou lampe est mis en service par son propre interrupteur.

6. Les presse-étoupe

Pour assurer l'étanchéité, les câbles venant du mât traversent le pont par un presse-étoupe pour rejoindre la boîte de connexion.

Repérer le circuit

Si le plan du circuit électrique n'apparaît pas dans le manuel du bateau, réclamez-le au chantier. C'est un document essentiel pour intervenir rapidement, et ceux de Fountaine-Pajot, par exemple, sont remarquables de clarté et de précision. La réglementation imposant que toutes les installations électriques soient à deux pôles isolés, sans retour par la masse, c'est-à-dire que le + de la batterie soit relié au + de l'appareil et le - de l'appareil au - de la batterie pour le retour, il est plus facile de s'y retrouver.

Schématiquement, deux câbles de forte section partent des batteries vers le tableau de distribution, placé à côté de la table à cartes, en passant par un coupe-circuit bipolaire. De ce tableau vont et reviennent tous les câbles alimentant les différents points lumineux et accessoires électriques du bord. Chaque circuit est protégé par un fusible et mis sous tension ou éteint par un interrupteur. De plus en plus souvent, celui-ci est remplacé par un disjoncteur thermique assurant les deux fonctions.

Le circuit électrique du moteur est généralement séparé. Deux câbles vont des batteries au démarreur en passant également par un coupe-circuit bipolaire. Les contacts et les voyants de contrôle de fonctionnement se trouvent sur un tableau à part, à l'œil de l'homme de barre.

Connaître la tension de la batterie

Si le tableau électrique du bateau n'est pas équipé d'un voltmètre, prenez donc la tension de la batterie directement entre les deux bornes avec un contrôleur universel. C'est aussi le seul moyen de contrôle sur une batterie scellée. La tension nominale d'une batterie de six éléments est de 12 volts.

- La batterie est considérée comme très bien chargée lorsque le voltmètre indique 12,6 volts, mais elle descend rapidement à 12,2 volts, où elle se maintient pendant toute la durée d'une décharge normale.
- Dès qu'elle passe en dessous de 12 volts, il faut cesser toute consommation électrique et la mettre en charge jusqu'à ce qu'elle ait atteint la mi-charge avant de la remettre en service.
- A 11,5 volts, la batterie est considérée comme déchargée et l'effet se fait sentir sur de nombreux instruments. La tension chute alors très rapidement, et atteint 10,8 volts à 80 % de décharge. En dessous de 8 volts, elle est totalement irrécupérable.

Un contrôle précis de l'état de la batterie avec le voltmètre ne s'obtient que lorsque celle-ci est froide, c'est-à-dire lorsqu'elle n'a été ni rechargée ni utilisée depuis au moins une heure.

L'ampèremètre communique des valeurs de courants de charge et de décharge. Il indique que le moyen de charge fonctionne, mais non que la batterie tient la charge.

Charger les batteries

Les signes d'une batterie à plat ne trompent personne. L'intensité des éclairages est de plus en plus faible, les mouvements du pilote de plus en plus lents, le démarreur claque sans entraîner le moteur. Attention ! il est souvent déjà trop tard. En effet, une batterie au plomb, même si elle est dite "sans entretien" – dans laquelle il n'est plus nécessaire de rajouter de l'eau distillée –, est difficilement récupérable lorsque sa capacité tombe au-dessous de 20 % de sa capacité nominale. En plus du voltmètre, le pèse-acide est le système le plus précis de contrôle lorsqu'on a accès à l'électrolyte de la batterie. Quoi qu'il en soit, une batterie se vérifie avant l'appareillage, en route et à l'arrivée au port, pour connaître son état de charge, et, dans tous les cas, il faut que le système de recharge compense les dépenses de chaque jour.

Les moyens de recharge

La première des choses à faire est de monter un alternateur plus puissant que celui d'origine sur le moteur. Il ne chargera pas plus vite, mais compensera les appels importants de courant. En revanche, dès que les milles s'allongent dans le sillage, il devient agaçant de faire tourner la machine une ou deux heures chaque jour. Au port ou au mouillage, il est franchement incorrect d'imposer son bruit et ses fumées à l'entourage.

Attention aux batteries ! Le pilote, les radars, les radiotéléphones, le réfrigérateur, le chauffage... sont de redoutables consommateurs d'énergie.

Au large, l'alternateur entraîné par l'arbre d'hélice est un moyen très efficace. Avec ses 15 à 20 ampères réguliers sous voiles, il offre un grand confort électrique. Les modèles classiques d'éoliennes produisent 1 ampère sous 12 volts à 10 nœuds de vent, 4 ampères à 20 nœuds, et 7 ampères à 30 nœuds.

Quant au panneau solaire, il ne suffit pas à l'alimentation de gros consommateurs, mais un 40 watts fournit une douzaine d'ampères-heures par jour et peut alimenter un petit pilote.

Le groupe électrogène fixe est la meilleure solution lorsqu'il y a assez de place à bord. Il recharge les batteries, mais alimente aussi tous les appareils en 220 volts.

Intervention

La majorité des pannes électriques ou électroniques provenant de mauvais contacts, ne partez pas du principe que vous n'y connaissez rien en électricité. Il n'y a strictement aucun risque à démonter une ampoule ou un interrupteur pour éliminer les points d'oxydation et permettre au courant de passer. Coupez seulement le disjoncteur au tableau pour ne travailler que sur un circuit non alimenté.

La discipline du 220 volts

De plus en plus souvent utilisé sur les voiliers, le 220 volts n'est pas plus dangereux que le 12 volts avec un minimum de précautions.
Le branchement du bateau au quai est la source la plus fréquente d'accidents.
Proscrivez les fils légers type Scindex, les prises simples, les dominos, les fiches bananes, et n'introduisez jamais les deux fils dénudés dans la prise du quai. Possédez votre propre câble d'une vingtaine de mètres, avec prise de terre impérative.
A l'arrivée, branchez la prise femelle du câble sur le bateau, déroulez le câble pour rejoindre la borne et branchez la prise.
A l'appareillage, débranchez le câble de la borne et rentrez-le dans le cockpit avant de le ranger.
Ne circulez jamais avec une prise alimentée à la main. Méfiez-vous également des bornes où la distribution d'eau est proche des prises électriques.

Le chargeur automatique

Le chargeur à brancher sur la borne du quai est le plus simple et le plus répandu des systèmes de recharge. Jl transforme le 220 volts en 12 ou 24 volts, mais fonctionne aussi en *floating*. Cela signifie qu'il s'enclenche automatiquement dès que vous utilisez un appareil de façon à conserver les batteries intactes et bien chargées. Sa puissance doit être au moins égale à 10 % de la capacité totale des batteries.

Rechercher et éviter les pannes

Simplement constituée d'une ampoule de 12 volts sur les plots de laquelle vous soudez deux fils terminés par des pinces crocodiles, la lampe témoin s'allume lorsque le courant passe et reste éteinte dans le cas contraire. Elle permet déjà de cerner pas mal de pannes, mais ne remplace pas le fameux contrôleur universel dès que l'on veut aller un peu plus loin dans le dépannage électrique.

1. La batterie

Le bon état des cosses est essentiel pour assurer le passage du courant. Démontez-les régulièrement, brossez-les et enduisez-les de graisse silicone. Serrez les cosses à la clé, mais sans forcer. Maintenez toujours propre le dessus des batteries et le fond du bac.

2. Danger court-circuit

Pour éviter les courts-circuits créés par l'humidité, les branchements extérieurs sont à éviter ou à soigner particulièrement. Si vous ne pouvez pas utiliser de prise étanche, branchez les fils sur un domino recouvert de pâte silicone et de ruban adhésif serré.

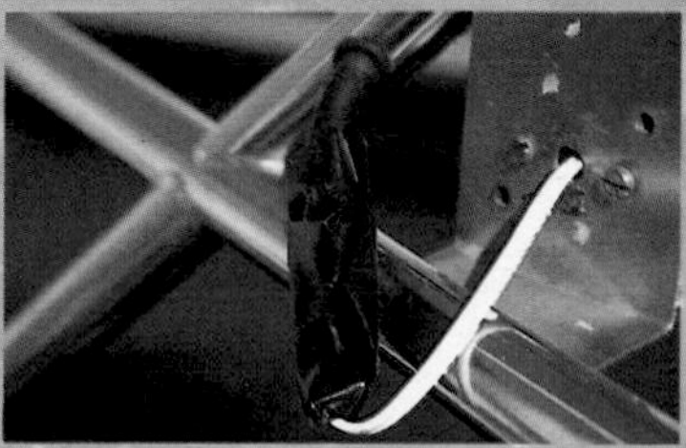

3. Feu hors d'accès

Les feux de mât doivent être vérifiés avant l'appareillage. Eteignez tout au tableau, sauf le feu à contrôler. Si l'ampèremètre marque une valeur, le feu consomme, donc fonctionne. Sans ampèremètre au tableau, débranchez le fil en pied de mât pour vérifier avec un contrôleur.

4. Prévenir les pannes

La pulvérisation d'un produit hydrofuge sur les branchements électriques du moteur, à l'intérieur du tableau, dans les boîtes de connexion, sur les interrupteurs et les contacts, assure le bon fonctionnement du circuit et empêche la corrosion de s'installer.

5
La manœuvre du bateau

« ... Avec une obstination d'insecte persécuté, il s'acharnait à l'escalade… reparut sur le marchepied de grand'vergue, rattrapa les enfléchures… et se hissa péniblement jusqu'aux barres de grand perroquet, traînant après lui un long fouillis de filins emmêlés et de poulies bringuebalantes dont il se défit à la mode alexandrine, c'est-à-dire à coups de sabre. Il avait perdu en route son équipe de matelots et, bien entendu, son chapeau… »
Jacques Perret, Le vent dans les voiles. *1948*

Chaque type de bateau réagit à sa façon.
Un multicoque de sport et un dériveur léger donnent la priorité à la vitesse et ne quittent jamais les eaux côtières. Un croiseur et un multicoque habitable tiennent compte des conditions de vie à bord et peuvent affronter au large du mauvais temps.
Les manœuvres à bord de ces unités s'effectuent dans des états d'esprit très différents. Les forces en présence ne sont pas les mêmes, les vitesses d'exécution n'ont pas les mêmes exigences, le nombre d'équipiers varie. Et pourtant, la manœuvre de toutes ces unités repose sur l'exploitation du vent.
La manœuvre est un art empirique fondé sur l'expérience. Petit à petit se sont forgées des techniques permettant de mieux naviguer en simplifiant les manœuvres tout en préservant la sécurité. Dans ce domaine, la course au large a beaucoup apporté.
Pour aller plus vite, les équipiers des bateaux de course ont toujours été à la recherche de l'amélioration de la manœuvre. Progressivement, ils ont imposé leurs gestes et leur manière de faire, grâce à la complicité des fabricants, qui ont travaillé à la mise au point d'un accastillage toujours plus performant.
Certains amateurs de croisière tranquille dénoncent le caractère outrancier des compétitions. Ils ne peuvent pourtant occulter les prouesses réalisées par les équipiers de pont des bateaux de course. Nombre de figures imposées, de simplifications d'équipement, de gains de poids et d'améliorations en tout genre ont été purement et simplement inventés en course.
Les winches, l'étai à gorge, la chaussette de spi, le moulin à café, les chaussures de pont, le système de prise de ris rapide, le pataras réglable, le mousqueton largable… ont d'abord connu les champs de course !

DÉVELOPPER LE SENS MARIN

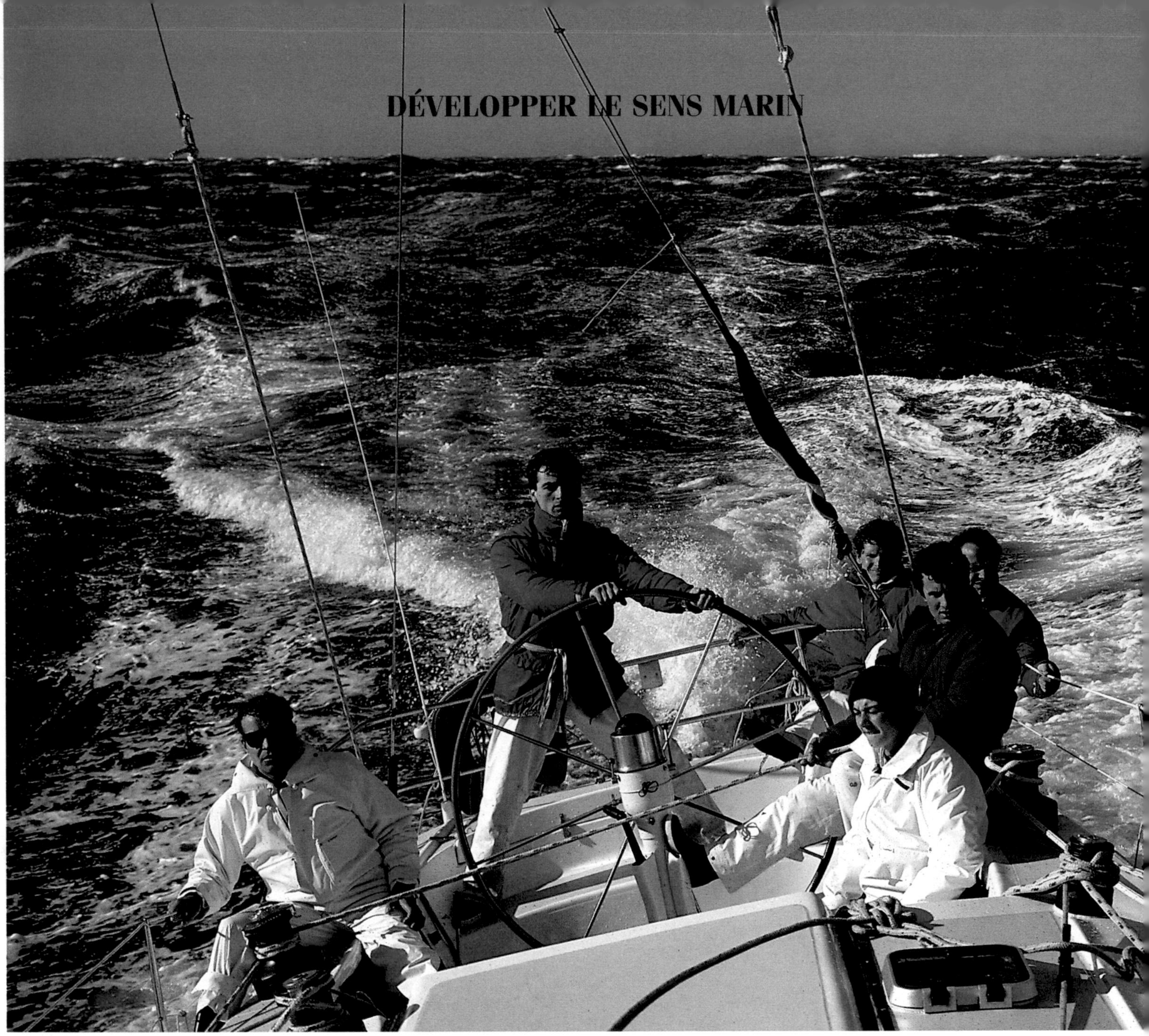

Le barreur ne dirige pas seulement le bateau, surtout avec de la brise, il est le véritable chef d'orchestre du bord.

Avant de passer en revue les différentes manœuvres courantes, il convient d'observer l'environnement du bateau. Aucune d'entre elles ne peut s'effectuer correctement sans une scrupuleuse observation du vent. Omniprésent mais invisible, il pèse de toute sa force sur la manœuvre. Il est là depuis la nuit des temps, rien ne peut être fait sans lui, et l'équipage doit apprendre à le connaître avant toute action.

AVOIR LE VENT DANS LA TÊTE

Un bon équipier a constamment le vent dans la tête. Il l'intègre par rapport au plan d'eau, mais aussi par rapport à la vie même du bateau. Le vent fait forcément partie de son travail de tous les instants.

La force du vent du moment dicte l'effort à entreprendre, le comportement par rapport à l'action. Par exemple, le nombre de tours à faire autour du winch pour assurer la réussite de la manœuvre n'est pas toujours le même.

La direction du vent est une seconde indication fondamentale. Elle renseigne sur la route à suivre et déclenche souvent le moment de l'action. A la position du vent, il est possible de voir, par exemple, que le bateau ne pourra passer une pointe et devra virer pour faire un petit contre-bord. Toute modification du vent entraîne une nécessaire modification des réglages de la voilure si l'on garde le même cap.

Le vent influence jusqu'à la forme des vagues, qui joue un rôle important dans le déroulement d'une manœuvre, très différente par petit temps ou par mer formée. Le bateau n'a pas le même comportement et le déplacement sur le pont peut être plus délicat. Un virement de bord, un empannage, une prise de ris, font appel à des compétences différentes selon le temps.

Page précédente
"Tutoyer" la terre n'est pas le moindre des charmes d'une croisière.

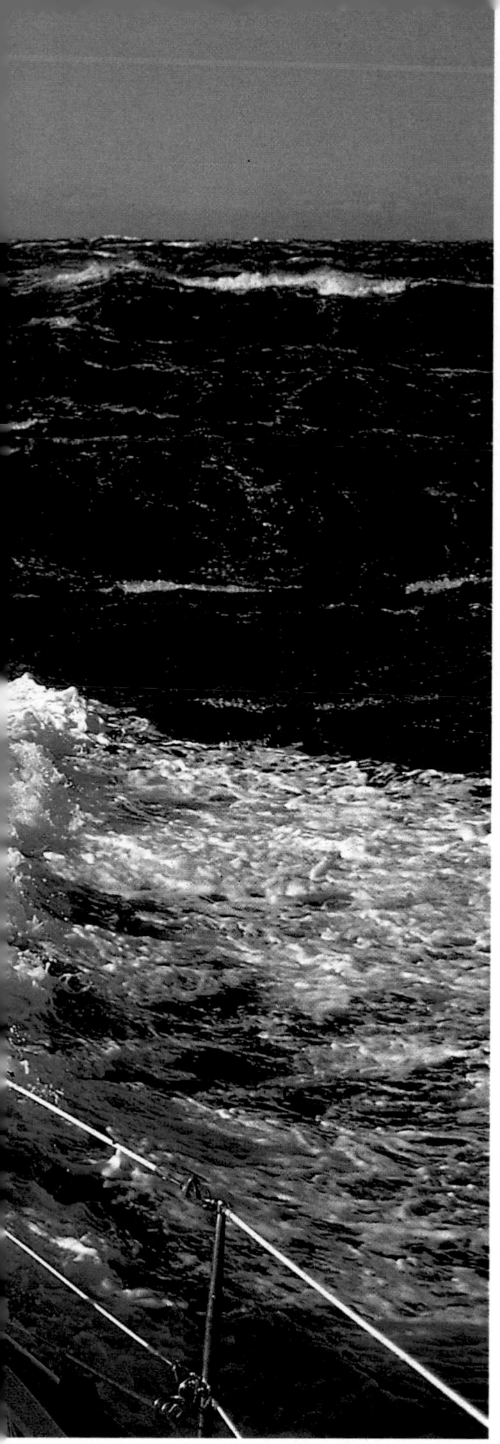

Comme dans d'autres domaines, l'apprentissage par cœur est insuffisant en navigation pratique et n'est guère séduisant pour l'esprit. Il arrive que certaines situations soient imprévisibles ; il faut alors compter sur le réflexe et les automatismes pour résoudre efficacement les difficultés. C'est l'expérience qui permet de juger à leur juste valeur les différentes forces en présence selon le temps. L'avantage acquis par un bon équipier est sa faculté d'intervention sur une grande variété de situations. Il est au moment opportun, à la bonne place, de façon à maîtriser la difficulté du moment.

Ce travail semble évident, voire enfantin. Il nécessite pourtant en amont une somme de connaissances qui fait partie du sens marin et ne s'acquiert pas en une seule sortie. Quand intervenir implique une expérience antérieure de la situation. Où intervenir demande une analyse complète du cas à résoudre. Comment intervenir intègre les tenants et les aboutissants des différentes commandes qui agissent sur le bateau.

L'exemple de la réduction de voilure illustre le travail du bon équipier. Le bateau gîte exagérément, son gréement souffre et sa vitesse chute : il est temps d'intervenir sur la voilure pour la réduire. Le bon équipier doit en premier lieu être habillé pour la circonstance et ne pas se laisser mouiller inutilement, sous peine de perdre une partie de son efficacité un peu plus tard. Il doit vérifier le bon passage des bosses de ris et savoir où elles reviennent sur le pont pour agir dessus. Même chose pour la drisse, qui demandera à être mollie, puis étarquée à nouveau. Il doit enfin connaître le déroulement de la manœuvre dans le détail pour agir efficacement, en harmonie avec le barreur, dont le rôle n'est pas non plus négligeable.

Une manœuvre de prise de ris réussie s'exerce sans efforts inutiles grâce à une bonne coordination des équipiers. Bien effectuée, elle prend seulement quelques minutes et permet au bateau de continuer sa route beaucoup plus efficacement. Réalisée par un équipage incompétent, pour peu que le vent monte et prenne une tournure imprévue, cette manœuvre simple peut durer beaucoup de temps. L'équipage se fatigue inutilement, et le résultat est souvent mauvais pour le rendement de la voilure. Une grand-voile mal établie gêne la progression du bateau pendant les heures suivantes, et il est souvent difficile à un équipage non aguerri d'intervenir à nouveau. La solution est souvent de s'entraîner à prendre un ris dans le temps maniable.

Le rôle primordial du barreur

Rivé à l'arrière, le barreur semble à première vue écarté de l'action des équipiers à la manœuvre sur le pont. S'il ne prend pas part directement au travail des écoutes et des drisses, c'est pourtant lui qui en toute circonstance pèse sur l'action. D'un simple geste sur la barre, il peut soulager la voilure en remontant au vent, descendre sur sa route pour couvrir une manœuvre de changement de foc et de spinnaker, prévenir d'un coup de mer. En fait, le barreur joue un rôle primordial dans la plupart des manœuvres. En même temps qu'il dirige, il doit anticiper les mouvements de son équipage, soulager le travail, être présent en permanence. Quelques degrés de cap en plus ou en moins par rapport au vent peuvent transformer le travail sur le pont. Les équipiers expérimentés savent bien que par mauvais temps la sécurité de la plage avant dépend en grande partie de l'expérience du barreur et de ses capacités à "couvrir" le bordé de quart.

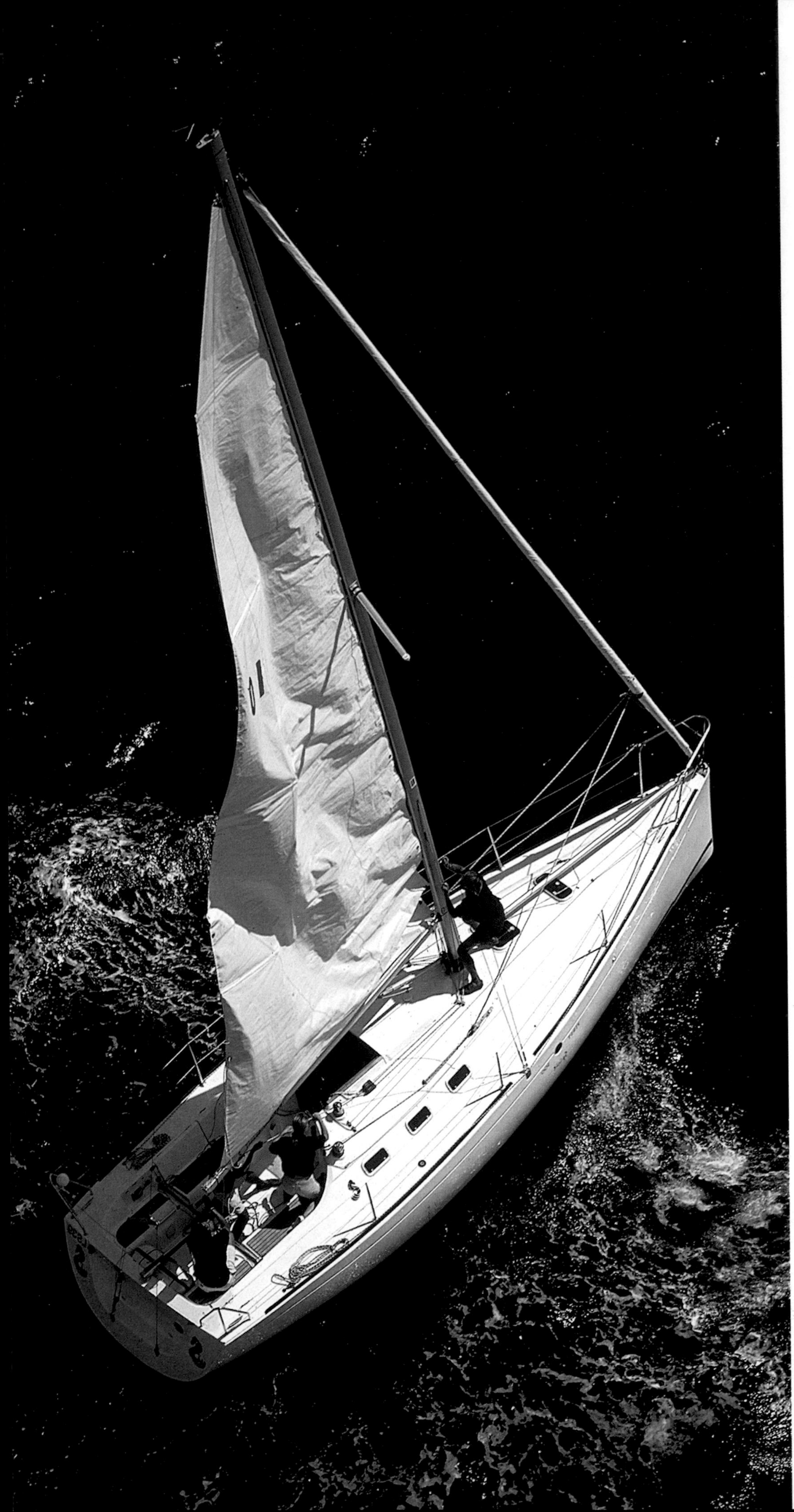

ENVOYER LA GRAND-VOILE

La grand-voile a été enverguée sur la bôme et les coulisseaux placés dans la gorge du mât. La drisse a été placée sur la têtière. La voile est prête à être hissée. Pour cette manœuvre facile, une bonne coordination de l'ensemble des équipiers est néanmoins nécessaire. Le barreur doit, avant toute chose, venir vent debout, de façon à donner toute liberté à la voile en drapeau derrière le mât. L'écoute doit être larguée en grand, ainsi que le hale-bas de bôme. Aucun frottement superflu ne doit contrarier sa montée jusqu'en tête de mât.

Une fois la voile bien étarquée sur le mât avec le winch de drisse, ainsi que sur la bôme (généralement au moyen d'un petit palan), le barreur ou l'équipier de cockpit peut commencer à border l'écoute pour mettre la voile en tension et éviter qu'elle ne batte inutilement. A partir de ce moment, le bateau est sous voile. Encore au moteur, le barreur devra tenir compte de cette surface déployée au vent pour faire route.

C'est le premier moment pour sentir le vent, apprécier les conditions de mer, "tâter le terrain", avant de se décider à envoyer le foc pour entamer la navigation.

RÉGLER LA GRAND-VOILE

La barre d'écoute sert à déborder la voile dans deux circonstances :

- au près, quand le bateau gîte trop (avant de prendre le premier ris),
- au portant, pour mieux la faire porter.

Le hale-bas de bôme sert d'autre part à combattre le dévers de la voile, en particulier au portant.

On peut encore jouer de la drisse pour raidir le guindant dans la brise et le relâcher dans le petit temps.

La barre d'écoute permet de descendre la grand-voile sous le vent pour soulager le bateau et réduire la gîte.

La grand-voile s'envoie écoute larguée, avec le bateau placé dans le lit du vent.

1 Une règle d'or : se tenir vent debout pour envoyer.

2-3 Pour faire coulisser la voile dans la gorge de la bôme, deux équipiers sont nécessaires. Un équipier tire sur le point d'écoute de la grand-voile vers l'extrémité de la bôme ; l'autre veille à l'introduction de la ralingue dans la gorge.

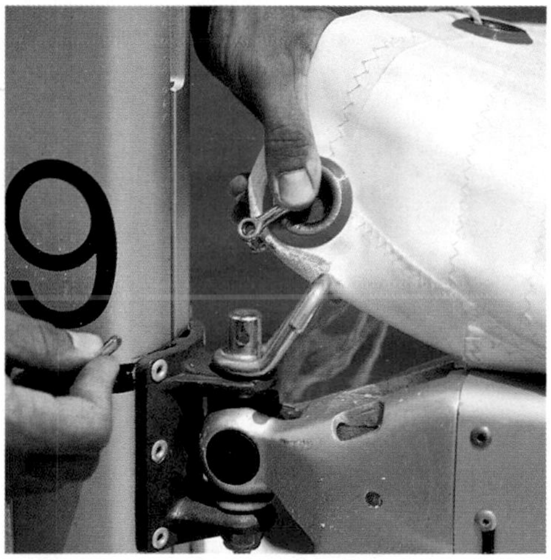
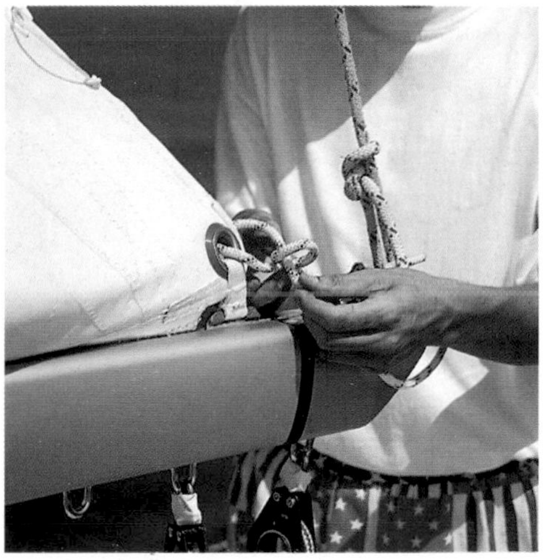
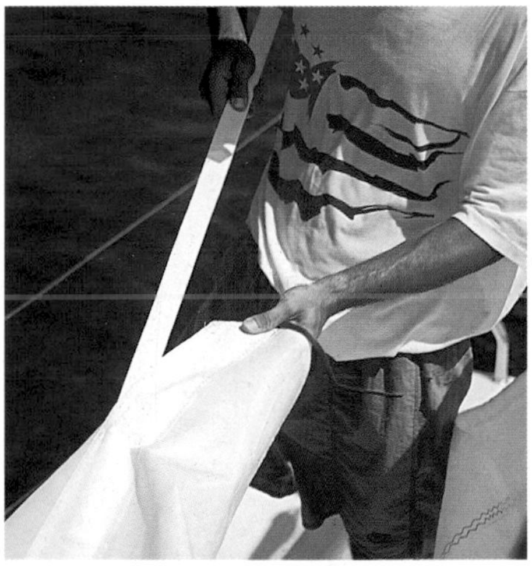

4 Le point d'amure de la voile, près du mât, est fixé en premier.

5 Le point d'écoute, en extrémité de bôme, est fixé ensuite. La balancine tient la bôme horizontalement pendant l'opération.

6 Les lattes doivent être introduites soigneusement dans les goussets pour éviter qu'elles ne soient perdues au premier faseyement.

7 Les coulisseaux sont placés et stockés dans la gorge du mât, puis la drisse est placée sur la têtière et mise en tension.

8 Pour envoyer, l'un des équipiers hisse la drisse avec l'aide du winch ; l'autre guide la montée des coulisseaux sur le mât.

9 La tension de la bordure de la voile est réglée au moyen du nerf de chute.

PRENDRE UN RIS

Le ris est bien assuré, la voilure réduite, le foc bordé correctement. Le bateau peut faire route au près, barre dans l'axe, sans souffrir, avec la voilure qui convient pour le vent du moment.

Dès que le vent rentre et que le bateau prend une gîte inutile, il ne faut pas hésiter à prendre le premier ris. Avec l'habitude et un accastillage bien pensé, c'est une manœuvre facile. Correctement voilé, le bateau sera beaucoup plus confortable, la voilure soulagée, la vitesse conservée et l'équipage plus tranquille.

1 En mer, quand le vent est déjà rentré, le passage de la bosse de ris dans l'œillet de grand-voile est souvent un exercice de voltige. Mieux vaut le passer dans le calme du port, avant l'appareillage.

2 Larguer l'écoute pour "vider" la voile et supprimer les efforts inutiles.

3-4 Larguer de la drisse pour amener l'œillet du guindant de la voile (près du mât) en contact avec le croc placé à cet effet sur la bôme, puis reprendre tout de suite de la drisse.

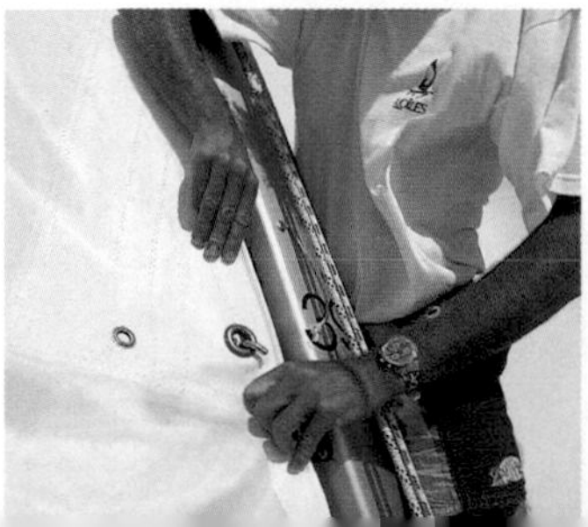

Si le vent continue à monter quelques heures plus tard, il faudra songer à réduire la surface du foc et peut-être prendre le second ris.

La décision d'agir sur la voile et sur le foc dépend de la réaction du bateau et de son équilibre sous voiles, différents selon les modèles.

5 Etarquer la bosse de ris pour plaquer l'œillet de la bordure le plus près de la bôme.

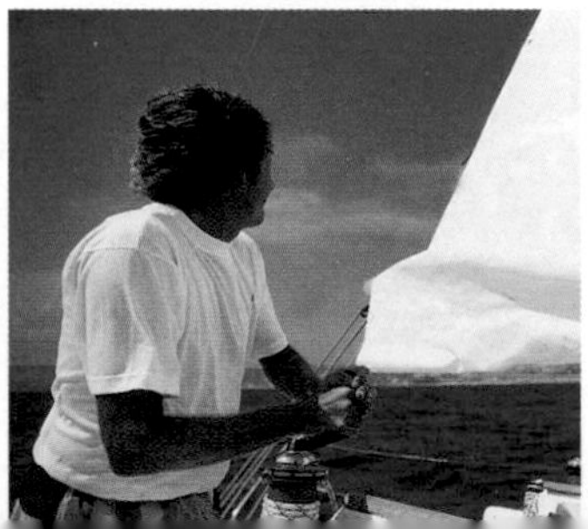

6 Etarquer la drisse, écoute toujours larguée.

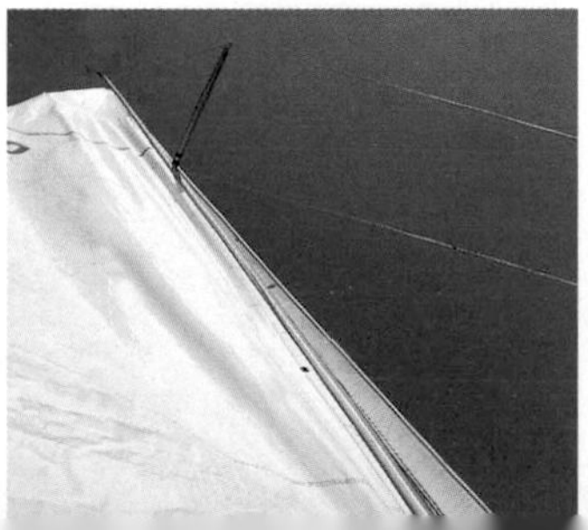

7 Reprendre progressivement de l'écoute jusqu'à venir au cap.

8 Ferler la bavette formée par la partie inférieure de la voile pour permettre au barreur de voir sous le vent. Ne pas souquer les garcettes, sous peine de déchirer la voile.

ENVOYER LE FOC

1 Les deux écoutes sont frappées sur le point d'amure en faisant des nœuds de chaise.

5 Avec ses deux mains, l'équipier d'avant guide la montée du foc dans la gorge.

Le foc s'envoie et s'amène généralement après la grand-voile. En effet, dans la plupart des cas, un bateau reste manœuvrant sous grand-voile seule. Cela n'est pas le cas avec le foc. Le barreur, comme dans la plupart des manœuvres, doit "aider" en lofant légèrement. Avec l'utilisation de plus en plus courante du foc à enrouleur, il s'agit d'un travail facile. La coupe et le tissu des focs actuels permettent de naviguer avec un foc partiellement roulé. Il ne remplace pas pour autant un bon foc de brise bien plat.

Le foc se déroule lentement. Pendant qu'un équipier largue progressivement la retenue de l'enrouleur, un second équipier borde l'écoute à la demande.

2 La drisse est frappée sur le foc en vérifiant en tête de mât si elle est claire.

3 L'équipier engage la ralingue du foc dans la gorge de l'étai.

4 L'équipier hisse le foc au moyen de la drisse passée sur le winch.

6 Une fois la drisse étarquée, l'écoute peut être bordée.

7 Une fois bordé, le foc ne doit pas faire de plis et être bien raide à l'attaque.

8 Le nerf de chute permet de régler la bordure à partir du pont.

1 Pour rouler le foc, il faut jouer à la fois sur l'écoute et sur la drisse de l'enrouleur.

2 Le foc est progressivement enroulé autour de l'étai.

Certains bateaux de croisière disposent d'un second étai pour porter un foc de brise équipé de mousquetons derrière le foc à enrouleur.

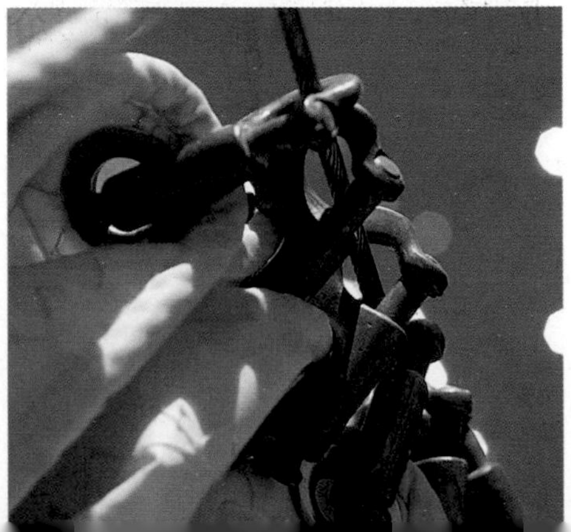

Mousquetons d'un foc amené sur le pied de l'étai.

RÉGLER LE FOC

Le point d'écoute est trop avancé :
la chute est trop raide et la bordure trop ouverte.

Le point d'écoute est trop reculé :
la bordure est raide et la chute trop ouverte.

Le bon réglage d'écoute s'obtient avec une tension de bordure et de chute équilibrée, qui façonne harmonieusement le creux du foc.

Régler approximativement la position du point de tire de l'écoute de foc avant d'envoyer ; puis l'ajuster en l'observant sous voiles à l'allure près du vent.
Dans la forte brise, il est nécessaire de larguer l'écoute en grand pour modifier la position du point de tire. Autre solution : régler l'écoute libre, celle qui se trouve au vent, puis virer de bord et régler la seconde écoute.

Il y a plusieurs moyens d'agir sur le foc. L'écoute doit être correctement bordée et le point de tire parfaitement à sa place en fonction de sa coupe et de l'allure du bateau par rapport au vent. C'est également la force du vent qui dictera la tension de la drisse, qui influence la position du creux et le réglage du nerf de chute.

De la bonne position du foc dépend aussi le rendement de la grand-voile. Les filets d'air circulant dans l'ouverture entre les deux voiles doivent être canalisés avec le minimum de perturbations.

L'équipier qui borde le foc avec le winch est dans une position idéale pour observer la position du creux. Ici, le point d'écoute est trop en avant.

Avec un point d'écoute trop reculé, la bordure est trop raide et la chute ouvre exagérément.

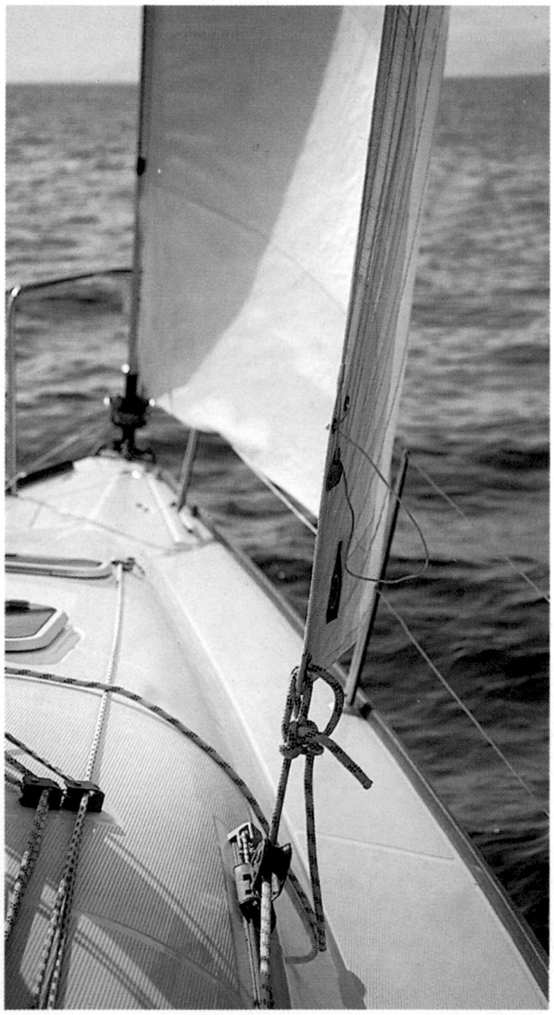

Position idéale (sur le pont, en regardant vers l'avant) pour observer la position du creux, qui dépend en grande partie de la place du point de tire sur le rail de foc. Si le bateau abat légèrement, on sent bien la nécessité d'ouvrir davantage la bordure pour creuser plus encore le foc.

BARRER AUX PENONS

Une fois l'écoute de foc réglée et le bateau en route sur un cap, le barreur peut naviguer plus finement par rapport au vent, en ayant un œil sur les penons cousus sur les deux côtés du foc (intrados et extrados).
Pour disposer du réglage optimal, les deux penons doivent travailler dans un flux d'égale pression, qui indique un écoulement laminaire idéal. Dans ce cas, le penon au vent et celui sous le vent doivent être tous les deux parallèles et se tenir à l'horizontale.

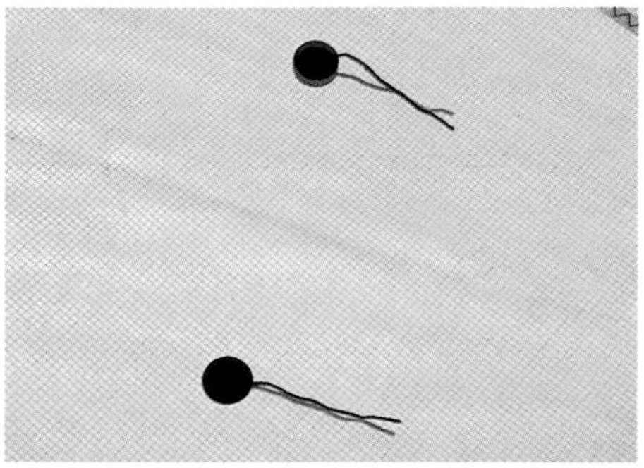

Les penons sont mal ventilés.

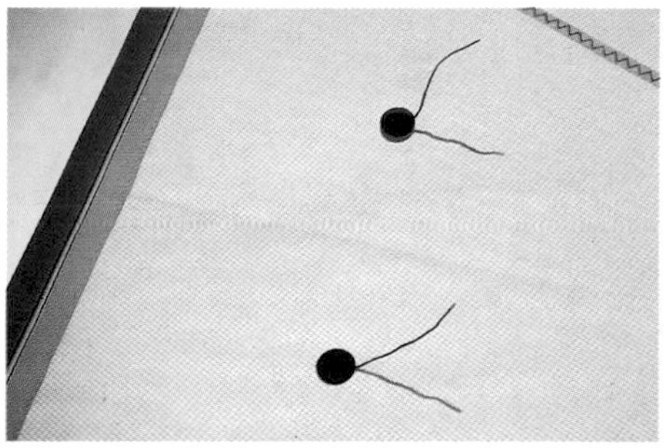

Les penons sont alimentés par le vent, mais le barreur doit lofer légèrement pour fermer l'angle.

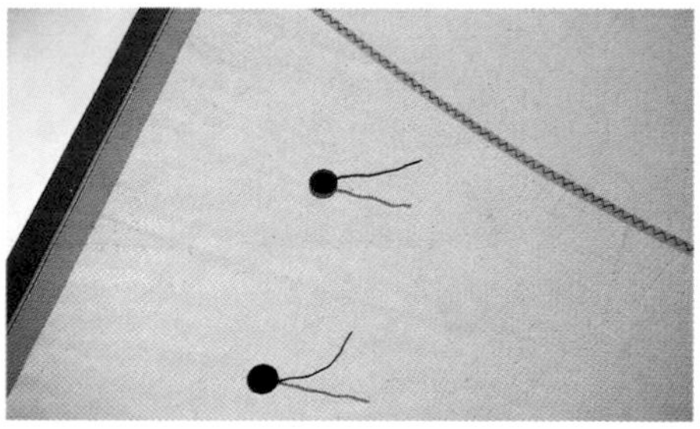

L'angle des penons est plus faible, le réglage est meilleur, mais il faut continuer à "travailler" le cap pour encore améliorer le rendement. Avec l'habitude, le barreur tient compte instinctivement de l'indication des penons, qui l'aident à disposer constamment du réglage idéal.

VIRER DE BORD

PARÉ À VIRER
Le bateau est prêt à virer (franchir le lit du vent par l'avant). L'équipier de tribord (vert) a déjà libéré l'écoute et la garde en tension sur le winch. L'équipier de bâbord (rouge) a fait deux tours autour du winch pour border l'écoute dès que le bateau aura viré. Les deux équipiers viennent de répondre à l'ordre du barreur (paré à virer). Ils attendent l'ordre suivant (on vire).

1

2

1-2 Le bateau est au près, bâbord amures (il reçoit le vent de bâbord). L'équipier sous le vent est prêt à larguer l'écoute ; l'équipier au vent à la reprendre.

VUE DE L'ARRIÈRE
Le bateau remonte, franchit le lit du vent, puis attaque le nouveau bord sur l'autre amure.

Le virement de bord est une manœuvre courante ; elle est réussie à la condition que l'ensemble des actions soient bien coordonnées. Le barreur doit décider de l'instant du virement, doser la vitesse du bateau en fonction de la force du vent et tenir compte de la rapidité de ses équipiers.

L'équipier sous le vent doit larguer au bon moment, c'est-à-dire quand le bateau franchit le lit du vent et que le foc est complètement dégonflé. L'équipier au vent (il va se retrouver sous le vent après le virement) doit synchroniser ses gestes en bordant d'abord à la volée, ensuite avec la manivelle, après avoir pris soin de faire des tours supplémentaires autour du winch avec l'écoute. L'équipier qui a largué vient aider à border.

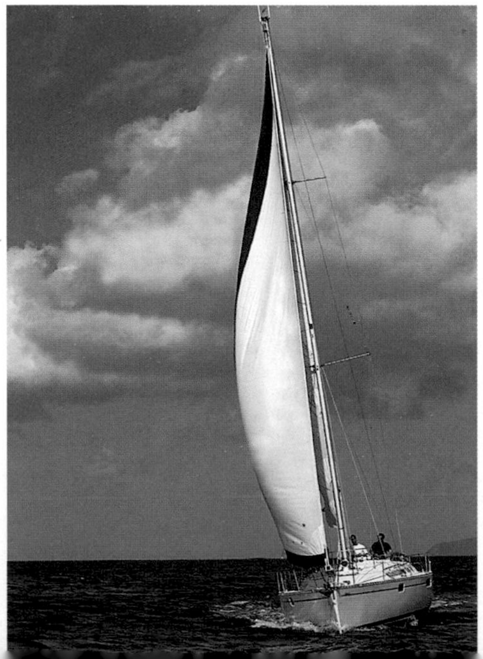

VUE DE L'AVANT
Le bateau bâbord amures franchit progressivement le lit du vent. La grand-voile passe automatiquement d'un bord sur l'autre, suivie par le foc. Puis le bateau fait route tribord amures, au près serré. Le foc est à nouveau bordé dessous.

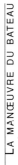

3

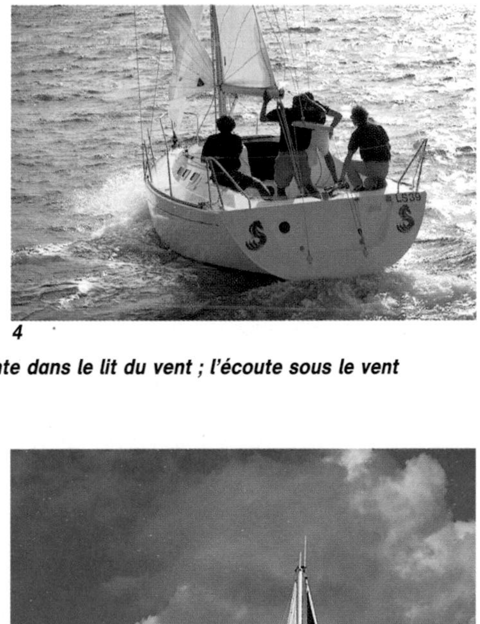

4

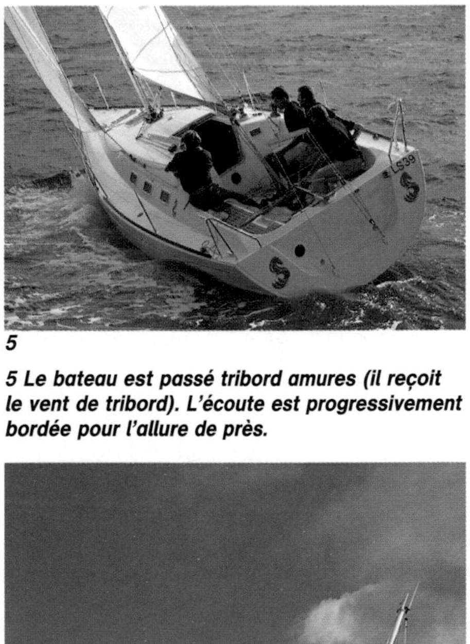

5

3-4 Le barreur pousse la barre dessous ; le bateau remonte dans le lit du vent ; l'écoute sous le vent est larguée en grand.

5 Le bateau est passé tribord amures (il reçoit le vent de tribord). L'écoute est progressivement bordée pour l'allure de près.

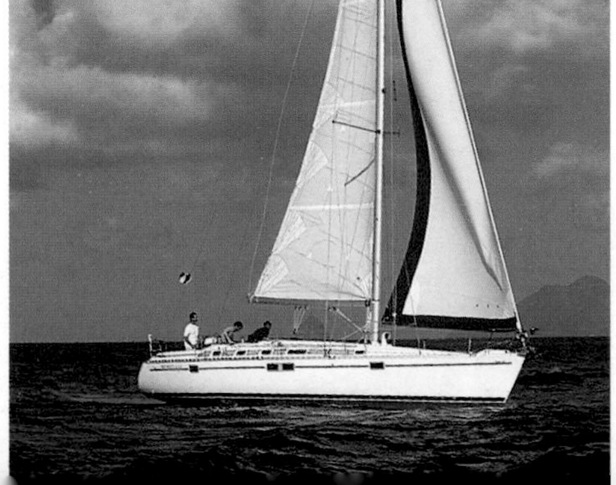

PRÉPARER LE SPI

Avant d'envoyer le spi, il faut prendre le temps de le plier soigneusement. La tête du spi doit sortir en premier, les points d'écoute être visibles pour y frapper bras et écoute au moment où le sac est posé sur le pont avant l'envoi.

Les bateaux de croisière actuels utilisent le plus souvent un spi asymétrique, envoyé à

1

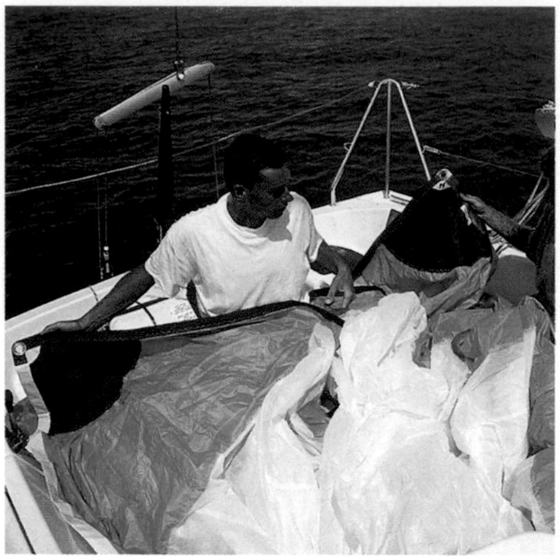

2

3

1-2-3 Sortir le point de drisse et suivre les deux ralingues tribord et bâbord jusqu'aux deux points d'écoute pour ne pas que le spi se trouve "vrillé" dans le sac au moment de l'envoi.

LE VOCABULAIRE DU SPI

Un spi classique (symétrique) se porte au moyen d'un tangon. Le spi est tenu en tête par la drisse. Elle est manœuvrée du pied de mât, ou bien renvoyée au cockpit. Le spi est tenu à sa base, du côté sous le vent par l'écoute qui est libre, et revient au cockpit, du coté au vent par le bras qui passe par le tangon, avant de revenir au cockpit.
Le tangon est tenu en haut par la balancine, en bas par le hale-bas.
Ces deux manœuvres de tangon reviennent au cockpit.

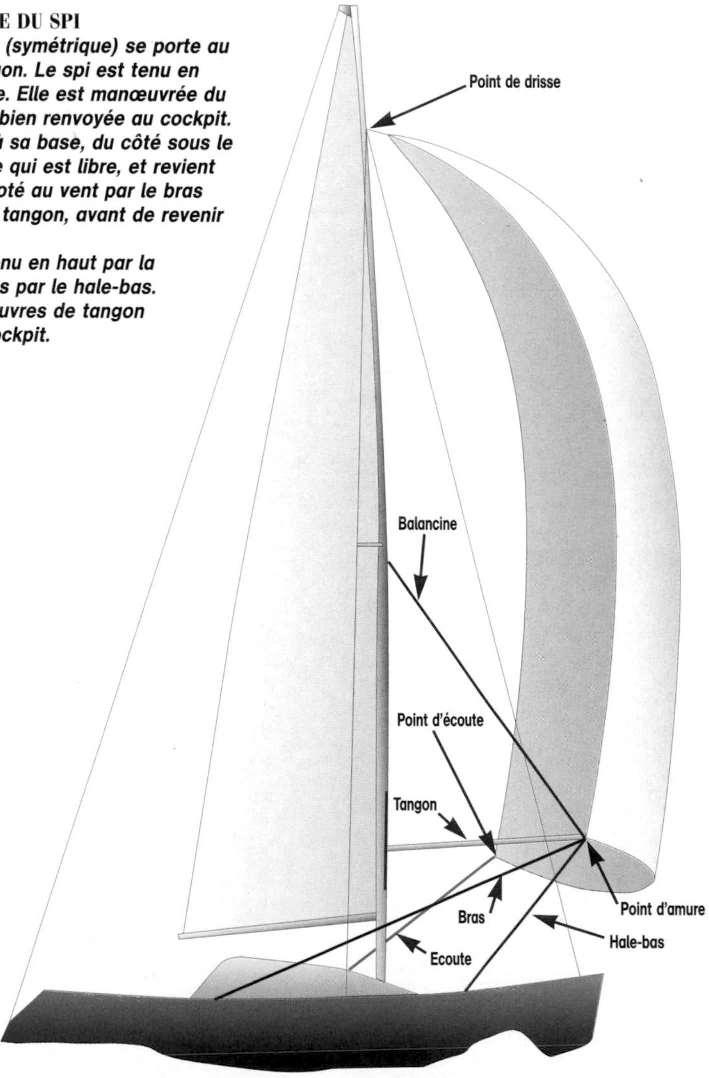

l'avant aux allures portantes et sans avoir recours à un tangon. A partir d'une certaine taille (plus de 10 m), l'utilisation d'une chaussette de spi facilite l'envoi, ainsi que l'affalage.

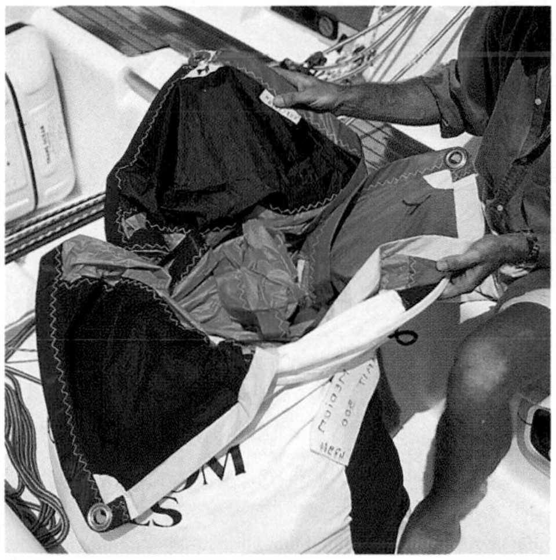
4

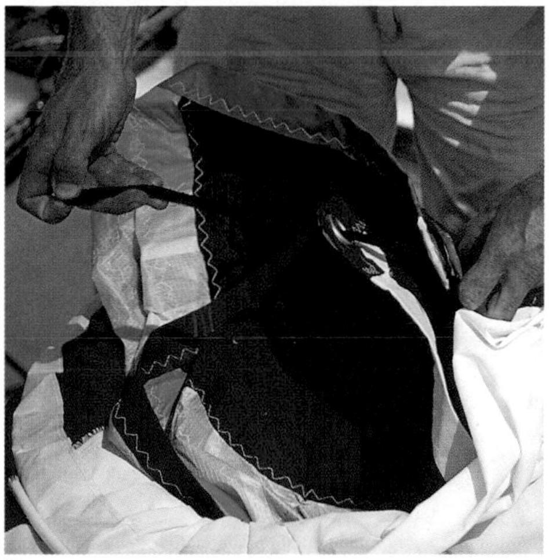
5

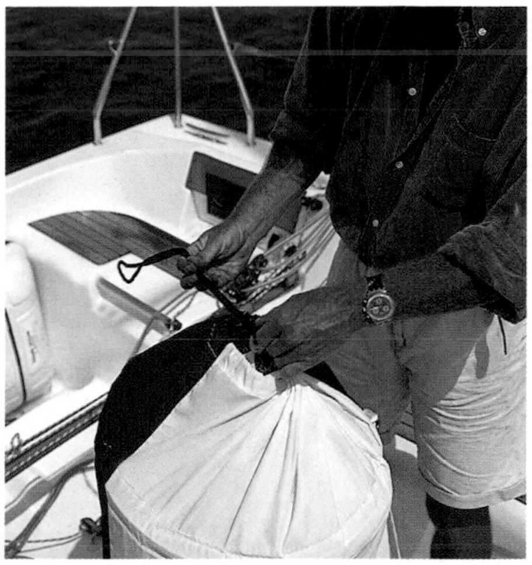
6

4-5-6 Le "ventre" du spi est rentré en premier, progressivement, en gardant en dehors du sac les trois "angles" du spi formant le point de drisse au centre et les deux points d'écoute de chaque côté. Si le foc n'est pas envoyé tout de suite, se servir du cordon de fermeture du sac pour amarrer les trois points. Le spi est plié et prêt à être envoyé.

Amuré sur l'avant, le spi asymétrique se règle comme un foc, au moyen d'une écoute qui revient au cockpit. Une contre-écoute est passée pour border sur l'autre amure.

Le spi asymétrique est amuré au pied de l'étai. Souquée à l'allure de près, cette estrope peut être légèrement relâchée aux allures plus "arrivées" pour mieux profiter du vent.

ENVOYER LE SPI...

1 Le spi a été soigneusement plié. Le sac est placé dans les filières de la plage avant et sous le vent, en prenant soin de l'amarrer au bateau pour ne pas qu'il parte à la mer au moment de l'envoi.

2 Vérifier si la drisse est claire jusqu'en tête de mât.

3 Fixer l'écoute. Elle doit passer à l'extérieur des haubans en allant au cockpit.
Fixer le bras. Il doit passer en avant de l'étai et dans la mâchoire du tangon avant de revenir au cockpit par l'extérieur des haubans au vent.
Fixer la drisse. L'équipier de l'arrière ou du pied de mât doit la garder en tension pour ne pas qu'elle se prenne dans le gréement.

4 Fixer le tangon au mât.

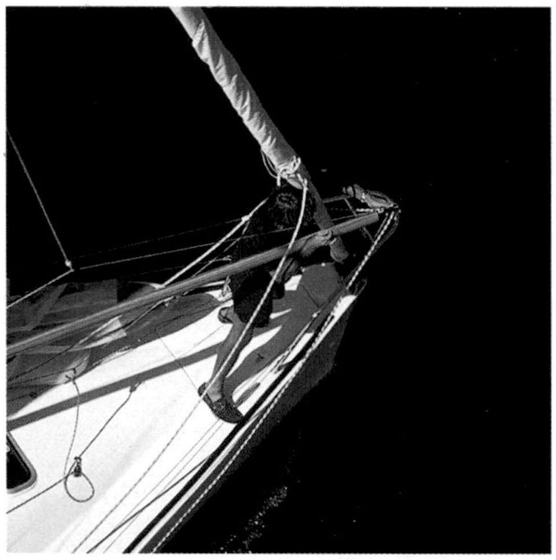

5 Passer le bras dans la mâchoire du tangon. Il doit passer en avant de l'étai avant d'être frappé sur le spi.

6 Avec le bras, l'équipier d'arrière dégage le tangon de l'étai et monte son extrémité avec la balancine.

7 L'un des équipiers hisse le spi, l'autre guide la sortie du sac et fait partir le spi en avant des barres de flèche.

8 Le spi est en haut. Il reste à border l'écoute (sous le vent) et brasser légèrement le bras (au vent) pour gonfler la voile.

9 Ramener le sac du spi à l'arrière.

... ET L'AFFALER

Envoyé aux allures portantes, le spinnaker accroît considérablement la surface de la voilure et permet d'augmenter la vitesse dans d'importantes proportions. Contrairement au foc ou à la grand-voile, tenus sur un ou deux côtés, le spi est beaucoup plus libre. Par mer plate, il ne bouge pas. Avec une mer formée, il peut entraîner le bateau dans de violents mouvements de roulis. Il est fixe en tête de mât, mais sa base est tenue au vent, par le bras qui passe par l'extrémité du tangon. Il est tenu sous le vent par l'écoute. Le tangon peut évoluer dans les trois dimensions.

Le maniement du spi nécessite une technique précise pour son envoi, son réglage et son affalage. La réussite des différentes manœuvres dépend d'une bonne coordination de l'équipage, y compris du barreur.

1 L'extrémité du tangon est "donnée" à l'équipier d'avant par les équipiers de l'arrière en manœuvrant bras et balancine.

2 L'équipier d'avant ouvre le mousqueton du bras au vent à l'extrémité du tangon.

3 Le spi libéré au vent vient se placer sous le vent, à l'abri de la grand-voile. Le barreur "couvre" la manœuvre en abattant si nécessaire.

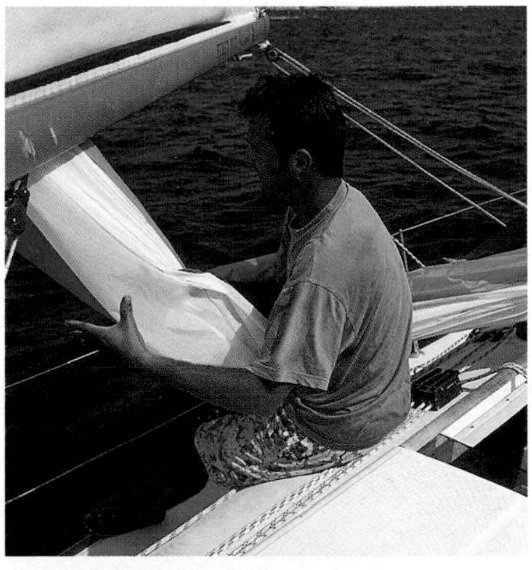

4-5-6 Il ne reste plus qu'à rentrer le spi progressivement par-dessous la bôme. Pendant qu'un équipier donne de la drisse à la demande, les autres équipiers rentrent la voile dans le cockpit ou directement à l'intérieur du bateau. Attention aux angles vifs, aux aspérités, aux goupilles mal protégées, qui peuvent déchirer le tissu léger et fragile.

RÉGLER LE SPI

Le spinnaker est une voile vivante qu'il faut "tenir" et régler en permanence. Avec l'habitude et la présence d'un bon équipage, le plaisancier amariné ne peut plus s'en passer. Quelques règles de base doivent être assimilées pour utiliser le spi en toute circonstance, en intervenant d'une part sur le bras (au vent) et l'écoute (sous le vent), d'autre part sur la position du tangon en jouant sur la balancine et le hale-bas. Plus tard, avec l'habitude, il est possible d'utiliser des spis de surface différente, en fonction de la force du vent, et de coupe variée en fonction des allures.

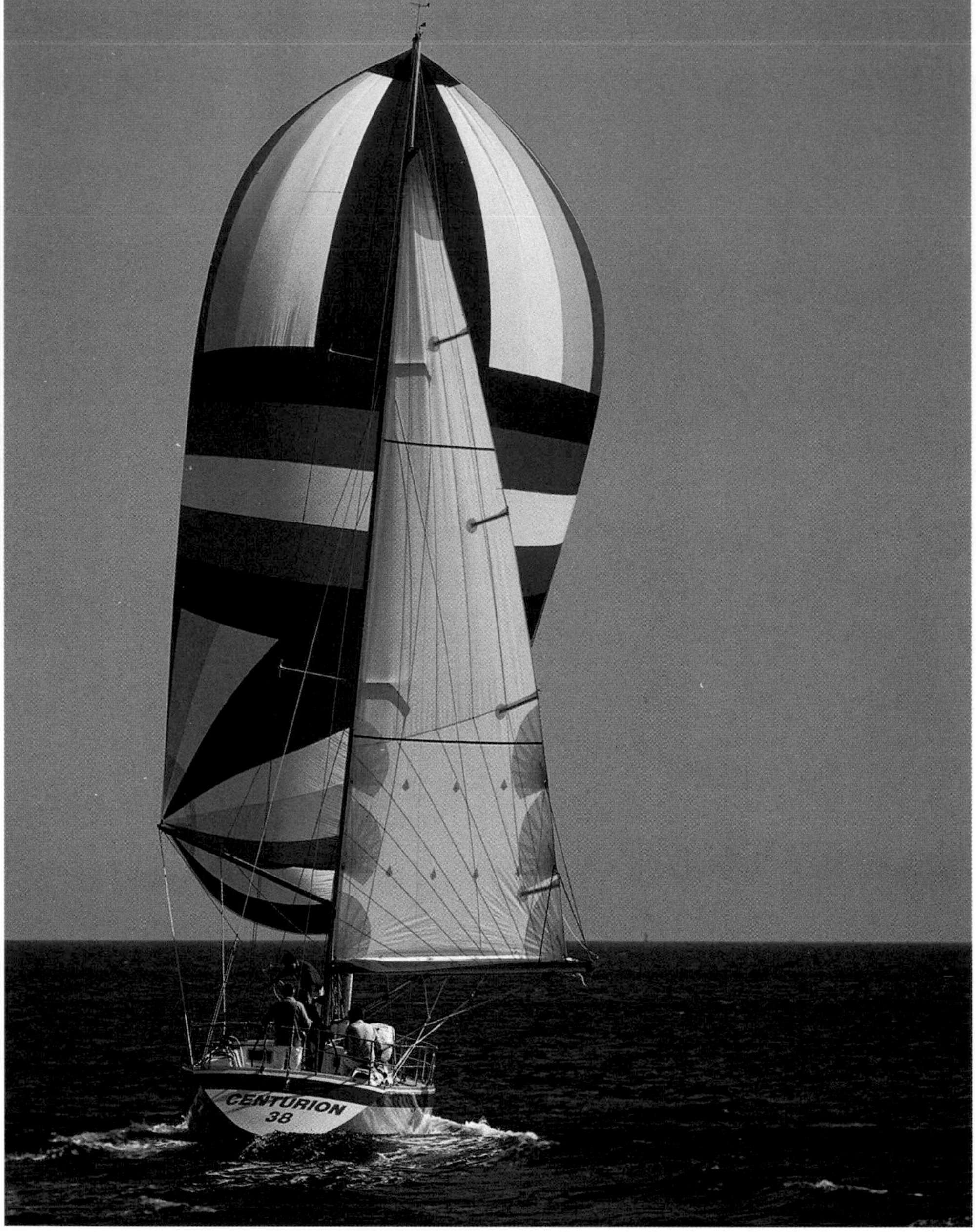

Bon réglage de spi avec un tangon légèrement "mâté" pour aider la voile à monter avec la brise soutenue.

1 La base du spi n'est pas horizontale ; le tangon est trop bas.

2 La bordure tribord est trop lâche ; le tangon est trop haut.

3 Bon réglage de spi avec tangon à sa bonne place.

La chute tribord du spi est beaucoup trop ouverte et la base instable ; l'extrémité du tangon doit être descendue.

Le tangon vient d'être descendu, et le spi porte mieux.

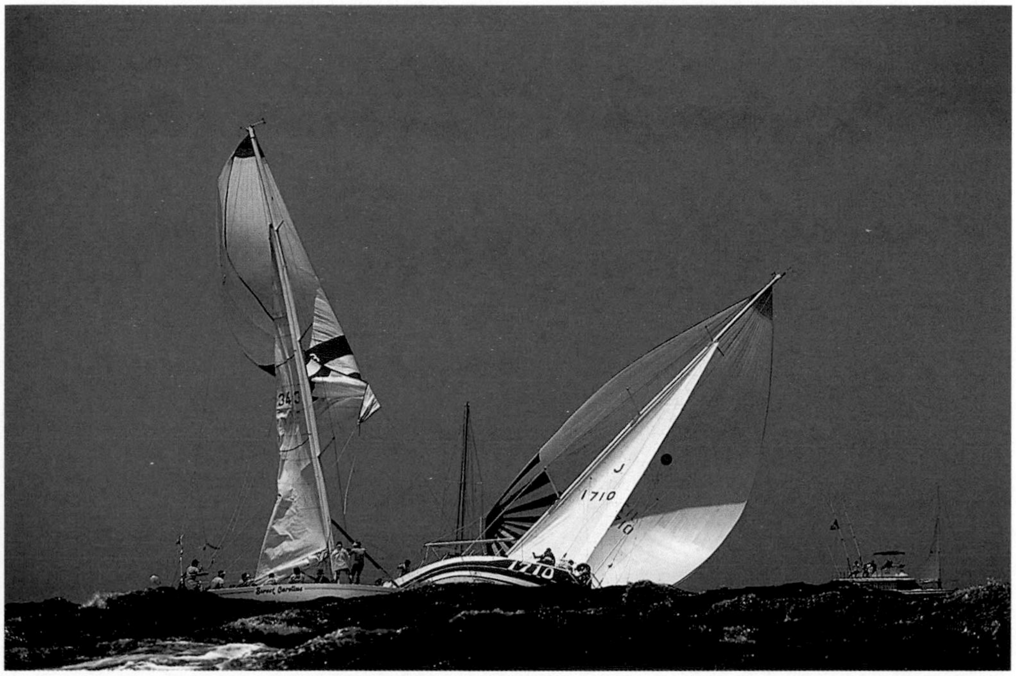

Dans la brise fraîche, la manœuvre du spi demande de l'expérience. La moindre faute est sanctionnée. Elle peut causer des blessures à l'équipage et entraîner des avaries de matériel.

AIDE-MÉMOIRE POUR L'UTILISATION DU SPINNAKER

- Régler l'extrémité du tangon sur la hauteur du point d'écoute.
- Les deux points d'écoute doivent être le plus souvent à la même hauteur.
- Le tangon doit être généralement horizontal.
- Le tangon doit être approximativement dans l'axe de la bôme.
- Le hale-bas et la balancine sont solidaires.
- L'écoute travaille en même temps que le bras. Quand on borde l'écoute, on choque le bras, et inversement.
- Tangon bas dans la faible brise. Recherche de la surface maximum déployée.
- Tangon haut dans la brise. Jl faut le creuser pour le rendre stable.
- Par vent fort, brider le spi pour limiter les risques de roulis rythmique.
- Quand le spi est en l'air, l'écoute du foc amené doit passer par-dessus le tangon et en avant de la balancine. Elle est ainsi prête à travailler dès que le spi est amené et le tangon à plat pont.
- Si le bateau part au lof, larguer dessous en grand (écoute).
- Sous spi, à l'inverse des autres voiles, abattre rend le bateau plus confortable. La gîte est diminuée et le vent (apparent) moins fort. Au contraire, remonter au vent entraîne le bateau au lof.
- Si le bateau se trouve en difficulté sous spi, venir vent arrière.
- Bien assurer le hale-bas dans la brise pour éviter le mâtage du tangon.
- Un spi bien réglé "frise" à l'attaque.

EMPANNER SOUS SPI

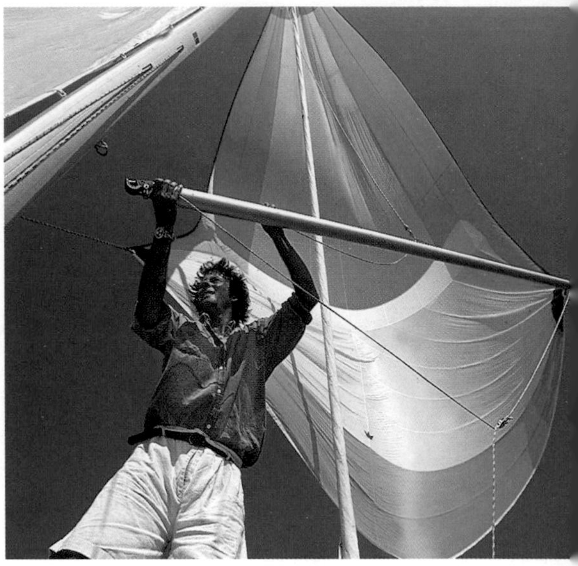

1 Pour empanner le tangon "bout pour bout", l'équipier décroche le tangon du mât.

Ci-contre. *Ce bateau navigue sous spi, tribord amures (tangon à tribord). Il va franchir le lit du vent par l'arrière, et pour cela abattre puis empanner. La grand-voile va passer toute seule de bâbord à tribord. Mais pour faire passer le spi sur l'autre bord, il faut intervenir sur le tangon pour le placer de l'autre côté quand le bateau naviguera bâbord amures (avec le tangon à bâbord).*

EMPANNER SOUS FOC

1-2-3 Sous foc et grand-voile, l'empannage est simple. Pour la grand-voile, l'équipier accompagne le passage de la bôme en contrôlant l'écoute. Pour le foc, l'écoute est larguée d'un côté pour être reprise progressivement de l'autre.

1

2 Il place la mâchoire libérée du tangon sur l'écoute, qui deviendra le bras après l'empannage. Puis il larguera la mâchoire du bras pour la placer sur le mât.

3 Le bras est devenu écoute. Le travail du "numéro un" (équipier d'avant) doit être soigneusement assisté et "servi" par les équipiers de l'arrière, qui manœuvrent bras et écoute de spi, balancine et hale-bas de tangon.

Une seconde méthode consiste à faire passer l'extrémité du tangon au pied de l'étai sans le décrocher du mât au moment de l'empannage. Pour cela, il est nécessaire de monter le tangon sur le mât. Cette méthode est impossible avec un faux étai.

L'empannage est une manœuvre plus délicate que le virement de bord. Elle consiste à passer d'une amure sur l'autre, mais en gardant le vent sur l'arrière. Si la bôme passe automatiquement d'un bord sur l'autre, le tangon, qui doit également passer de l'autre côté au moment de l'empannage, demande l'intervention de l'équipage. La faute à l'entraînement par petit temps est sans conséquence. Dans la brise fraîche et sans habitude, une erreur est difficile à rattraper.

Dans la forte brise, cette manœuvre peut devenir délicate, dans la mesure où la grand-voile passe violemment d'un bord sur l'autre. Le barreur doit choisir le bon moment en fonction de la mer, et l'équipier doit garder le contrôle de l'écoute : border jusqu'à amener la bôme dans l'axe du bateau, puis la relâcher sur l'autre bord.
Même chose pour l'écoute de foc, dont il faut garder le contrôle au winch.

2

3

NAVIGUER PAR GROS TEMPS

Des signes avant-coureurs préviennent du mauvais temps. Et, avec les moyens modernes de communication, il est désormais facile de disposer de la météo quotidiennement à bord et de prendre les mesures qui s'imposent pour rentrer à temps. En cas de gros temps, mieux vaut ne pas être dehors. Mais si le bateau est surpris au cours d'une longue navigation, il faut bien faire face. Ceux qui naviguent, même un minimum de temps, auront un jour à se coltiner avec le gros temps, et il est important de s'y préparer. Dans les cas extrêmes, avec une force de vent démente et une mer démontée, l'expérience primera, et chaque coup de vent encaissé renforcera le sens marin. Mais en tout état de cause, le gros temps s'affronte avec une méthode et une discipline que tous les plaisanciers doivent connaître.

Au plus fort du coup de vent, le physique et le moral, en particulier chez un néophyte, peuvent être choqués. Il semble alors que rien ne puisse sortir le bateau d'une situation difficilement tenable. En quelques heures, la vie douillette peut se transformer en cauchemar. Pourtant, ceux qui ont déjà vécu du très mauvais temps parviennent à relativiser les choses et comprennent bien la signification du mot "embellie". Il fait partie de la réalité de la vie à la mer et marque cet étonnant moment où les grandes vagues, le mal de mer et le froid, la grisaille et l'angoisse se trouvent derrière. Le bleu du ciel apparaît entre les nuages, qui continuent à fuir avec le noroît. Le soleil qui fait son apparition participe alors à cette magie de la navigation.

Se préparer au pire

Quand on évoque le vrai mauvais temps, il faut savoir que les petits bateaux ne sont pas conçus pour l'aborder. D'ailleurs, la réglementation impose des limites correspondant aux possibilités des bateaux en déterminant les fameuses catégories de navigation. Pour les moins équipés, mieux vaut subir le mauvais temps… au port. Ceux qui sont habilités à passer des nuits en mer et naviguer sur des distances de plusieurs centaines de milles sont généralement conçus pour affronter le gros temps. Les bateaux actuels ont fait des

Mieux vaut avoir déjà réduit la voilure et s'être préparé à un vent forcissant violemment devant des nuages aussi noirs.

progrès considérables dans le domaine de la résistance des coques et des gréements et de la qualité des équipements par rapport aux bateaux anciens. Ils sont devenus bien étanches, et bien menés, ils sont en mesure de faire front. C'est pourtant au propriétaire de prévoir les équipements qui vont permettre au bateau de traverser des conditions météorologiques difficiles. Un bateau de série ne dispose pas au moment de l'achat de tous les équipements nécessaires pour naviguer longtemps par mer forte et vent violent. Les aménagements intérieurs, le pont et l'armement de sécurité, la voilure doivent être préparés pour le gros temps.

Ranger l'intérieur

En règle générale, tout a besoin d'être saisi à bord dès que la météo devient mauvaise. De la cuisine à la table de navigation, chaque chose doit être à sa place. Une sangle qui tient le corps est vite nécessaire pour travailler dans la cuisine au rappel. Les vannes de sortie d'eau doivent être verrouillées. Les planchers doivent pouvoir être amarrés. Le matériel d'assèchement doit être efficace, avec des pompes manuelles et électriques en nombre suffisant et des crépines en bon état. Pour ce qui est du couchage, des sangles permettant de relever les couchettes à la gîte apportent un confort non négligeable dès que le vent monte. A défaut, de bonnes toiles antiroulis peuvent faire l'affaire et permettent de se reposer. Si le mauvais temps dure, le manque de sommeil est à redouter. Il est souvent la cause du début du mal de mer. Pour le confort de l'habillement, les placards à cirés et à bottes seront particulièrement sollicités, et il est important d'y penser quand il est encore temps. Un endroit où les cirés peuvent être placés, non loin de la descente pour s'égoutter et être repris rapidement, n'est pas un luxe. Ne pas oublier que par nuit noire, il faut pouvoir également trouver les choses et des lampes torches placées à des endroits névralgiques seront bienvenues. Même chose pour les brassières et les harnais, que chaque équipier aura soin de régler à sa taille par beau temps et rangera soigneusement à un endroit facilement accessible.

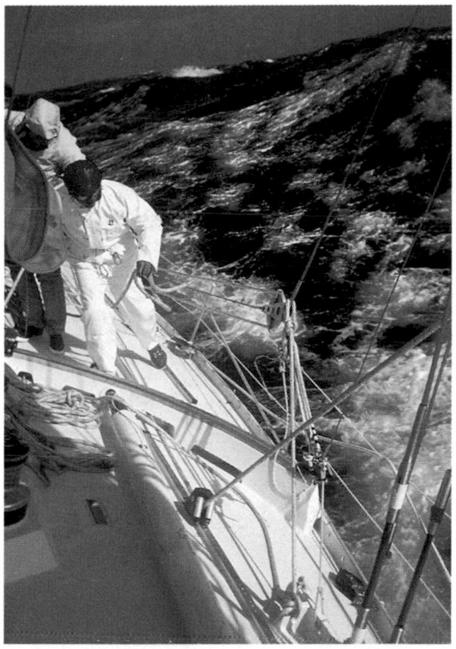

Par gros temps, et de manière à être efficace à la manœuvre, il faut apprendre à bien s'habiller avant de sortir sur le pont.

A l'intérieur, profitant du fait que les mouvements du bateau sont encore contrôlables, il peut être important de faire un point pour connaître la position exacte du bateau et préparer la navigation pour les heures à venir. Noter les principales indications qui vont prochainement servir : caps compas, distances, périodes de feux... De toute façon, avec du gros temps à venir, éviter la route à terre et prendre beaucoup de marge pour se protéger d'un incident ou d'une dérive supérieure avec de la mer et une voilure réduite.

Ranger le pont et le matériel de sécurité

Avant que le vent ne monte, un sérieux tour de pont est nécessaire pour vérifier que tout est bien en ordre : drisses en ordre dans le mât et lovées, mouillage assuré dans un puits fermé, hublots verrouillés. Des lignes de vie en fil d'acier peuvent être nécessaires sur les bateaux de haute mer pour frapper les harnais et circuler du cockpit jusqu'à la plage avant. C'est également le moment de vérifier la bouée couronne et son feu à retournement, placés dans le balcon arrière, ainsi que la tension des filières, qui ne doivent pas lâcher sous la pression du corps. Sur les grands bateaux une perche IOR, plus facilement repérable dans les vagues, peut constituer un élément de sécurité supplémentaire. En cas de forte mer, un gros bout frappé à travers le cockpit peut faciliter le déplacement des équipiers. Le radeau de survie, qu'il soit plié dans un sac ou placé dans un container, doit pouvoir être à la fois bien amarré et facilement accessible en cas de difficulté majeure. Prévoir aussi le verrouillage des coffres de cockpit. Par très gros temps, la descente doit être fermée, et il est souhaitable que l'ouverture puisse se faire aussi bien de l'intérieur que de l'extérieur (loquet). Une toile adaptée à la forme de la porte de la descente et fixée avec des Sandow peut remplacer les panneaux malcommodes et éviter aux embruns de rentrer à l'intérieur, surtout au vent arrière.

Difficile de donner une hauteur de vague pour ce spectacle grandiose de l'Atlantique Nord en furie. Les marins de ce chalutier de 86 mètres de long et 13 mètres de large, équipé d'une rampe arrière, parlent de « mer énorme ». Il n'est plus question de pêcher, le navire usine est mis à la cape par mesure de sécurité.

Porter la voilure du temps

Jusqu'à une certaine force de vent – cela dépend de chaque bateau –, les voiles portées dans le mauvais temps sont les mêmes que celles des beaux jours. Au fur et à mesure que le vent monte, les ris seront pris pour réduire la surface de la grand-voile. Ne pas hésiter par forte brise à assurer solidement le dernier ris sur la bôme avec une sangle ou un bout supplémentaire. L'effort de la chute en bout de bôme est violent. La réduction sur l'avant suivra la même méthode avec des focs de plus en plus réduits. Si le bateau est équipé d'un foc à rouleau, il peut être prudent de prévoir un étai volant pour envoyer un petit foc ou un tourmentin en remplacement du foc correctement roulé sur sa draille.

Ne pas hésiter à abattre, ne pas rester au près, quand l'équipage procède au changement de foc. La manœuvre déjà difficile avec de la mer formée doit être facilitée par le barreur. Si l'état de la mer empire, celui-ci devra négocier chaque vague pour ne pas faire souffrir ni le bateau ni l'équipage. En règle générale, il convient de lofer avant l'arrivée de la crête de la vague pour la prendre debout sans trop arrêter le bateau, puis d'abattre sur le sommet de façon à amortir la descente.

Les bateaux de croisière qui affrontent souvent la haute mer sont équipés d'un tourmentin et d'une solide voile de cape. La meilleure solution est alors de disposer d'une voile de grammage important envoyée dans le mât en bordure libre (sans utiliser la bôme) et tenue au niveau de l'écoute par deux palans renvoyés sur des taquets de pont. Ces palans permettent à la fois de border la voile et de faire le travail d'une barre d'écoute en montant ou en descendant le point d'écoute à la demande. Passer de la voile normale, que l'on ferle sur la bôme, à la voile de cape, appelée également "suédoise", représente une manœuvre lourde. Mais une fois à poste, cette petite voile représente par très mauvais temps un formidable confort. Si le mauvais temps dure, attention au raguage des drisses, et surtout des écoutes ! Vérifier aussi les fixations de haubans, qui peuvent se desserrer sous le vent avec les vibrations du gréement.

Même au vent arrière, il faut porter une voilure minimum. Fuyant avec le vent, la vitesse du vent apparent est fortement diminuée par rapport au vent réel. En lofant de 15 à 20 degrés, la différence peut être considérable et le bateau couché.

A bord d'un bateau marin et bien mené, les souvenirs de navigation par gros temps de l'arrière restent gravés dans les mémoires comme des moments exceptionnels.

Observation attentive et minutieuse du pont par mauvais temps.

Les allures de sauvegarde

Si l'expérience du gros mauvais temps reste dans les mémoires et ressurgit souvent à terre dans les discussions endiablées autour d'une table, il n'est heureusement pas fréquemment subi par le plaisancier moyen. Pourtant, dès que l'on franchit certaines distances importantes, en Méditerranée en particulier, où le mistral hivernal peut arriver sans crier gare, personne n'est à l'abri de la rencontre avec le gros temps.

Selon l'état de la mer, il peut revêtir des visages très différents pour des forces de vent identiques. Il est possible de subir des vents très violents, supérieurs à 50 nœuds, mais avec une mer pratiquement plate, sous le vent d'une côte. Voilure réduite au maximum, il est alors possible de rester maître de la navigation. C'est quand la mer se forme et prend progressivement de l'ampleur que la situation peut devenir intenable pour le voilier.

Aucune situation de gros temps ne ressemble à une autre. En premier lieu, la morphologie du bateau, son aptitude à se comporter est fondamentale. Dans le même coup de vent, certains bateaux lourds et mal dessinés seront roulés, tandis que d'autres fuiront sans qu'aucune vague ne vienne briser à bord. En second lieu, le vent ne sculpte pas la mer de la même façon à tous les endroits du globe. Une forte dépression, engendrant des vents de force 10 sur l'Atlantique Nord ou sur l'océan Indien, offre un spectacle impressionnant d'une puissance inouïe. Mais la longueur entre les crêtes forme de longues vallées où il est possible, tout du moins dans les premières heures, de se défendre correctement. Ce peut être différent en Méditerranée, où les crêtes plus rapprochées, favorisent la formation de déferlantes beaucoup plus tôt. Cette situation peut également se produire sur des remontées de fond comme dans le golfe de Gascogne, ou à plus forte raison, sur des zones subissant l'influence d'un courant, et où la mer peu devenir démente.

Naviguant dans du mauvais temps, il est possible de se retrouver dans le cas où la violence des éléments, vent et mer, empêche le bateau de faire route au cap souhaité. Le vent couche le bateau, disposant pourtant de très peu de toile ; la mer gêne considérablement sa progression et rend le bateau intenable. Pour rester en sécurité et ne pas courir le risque d'être entraîné par une vague plus dangereuse que les autres, il est temps de prendre des mesures de sauvegarde. Il est possible d'adopter deux attitudes, et le choix se fera par rapport à la situation du moment et la route à effectuer par rapport à la terre. Avec de l'eau à courir, le bateau peut être mis en fuite. Dans ces circonstances, il est tout à fait possible de courir, même à sec de toile, et avec un bateau d'une douzaine de mètres, à une vitesse supérieure à 8 nœuds. En 10 heures, cela représente une distance de 80 milles. Si la présence de la côte sous le vent ne permet pas de mettre en œuvre cette stratégie, ou si la fuite fait faire une route très différente de la route initiale, la cape s'impose.

Mettre en fuite

Le comportement d'un bateau en fuite dépend bien sûr de l'expérience de l'équipage. La discipline du bord dans une situation de navigation qualifiée d'extrême doit être irréprochable. Tout a été saisi à bord, y compris la grand-voile. Les mesures ont été prises à l'intérieur pour parer à l'éventualité du bateau qui se couche complètement. La descente est bouclée. Barreur et équipiers sont amarrés, le tourmentin sérieusement tenu par une paire de bonnes écoutes.

Mais la façon dont le bateau se conduit dépend encore une fois de ses qualités marines. Il doit pouvoir à la fois soulager de l'arrière et bien "passer" en force ; être dirigé par un safran particulièrement efficace... Même un bon barreur attentif et efficace ne pourra rien contre une vague envahissant le cockpit à bord d'un "mauvais" bateau qui subit la mer déferlante de l'arrière et "engage" au lieu d'accélérer, de façon à atteindre la vitesse qui lui permettra de se défendre en surfant.

Avec le développement du déplacement léger et des formes larges, les bateaux actuels ont fait des progrès importants dans le tenue à la mer. Ils surfent avec beaucoup

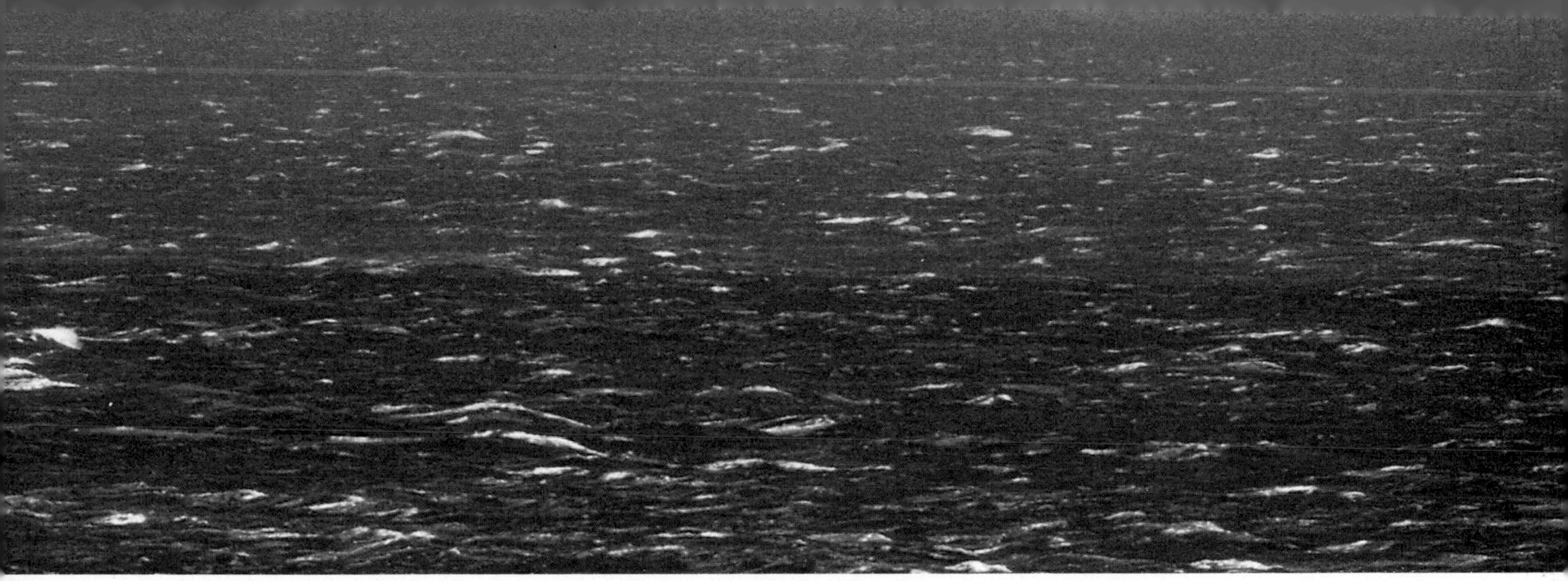

plus de facilité et sont mieux armés contre la mer. Dans une situation de fuite délicate, la meilleure arme est la vitesse. Un bon barreur, relevé régulièrement pour éviter la fatigue excessive, peut tenir le bateau en route. Si le vent est vraiment fort, la cape à sec de toile est possible sur la plupart des bateaux, à condition de pouvoir continuer à faire route à une vitesse qui permet de rester manœuvrant.

Dans certains cas difficiles, il peut être intéressant, sur certains bateaux légers, de freiner la fuite, en posant des "traînards" à l'arrière, le plus généralement des aussières lestées. Ils sont destinés à diminuer la vitesse et retenir l'arrière du bateau.

Mettre à la cape

La fuite peut être conservée tant que la mer ne met pas le bateau en danger. Mais il peut arriver que les vagues déferlantes prennent de l'ampleur avec la durée ou l'accroissement de la force du vent. Au moment où le bateau descend la vague, sa vitesse peut devenir excessive et il risque de sancir ou d'être roulé. Il peut aussi être capelé au bas de la vague, alors qu'il se trouve sans défense à sa vitesse minimum. A partir d'un certain type de temps, heureusement rare, même la fuite peut devenir dangereuse pour le bateau et l'équipage. Il convient de prendre la cape.

Cette situation est beaucoup plus passive. Elle consiste à faire tête à la mer et au vent, à sec de toile ou avec une voilure minimum. Le bateau est stoppé ; il dérive fortement sous le vent, animé d'une très faible vitesse vers l'avant. Là encore, la morphologie de chaque bateau, et en particulier la forme de son plan de dérive, dictera la conduite à suivre. Le plus souvent, une voile au bas ris, qui réduit le roulis à la manière des petites voiles des chalutiers en pêche, et une barre solidement amarrée sous le vent permettent au bateau de bouchonner en gardant un angle plus ou moins constant par rapport au lit du vent. En travers, le bateau avance tout doucement tout en lofant, mais ne possède pas suffisamment de vitesse pour passer le lit du vent et reste sur la même amure.

Apparemment plus "tranquille" que la fuite, l'allure de cape n'est pourtant pas de tout repos dans la mesure où le bateau est malmené sans beaucoup d'interruption. Il subit les assauts des vagues qui, une à une, viennent le soulever, et quelquefois se briser sur la coque et le pont. Mais une fois toutes les mesures de précaution prises et une permanence assurée pour la veille, il ne reste plus à l'équipage qu'à subir le moment présent et attendre que la mer et le vent mollissent pour remettre en route.

L'ancre flottante est une solution quelquefois évoquée. Elle peut sans doute rendre des services. La théorie est séduisante, mais dans la pratique, son efficacité est plus problématique. Elle consiste à mouiller à l'avant au bout d'une aussière, une pièce de toile forte destinée à dériver moins vite que le bateau et retenir son étrave. But de la manœuvre : tenir l'étrave face au vent pour éviter que le bateau ne se mette en travers. Si cette ancre flottante était sans doute utile pour aider les bateaux anciens à quille longue et fort déplacement, son efficacité est bien moindre sur les bateaux de conception actuelle.

Dans ces moments de gros temps difficiles à vivre, et même si toutes les mesures techniques de sécurité ont été prises, les instants à venir demeurent incertains et les pires scénarios sont dans les têtes. La pièce maîtresse du dispositif de défense est alors le moral de l'équipage. C'est le moment venu de montrer les qualités d'un caractère enjoué ! Parvenu à ce stade, pour ce faire une véritable idée de la situation, rien ne peut remplacer l'expérience. Pour cette raison, on ne sort jamais indemne d'un vrai mauvais temps. C'est une occasion unique de parfaire ce qui s'appelle le "sens marin".

Passage de la fuite à la cape

En fuite, même à sec de toile, il arrive que la vitesse soit trop élevée. La hauteur des vagues fait prendre au bateau des accélérations foudroyantes. Pour peu que la mer continue à grossir, le bateau tombé en travers peut se faire rouler par une déferlante. Arrive le moment où la fuite devient trop risquée.

En toute circonstance et quel que soit le temps, le bateau doit s'adapter aux éléments.

Avec ce type de mer déferlante, le barreur doit veiller aux vagues pour négocier les plus méchantes.

En communication avec le barreur, cet équipier s'affaire, dans les embruns, au réglage de la voile d'avant.

Pendant la course du Fastnet 1979, la brise d'ouest est entrée en furie sur la mer d'Irlande, bousculant la flotte des concurrents.* Gauloise *vient de ferler la grand-voile sur la bôme et continue sa route au près sous un petit foc de brise numéro 3.

Le passage à l'allure de cape peut s'imposer comme le seul remède. La manœuvre consiste alors à passer du vent arrière au vent debout. Pendant un court instant, qu'il faut soigneusement préparer et choisir, le bateau est vulnérable. L'équipage n'a alors aucun droit à l'erreur ! Bruno Peyron, à l'occasion de son tour du monde victorieux à la conquête du Trophée Jules-Verne, a vécu cette expérience. Il a dû décider de stopper une fuite vertigineuse pour faire tête au vent au voisinage du cap Horn et entamer la plus délicate des manœuvres de gros temps. Dans l'ouvrage qu'il a écrit à son retour, Bruno Peyron raconte cette scène unique. Aucun texte ne pouvait mieux décrire le cas concret du passage à la cape.

« Bruno Peyron et ses quatre coéquipiers approchent le cap Horn dans leur tentative de record. Il n'est plus qu'à 1 900 milles quand, le 17 mars 1993, une dépression très creuse (968 hPa) s'installe à 800 milles dans le nord-est du grand catamaran Commodore Explorer. *Elle va inévitablement couper sa route... Seule solution : faire le gros dos, laisser passer, tenir le plus confortablement possible face aux vents de 40 nœuds annoncés... Le 21, encore beaucoup de vent, mais remise en route directe... Le 23, baisse du baromètre, saute de vent au sud-est qui empêche* Commodore Explorer *de prendre du champ vers le sud. Bruno craint une tempête majeure. Ce n'est rien de le dire...*

« Le soir même, le vent vire au sud-ouest et atteint en fin de journée la force de l'ouragan. La nuit s'annonce effroyable. Le Horn est à 250 milles, le catamaran est en fuite droit dessus, à sec de toile, courant à 15 ou 20 nœuds – parfois beaucoup plus – sur une mer monstrueuse. Pas de problèmes... tant que le bateau reste à l'endroit. Le barreur n'a aucun droit à l'erreur, sinon c'est l'embardée, avec au bout le chavirage assuré.

« Au petit matin du 24, Marc est à la barre et Cam prépare le petit déjeuner. Bruno a passé une partie de la nuit à essayer d'obtenir des informations sur l'évolution de ce système perturbé auquel personne, apparemment, n'a rien compris... "J'ai regardé la mer, vers l'arrière, raconte Bruno Peyron, et Marc a intercepté mon regard. Je crois qu'il y a vu pourquoi les hommes de barre des clippers avaient ordre de ne jamais se retourner dans ces temps-là. Nous allions à la catastrophe. Tôt ou tard, la fatigue nous ferait faire la petite faute aux conséquences épouvantables. Le chavirage dans ces conditions, c'était la mort assurée pour les deux hommes de quart, assommés, choqués ou pris sous le filet du trampoline retourné. Restait la cape, une technique que j'avais expérimentée avec mon autre catamaran, le "petit" 20 mètres. Si nous réussissions la manœuvre, nous pouvions tous nous mettre à l'abri dans nos coques, transformées en bunkers étanches... Seul moment critique, la transition entre notre fuite échevelée et le dérapage oscillant et pataud en travers des lames."

« Les trois hommes commencent alors la préparation harassante de la plus périlleuse des manœuvres. Le vent souffle à plus de 70 nœuds. On ne peut pas y résister debout... Il faut d'abord aller chercher les deux drisses de spi, tout à l'avant, et les ramener en arrière

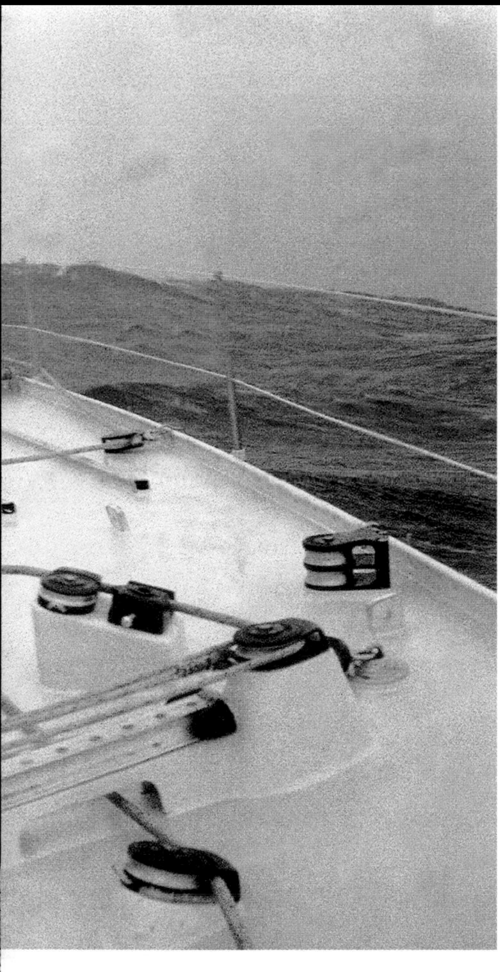

Mars 1993. Commodore Explorer ***est à la cape à l'approche du Horn dans le Trophée Jules-Verne : « Le catamaran le plus rapide du monde, transformé en ponton flottant, bouchonne en travers de la lame... »***

du mât pour les frapper sur les dérives, qu'elles serviront à relever. Il faut ensuite transporter tous les sacs à voile vers l'arrière de la coque, qui se trouvera au vent pour faire contrepoids aux forces susceptibles de déclencher le chavirage... Une demi-heure de chemin de croix pour chaque drisse... Au bout de deux heures, les dérives sont hautes, les voiles à poste à l'arrière de la coque bâbord, le mât est dans l'axe, tout est paré pour le virage à gauche. Marc est à la barre, Bruno guette le bon moment, juste au passage de la crête, au sommet d'une lame un peu plus longue que les autres, car il sait que le chavirage est inévitable si la force centrifuge se conjugue à une pente ascendante... Les deux hommes se surprennent la main sur le manche du couteau... Pouvoir se dégager si jamais... "Maintenant !", hurle Bruno. Marc conduit la courbe sans à-coups. L'instant d'après, ils savent que c'est gagné, ou presque... Le catamaran le plus rapide du monde, transformé en ponton flottant, bouchonne en travers de la lame à l'approche du cap Horn. Barre amarrée à gauche toute, un peu de dérive au vent pour stabiliser encore l'équilibre et créer un remous qui fera éclater les déferlantes avant qu'elles n'atteignent le bordé... Il n'y a plus qu'à descendre se mettre à l'abri. Les sacs de survie se préparent dans le calme... »

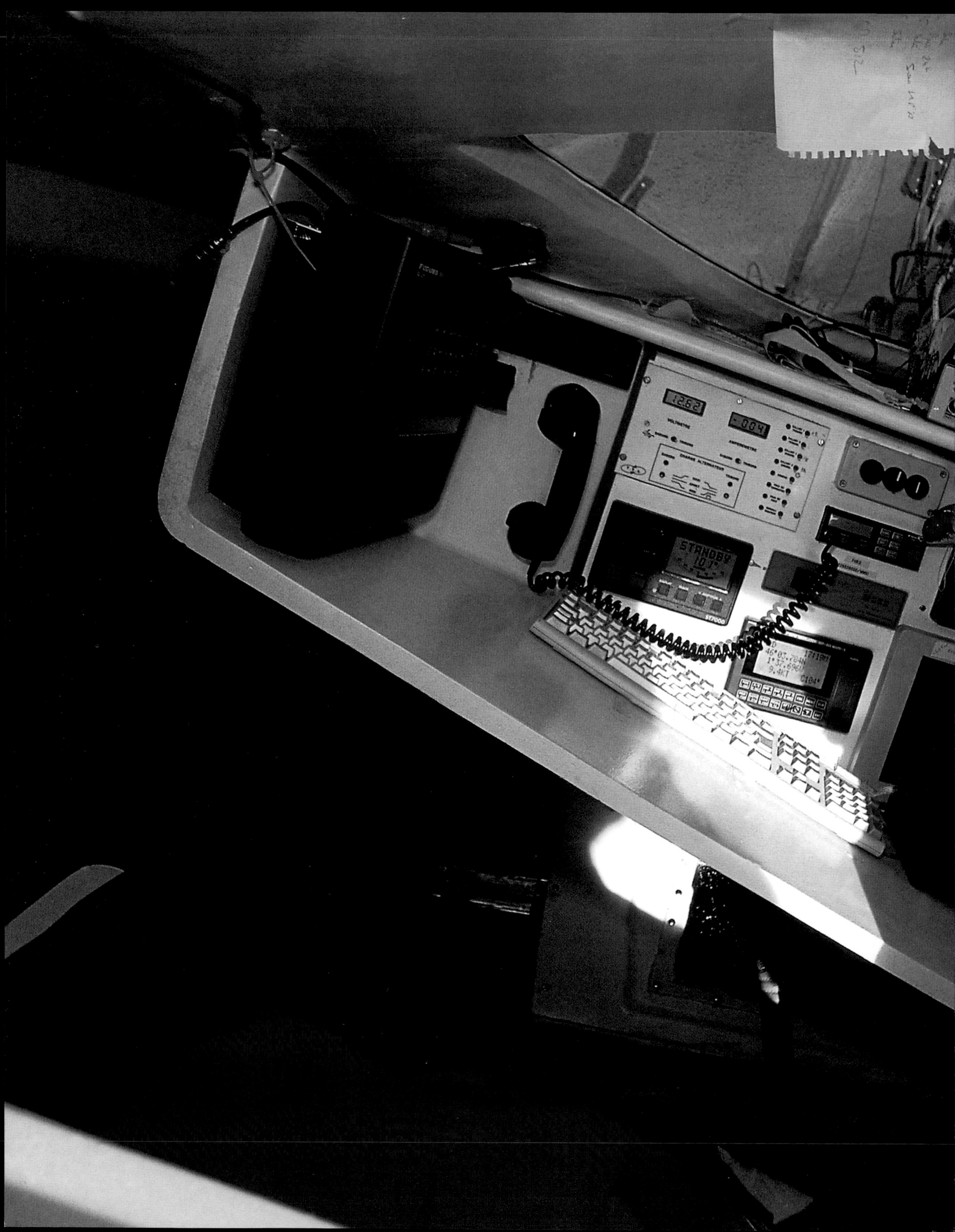
12.62
-004
STANDBY
ST7000
46°03.784N
1°37.696W
9.4KT
C104°

6
La navigation

« Le patron (skipper) a besoin de connaître sa position au mieux des données en sa possession dans l'instant où il la demande, de telle sorte qu'il puisse tirer le meilleur avantage de toute saute de vent, changement de temps ou de l'état de la mer. »
John H. Illingworth, Course-croisière. *1963.*

La navigation désigne l'ensemble des opérations servant à situer le bateau et à calculer sa route. Cette technique permet, à l'aide des cartes marines et de quelques appareils spécifiques, d'entretenir la route estimée par rapport au fond, en vue des côtes, mais également sans repère apparent. Elle est familièrement appelée la "nav", afin de la distinguer de la navigation proprement dite, qui désigne l'action de se déplacer sur la mer. La révolution des techniques modernes de navigation, et parmi celles-ci le positionnement automatique du bateau par satellite, a formidablement facilité le travail du "navigateur". Elle a aussi profondément modifié le sens marin. Néanmoins, la navigation continue d'être un art. Malgré la désignation à bord d'un "navigateur" qui endosse cette responsabilité, les autres membres de l'équipage ne doivent pas se désintéresser du choix de la route, ne serait-ce que pour mieux comprendre ce qui se passe et prendre davantage de plaisir à naviguer. Un jour, peut-être seront-ils navigateurs à leur tour, sur leur propre bateau… A la manière du sorcier du village, toujours aux aguets, c'est le navigateur qui du doigt désigne l'horizon d'où montera la terre à l'heure dite, décide de virer pour aller chercher l'adonnante dont il soupçonne plus loin la formation, situe le bateau en permanence sur l'étendue liquide.

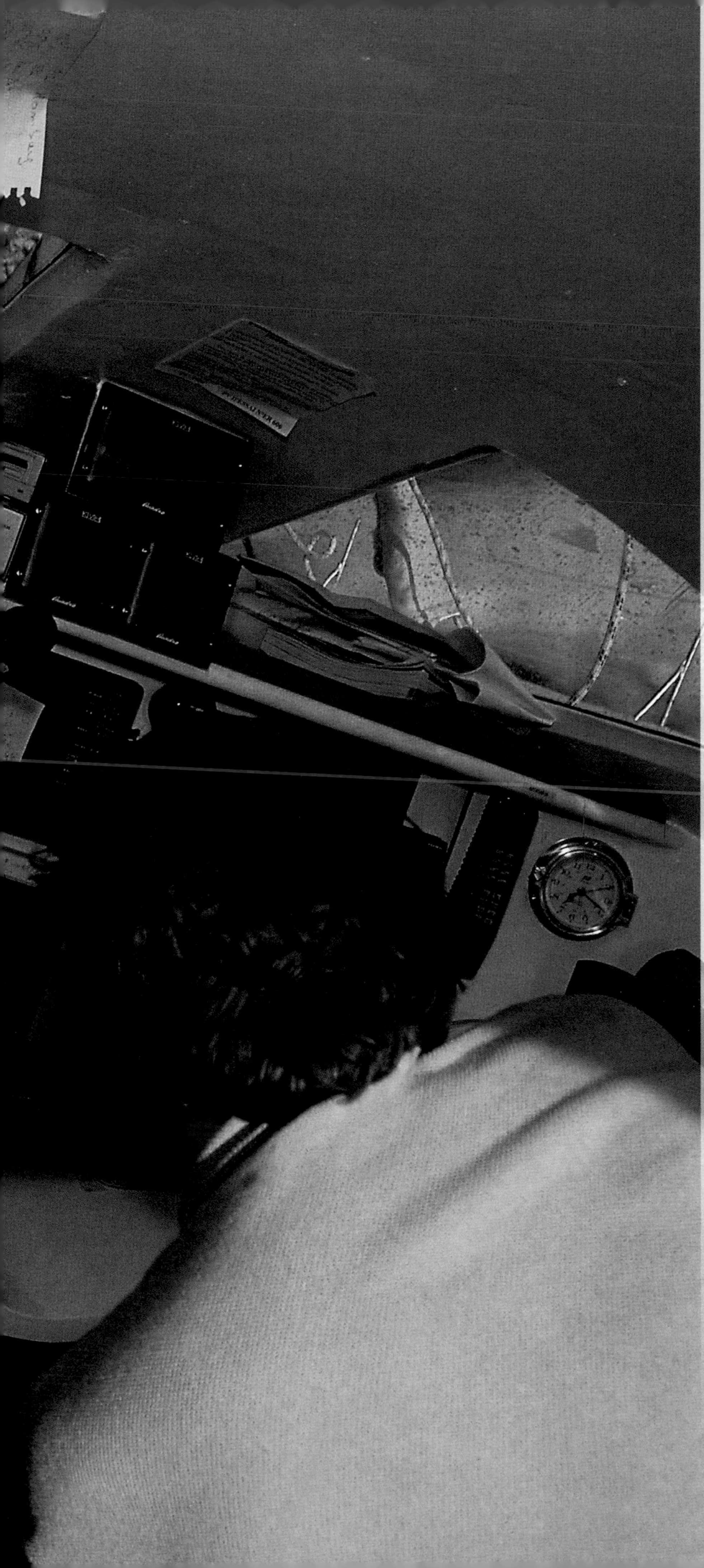

Poste de navigation central d'un bateau de la course autour du monde en solitaire.

LA NAVIGATION

Naviguer, c'est se positionner en fonction de la terre.

Impossible de faire du bateau sans quelques notions élémentaires de navigation. Une fois effectuée la sortie du port, quelqu'un doit décider du cap à suivre pour se rendre au point suivant et réaliser le programme fixé au préalable.

Il faut se débarrasser des craintes entourant la science de la navigation, ne pas s'en faire une montagne, mais en même temps l'apprécier à sa juste valeur. Si naviguer par temps maniable sur une côte facile est souvent une affaire de bon sens, certaines circonstances différentes peuvent vite corser les apparences. Avec une rapidité stupéfiante, une situation apparemment anodine peut prendre des allures moins agréables et entraîner des réactions en chaîne difficiles à contrer. Pour cette raison, et depuis la nuit des temps, les bons navigateurs sont ceux qui anticipent. Un travail de positionnement apparemment inutile peut se révéler indispensable quelques heures plus tard.

La navigation répond à des lois connues, des techniques éprouvées, et s'appuie sur les instruments du bord conçus à cet effet. L'art de la navigation réside dans la variété des cas à traiter au fil des milles. Ceux-ci se présentent de façon différente selon la météo et l'heure de la marée, mais sont résolus à partir d'une technique de base commune, de calculs précis et éprouvés. A sa manière, le navigateur se trouve confronté à des "figures" qu'il faut résoudre avec le maximum d'efficacité, et même d'élégance : contourner une pointe de rochers en tenant compte du fond, sortir d'un courant au bon moment, emprunter un chenal à l'endroit le mieux adapté, faire route par rapport à un autre navire. En matière de navigation, l'improvisation n'a aucun droit de cité. Tout le monde a assisté un jour ou l'autre au passage d'un navigateur inconscient au cœur d'une passe délicate. C'est que la chance, ce jour-là, était avec lui. Le spectacle d'un bateau détruit sur une roche est malheureusement aussi vraisemblable.

Contrairement aux apparences, et les vieux marins le savent bien, le *« danger est la côte »*. Au large, même avec une navigation approximative, rien de grave ne peut arriver par temps maniable. C'est à proximité des cailloux, le long des passes et au moment des atterrages, que la navigation doit être précise. Une visibilité parfaite permet de prendre des repères, d'estimer une dérive et de faire une route indiquée par la carte. De jour, et surtout de nuit, il est important de faire sur les documents une étude préalable pour être en mesure de prendre des décisions rapides. Dans la tête du navigateur, doivent figurer avant l'appareillage les difficultés de la sortie immédiate. Une fois à quelques milles au large des passes, il va continuer à se situer en permanence, mais la souplesse de décision est plus grande, le temps pour agir ne demande pas la même rapidité.

La navigation a des exigences différentes, que l'on peut classer en trois paliers différents et progressifs. Au voisinage de la côte, elle doit être précise et rigoureuse. Le responsable de la navigation doit vérifier constamment la route au compas, relever éventuellement les repères visibles, surveiller la profondeur au moyen du sondeur. La sortie ou l'entrée d'une passe mal connue est toujours un moment d'attention soutenue, où le navigateur doit être en communication directe avec le barreur.

Au large des côtes, l'ambiance est différente. La navigation est plus souple, et l'observation lointaine des différents amers encore visibles renseigne utilement sur le chemin parcouru. Le navigateur travaille avec le recul du large. Il a la possibilité de s'organiser tranquillement. Sous ses yeux défile à vitesse lente le paysage miniaturisé où percent les points remarquables. Le navigateur, qui fait sans cesse la navette entre la table à cartes et le cockpit, doit savoir qu'avec un temps un peu agité, l'indisposition au mal de mer peut parfois être une gêne non négligeable. Il faut en tenir compte, car le mal de mer concerne de nombreuses personnes, et le navigateur, qui opère un travail minutieux à l'intérieur du bateau, est particulièrement exposé.

Les jeux de l'estime

Au grand large, l'estime est entretenue heure par heure au rythme des quarts en partant du dernier point connu, le fameux *starting point* des Anglo-Saxons. Une fois que le bateau navigue en eaux libres, la navigation prend une autre dimension, et c'est justement la différence avec une navigation de quelques heures. Il faut bien sûr savoir toujours où l'on se trouve, mais rien ne presse. L'entretien de l'estime se fait automatiquement à travers le livre de bord. A l'époque du sextant, l'heure de la méridienne était un moment sacré. Il était possible de calculer la distance parcourue par rapport à la méridienne de la veille et de refaire les moyennes. Aujourd'hui, il suffit d'appuyer sur un bouton pour connaître la position exacte. Il n'empêche qu'au grand large la navigation revêt une autre signification ; elle se glisse naturellement parmi les autres occupations du bord avec, régulièrement, une large et complète explication du navigateur à son équipage.

Il y a encore quelques années, l'utilisation des moyens radioélectriques de navigation permettaient de recouper l'estime et de refixer au moment choisi la position exacte. A une distance encore raisonnable de la côte, le consol et la radiogoniométrie furent longtemps en vigueur, ainsi que les systèmes Decca et Loran C. Au-delà des limites de réception de ces ondes, le navigateur sortait le sextant de sa boîte. Au cours des longues traversées, il n'y avait pas d'autres moyens pour se situer. Plusieurs points successifs permettaient de se positionner. Désormais, peu de plaisanciers utilisent cette méthode en priorité ; ils la gardent en dernier recours. Les tables et éphémérides nécessaires au calcul ont été grandement améliorées depuis une vingtaine d'années, les calculatrices de poche facilitent le calcul, mais la visée elle-même reste délicate. Et par temps couvert l'observation au sextant est impossible.

Des appareils de navigation plus sophistiqués ont peu à peu pris place sur la table à cartes, avec l'avantage d'afficher directement la position du bateau selon ses coordonnées en latitude et longitude. La couverture du Loran C, celle du Decca, ont permis d'abord une utilisation dans certaines régions du globe. Mais l'utilisation du sextant a surtout été abandonnée avec l'apparition des systèmes utilisant les satellites.

Vers la fin des années 1970 est apparu le système Transit, véritable précurseur du récepteur GPS (Global Positionning System). Celui-ci a bouleversé tous les systèmes de navigation, pour une raison simple : les fabuleuses possibilités dont il dispose peuvent être sollicitées pour un prix inférieur à n'importe quel autre appareil moins performant. En quelques années, le GPS s'est imposé à bord des bateaux, y compris ceux destinés à la plaisance. Le plaisancier actuel utilise un récepteur GPS pour la navigation courante, et connaît sa position instantanément en appuyant sur un bouton, qu'il soit au large ou près de la côte. 21 satellites à usage militaire, en orbite autour de la terre à une altitude de 20 000 kilomètres, réalisent une couverture parfaite des océans. Ce sont eux qui permettent de situer en permanence, et à 50 mètres près, la position d'un bateau.

Comme tous les appareils électroniques du monde, le GPS n'est pas à l'abri d'une panne. Même si le plaisancier l'utilise de manière courante, il est préférable de considérer ce type d'instrument comme un élément de contrôle. Il vient en fait recouper les calculs réalisés pour mesurer l'estime entretenue par le marin depuis la nuit des temps.

Pour de nombreuses raisons – besoin d'acquérir des connaissances, curiosité ou jeu –, mais aussi par souci de sécurité, il est important d'assimiler les bons réflexes dans le calcul de l'estime traditionnelle. La navigation quotidienne ne peut être fondée sur la seule lecture de chiffres déclenchée par la pression sur un bouton magique. Le procédé révolutionnaire du GPS occupe le terrain en raison de son évidente efficacité. Ce n'est pas là une raison pour occulter tous les autres moyens de navigation. Au-delà de la logique pure et des considérations de sécurité, l'utilisation de la méthode traditionnelle de navigation va de pair avec le plaisir. Se situer, estimer sa route, "naviguer", font partie de l'intérêt de faire du bateau.

L'environnement général du voilier, qui contribue directement au plaisir de la navigation et constitue l'une de ses richesses, ne doit pas être oublié par la froide décision du GPS. La tenue de l'estime est fondamentale dans la vie du bord. C'est elle qui relie l'homme au bateau. La justesse d'une bonne estime intègre de nombreux facteurs techniques et humains. Un bon navigateur doit tenir compte d'un ensemble d'éléments de nature différente. Deux bateaux ne réagissent pas de la même façon au près ou au vent arrière ; les barreurs ont chacun leurs habitudes.

L'entretien de l'estime fait partie du jeu, de la coutume, et tient compte de nombreux facteurs, dont la discussion utile entre un barreur à la fin de son quart et le navigateur. L'affichage des coordonnées de latitude et de longitude donnant la position du bateau sur le cadran du GPS est d'une formidable efficacité. Il faut s'en servir intelligemment, mais savoir aussi que ce procédé peut tomber en panne. Il serait navrant que la "nav", l'une des plus nobles tâches du bord, soit réduite à l'action consistant à appuyer sur un bouton.

Pour passer à travers les cailloux dans un endroit aussi délicat, la précision de la navigation est obligatoire. Pour cela, le navigateur dispose de cartes de détails et d'instruments électroniques, dont le sondeur, particulièrement apprécié pour connaître la profondeur.

Lieu mythique de tous les marins, le cap Horn pénètre l'Océan par 56 degrés de latitude sud.

LES INSTRUMENTS DE LA NAVIGATION

LES CARTES

A bord de son bateau, le navigateur dispose de plusieurs instruments qui lui permettent d'entretenir sa navigation, et en premier lieu d'une cartographie détaillée. Sa première tâche est de choisir avant de partir le jeu de cartes qui va lui permettre de préparer sa navigation. Les cartes existent à des échelles différentes, selon le degré de précision choisi. Précieusement rangées à bord, ce sont elles qui vont permettre de se situer au large, négocier un passage délicat, rentrer au port. La carte apporte plus de renseignements qu'aucun autre document du bord. Avec un peu d'habitude, elle devient très "parlante", et le grand nombre de renseignements crée un véritable langage, une image mentale de la côte. D'ailleurs, pour apprendre à lire une carte, le meilleur moyen est sans doute de la regarder longtemps, puis de la confronter au paysage qu'elle décrit.

Les cartes permettent d'identifier les divers amers de la côte, calculer les distances, reporter la route, connaître la profondeur. Elles sont indispensables pour naviguer, même dans un endroit parfaitement connu de l'équipage. A l'occasion d'une situation imprévisible – arrivée subite de la brume, très mauvais temps –, elles peuvent permettre de lever un doute et éviter une erreur qui peut avoir de graves conséquences.

Le choix des cartes embarquées devra répondre à deux types de problèmes : avoir une vue d'ensemble sur la navigation et pouvoir résoudre les soucis de détail. Il est pratique de disposer au moins d'une carte dite "routière", précieuse pour fixer les idées, se représenter les distances générales. Il faut avoir en complément des cartes d'atterrissage et de navigation côtière pour rentrer dans les ports ou passer dans un chenal délicat. Le service hydrographique de la Marine, qui édite la plus grande partie des cartes utilisées par le plaisancier, a rédigé un catalogue-index qui permet de choisir avec soin les cartes désirées.

Une carte marine bien faite est une véritable bible. Elle contient de très nombreux renseignements patiemment accumulés au fil du temps. Ils vont guider le navigateur sur l'eau à la manière des guides routiers qui permettent à l'automobiliste de se retrouver dans les chemins de campagne. Ces cartes marines comportent des indications, aussi bien sur le relief terrestre que sur le relief sous-marin. Elles représentent trois zones distinctes. La zone immergée, qui comporte les sondes dont le zéro est calculé, dans le territoire français et les îles anglo-normandes, à partir du niveau des plus basses mers. La zone littorale, qui se couvre et se découvre. La zone terrestre, toujours découverte, où se trouvent représentés tous les éléments du balisage.

Les cartes utilisées couramment sont dites de projection Mercator. Elles ont l'avantage suivant : les routes marines sont représentées par des lignes droites, et ces droites expriment la route d'un navire, coupant les méridiens (lignes nord-sud) sous le même angle. Cette navigation est appelée loxodromique. A ne pas confondre avec l'orthodromie, route la plus courte représentée par une courbe suivant la surface terrestre sur une carte Mercator et utilisée pour de longues traversées. Les cartes mises à la disposition du navigateur par le Service hydrographique et océanographique de la Marine (SHOM) sont classées en sept catégories, depuis les cartes de pilotage côtier (échelle de 1/10 000 à 1/25 000) jusqu'aux routières et planisphères (de 1/5 000 000 à 1/15 000 000), en passant par les cartes de pilotage hauturier, d'atterrage et cartes océaniques. En résumé, les cartes utiles au plaisancier sont les suivantes :

- les routières et générales, représentant à petite échelle une vue d'ensemble de l'Océan ;
- les cartes d'atterrage, utilisées pour l'approche ;
- les cartes particulières à plus grande échelle ;
- les plans destinés aux ports difficiles et mouillages à l'accès délicat.

Les cartes contiennent les corrections les plus récentes ayant trait à la navigation. La date des dernières mises à jour figure en marge, accompagnée des références de leur publication dans les "avis aux navigateurs" émis chaque semaine par le service. Un recueil annuel des corrections est également publié chaque année au mois d'avril. Celles-ci doivent être portées proprement à l'encre indélébile (en principe violette) et accompagnées en marge (en bas, à gauche) du numéro de la correction. Cela permet de connaître la date des corrections.

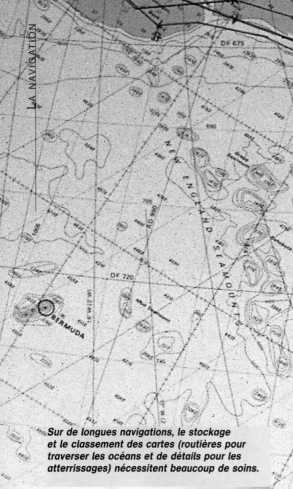

Sur de longues navigations, le stockage et le classement des cartes (routières pour traverser les océans et de détails pour les atterrissages) nécessitent beaucoup de soins.

Détail du port de La Trinité-sur-Mer, dans le Morbihan.

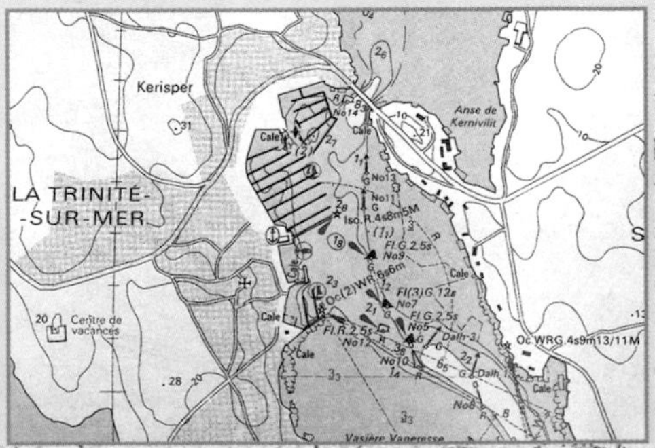

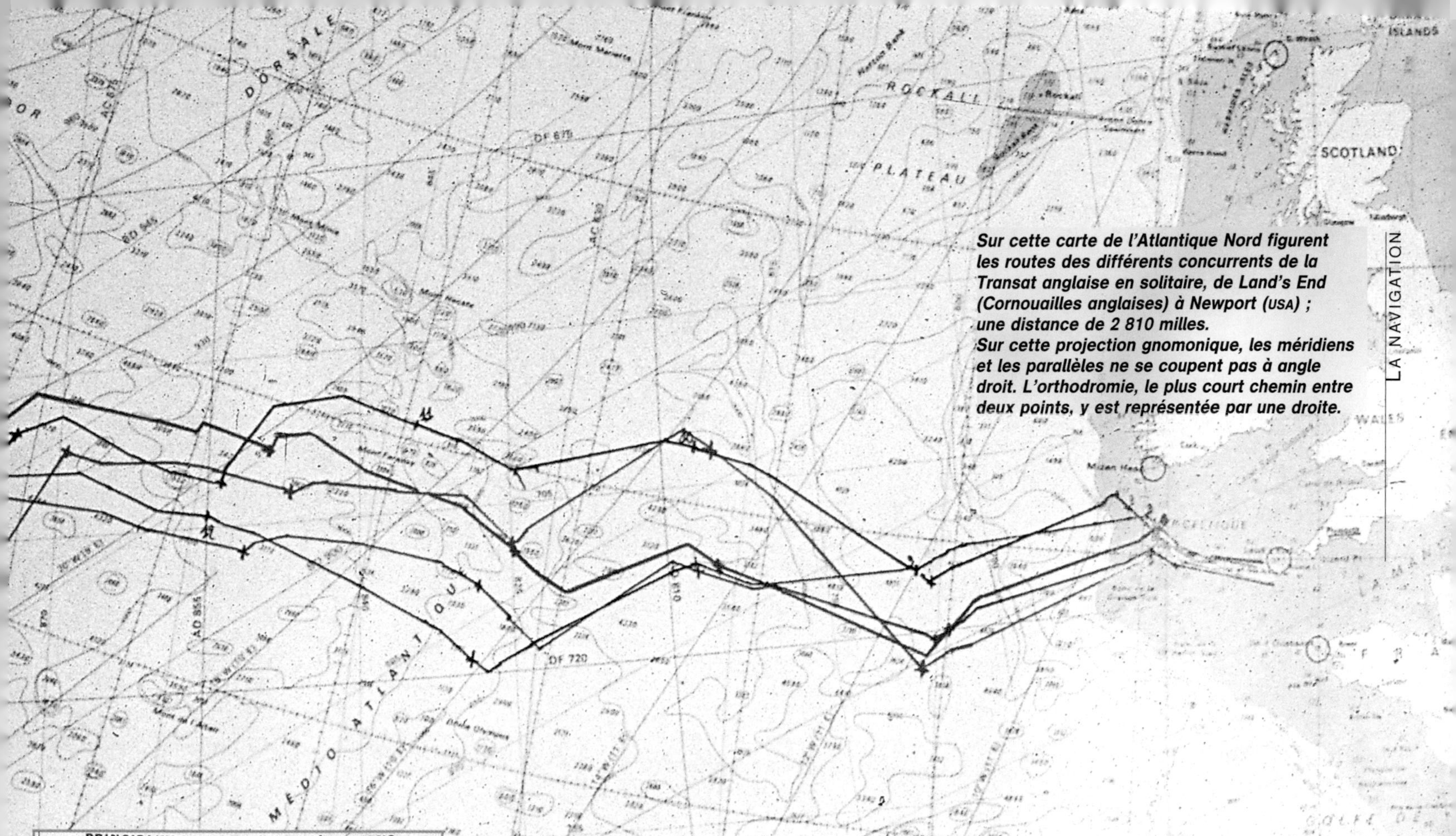

Sur cette carte de l'Atlantique Nord figurent les routes des différents concurrents de la Transat anglaise en solitaire, de Land's End (Cornouailles anglaises) à Newport (USA) ; une distance de 2 810 milles.
Sur cette projection gnomonique, les méridiens et les parallèles ne se coupent pas à angle droit. L'orthodromie, le plus court chemin entre deux points, y est représentée par une droite.

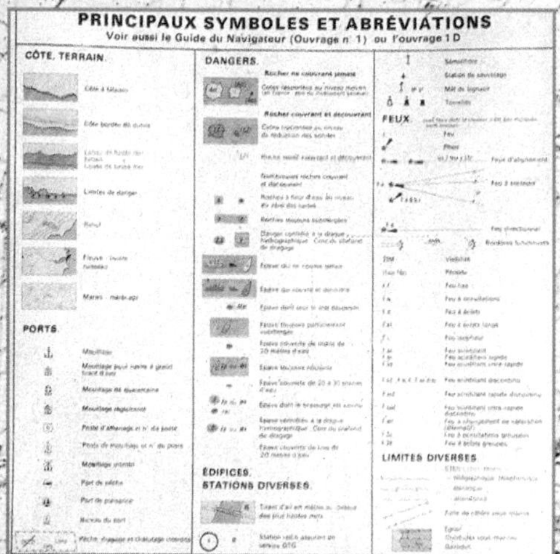

Carte de la Manche, dont l'échelle permet de tracer la route principale. Ici, de Saint-Malo en France à Portland Bill en Angleterre.

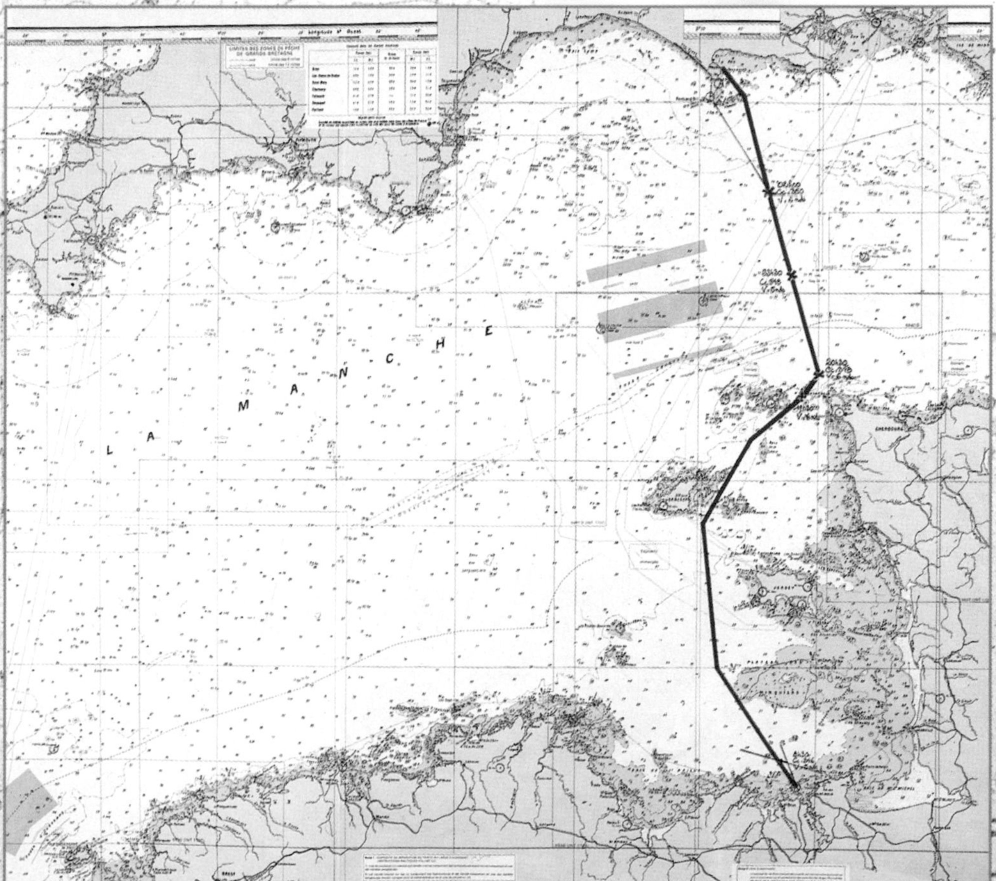

Pilot chart *de la région du cap Horn mentionnant les statistiques des vents (force et direction) pour chaque mois de l'année.*

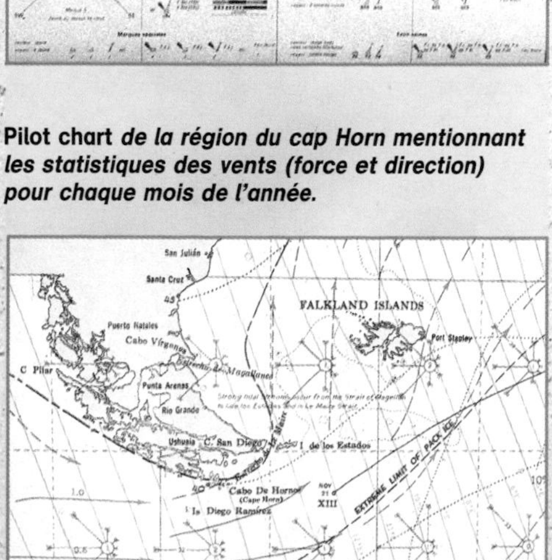

La difficulté de l'archivage des cartes en papier a favorisé le développement de documents que l'on peut compulser sur ordinateur grâce à des programmes spéciaux.

Le lecteur de cartes

Bien qu'il ne soit pas encore très répandu, le lecteur de cartes commence à faire son apparition sur les tables à cartes perfectionnées. Il s'agit d'un micro-ordinateur avec logiciel incorporé capable de lire une carte électronique numérique par affichage sur écran. Plusieurs éditeurs travaillent sur l'archivage de cartes couvrant l'ensemble du monde. Les modèles sur le marché possèdent les fonctions essentielles pour tracer la route et la suivre. Ils peuvent être reliés à un GPS pour obtenir la position du bateau sur l'écran. Le traceur-lecteur de cartes permet de supprimer le lourd archivage des documents papiers, mais nécessite un appareil d'une fiabilité sans faille et une couverture adéquate des régions de navigation.

Les documents

D'autres "outils" indispensables et précieux accompagnent la cartographie. Edités également par le service hydrographique, des ouvrages techniques fournissent les renseignements nécessaires aux navigateurs. La compilation de la somme de ces ouvrages permet d'avoir une vue complète sur l'environnement direct du bateau.

L'ouvrage numéro un est le livre de base. Il s'agit d'un guide du navigateur qui contient les informations essentielles à l'utilisation des documents.

Le livre des feux complète les indications fournies par les cartes. Il va plus loin dans la description des phares, feux et balises, renseigne de façon technique sur tout ce qu'il faut savoir pour naviguer la nuit – description du feu, position, élévation du foyer, portée en milles, caractéristiques et secteur d'éclairage du feu –, mais aussi signal sonore de brume et quelques informations complémentaires le cas échéant. Avec l'habitude, le navigateur se rend

Lecteur de cartes "nourri" par des disquettes contenant les zones géographiques de son choix.

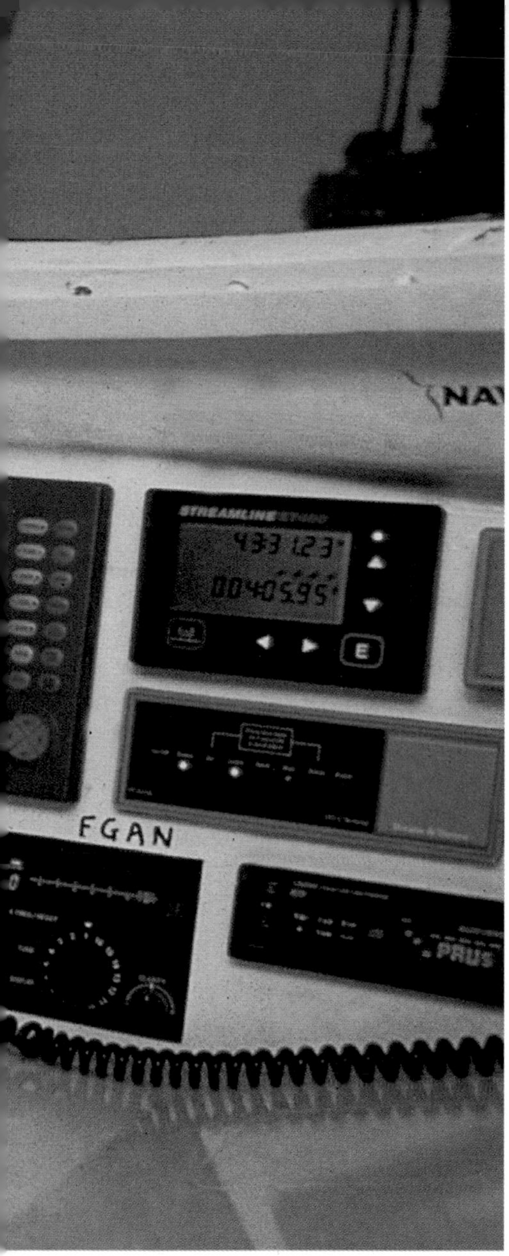

compte que les indications données par les phares rendent souvent la navigation la nuit plus facile que le jour. L'identification d'une côte ou d'un port est évidente par bonne visibilité et une fois les feux formellement identifiés.

Les *Instructions nautiques* font également partie des ouvrages qu'il faut absolument avoir à bord. Les IN sont le fruit d'observations centenaires de la part de nombreux marins. Elles sont vérifiées et régulièrement enrichies, constituant un document à la fois technique et vivant dont le rôle est unique dans la bibliothèque du bord. Elles contiennent une multitude d'informations sur une zone de navigation précise, et jouent un peu le rôle d'un pilote local : renseignent sur la météo, l'hydrographie, l'étude d'un chenal ; mettent en garde contre les endroits malsains, les mouillages difficiles.

Le premier ouvrage en couleurs de cette collection du service hydrographique, qui couvrira bientôt toutes les côtes de France, est paru en 1997. Il concerne la Bretagne Sud et comporte de nombreuses photos, dont certaines prises d'avion. Pour la première fois, un ouvrage du SHOM destiné aux marins est adapté aux nouvelles méthodes de navigation électronique. C'est un document essentiel pour naviguer. Un fascicule de corrections est édité chaque année.

Difficile également de se passer de l'*Annuaire des marées*. Il renseigne sur l'heure, l'amplitude et le coefficient de la marée en fonction des jours du mois. Le légendaire *Almanach du marin breton,* créé en 1897, contient également ce type de renseignements utiles.

Un dernier document est important à avoir à portée de la table à cartes. Il consigne toutes les observations qui permettront de faire une bonne estime : le relevé, heure par heure, des mesures fournies par les instruments de navigation, les observations météo et les événements ponctuels, ainsi que tout changement dans la marche du bateau. C'est le journal de bord. De nombreux exemplaires sont en vente dans le commerce. Un cahier d'écolier préparé avec des colonnes peut faire l'affaire. La règle d'or au moment de le remplir est de noter les informations directement lues sur les instruments. C'est-à-dire l'heure du bord, le cap compas, la force et la direction du vent, la vitesse annoncée par le speedomètre, les relèvements compas, ainsi que certaines anecdotes tels la marche du bateau, les changements de voilure, les autres bateaux rencontrés. En cas de difficulté, ou après le temps de repos du navigateur, ce document peut constituer une aide précieuse pour reconstituer le déroulement des faits et entretenir l'estime. Il peut être officiellement utilisé devant les tribunaux après un sinistre ou en cas de litige.

Les documents du SHOM apportent la rigueur nécessaire à la navigation. Bien d'autres documents existent, et si ils n'ont pas toujours le sérieux et l'exactitude des documents officiels, ils peuvent renseigner utilement sur une région précise. Cartes, livres, agendas, illustrations peuvent être considérés comme des renseignements complémentaires. Une belle photo aérienne récente peut par exemple faciliter l'entrée dans un port. L'*Almanach du marin breton*, le *Skipper* (hors-série de la revue *Bateaux*), le *Reed's Nautical Almanach,* couvrant les côtes anglaises, mais aussi hollandaises, belges et françaises jusqu'à Saint-Jean-de-Luz, représentent des documents utiles dans certains cas. Signalons enfin les études de régions à l'usage des plaisanciers, publiées dans les revues nautiques spécialisées. L'analyse en détail de certains sites peut être conservée utilement dans les documents de travail.

A côté des documents papier rassemblés généralement autour de la table à cartes, un certain nombre d'appareils permettent de mesurer la vitesse, connaître la profondeur, apprécier la vitesse du vent, tenir le cap, calculer la position.

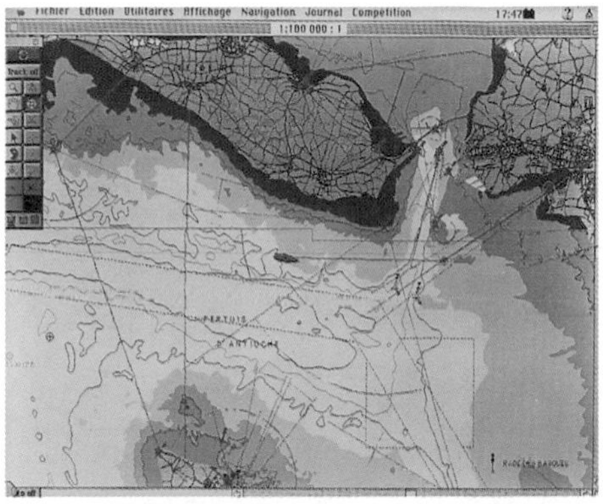

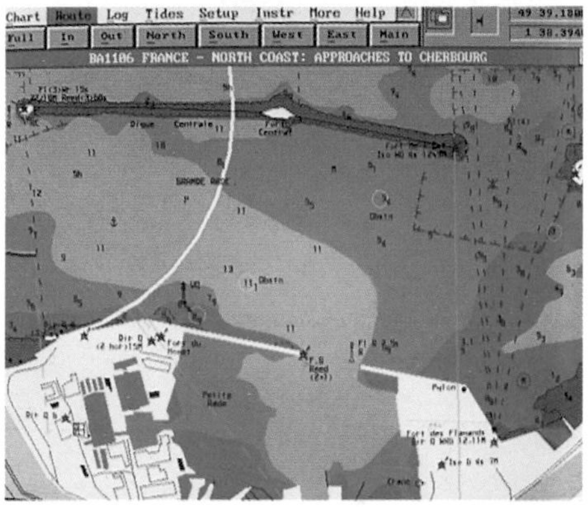

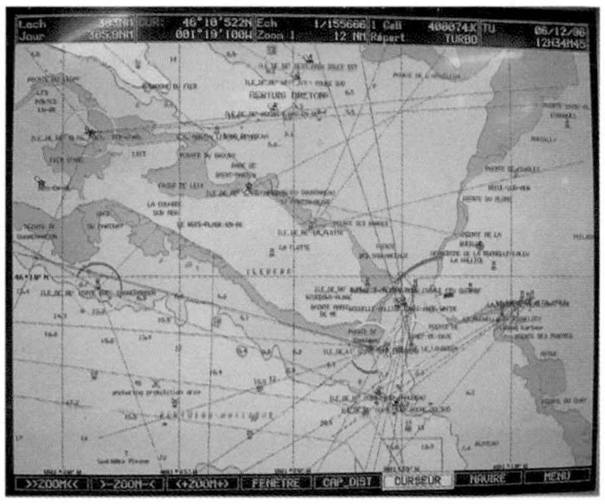

Ces trois types de documents cartographiques, aux échelles différentes, peuvent être consultés sur écran.

MESURER LA VITESSE ET L

Le loch-speedomètre

Autrefois remorqué au bout d'une ligne, le loch est désormais placé sous le bateau, à un endroit non perturbé de la coque et suffisamment bas pour ne pas subir l'influence de la surface de l'eau. L'hélice, la roue à aubes ou le capteur électromagnétique (selon le modèle utilisé) sont fixés à un passe-coque qui traverse l'épaisseur du fond du bateau. Il peut être relevé à la main pour être nettoyé, ou lorsqu'il est nécessaire de placer les hélingues pour le gruttage. Dans ce cas, un bouchon vient obstruer l'orifice de la coque en communication avec la mer.

Le loch, qui indique la distance parcourue, est la plupart du temps couplé au speedomètre, qui donne la vitesse instantanée. Le premier affiche la route accomplie par rapport à la surface de l'eau en un temps donné. Le second indique la vitesse du moment. Il est moins indispensable que le loch, mais permet d'apprécier exactement la vitesse et de connaître l'incidence d'un changement de voilure et du réglage. La différence des modèles porte généralement sur le mode d'affichage, soit à l'aide d'aiguilles, soit par affichage numérique. Ces indications sont portées sur des cadrans à proximité de la table à cartes, et des répétiteurs sont également visibles par le barreur dans le cockpit.

Dans l'ordre d'importance, et si des choix doivent être opérés pour le matériel de navigation, il faut savoir que trois instruments demeurent indispensables à la navigation : le loch, le compas de route pour tenir le cap et le sondeur, qui donne une indication précieuse du fond.

ISTANCE PARCOURUE

CONNAÎTRE LA PROFONDEUR

Le sondeur

La ligne de sonde que l'on suiffait pour connaître la nature du sol n'est plus qu'un souvenir. Désormais, le bateau de croisière est équipé d'un sondeur électronique placé dans un passe-coque situé dans le fond. Au moment de l'étalonnage du sondeur, sa position sous la flottaison, ainsi que le tirant d'eau de la quille, doivent être pris en compte, en plus du "pied de pilote" (traditionnelle mesure de sauvegarde). Il est possible de se passer de cet instrument, mais à l'usage, on s'aperçoit très vite qu'il simplifie la navigation. Par brume, c'est un excellent auxiliaire. Il compte aussi pour choisir un mouillage, et fournit des indications précieuses pour la tenue de l'estime en indiquant le passage des différentes lignes de sonde qui marquent le relief sous-marin. Il existe divers modèles de sondeurs : à éclats, enregistreurs et traceurs, et récemment vidéo, qui fournissent une représentation du fond en couleurs sur un écran.

Il est facile de fabriquer une sonde à main avec un plomb d'environ un kilo et une ligne d'une cinquantaine de mètres, graduée régulièrement à l'encre indélébile. La cavité à la base du plomb permet d'y déposer du suif et d'avoir une indication sur la nature du fond ou de vérifier qu'il a bien touché. Cette ligne de sonde est utile en cas de secours.

MESURER LA VITESSE ET LA DIRECTION DU VENT

La girouette-anémomètre

Mouiller son doigt ou observer la mer pour savoir d'où vient le vent sont des méthodes courantes et archaïques. L'anémomètre, placé en tête de mât, renseigne plus efficacement sur la force du vent.

L'anémomètre, qui subit à cet emplacement les perturbations dues au déplacement du bateau, indique le vent apparent. Des cadrans placés sur la table à cartes et dans le cockpit renseignent le navigateur et le barreur sur la force du vent. Il s'agit d'un appareil intéressant pour décider du choix de la voilure à porter.

Il existe aussi des anémomètres à main, les plus économiques, mais qui enregistrent le vent au niveau du pont, dans un système d'écoulement souvent perturbé.

Quant à la girouette, le plus souvent couplée en tête de mât au dispositif qui soutient l'anémomètre, elle indique la direction apparente du vent. Elle est généralement électronique, avec un capteur fixé en tête de mât et un répétiteur à l'intérieur, cadran doublé près du barreur indiquant la position du vent par rapport aux 360 degrés. Le plus souvent, le cadran mentionne deux parties séparées (tribord et bâbord) pour ce qui concerne les allures de près et de vent arrière. Dans certains cas, un cadran de près permet de démultiplier l'échelle et de disposer d'une lecture plus fine pour faciliter le travail du barreur.

La girouette peut être mécanique et constituée d'une simple flèche dont la position est observée par le barreur en levant les yeux. Elle constitue une aide précieuse, en particulier pour connaître les changements de vent, donner une indication complémentaire au barreur pour tenir son cap, parer l'empannage intempestif au vent arrière.

Sur ce bateau de course, les indications de vent sont affichées sur un boîtier disposé sur le mât, et renseignent les équipiers sur le réglage des voiles.

Devant la barre, au-dessus du compas, les données de cet appareil renseignent utilement sur les paramètres du vent et la vitesse du bateau.

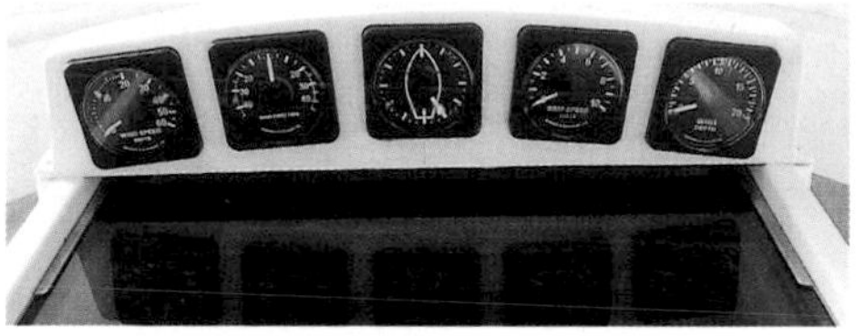

En regardant les instruments de la console placée au-dessus de la descente, le barreur et les équipiers connaissent en un instant la vitesse du vent, la position du vent démultipliée pour les angles près du vent, la direction du vent par rapport à l'axe du bateau, la vitesse du bateau, la profondeur.

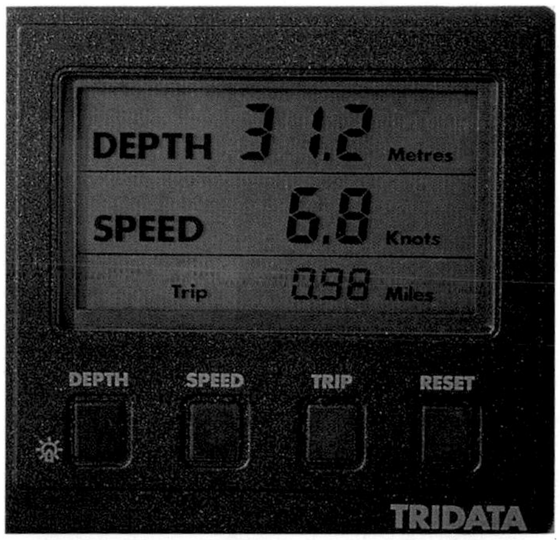

Appareil donnant la mesure de la profondeur et de la vitesse.

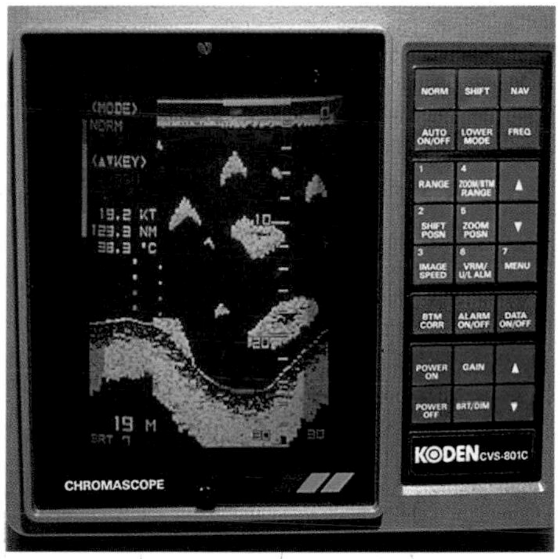

Sondeur couleur.

Sur la table à cartes, à l'intérieur du bateau, le navigateur peut consulter le loch et le sondeur. Des répétiteurs placés dans le cockpit donnent les mêmes indications au barreur.

TENIR LE CAP

Compas encastré. La rose est "bloquée" sur le nord ; c'est le bateau qui tourne autour du compas.

Le compas

Le compas indique le nord magnétique. Autrefois, la Marine désignait les caps et les relèvements par quarts de la rose des vents. Un quart représentait 11,25 degrés. Sa rosace, graduée de 0 à 360 degrés, est posée sur un pivot, équilibrée et amortie par un liquide à base d'alcool. Il est quelquefois monté sur cardan pour contrebalancer la gîte. Sur la cuvette est matérialisé un repère appelé l'alidade. La droite passant par cette alidade et le centre de la rose est la "ligne de foi", qui matérialise l'axe longitudinal du bateau et la direction qu'il suit. La valeur d'une direction lue sur le compas se mesure de 0 à 360 degrés, à partir du nord (N) et dans le sens des aiguilles d'une montre.

Compas de route placé sur un fût à proximité du barreur.

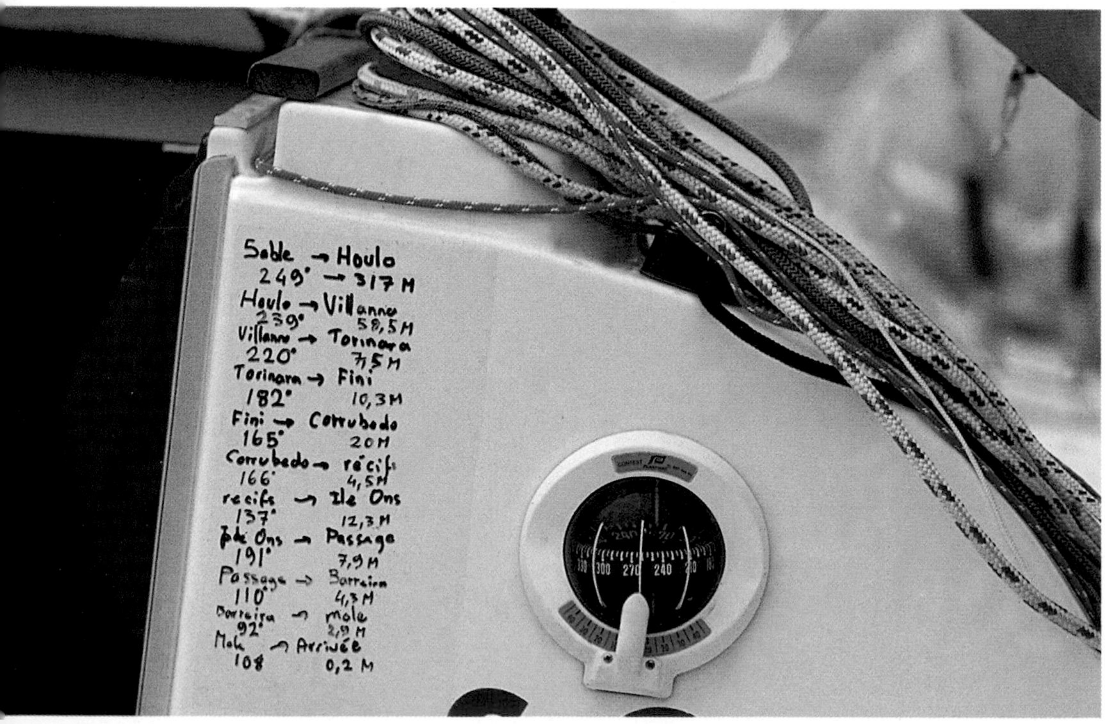

Compas de cloison servant au barreur. Le cap des différentes marques à venir est noté, comme un pense-bête, à même la paroi du roof.

Le cap à suivre est indiqué par cette alidade fixée sur la cuvette. C'est elle qui va se déplacer en fonction des changements de cap du bateau ; la rose, quant à elle, reste immobile, "bloquée" en permanence sur le nord magnétique. Il existe plusieurs sortes de compas et d'installations en fonction de la configuration du cockpit. L'important est de rendre la lecture la plus visible possible du barreur. Lorsque celui-ci donne de la barre d'un côté ou de l'autre, c'est l'alidade qui se déplace et non la rose. Pour tenir un cap, il suffit de tenir cette alidade en face d'une graduation de la rose. Le navigateur demande à l'équipier de barrer, par exemple, au 60 degrés compas. Ce dernier amène alors la graduation 60 degrés en face de l'alidade pour tenir le cap demandé.

La présence d'une console placée au centre du cockpit et juste en avant du barreur est une solution adoptée sur les gros bateaux qui disposent d'une barre à roue. Pour les bateaux plus petits, équipés d'une barre franche et où le barreur est la plupart du temps assis sur les bancs du cockpit, les compas sont souvent placés sur la paroi arrière de la cabine et permettent une lecture satisfaisante au près et sur les deux bords.

En règle générale, il faut prendre soin d'éloigner le plus possible les compas des masses métalliques telles que le moteur, la radio ou l'électronique. L'éclairage nocturne est également important : trop fort, il éblouit le barreur ; trop faible, il sollicite exagérément la vue. Un rhéostat permet de régler la lumière à la demande dans la plupart des cas.

A bord d'un bateau, le nord affiché par le compas est le seul repère fixe qui permet de s'orienter. Si le compas est censé indiquer le nord magnétique, quelques corrections sont nécessaires pour en vérifier l'exactitude et l'adapter à son travail sur les cartes.

En premier lieu, il convient de l'étalonner par rapport à sa position sur le bateau. Au moment de son installation, il est nécessaire de vérifier que la ligne de foi est bien dans l'alignement longitudinal du bateau et qu'il indique exactement le nord magnétique. Une simple ligne tendue entre le vit-de-mulet et le pataras permet de vérifier l'alignement de la ligne de foi.

Il arrive que des masses magnétiques influent sur les indications fournies. Cette influence n'est pas la même tout autour du compas. Pour disposer de renseignements fiables à tous les angles, il est nécessaire de dresser la courbe de déviation du compas une fois qu'il est mis en place. Cette opération, qui peut être effectuée par un professionnel au cours d'une navigation utilisant des points remarquables, s'appelle la compensation. Le rôle de la compensation est de réduire la déviation, mais également d'augmenter la force directrice de la rose vers le nord.

La déviation peut être réduite jusqu'à un certain point. Ensuite, il faut établir une courbe de déviation propre au compas. Elle donne pour chaque grande direction cardinale la déviation à appliquer pour obtenir le juste cap. Sur les voiliers modernes, les déviations enregistrées sont si faibles qu'elles sont pratiquement négligeables. Attention ! placés à proximité du compas, un objet métallique ou une source d'énergie électrique peuvent fausser la lecture. En règle générale, les calculs de cap et de relèvement se limitent à la correction due à la déclinaison magnétique.

La déclinaison magnétique

Le point du globe indiquant le nord magnétique n'est pas exactement situé au pôle géographique. Or, c'est ce pôle géographique qui fixe le nord des cartes utilisées pour prendre les caps. Ce pôle magnétique est situé a environ 1 500 kilomètres du lieu de convergence des méridiens terrestres. Le nord des méridiens de la carte a été baptisé le nord vrai. Quant au nord du compas, il a été appelé le nord compas. Il s'ensuit qu'avec un compas bien étalonné, la différence entre la direction du nord vrai et la direction du cap compas correspond à la valeur de la déclinaison magnétique.

Pour compliquer les choses, cette déclinaison magnétique n'a pas la même valeur selon les régions du globe. Elle varie, par exemple en France, de l'Atlantique à la Corse, de 6 à 7 degrés selon le lieu. A ces différences liées à la région de navigation, s'ajoute une autre différence. Le pôle magnétique change de place et oscille lentement sur son axe, et la déclinaison se modifie lentement au fil du temps. Chaque carte marine dispose d'une indication faisant état de deux éléments : la valeur de la correction annuelle à partir d'une date de référence et la déclinaison de la région représentée.

Dernière notion qu'il faut garder en mémoire à l'heure de faire le calcul du cap : cette déclinaison peut être positive ou négative, selon le cas. Une déclinaison est positive lorsqu'elle se trouve dans l'est (on l'ajoute) du méridien de Greenwich, négative quand elle se trouve dans l'ouest (on la soustrait).

Ces problèmes de déclinaison, déviation et variation sont compliqués dans l'abstrait. Ils sont moins ardus lorsqu'on s'imagine la rose du compas par rapport aux méridiens de la carte.

Un exemple

Le bateau est en route vers l'Irlande. Le cap compas indique 310 degrés. La déclinaison magnétique signalée sur la carte porte 6 degrés ouest. Elle est donc négative. Le cap vrai, celui que l'on va tracer sur la carte, sera : 310° - 6° = 304°.

Le bateau navigue en Méditerranée au cap compas 60 degrés avec une déclinaison de 2 degrés est. Le cap vrai sera : 60° + 2° = 62°.

Les bateaux actuels disposent de compas qu'il est facile de compenser, et la notion de déviation est moins importante qu'auparavant. Mais il est bon de savoir que la variation est tout simplement le résultat obtenu par la combinaison de la déclinaison et de la déviation. De mêmes signes, elles s'additionnent. De signes contraires, la plus petite se retranche à la plus grande.

Le compas de relèvement

Le compas de route est destiné au barreur. Le compas de relèvement, conçu pour être déplacé facilement, est l'apanage du navigateur. Il en existe différentes sortes. Il ne doit pas être considéré comme un appareil de secours, et doit être fiable et pratique d'utilisation. A l'approche d'une côte, au passage d'une marque ou à l'entrée d'un chenal, c'est avec ce compas que le navigateur va relever sa position et construire sa route. Certains compas miniaturisés pour la circonstance permettent lors du relèvement de viser et de lire le résultat simultanément.

Le baromètre

Tapoter son baromètre est devenu une habitude. C'est le seul appareil du bord capable d'indiquer un mouvement changeant du temps. En Atlantique Nord, la plongée de l'aiguille vers les basses pressions annonce le suroît. La remontée vers les hautes pressions est souvent le gage de la remontée des vents au noroît. Un baromètre enregistreur est plus fiable, mais il doit être installé à bord pour souffrir le moins possible des coups de mer. Un baromètre sensible et bien réglé est en mesure d'écrire de belles histoires. Il est aussi indispensable près de la table à cartes qu'une bonne gomme amarrée avec une ficelle, qu'un compas à pointe sèche dont la dureté d'ouverture est correctement réglée, et qu'un crayon bien taillé et suffisamment gras pour être lu avec un faible éclairage.

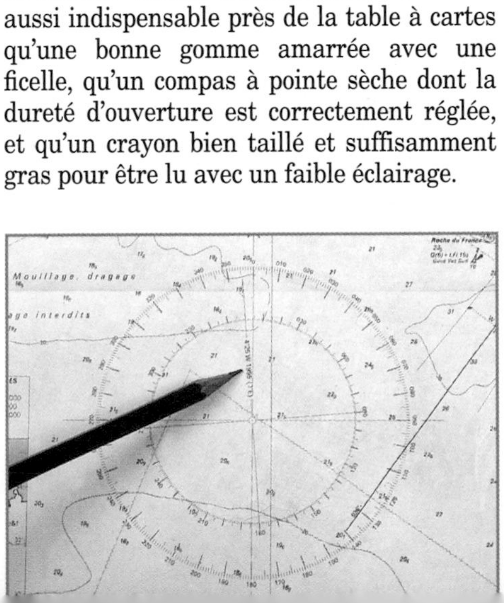

Avec un peu d'habitude, le compas de relèvement permet de "relever" un amer ou un point remarquable avec précision.

Baromètre classique indiquant la pression de l'atmosphère.

L'indication de la déclinaison magnétique (le lieu et l'année) est portée sur chacune des cartes.

LA TABLE À CARTES ET LE POSTE DE NAVIGATION

***Table à cartes spartiate du trimaran* Royale.**

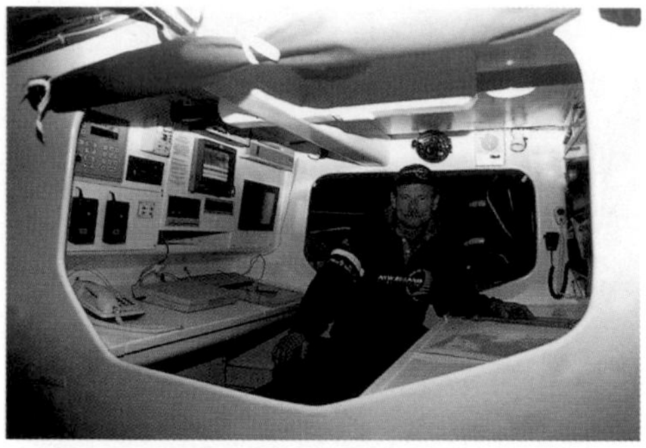

***Véritable chambre de navigation à bord du grand monocoque* New Zealand.**

Poste de navigation du catamaran* Elf, *aménagé dans l'une des deux coques.

La table à cartes, meuble principal de l'espace du navigateur, est d'importance inégale selon les bateaux et les programmes de navigation. Aux USA, les plaisanciers font souvent leur navigation sur un coin de table. En Angleterre, cet espace réservé au travail sur la carte demeure. En France, malgré une tendance au rétrécissement, les constructeurs continuent de lui conserver l'importance qu'il mérite. Beaucoup de bateaux naviguant à la journée n'ont pas besoin d'avoir un endroit spécialement réservé à la "nav". Mais dès lors qu'on se lance dans une croisière côtière, il est important de regrouper les instruments nécessaires à la navigation et de disposer d'une table sur laquelle peut être étalée une carte marine. C'est là que l'on portera un relèvement et calculera la route à suivre. En cas de mauvais temps, il est indispensable que le navigateur puisse trouver un minimum de confort pour rester maître de ses cogitations. Dans son ouvrage *Course-croisière*, l'architecte britannique John Illingworth fait part avec expérience et humour de son opinion sur les raisons d'un point « *assez approximatif* » en l'absence de tables à cartes : « *Périodiquement, son crayon transperce à moitié la carte quand il vient à passer sur la fente qui correspond à la charnière du plateau de la table (du salon)... Enfin, quelqu'un renverse sur la carte la moitié d'une tasse de café, et, en désespoir de cause, le patron la replie et l'emmène dans le cockpit... où un autre marche dessus, la mouillant encore davantage. Comment alors s'étonner que le point soit assez approximatif ?* »

Depuis ces vingt dernières années, le voisinage des tables à cartes s'est enrichi de nombreux appareils électriques et électroniques normalement destinés à faciliter la vie du navigateur. Nous avons rappelé que les trois appareils indispensables pour pratiquer le bateau étaient le sondeur, le loch et le compas de route. Avec eux, la base de la navigation est assurée, et de nombreux propriétaires, désireux de conserver l'esprit de la navigation à l'ancienne, ne veulent pas s'encombrer d'autres instruments.

La tenue rigoureuse du livre de bord peut devenir essentielle en cas de difficulté.

Poste de navigation occupant le centre de la coque de **Fleury-Michon.**

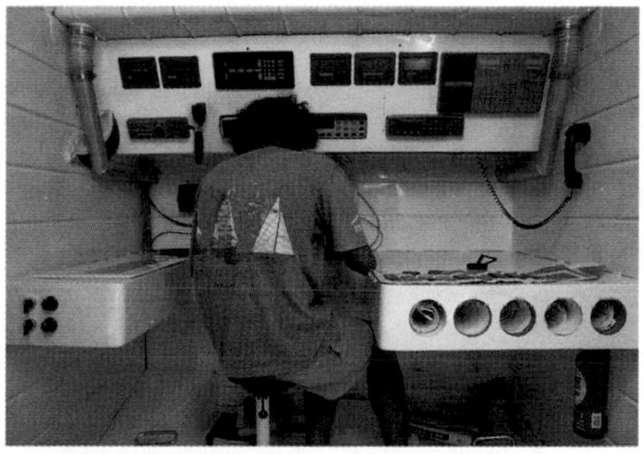

Poste de navigation aménagé à l'intérieur d'un Class America, **Il Moro Di Venezia.**

Confortable poste de navigation de Philippe Poupon à bord de **Fleury-Michon**, *un monocoque conçu pour la course autour du monde en solitaire.*

Les navigateurs des années 1990 disposent pourtant d'une panoplie d'instruments qui facilitent grandement la navigation. Leur utilisation courante a tout simplement forgé une nouvelle mentalité. Avec eux, certaines tâches ingrates du bord sont reléguées aux oubliettes. Dans le domaine des communications, le téléphone portable est en train de remplacer les VHF spécifiquement conçues pour la Marine. C'est tout du moins le cas pour couvrir des petites distances de l'ordre d'une dizaine de kilomètres et selon la couverture du réseau. Le radiotéléphone du bord a rompu avec l'ancienne et traditionnelle isolation du plaisancier en permettant de dialoguer avec la terre à tout moment pour contacter ses proches ou se renseigner sur le temps à venir.

Pour la "nav" proprement dite, les positionneurs automatiques bouleversent la sacro-sainte besogne du navigateur et gomment d'un trait tout le mystère réservé à celui qui effectuait, à la manière d'un bénédictin, le travail sur la carte. Une simple pression sur un bouton provoque l'affichage des données géographiques du bateau, qu'il suffit de placer sur la carte pour connaître la position.

Comme dans beaucoup d'autres domaines techniques, il faut faire un choix raisonnable parmi la panoplie d'appareils en perpétuelle amélioration. La moindre des choses est d'effectuer ce choix pour rendre leur utilisation complémentaire. Une hiérarchie doit être faite en fonction de leur coût et de leur utilité dans la vie du bord. Il est désormais quasiment impossible, ne serait-ce que par simple réflexe de sécurité, de se passer de certains de ces instruments.

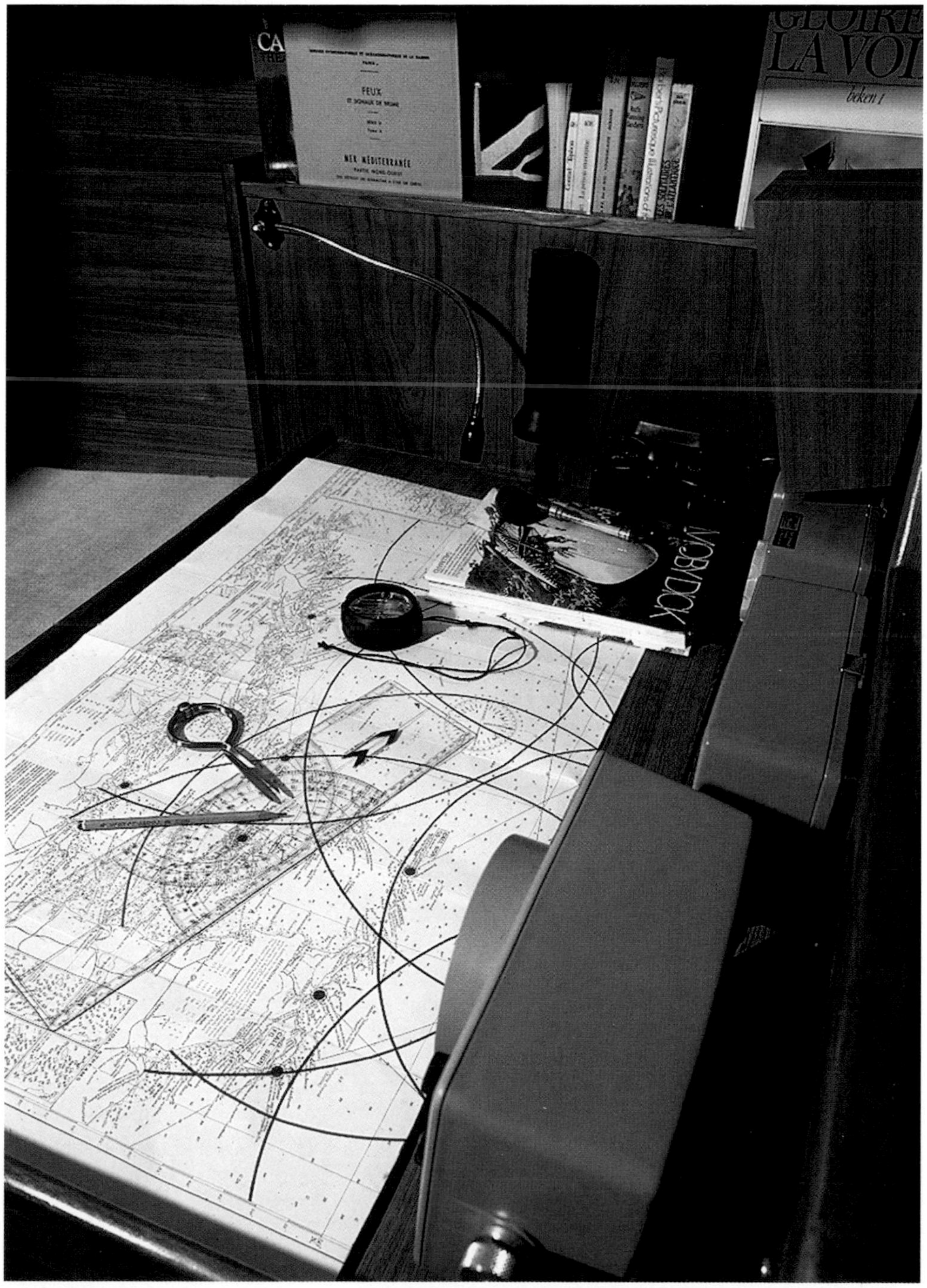

Table à cartes d'un bateau de série de 12 mètres (Centurion). La règle de navigation, le crayon, le compas à pointe sèche et le compas de relèvement sont des "outils" indispensables pour entretenir l'estime.

En plein développement, les systèmes de communication avec la terre ont rompu l'isolement, et apparaissent à la fois comme des auxiliaires de navigation et des moyens de sécurité. C'est par radio qu'en cas d'extrême urgence les secours peuvent être alertés.

Le télex, la télécopie, les satellites ne concernent pas le "plaisancier moyen", bien qu'il puisse, en cas de besoin ou par simple curiosité, être équipé des derniers appareils en vogue. Ceux-ci sont avant tout conçus pour les professionnels. Ils nécessitent un apprentissage, et compliquent souvent inutilement la navigation pour ceux qui n'en ont pas vraiment l'utilité.

Aujourd'hui, deux systèmes de communication s'affrontent : les liaisons par ondes radio directes et les liaisons par satellite. Les moyens utilisant les ondes radio avec la terre sont classiques et les plus répandus. C'est le cas de la VHF, captant les ondes de très haute fréquence (VHF) ; le téléphone portable, qui n'est pas un appareil maritime, mais dont l'utilisation se généralise en navigation côtière ; enfin, la transmission BLU, qui permet une liaison longue distance dans le monde entier. Les liaisons par satellite progressent à pas de géant. Le matériel de transmission est dans ce cas beaucoup plus onéreux. Mais il présente l'avantage d'une grande facilité d'utilisation et d'une couverture mondiale.

La simple VHF (*very high frequency*) est sans égale. Elle utilise les ondes métriques de 155 à 165 MHz en modulation de fréquence. Elle permet de communiquer avec la terre, mais aussi avec un autre bateau au large, et d'assurer la veille. Un bon appareil

LA COMMUNICATION AVEC LA TERRE

de 25 watts environ dispose d'une portée de 30 à 50 milles. L'antenne se fixe en tête de mât. C'est un appareil simple, qui facilite une entrée de port, avec la possibilité de contacter la capitainerie pour recevoir les instructions d'arrivée, les CROSS, écouter la météo, accéder au réseau téléphonique public par le biais de certaines stations côtières raccordées au réseau national et international. Depuis la terre vers la mer, il faut utiliser une VHF bidirectionnelle utilisant les interfaces radiomaritimes automatiques. De cette manière, le bateau peut être contacté sans passer par un opérateur.

D'un prix raisonnable, la VHF assure une

liaison à courte distance et renforce la sécurité. Un grand nombre de croiseurs en sont équipés. La VHF portable, moins puissante et d'une portée réduite, peut faciliter la communication au voisinage direct du bateau, à partir de l'annexe et autour du port. La portée moyenne est de 4 à 5 milles environ de bateau à bateau.

L'utilisation de la VHF est soumise à une réglementation. France Télécom homologue les appareils. Quant à l'utilisateur, il doit être détenteur d'une licence d'exploitation, qui donne droit à un indicatif d'appel, et l'opérateur titulaire du brevet de radiotéléphoniste restreint attribué par le service extérieur des télécommunications. Le canal 16 est réservé à la sécurité et aux appels. Les appels qui ne concernent pas la sécurité doivent être les plus brefs possibles, et "dégagés" pour utiliser d'autres canaux de travail indiqués clairement à l'interlocuteur. Les VHF marines sont équipées de 55 canaux.

La VHF demeure un appareil spécifiquement marin et réservé à la communication servant la vie du bord. Le téléphone portable est davantage réservé aux liaisons téléphoniques dans les zones couvertes par les émetteurs. Il offre une portée moyenne de 5 à 10 milles au large, avec une couverture presque totale des côtes françaises, de l'Espagne, des Baléares et de l'Angleterre.

La VHF ayant ses limites de portée, la BLU est venue prendre le relais pour couvrir les distances plus importantes. La Bande latérale unique était, avant le satellite, le moyen le plus efficace pour les longues distances. La majorité des plaisanciers ont fait sa connaissance en 1982, date à laquelle la météo était transmise selon ce principe. Malgré la fermeture de la station de Saint-Lys Radio en janvier 1998, qui transmettait les appels BLU, ce moyen de communication demeure. D'autres stations, telle Monaco, fonctionnent. La BLU reste actuellement, hors les systèmes satellites, le seul système de communication à couverture mondiale. Son fonctionnement et sa fiabilité nécessitent une installation soignée.

A côté de ces systèmes classiques, se développent, conjointement au lancement des satellites autour de la terre, qui assurent désormais une couverture parfaite, divers systèmes de communication particulièrement adaptés à la navigation. Cette méthode de communication par satellite est développée par France Télécom depuis 1984. Elle couvre le monde entier.

Ces systèmes offrent des services différents selon les standards utilisés. L'un des plus anciens et des plus usités est le système Immarsat, disposant d'une couverture quasiment mondiale (de 70° N à 70° S). Il est géré par une coopérative internationale de 80 pays, dont la France. Une dizaine d'appareils utilisant ces différents systèmes sont commercialisés pour être montés à bord des bateaux. Leur prix diffère selon leur degré de sophistication et la nature des services rendus.

Il est évident que ces moyens de communication par satellite ne sont pas nécessaires à bord de tous les bateaux de plaisance. C'est à chaque skipper d'installer ces appareils en fonction de ses besoins et de ses moyens. Ces nouveaux moyens de communication sont de mieux en mieux adaptés à la navigation de plaisance. La miniaturisation des derniers modèles permet de les placer aisément à proximité de la table à cartes. En navigation côtière, si les moyens classiques de communication font l'affaire, les équipements satellites peuvent renforcer le dispositif de base. Pour naviguer au large, tout laisse penser que les derniers-nés des systèmes de communication par satellite en version marine vont s'avérer indispensables.

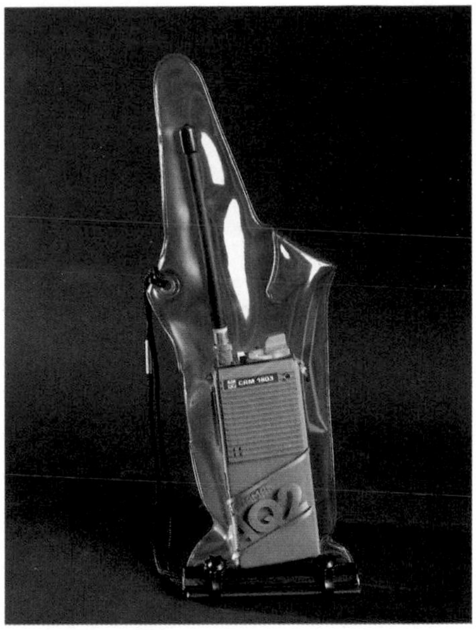

VHF portable protégée par une enveloppe étanche.

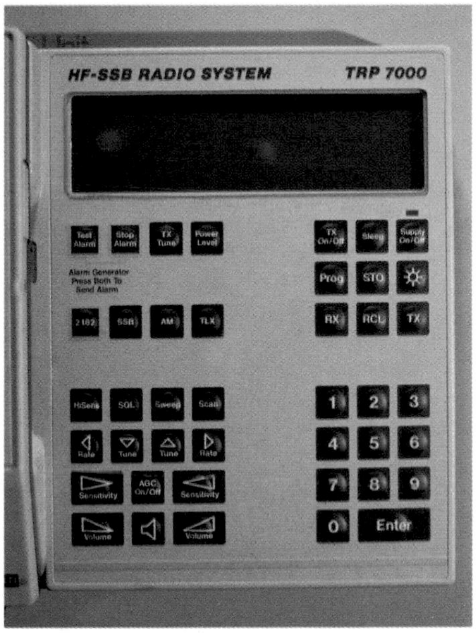

La BLU continue d'être utilisée pour les communications longue distance, bien que les liaisons par satellite progressent à pas de géant, avec une couverture désormais quasiment mondiale.

LE POSITIONNEMENT DU BATEAU

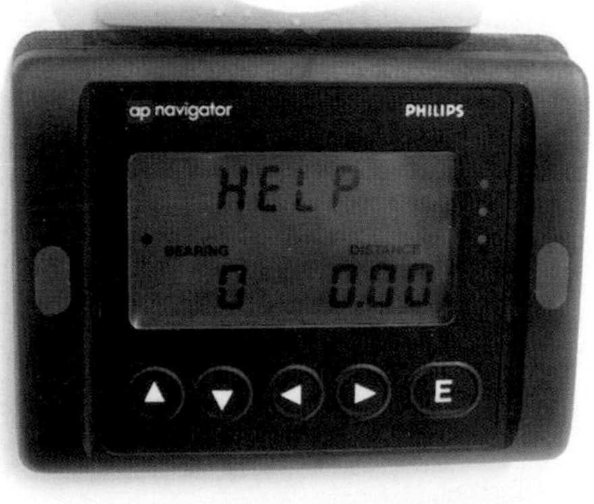

Le Decca, créé en 1944 pour le débarquement de Normandie et commercialisé en 1946.

Le Loran permet une couverture des trois quarts de l'hémisphère Nord.

Le GPS, permettant de se positionner grâce aux satellites, est une véritable révolution en matière de positionnement. Le GPS portable peut, à la manière d'un téléphone, être déplacé où l'on veux.

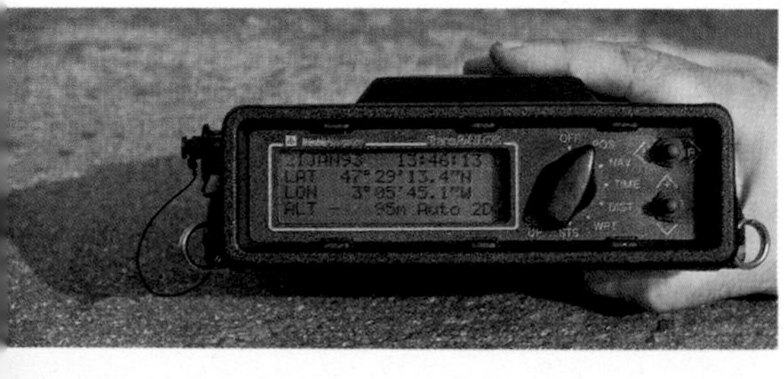

Le GPS fixe prend place parmi les appareils du coin navigation.

Le positionnement du bateau en croisière est une donnée toujours présente à l'esprit du navigateur. En vue de côte, l'observation de la terre donne rapidement une bonne idée du point où se trouve le bateau. Après quelques heures au large, l'estime reconstitue aisément la route. Mais, passé un certain temps, alors que le jour se lève après une nuit où la brise a quelque peu forci, positionner le bateau est une tout autre histoire. Pour faire terre à nouveau, il est souhaitable de disposer d'un point exact, surtout si le bateau approche d'un chenal mal pavé.

Au large, il n'y a que deux manières d'établir sa position : faire le point à l'aide d'un sextant, à condition que la visibilité des astres le permette ; utiliser un récepteur électronique capable de déterminer le point avec un moyen de radionavigation. En matière de plaisance, l'arrivée des satellites et du système Transit à la fin des années 1960 constitue une profonde modification. Avec l'automatisation des systèmes de positionnement, la technique s'est considérablement simplifiée.

Avant cette date, l'incertitude dans laquelle on se trouvait plusieurs jours durant, le manque de précision, entretenaient à bord un état d'esprit qui n'existe plus aujourd'hui avec les moyens modernes. La tenue du journal de bord, l'observation en mer, l'aptitude à la barre ne revêtiront plus jamais la même signification. A cette époque, très peu de navigateurs utilisaient le sextant en navigation côtière. Faire une droite au sextant demandait du temps, était inexploitable dans certains cas ; le temps couvert rendait son utilisation impossible. En revanche, il devenait indispensable en haute mer, par exemple lors d'une traversée océanique.

Le moyen le plus couramment employé pour faire le point en navigation côtière était en fait la radiogoniométrie. Ce système de positionnement radioélectrique découvert au début du siècle avait vu son application marine en 1924. Le principe du "gonio" est fondé sur le signal envoyé par un émetteur radio, qui peut être reçu par un récepteur si ce dernier est réglé sur la fréquence d'émission. Il est alors possible d'en relever le gisement, avec cependant beaucoup d'imprécision, voire des erreurs. Un point "gonio" pouvait manquer d'exactitude, en particulier la nuit ou par brume. Relever le radiophare à l'aide du compas et de la ferrite était rarement une partie de plaisir. Cette méthode tombée en désuétude peut encore être appliquée en cas extrême. L'utilisation d'un récepteur portable peut, par exemple, lever un doute et rendre service au cas où les autres appareils seraient impraticables en raison de panne ou d'absence complète d'électricité.

Le GPS révolutionne la navigation

Mais d'autres systèmes ont pris la relève du "gonio". Ils ont facilité le travail du navigateur, fiabilisé les données et rassuré l'ensemble de l'équipage. Des récepteurs électroniques sont en mesure de fournir les coordonnées géographiques du bateau en lecture directe et sans calcul de la part de l'opérateur. C'est le cas du système Decca, qui couvre la zone géographique de Gibraltar au nord de la Scandinavie. Le Decca a été créé lors du débarquement de Normandie, en 1944. Les premiers appareils ont été commercialisés en 1946, mais leur encombrement était difficilement compatible avec les aménagements des bateaux de plaisance. Leur fonctionnement est assuré jusqu'en 2010. Il s'agit d'un procédé fiable pour des points ne se situant ni au voisinage immédiat ni à plus de 250 milles des stations émettrices. Sa fiabilité dépend en grande partie de la qualité du montage de l'antenne, qui doit être dégagée de toute interférence.

Le système Loran-C est un autre système de positionnement. Il a été mis au point par les Américains et permet une couverture des trois quarts de l'hémisphère Nord, y compris la Méditerranée. Les émissions provenant d'émetteurs radio implantés à terre sont permanentes.

Mais, à la fin de ce siècle, la véritable découverte en matière de positionneurs destinés à la plaisance est certainement le système utilisant les satellites. Ils équipent déjà bon nombre de bateaux ; leur prix continue de baisser, et ils demeurent plus performants que certains appareils plus chers et moins utiles. Ces appareils très fiables ont déjà révolutionné la navigation.

Le principe de positionnement par satellite a commencé avec le système Transit, mis au point par les Américains pour la localisation précise de leur force navale. Ce système a été ouvert à une utilisation commerciale dès 1967. Il demeure valable aujourd'hui encore, et le restera tant que les satellites seront opérationnels. A l'origine, ce dispositif utilisait cinq satellites tournant à une altitude de 1 000 mètres, mais seuls deux sont encore en activité.

Le système Transit présente l'inconvénient de ne pouvoir donner de points en permanence. Le GPS, dont les premières études remontent à une vingtaine d'années, offre une couverture permanente et mondiale. Il est en mesure de donner la position du bateau, sa vitesse, son cap, et ceci avec précision. Ce résultat est rendu possible grâce à plusieurs satellites placés sur des orbites différentes. Ainsi le GPS actuel travaille-t-il selon une configuration de 21 satellites, évoluant à une altitude de 20 000 kilomètres, couvrant le tour de la terre en 11 heures et 56 minutes et répartis sur 6 orbites inclinées à 55 degrés. A la différence du système Transit, qui travaille par effet Doppler et analyse les signaux émis par un seul satellite, le système GPS peut recevoir simultanément les signaux de quatre satellites, voire plus dans certains cas. En mesurant ces signaux, le récepteur peut déterminer la latitude, la longitude et l'heure.

En quelques années, le GPS (Global Positionning System) a balayé les habitudes de la table à cartes. Communiqué en latitude et longitude, le point est réactualisé en permanence et indique une précision d'une centaine de mètres. Il peut travailler seul ou être connecté à d'autres instruments tels le lecteur de cartes ou le pilote automatique pour leur communiquer ses informations. Il s'installe sur la table à cartes, et son antenne est fixée au tableau arrière.

Il existe des appareils plus ou moins sophistiqués, mais la plupart d'entre eux disposent de fonctions annexes. Celle qui concerne "l'homme à la mer" est un important élément de sécurité. En pressant sur un bouton de commande le moment voulu (en l'occurrence celui où l'équipier est tombé à l'eau), cette fonction permet de figer la position et de guider le retour vers celui qui est tombé à l'eau. Une autre fonction, *waypoints,* permet de rentrer plusieurs points de route dans l'appareil et d'obtenir instantanément les caps et les distances de ces points.

Ces appareils désormais parfaitement fiables sont vendus dans le commerce à des prix en baisse constante. Il existe des GPS fixes, qui prennent place sur la table à cartes. Leur utilisation est plus confortable que les portables. Mais ces derniers, entièrement autonomes, présentent l'avantage de pouvoir être déplacés et de servir sur différents bateaux. Ils sont aussi précis que les appareils fixes, à condition d'être utilisés à l'extérieur du bateau, avec une antenne également disposée à l'extérieur et bien dégagée. Inconvénient : ces portables sont très voraces en piles. Citons enfin le GPS différentiel, dont l'intérêt est d'atténuer certaines imprécisions. Dans ce cas, c'est une balise placée à terre qui effectue automatiquement les corrections et rend le point extrêmement précis en toute circonstance.

Comme le loch et le speedomètre, ou encore l'anémomètre et la girouette, groupés en un seul appareil, l'évolution du GPS va dans le sens d'un regroupement avec d'autres appareils de navigation. Le couplage avec le lecteur de cartes est déjà fait, et d'autres combinaisons ne tarderont pas. Elles faciliteront la navigation en croisière, et permettront en course d'affiner la stratégie.

Le radar

Jusque dans les années 1980, le radar (Radio Detecting And Ranging) était considéré par les plaisanciers comme un instrument réservé aux passerelles de navire. Encombrants, lourds, ils étaient gros consommateurs d'énergie et onéreux. Depuis 1985, avec l'apparition de l'écran plein jour et l'utilisation de composants tel le microprocesseur, le radar est devenu plus léger, plus petit et moins vorace en électricité.

L'effet n'a pas tardé à se faire sentir, et le marché de la plaisance s'est tourné vers cet appareil, qui présente un intérêt indiscutable en navigation. Les bateaux de plaisance d'un tonnage respectable, et surtout ceux qui naviguent beaucoup, y compris en hiver, n'hésitent pas à s'équiper d'un radar. L'installation de l'antenne, qui assure deux fonctions, est primordiale. Non seulement elle rayonne le signal émetteur, mais elle capte également le signal retour après réflexion sur un objet, qui peut être la côte, un autre bateau ou une bouée. L'interprétation de l'image perçue sur l'écran n'est pas évidente pour le néophyte, et un minimum d'expérience est nécessaire pour être opérationnel. Mais, quoi qu'il en soit, même par nuit noire ou par temps bouché, le radar est la seule aide qui permet de naviguer en toute sécurité. La fonction alarme, par exemple, détecte tout navire entrant dans le champ.

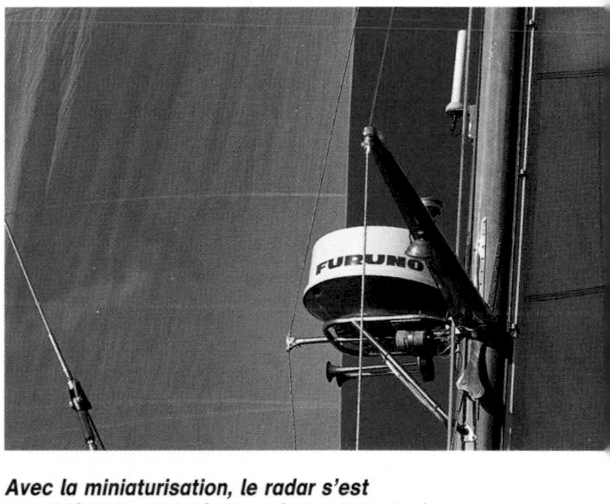

Avec la miniaturisation, le radar s'est considérablement développé depuis 1985 à bord des bateaux de plaisance.

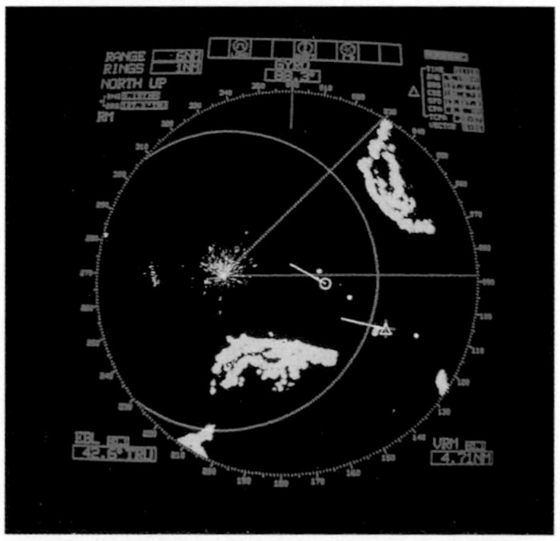

Observation d'une hauteur de soleil.
Après avoir choisi le filtre couleur qui convient pour ne pas s'éblouir, le navigateur "descend" le soleil réfléchi jusqu'à le poser sur l'horizon afin de mesurer l'angle.

LE SEXTANT

La navigation astronomique n'est pas indispensable pour naviguer en croisière près des côtes. Elle n'acquiert son importance qu'au grand large. L'utilisation du sextant ne peut se comprendre qu'en le pratiquant assidûment, et, d'ailleurs, ceux qui y consacrent du temps se piquent souvent au jeu. L'observation est souvent plus compliquée que le calcul et demande un véritable apprentissage. Elle se perfectionne constamment. *« Quand on ramène l'astre vers l'horizon,* écrit Illingworth dans *Course-croisière, le corps doit effectuer le même travail qu'à cheval. Tout ce qui est en dessous des hanches sera rendu solidaire de la monture, le yacht en l'occurrence, par tous les moyens disponibles, qu'il s'agisse d'un calage, d'un amarrage, ou simplement d'un équilibre. La taille devra être parfaitement souple, pour que le haut du corps reste aussi vertical que s'il était suspendu à la Cardan, et constitue une plate-forme stable pour le sextant, sur l'océan ondulant. »*

L'étude de la navigation astronomique aborde la connaissance des astres et la mécanique céleste. Elle demeure une aventure pour celui qui la maîtrise et un moyen de parfaire ses connaissances générales. Le simple calcul de la latitude par la méridienne et la réalisation d'un bon point étoiles ne mettent pas en jeu les mêmes compétences. L'interprétation de la navigation astronomique dans toute sa variété et son ampleur requiert une connaissance préalable du mouvement des astres et de la terre. Dans ce domaine, la simple mise en œuvre d'une méthode peut servir à démarrer. Mais la compréhension des phénomènes naturels est indispensable pour progresser. Des ouvrages variés existent sur le sujet, et l'approche doit être progressive. Aussi, nous nous contenterons dans cet ouvrage d'exposer quelques bases simples.

Obligatoire en première catégorie, le sextant reste un instrument de précision pour naviguer au large, bien qu'il puisse calculer des relèvements en vue de terre : mesure d'angles horizontaux ou de hauteurs à partir d'objets aux altitudes connues. Il est impensable de s'embarquer sans ce type d'appareil pour une navigation hauturière ou une traversée océanique. Il permet de se situer en tout lieu du globe, à condition d'avoir une visibilité suffisante pour effectuer l'observation d'un astre.

La base de la navigation astronomique consiste à mesurer les mouvements apparents des différents astres qui nous entourent à partir du lieu d'observation. La position sur la sphère céleste de tous les astres utilisés en navigation est connue pour chaque instant et donnée dans des documents officiels, appelés les éphémérides.

Entre ces deux situations, une infinité de cas peuvent se présenter. Il est possible de matérialiser l'importance de la dérive par rapport à des repères fixes pris à terre.

Connaissant la vitesse du bateau et ayant une indication sur la force et la direction du courant, il est possible de calculer à l'avance les corrections à apporter au cap pour suivre une route-fond demandée. Plusieurs méthodes de calcul existent.

La dérive due au vent

En pratique, le bateau subit les deux dérives cumulées. En traçant sa route, le vent fait naturellement dériver le bateau sur l'eau en même temps qu'il subit la dérive du courant. Elles peuvent s'annuler ou se renforcer, et prendre dans certains cas beaucoup d'importance.

Une forte dérive due au vent, généralement occasionnée au près par mauvais temps, liée à un important courant dont l'effet néfaste joue dans le même sens, vont considérablement freiner la marche du voilier. Le comportement à bord ne subit pas de profondes modifications, et, pourtant, le bateau dérive et "tombe" sous le vent dans des proportions importantes, avec l'ensemble des facteurs qui jouent en sa défaveur.

A l'inverse, un courant traversier qui permet de monter au vent favorise la marche du voilier. La dérive due au courant annule tout ou partie de la dérive due au vent. Le voilier "monte" avec un vent apparent plus fort et en faisant un meilleur cap.

En matière de navigation, ces situations peuvent amener à définir une stratégie de route. Dans le premier cas de figure, il est peut-être possible de virer pour ne pas subir tous les inconvénients à la fois. De toute façon, la manière de barrer et de régler les voiles tiendra compte de ces situations. Dans le premier exemple de dérives cumulées, il ne faut pas trop serrer le vent, ne pas avoir une voilure trop bridée, garder de la vitesse pour réduire la dérive au minimum. Dans l'autre cas, avec une dérive favorable, c'est l'inverse. Il faut en profiter pour grimper au vent, bien border la voilure et faire du cap.

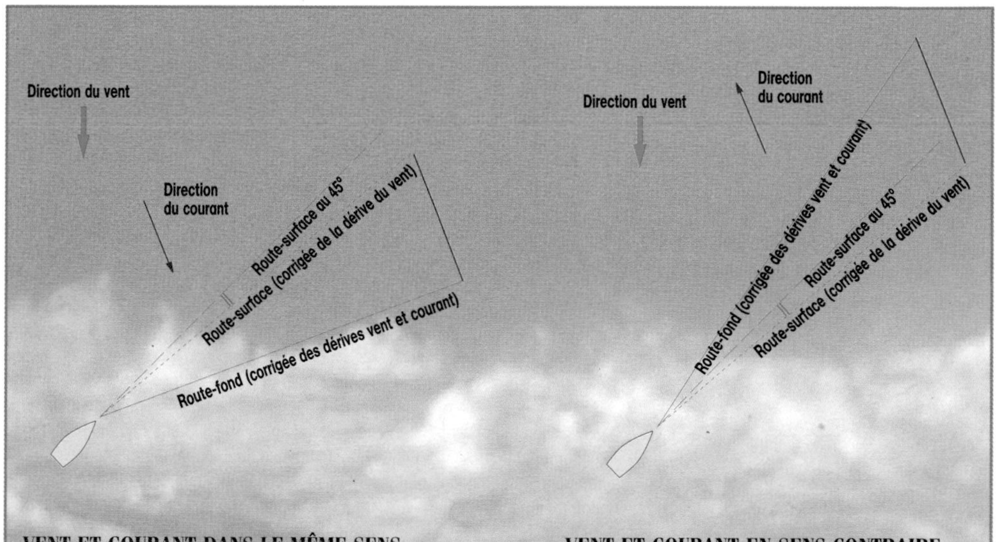

VENT ET COURANT DANS LE MÊME SENS
Le courant est par travers bâbord, le vent lui est sensiblement parallèle et dans le même sens. La dérive due au vent s'ajoute à la dérive due au courant.

VENT ET COURANT EN SENS CONTRAIRE
Le vent par le travers bâbord souffle dans le sens contraire du courant (par travers tribord). La dérive due au vent est diminuée de la dérive due au courant.

LES DISTANCES

Quelle que soit l'échelle de la carte, les distances se mesurent avec un compas sur l'échelle verticale (celle des latitudes) de la carte. Pourquoi ? L'explication est simple : les méridiens terrestres ont tous approximativement la même longueur d'un pôle à l'autre. La valeur d'un degré mesuré sur l'un des méridiens est donc constante en tout lieu. Ce n'est pas la même chose pour les parallèles : la longueur de chacun d'eux diminue à mesure que l'on se rapproche des pôles. L'équateur représente le plus grand des parallèles.

Pour cette raison, la lecture des distances mesurées sur la carte ne se prend pas sur l'échelle des longitudes (figurant horizontalement), mais sur celle des latitudes. Cette échelle est graduée en degrés et minutes d'arc. Chaque degré représente la 360e partie de la circonférence ceinturant le globe et correspond à 60 milles. Chaque minute mesure 60 fois moins, soit 1 mille, c'est-à-dire 1 852 mètres. C'est aussi la valeur d'un nœud, qui n'est autre que la distance d'un mille couverte en une heure.

Pour mesurer la distance de deux points sur la carte, il suffit de prendre l'écartement de ces points à l'aide du compas à pointe sèche et de les reporter sur l'échelle des latitudes pour en mesurer l'importance. Si l'écart marque par exemple 2 degrés, la distance entre les points représentera 120 minutes, c'est-à-dire 120 milles.

A l'inverse, si votre loch indique par exemple 8 nœuds de vitesse, il est possible de reporter cette distance sur la carte en prenant 8 minutes d'arc sur l'échelle des latitudes et en les reportant sur la carte. Reste à savoir dans quelle direction ?

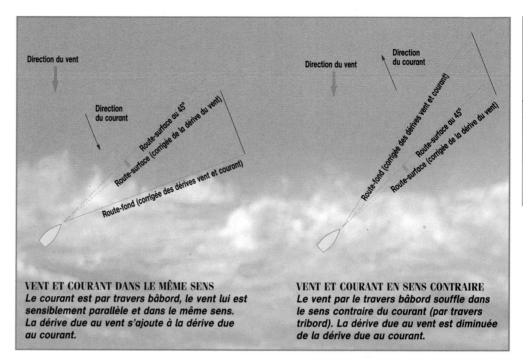

Une distance prise sur la carte au compas à pointe sèche se mesure toujours sur l'échelle (verticale) des latitudes.

UTILISATION DE LA RÈGLE CRAS

Pour lire un relèvement entre deux points :
1 placer la règle sur la carte avec la flèche dans l'alignement de l'amer relevé (attention, la règle doit être placée à l'endroit dans le sens lisible) ;

2 amener le bord de la règle sur les deux amers, puis placer le centre du rapporteur le plus sud sur un méridien (dans un autre exemple, ce peut être aussi sur un parallèle) ;

POSITION PAR TROIS RELÈVEMENTS
Les relèvements successifs de ces trois amers visibles à l'œil nu permettent de tracer un triangle de position à l'intérieur duquel se trouve le bateau.

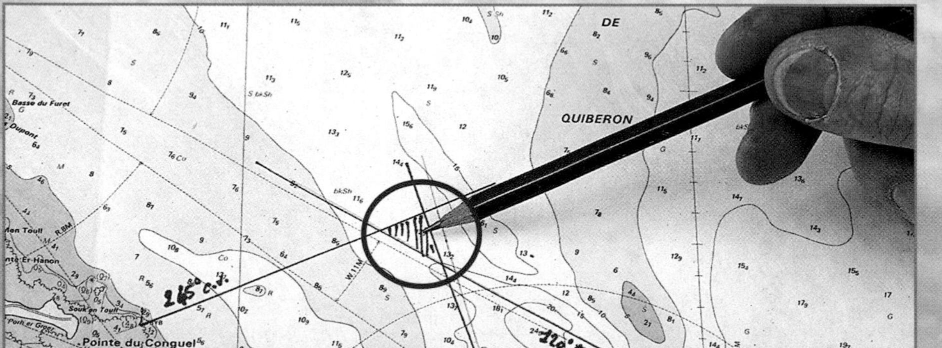

LA RÈGLE CRAS

Nous avons abordé l'utilisation du compas à pointe sèche. Le travail sur la carte met également en œuvre le crayon gras pour tracer la route, qui pourra être aisément effacé et laisser place nette pour une autre navigation.

L'autre objet essentiel du travail à la table à cartes est la règle de navigation. Il en existe plusieurs modèles, plus ou moins pratiques. La règle Cras, du nom de l'amiral qui l'inventa, est l'une des plus anciennes, des plus simples, sans aucune partie mobile, et des plus pratiques. Comme d'autres, elle est construite dans un matériau transparent qui permet de voir la carte sous les chiffres de la règle.

La règle de navigation est indispensable pour effectuer plusieurs types d'opérations fondamentales sur la carte : calculer le cap entre deux points, porter un relèvement.

Calculer le cap entre deux points

C'est l'une des opérations les plus courantes lorsqu'on navigue en croisière. A la sortie du port, vous devez calculer le cap à suivre pour vous rendre au point de passage suivant. Au passage de ce point, il vous faudra décider d'un autre cap pour changer la route. L'opération est chaque fois la même.

Il faut d'abord orienter la flèche de la règle dans le sens approximatif du déplacement. Puis il faut la "caler" de la façon la plus pratique – selon la position des points sur la

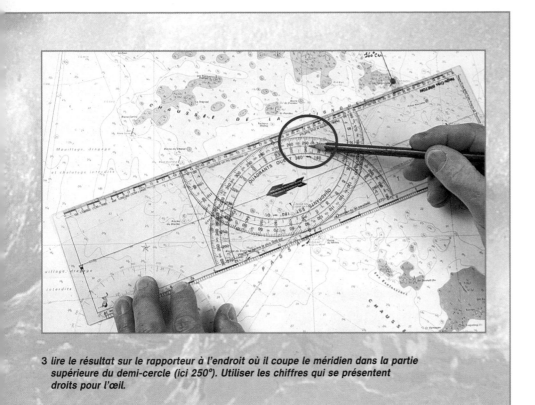

3 *lire le résultat sur le rapporteur à l'endroit où il coupe le méridien dans la partie supérieure du demi-cercle (ici 250°). Utiliser les chiffres qui se présentent droits pour l'œil.*

carte –, soit sur un méridien, soit sur un parallèle.

Une fois le centre du demi-rapporteur “calé” sur le méridien, la lecture du cap vrai se fait sur ce même méridien en recherchant le chiffre vertical le plus près.

Même méthode lorsqu'on se sert d'un parallèle. Après avoir calé le centre du demi-rapporteur sur un parallèle, la lecture du cap vrai s'effectue en recherchant le chiffre le plus près possible du parallèle.

Dans cette opération, le bon sens doit être juge, et une bonne vérification consiste à se poser chaque fois la question : le résultat est-il cohérent par rapport aux grandes directions cardinales connues de mémoire, 90 degrés est, 180 degrés sud, 270 degrés ouest ?

Attention ! pour communiquer le cap au barreur, qui devra suivre la route au compas, il convient d'ajouter la déclinaison du lieu. Grâce à la règle, vous avez, par exemple, trouvé 120 degrés pour le cap ; si la déclinaison du lieu où vous naviguez est de 4 degrés ouest, le barreur devra faire du 124 degrés pour respecter la route.

Porter un relèvement

A portée de la terre, l'une des manières de se positionner à vue est de calculer le relèvement de deux ou trois points remarquables. Un clocher identifié formellement sur la carte et sur la côte, un phare, l'extrémité d'une pointe conviendront. Deux relèvements donnent un recoupement, trois permettent de vérifier les deux premiers et d'affiner la position dans certains cas. Une fois ces opérations effectuées à partir du pont du bateau, vous disposez de relèvements compas qu'il convient de reporter sur la carte.

Le principe est toujours le même. La règle est placée, selon le cas, sur un méridien ou un parallèle, et le chiffre retenu en communication avec ce méridien ou ce parallèle.

Attention ! ce n'est pas le relèvement compas dont vous devez tenir compte pour tracer la route sur la carte, mais le relèvement vrai qui intègre la déclinaison. Vous avez par exemple relevé 200 degrés au compas, la déclinaison de 5 degrés ouest sera retranchée, et vous tracerez 195 degrés avec la règle sur la carte.

LE BALISAGE

Depuis l'unification des différents systèmes mondiaux de balisage en 1982, deux dispositifs subsistent et diffèrent uniquement par la couleur. L'Europe est dans la région A. Dans la région B, comprenant les Amériques, le Japon, la Corée et les Philippines, les couleurs sont inversées.

MARQUES CARDINALES

Marques cardinales servant à baliser des endroits dangereux. La bouée cardinale sud, par exemple, est placée au sud du danger. Il faut alors passer au sud de la marque. (Région A.)

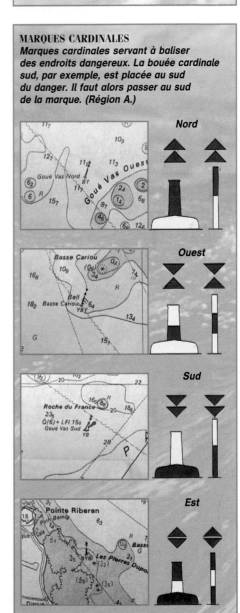

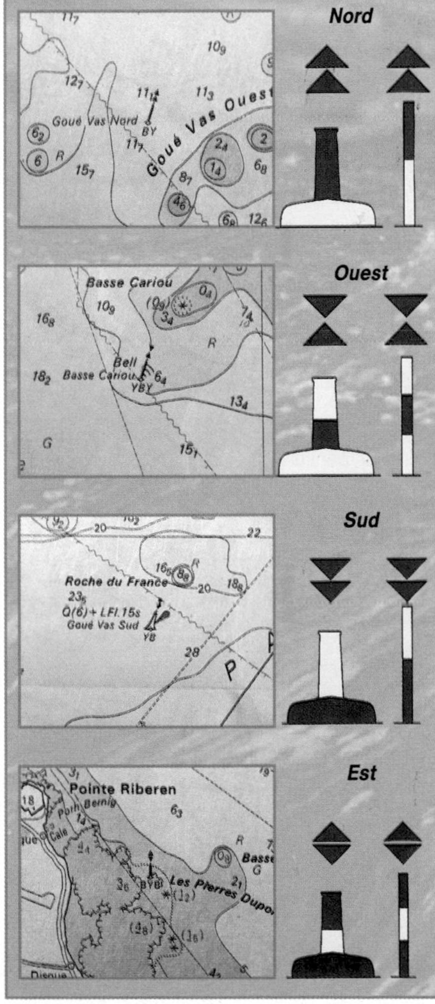

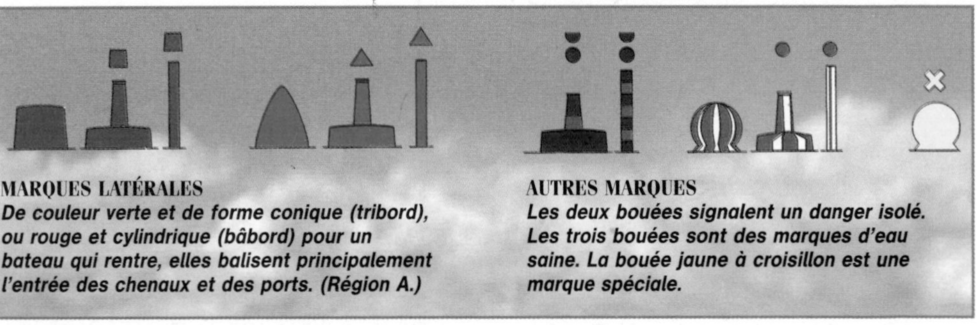

MARQUES LATÉRALES

De couleur verte et de forme conique (tribord), ou rouge et cylindrique (bâbord) pour un bateau qui rentre, elles balisent principalement l'entrée des chenaux et des ports. (Région A.)

AUTRES MARQUES

Les deux bouées signalent un danger isolé. Les trois bouées sont des marques d'eau saine. La bouée jaune à croisillon est une marque spéciale.

Naviguer à l'estime

En mer, hors de la vue des côtes et en l'absence d'appareils électroniques permettant la communication, le navigateur n'a recours qu'à un seul moyen pour naviguer : l'estime. Utilisée par tous les marins du monde depuis la nuit des temps.

Cette méthode de navigation consiste à déterminer la route effectuée par le bateau à l'aide du cap suivi et de la distance parcourue. Les divers éléments pouvant influer sur l'itinéraire sont intégrés au raisonnement et corrigent l'estime au fur et à mesure de la navigation. La précision du résultat est influencée par de nombreux paramètres. La compétence du navigateur joue un rôle important dans une navigation aussi intuitive. Il y a de nombreuses manières de tenir l'estime, et, au fil des expériences, chaque navigateur met au point sa méthode, faite de trucs et astuces qui lui appartiennent. Mais le principe est toujours le même.

Ne pouvant "faire" du feu en toute circonstance, les anciens entretenaient la flamme et l'emportaient avec eux, à la manière d'un bien précieux, pour s'en servir plus tard. A l'image de l'homme de Cro-Magnon, le navigateur tient son estime avec le plus de soin possible. A partir d'un point connu, il transporte les divers éléments pour construire sa route et définir le point suivant.

La tenue de l'estime doit prendre en compte de nombreux paramètres. Le vent n'est pas constant, le courant non plus. Les changements de cap impliquent des modifications de tracé, et les dérives sont différentes selon les allures et le courant. Les équipiers n'ont pas tous la même façon de tenir leur cap. Tous ces faits concrets, ces données chiffrées et supposées, toutes ces nuances, doivent être interprétés avec doigté pour "nourrir" l'estime.

Par vents réguliers et beau temps, l'estime est évidente à tenir. Mais lorsque la météo se fâche, que le temps se couvre à l'approche de la terre, que les courants deviennent violents et que la brise est instable, la tenue de l'estime demande du métier. La qualité d'une estime est fondée sur le sens de l'observation de tous les éléments qui interviennent dans la marche du bateau. Il est toujours surprenant de vérifier les dires d'un navigateur expérimenté qui décèle la côte avant tout le monde, dénonce les méfaits d'un contre-courant à la forme des vagues qui lèvent contre le vent, et annonce la saute au suroît. Il possède une véritable science de la mer, acquise au fil des observations et des habitudes : le sens marin.

La navigation à l'estime comporte deux aspects : l'enregistrement permanent des renseignements et leur mise en œuvre.

Les renseignements

Pour le navigateur, tout est bon à prendre, et les faits marquants d'une navigation devront être scrupuleusement notés sur le livre de bord par chaque équipier à la suite de son quart. Le calcul de l'estime commence par là. Il arrive souvent que le navigateur ait besoin de recouper son information en remontant le temps. La rencontre d'un autre bateau, consignée avec l'heure et le cap, peut, par exemple, servir plus tard. Le livre de bord est un précieux outil pour reconstituer l'estime.

C'est au navigateur de faire le tri des renseignements. Il utilise les plus évidents, mais peut également tenir compte de notes annexes qui vont renforcer son jugement. Toutes les heures, seront consignées les données de la navigation : le chiffre du loch, le cap demandé, le cap suivi, l'état du vent et celui de la mer, le baromètre. Mais également les différents faits qui ponctuent la navigation, tels les changements de voilure, les rencontres, la météo, les

Un bateau n'avance pas toujours exactement au cap indiqué par son compas. Il peut subir la dérive du courant, ainsi que sa propre dérive par rapport à l'eau. La navigation à l'estime prend en compte ces paramètres et les intègre dans le cheminement du bateau.

phares aperçus, avec l'heure et les relèvements, les utilisations du moteur.

La consignation de ces renseignements sert en priorité à l'estime du moment, mais peut jouer plus tard un second rôle. Avec le livre de bord, il est possible, après coup, de reconstituer les détails d'une croisière, par exemple le temps d'utilisation des voiles, du moteur, les différentes consommations d'eau et de carburant. Tenir le livre de bord est d'ailleurs une obligation à partir de la troisième catégorie de navigation. Il peut constituer une preuve officielle en cas de litige.

La mise en œuvre de l'estime

Elle se fera le plus souvent à partir d'une méthode graphique, en portant les vecteurs de la route-surface corrigée de la dérive pour obtenir la route-fond estimée. En règle générale, la route estimée est tracée selon des périodes régulières, mais également chaque fois qu'intervient un changement dans le déroulement de la navigation. Il est préférable qu'une seule personne, en l'occurrence le navigateur, accomplisse le travail sur la carte.

En attendant, les équipiers consignent le déroulement des faits sur le livre de bord, consulté par le navigateur en temps utile. La précision de la méthode graphique est suffisante pour être efficace. Elle a l'avantage d'être simple. Elle consiste à tracer les vecteurs indiquant la route en fonction de la vitesse et du cap. Elle intègre les paramètres suivants : la dernière position connue, le cap suivi par le bateau et déterminé par le compas, que l'on transcrira en cap vrai, la distance parcourue indiquée par le loch, l'estimation de la dérive due au vent et celle due au courant.

Chaque jour, tenant compte de ces différents éléments, la route parcourue sera soigneusement tracée à la suite de la précédente, jusqu'au moment où des observations précises (sondes, alignements...) et contrôlées permettront de rectifier l'estime. Le nouveau point, obtenu de façon certaine, sera le point de départ. Les facilités de positionnement données par le système GPS ne dispensent pas de l'entretien de l'estime. Il est nécessaire de considérer que cet appareil peut tomber en panne.

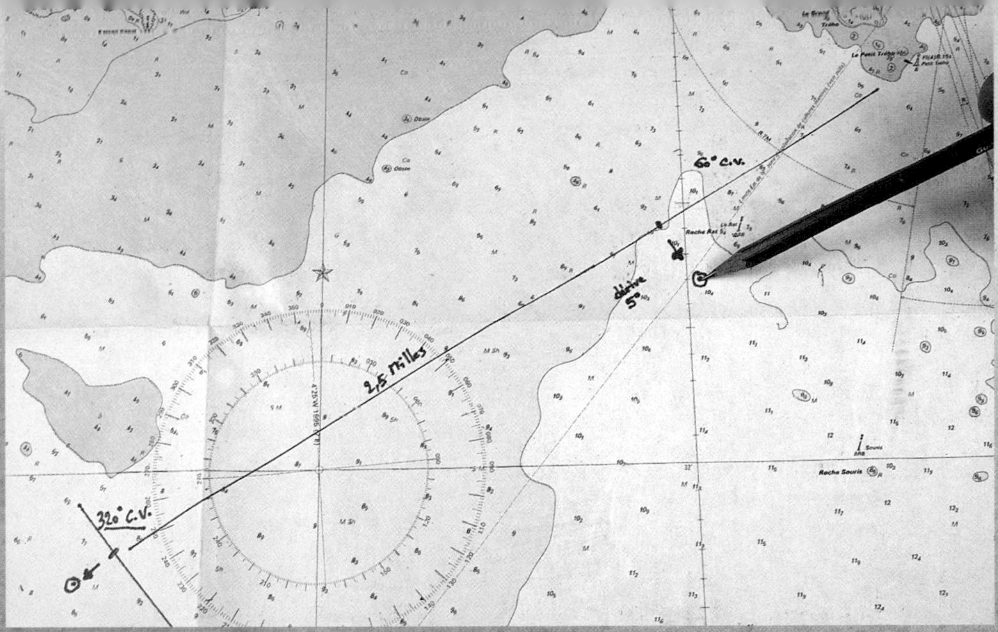

Faisant route de Quiberon vers l'entrée de La Trinité, le bateau est au près avec un vent de nord.

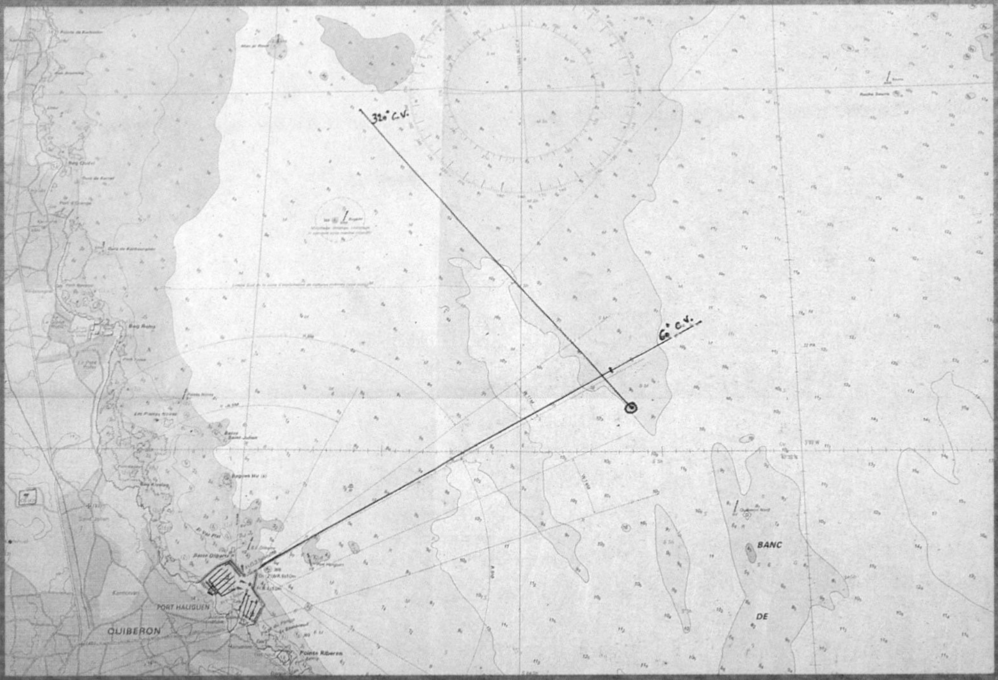

Il quitte Port-Haliguen en faisant une route au 60 degrés, vire de bord au bout de 2 milles pour faire du 320 degrés tribord amures. Le troisième bord l'amène à la bouée du Rat en faisant à nouveau du 60 degrés bâbord amures. Sur ce tracé, la dérive du bateau, estimée à 5 degrés, a été intégrée pour connaître la position du bateau sur le fond.

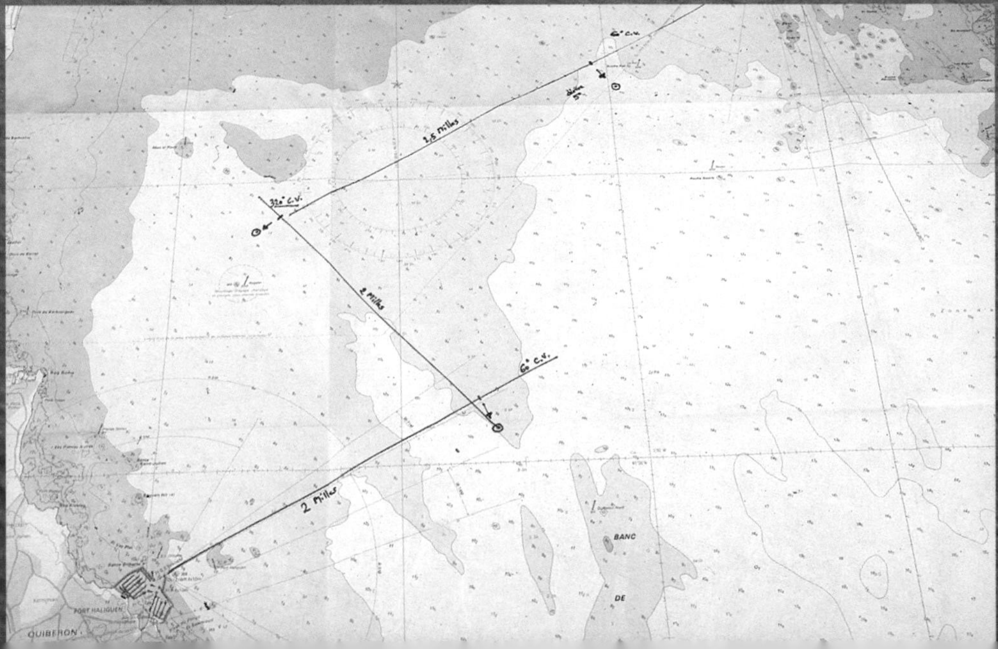

CALCULER LES MARÉES

A Saint-Malo, les périodes de vives-eaux peuvent engendrer des marées d'une amplitude d'une dizaine de mètres. Le paysage change alors totalement d'aspect, entre la marée basse et la marée haute.

Les marées ne sont pas seulement à l'origine des courants dont il faut tenir compte pour le calcul de la route-fond ; elles influencent également la hauteur d'eau, et donc la profondeur disponible pour naviguer. Il s'agit d'un facteur déterminant pour calculer sa route si elle doit passer sur des petits fonds, et surtout pour mouiller sans crainte de s'échouer quand la mer descend.

Il faut faire particulièrement attention aux hauteurs d'eau dans certaines régions telle la Bretagne Nord, au voisinage du Mont-Saint-Michel, où le marnage (différence de hauteur d'eau entre la basse et la haute mer) peut atteindre jusqu'à 12 mètres en période de vives-eaux (grande marée). La marée est faible au milieu des océans ; son marnage est voisin de 20 à 40 centimètres en mer Méditerranée ; il est fort en Manche et en Atlantique. Les amplitudes varient en fonction des positions respectives de la lune et du soleil. C'est l'attraction des astres, et en particulier de la lune et du soleil, qui a pour effet d'élever et d'abaisser le niveau de la mer. Pour simplifier les choses, disons que les marées fortes ont lieu en période de pleine et nouvelle lune et les marées faibles au moment du premier et dernier quartier.

Les marées ont également des intervalles inégaux selon les endroits du globe. En Europe, on observe deux marées quotidiennes d'environ six heures chacune, l'une montante et l'autre descendante, séparées par une période étale d'une vingtaine de minutes. Ainsi, d'un jour à l'autre, les marées se reproduisent en décalant leur mouvement d'une heure environ.

Quelques règles simples permettent d'aborder le problème sans difficulté. Le mouvement de la marée affecte la forme d'une sinusoïde qui sert de base à la règle connue sous le nom de méthode des douzièmes.

Il est admis que la marée monte progressivement, mais non régulièrement. Elle monte de un douzième de l'amplitude totale pendant la première heure, deux douzièmes la seconde heure, trois douzièmes la troisième, trois douzièmes la quatrième, puis deux douzièmes la cinquième et un douzième la sixième et dernière heure. A mi-

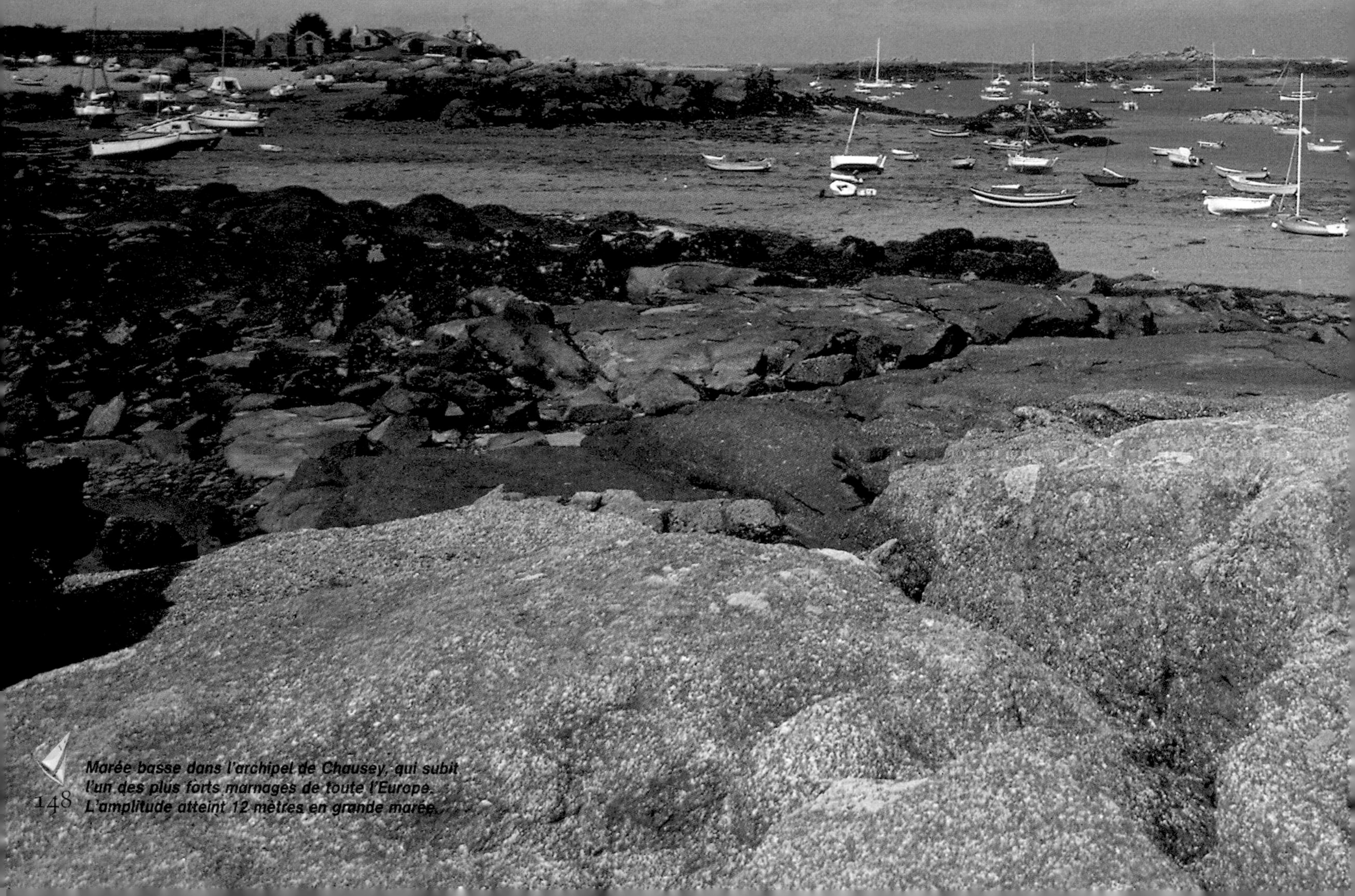

Marée basse dans l'archipel de Chausey, qui subit l'un des plus forts marnages de toute l'Europe. L'amplitude atteint 12 mètres en grande marée.

marée, la différence sera de la moitié de l'amplitude. Le niveau moyen, dans la plupart des cas, est suffisant. La hauteur pour chacune des heures de la marée peut être calculée en détail avec cette méthode des douzièmes.

Pour cela, il faut connaître deux éléments. Le premier est la valeur de l'amplitude (hauteur) moyenne de la marée ; le second l'intervalle (temps) qui indique la durée entre la marée haute et la marée basse. Ces renseignements sont publiés dans les annuaires de marée, dont l'un des exemplaires officiels est édité chaque année par le service hydrographique. Les hauteurs, exprimées en mètres, sont comptées, en France, au-dessus du zéro des cartes des plus basses mers. Pour calculer les hauteurs d'eau, il est nécessaire de les ajouter à la sonde mentionnée sur la carte. Quant aux heures, elles sont exprimées en temps universel plus une heure.

Le coefficient de marée (de 20 à 120) fait également partie de ces renseignements. Il est calculé afin que le coefficient de 100 corresponde à l'amplitude moyenne de la marée au moment des équinoxes. La plupart des annuaires mentionnent seulement deux valeurs : la période de mortes-eaux (ME) pour les marées de faible amplitude (20 à 45), et celle de vives-eaux (VE) pour les fortes marées (45 à 120). Les annuaires ne peuvent donner les heures de la marée dans la totalité des ports. Mais ils indiquent des ports de référence, avec des corrections de hauteur et d'heure pour faciliter le calcul dans les ports dits "rattachés".

Les hauteurs de marée sont toujours des prévisions. La pression atmosphérique, la force du vent et sa direction, l'influence de la houle peuvent jouer sur la hauteur et faire en sorte que la marée, à un point donné, ne correspond pas exactement au coefficient affiché sur les documents. Pour ces raisons, l'habitude consiste à prendre toujours une marge de sécurité, appelée le "pied de pilote", dont l'importance peut varier avec les grandeurs en cause et les circonstances du moment. Ce pied de pilote doit être ajouté au tirant d'eau du bateau pour connaître la profondeur idéale.

Attention à la variation des hauteurs d'eau en un même point ! Un passage possible un jour est impossible quelques jours plus tard. En Manche et en Atlantique, les marées sont décalées chaque jour d'environ une heure.

La règle des douzièmes. Ici, l'amplitude de la marée étant de 3 mètres (échelle du haut) après 2 h 30 mn de flot (échelle verticale), la variation de niveau sera de 1 mètre (échelle du bas).

7
En croisière

« La mer a toujours cette magie d'Alice tombant de l'autre côté du miroir, les amarres larguées, plus rien ne vaut pareil. Ce n'est pas seulement la petite vie du bord qui prend du poids, ni la forme d'un nuage ou le tombant d'une voile, non, c'est la vie en général qui s'épure du quotidien amollissant et retrouve ses couleurs, sa richesse, son épaisseur, aussi bien ici qu'avec ceux dont la mer nous sépare. »
Isabelle Autissier, journal Libération, *janvier 1998, Route de l'or.*

Une croisière réussie met en harmonie une foule d'éléments éparses, et nécessite de nombreuses connaissances sur la mer et le bateau. La qualité des rapports humains entre les membres de l'équipage dépendra toujours du tempérament de chacun. Mais le savoir-faire et la compétence primeront pour assumer les difficultés techniques. Depuis la préparation qui précède l'appareillage jusqu'à l'ultime moment où l'ancre touche le fond et signale la fin de la croisière, de multiples péripéties auront ponctué le temps de navigation.
La pratique de la voile n'est officiellement réglementée par aucun permis. La loi est ainsi faite. Ce n'est pas à proprement parler une discipline dangereuse, dans la mesure où les lois de la nature instaurent ses propres limites.
Le comportement d'un navigateur néophyte trouve généralement ses limites avec la montée de la force du vent. Elle lui dicte inconsciemment sa conduite. Une brise de force 3 à 4 le fait rapidement rentrer au port. Quelques semaines plus tard, il prend conscience que sa "tempête" était simplement une belle brise, idéale pour faire de la route à la voile. Si aucun permis n'est requis pour naviguer à la voile, un véritable enseignement doit être assimilé par les gens de mer. Des règles de sécurité ont progressivement été édictées. Une législation régissant la navigation en mer doit être appliquée. Et il est nécessaire qu'un minimum de savoir-vivre soit respecté. L'art de naviguer consiste à faire en sorte que l'action à la mer, dans un milieu qui peut vite devenir hostile, puisse se dérouler le plus normalement du monde.

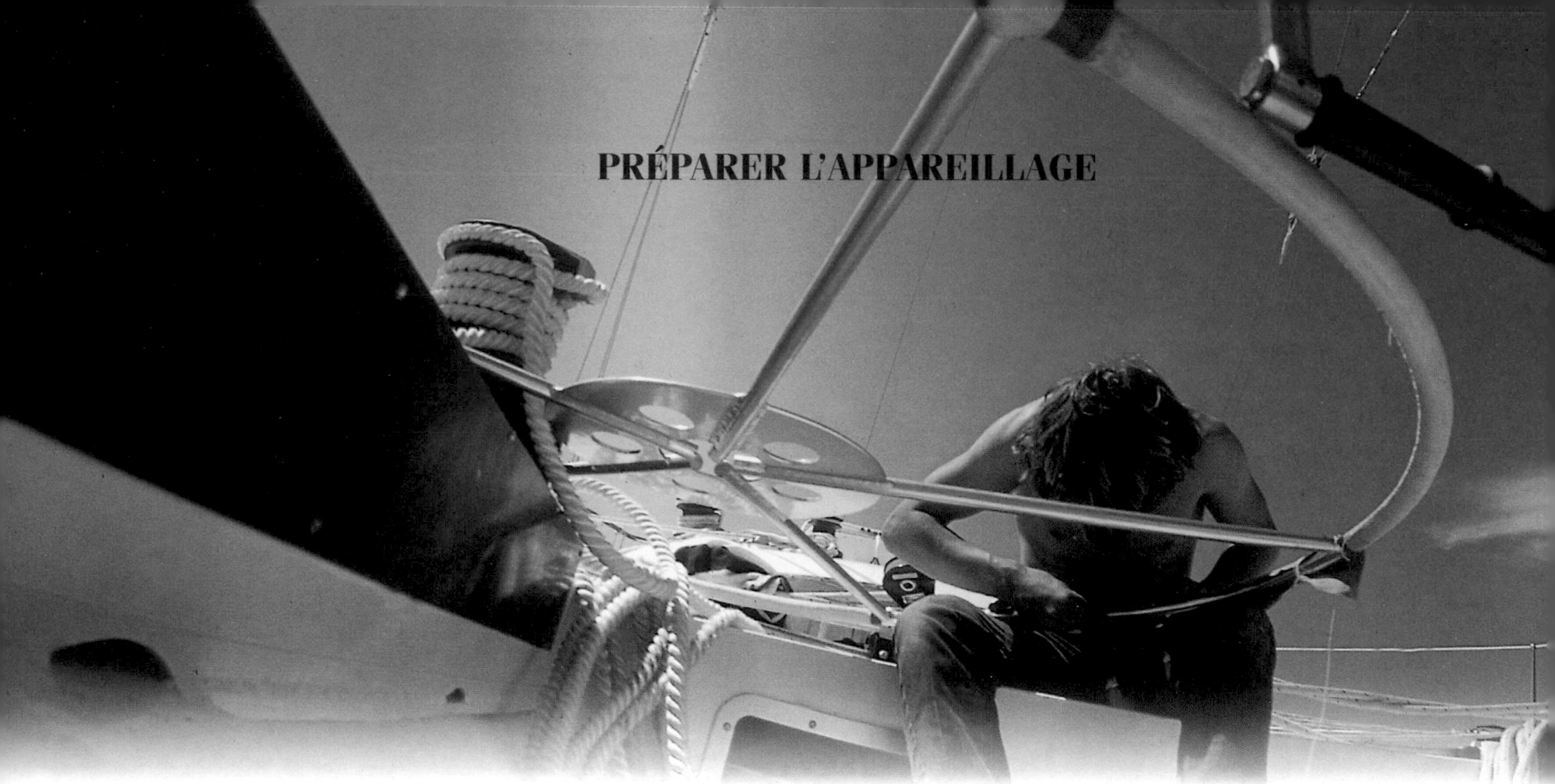

PRÉPARER L'APPAREILLAGE

L'entretien d'un bateau demande beaucoup de soins et d'attention. La période qui précède l'appareillage est le moment privilégié pour réaliser les petites tâches essentielles. Ici, un équipier s'occupe du fourrage de la barre à roue.

Une fois la jetée du port franchie, les ballons rentrés, il est temps de hisser les voiles. Debout au vent, le bateau se met à tanguer dans une mer formée. Le déplacement sur le pont devient plus difficile. A l'intérieur, l'observation du recoin des équipets et des coffres est plus hasardeuse, les choses beaucoup plus difficiles à trouver. L'absence d'une manivelle de winch en pied de mât, par exemple, peut rendre longue et compliquée la simple manœuvre d'envoi de la grand-voile. Avec l'expérience, le marin-plaisancier, qui ne dispose pas toujours d'un équipage aguerri, sait bien qu'un appareillage se prépare soigneusement à l'avance. La situation en mer, du moins dans les premières heures de navigation, est beaucoup plus compliquée qu'au port. Un minimum d'accoutumance aux éléments est nécessaire pour être à son aise.

Pour rester un équipier actif et ne pas attendre en boule dans le cockpit le mouillage suivant, il est indispensable de participer à la manœuvre et à la vie du bord. Pour cela, la connaissance du bateau est nécessaire, et en particulier l'endroit où sont rangées les différentes affaires.

La vérification à terre

Si le bateau est encore sur ber, il faut en profiter pour faire le tour avant la mise à l'eau. C'est une bonne manière de connaître son bateau en détail, pour pouvoir remédier plus facilement, le cas échéant, aux différentes pannes des appareils se trouvant sous la flottaison.

Il est bon de brosser les passe-coques et la crépine d'admission d'eau au moteur ; de gratter les impuretés fixées sur la sonde du sondeur sans la rayer ; de vérifier la jonction de l'aileron porte-lest avec la coque, le jeu de l'arbre, ainsi que le montage de l'hélice ; de changer les anodes si nécessaire. C'est également le moment de jeter un œil sur la qualité du presse-étoupe, qui assure l'étanchéité de l'arbre d'hélice, ainsi que sur le safran, qui doit pivoter sur sa mèche sans point dur.

Avant la mise à l'eau, la carène aura été soigneusement nettoyée et la qualité de la peinture sous-marine vérifiée. Il faut savoir qu'une carène sale entraîne automatiquement un freinage non négligeable. Perdre un à deux nœuds de vitesse avec une coque sur laquelle commencent à pousser les algues, ce que les marins nomment la "barbe", est courant, et particulièrement gênant par petit temps aux faibles vitesses. C'est souvent la cause du manque de performance du bateau.

La vérification à l'intérieur

D'abord la propreté. Un bateau se salit vite. Un grand nettoyage s'impose avant la croisière, surtout si le bateau a été immobilisé quelque temps. La première chose à faire est de retirer les planchers pour rincer les fonds et de ventiler l'intérieur généreusement pour chasser l'humidité. Par la suite, un minimum de temps consacré régulièrement à la propre^té changera la qualité de la vie à bord. Le grand nettoyage est également une excellente occasion de faire l'inventaire du bord, de sortir les objets trop vieux ou qui ne servent à rien, de noter l'emplacement de ceux qui sont susceptibles d'être utilisés plus tard, en particulier ceux qui se trouvent sous les planchers le cas échéant.

La bonne vérification d'un bateau demande du temps et se fait sans hâte. Il est mauvais d'appareiller en quelques heures une fois les vivres déposés à bord. Pour chaque planning de croisière, il n'est pas inutile de prévoir un temps réservé à la préparation de

Page précédente.
La navigation de nuit par beau temps fait partie des moments magiques et privilégiés d'une croisière.

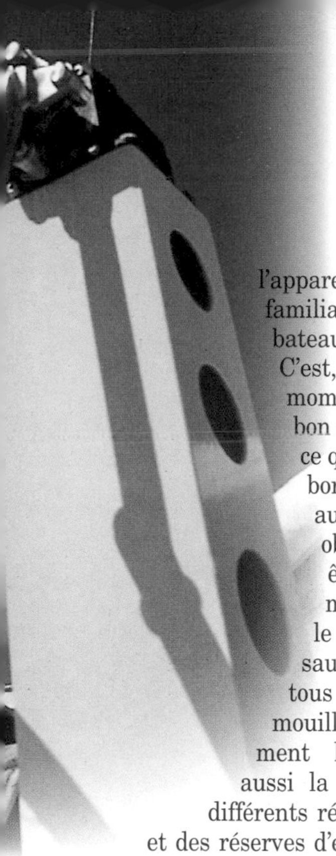

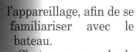

l'appareillage, afin de se familiariser avec le bateau.

C'est, par exemple, le moment de vérifier le bon arrimage de tout ce qui peut bouger à bord. Dans la brise au près, chaque objet demande à être correctement calé. C'est le cas du canot de sauvetage et de tous les apparaux de mouillage particulièrement lourds. Vérifiez aussi la contenance des différents réservoirs de fioul et des réserves d'eau, ainsi que la présence d'une bouteille de gaz en secours.

L'état du matériel de sécurité doit également être passé en revue, ainsi que l'emplacement des différents accessoires, qui doivent être en conformité avec la catégorie de navigation pratiquée par le bateau. Chaque équipier doit avoir son gilet de sécurité à l'intérieur. Pour ce qui concerne les harnais, il n'est pas inutile, ni idiot, que chacun ajuste le sien à sa taille et le range avec ses affaires personnelles. Quand le vent monte et que la mer se forme, cette opération, pour certaines personnes sans aucune habitude, est déjà trop compliquée pour s'en préoccuper. C'est aussi l'occasion de vérifier la boîte à outils du bord et la pharmacie. Pour la cuisine, ne jamais oublier qu'un bateau gîte ; chaque objet doit donc être calé à la bonne place.

Pour la maintenance, un journal technique n'est pas superflu. Il permet de noter par rubrique les travaux et les améliorations à apporter en cours de navigation. C'est un auxiliaire précieux aux indispensables notices d'équipement. Réunis en un seul endroit et rangés dans la bibliothèque de bord, ils peuvent alors servir en permanence en cas de besoin.

Juste avant l'appareillage, il est nécessaire d'effectuer un tour complet du bateau pour vérifier la position des vannes, qu'il est bon de fermer si le temps est instable. Ne pas oublier qu'avec une gîte importante et du mauvais temps, les vannes des W.-C. et des différents lavabos se trouvant sous la flottaison peuvent refouler malgré la présence de cols-de-cygne.

Faire de même pour les panneaux de pont ouvrants et les hublots de coque. L'eau qui peut entrer par ces différentes ouvertures n'occasionne pas d'avaries graves, mais peut constituer une gêne importante quand, par exemple, vous constatez au moment de vous coucher que votre couchette est trempée. Les cirés seront également entreposés dans un endroit qui ne gêne pas les manœuvres mais reste disponible.

Avant de quitter le port, la navigation doit enfin être "claire". La carte aura été étudiée et placée sur la table. Il est bon de mémoriser les premiers bords à tirer pour s'éloigner de la côte. Toute navigation doit d'abord s'effectuer sur la carte à tête reposée.

Les destinations d'une croisière ne doivent jamais être figées. Les lieux d'escale ont été étudiés au préalable par les membres de l'équipage, et le programme arrêté. Il est cependant important de garder une certaine latitude dans les décisions si cela est possible. C'est en effet la météo du moment qui va permettre de réaliser la navigation la plus agréable. Il est déconseillé, par exemple, de commencer une navigation à l'allure de près si le vent souffle fort. Un changement dans l'ordre des escales, tout en restant dans la même zone, peut rendre la croisière plus attrayante.

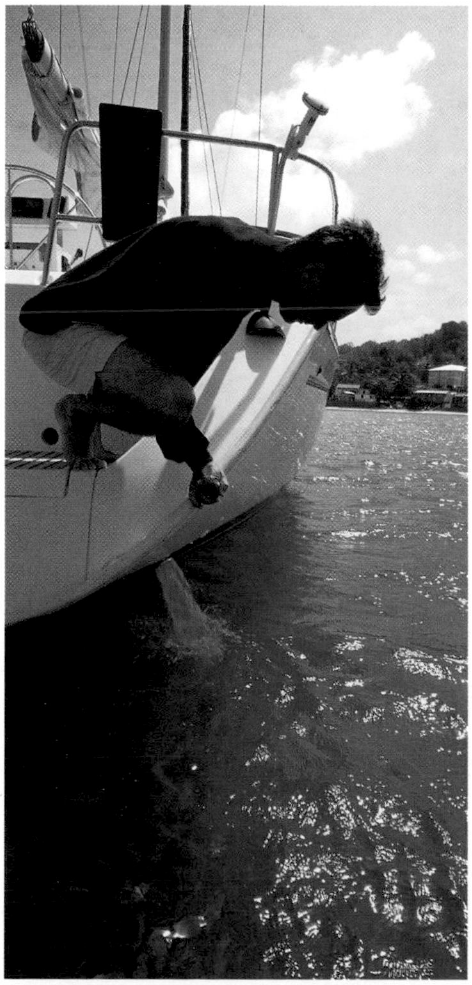

Vérifier le bon fonctionnement du circuit de refroidissement d'eau, une fois le moteur démarré.

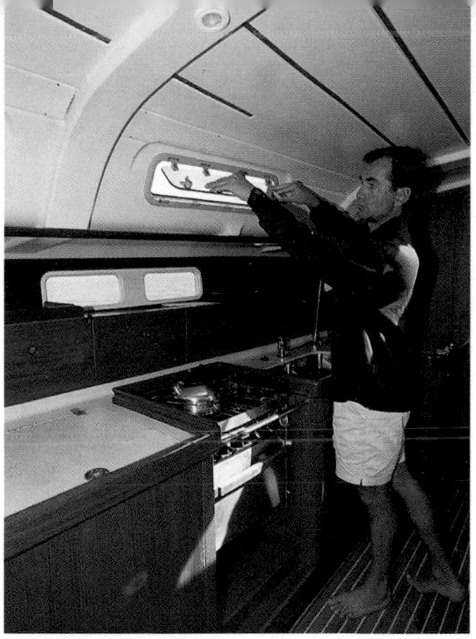

Avant l'appareillage, et surtout si le vent est frais, il est indispensable de procéder à quelques vérifications : fermeture des hublots...

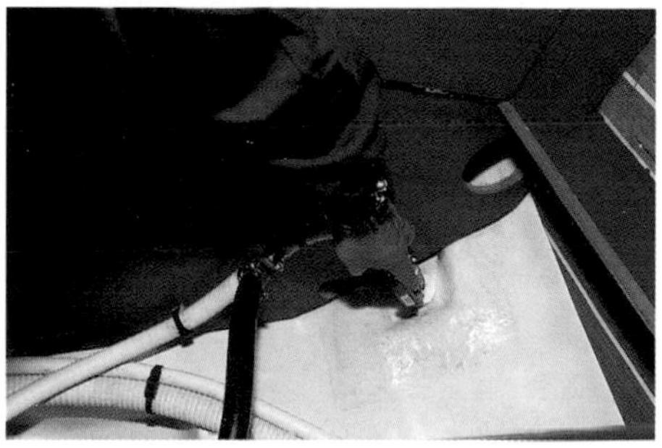

... verrouillage des vannes de coques...

... verrouillage des batteries...

... vérifier l'état du moteur, en particulier le niveau d'huile.

VÉRIFIER LE PONT

Le tour de pont avant l'appareillage passe en premier lieu par la vérification des ridoirs de haubans. Le mât, parfaitement en équilibre, dépend de leur bonne tenue. Dans les chocs provoqués par la mer, en particulier au près, les ridoirs sous le vent, qui tiennent les haubans détendus, peuvent se desserrer ou perdre leurs goupilles. Si le gréement n'a pas été vérifié depuis longtemps, c'est également l'occasion d'observer si le mât est droit.

Chaque type de gréement a son réglage propre, en fonction de son haubanage. L'étai et le pataras doivent être à peine tendus pour travailler au préalable sur le plan latéral du gréement. Pour ce faire, il est souvent préférable de travailler d'abord les bas-haubans (avant et arrière) pour placer le mât le plus droit possible et lui donner la position voulue en jouant sur ceux de l'avant ou de l'arrière. Quant aux galhaubans, ancrés en tête de mât et passant en extrémité de barre de flèche, ils agissent surtout sur la portion supérieure du mât.

Le réglage du gréement peut s'avérer délicat, l'intervention sur chacun des éléments interférant sur les autres. La méthode la plus simple consiste à vérifier l'influence de chaque intervention sur les ridoirs en plaçant son œil le plus bas possible sous l'engoujure du mât pour l'examiner en perspective. La moindre déformation de la gorge du mât est ainsi décelable. En jouant à tour de rôle sur les différents ridoirs, il est possible de mesurer l'interaction des haubans entre eux. Une fois le mât bien droit, il faut bloquer les ridoirs pour qu'ils ne puissent plus se défaire puis assurer avec des goupilles.

Ce n'est qu'une fois en mer et au cours d'une navigation à l'allure de près, alors que la pression de la voilure s'exerce sur le gréement, que la vérification du bon réglage de mât peut s'effectuer. Avec un peu d'habitude, il est possible d'ajuster la position du mât en jouant sur les haubans sous le vent, ceux qui ne travaillent pas. Puis de virer pour travailler sur les autres, jusqu'à obtenir le bon réglage. Dans la brise, c'est souvent la partie haute du mât qui "tombe" sous le vent ; une reprise des galhaubans est alors nécessaire pour la remettre dans l'axe.

Une bonne manière de voir si le mât est bien droit est de placer son œil près de la gorge du guindant et de regarder vers le haut. La moindre distorsion, due au mauvais équilibrage des haubans, se détecte instantanément.

Dans le sens longitudinal, le problème est plus simple, dans la mesure où il est toujours possible d'agir sur le pataras, une fois l'étai correctement réglé. L'idéal est de conserver un étai raide au près serré. De sa bonne tenue dépendra, en grande partie, la possibilité de faire un bon cap.

Tous les haubans du gréement travaillent ensemble et influencent la tenue du mât en même temps. La forme de celui-ci a une influence majeure sur celle des voiles. Dans un premier temps, un réglage moyen peut être trouvé pour tous les types de temps et d'allures.

Avec un peu d'habitude, vous pourrez jouer au moins sur le pataras pour le raidir au près, ou encore le rendre plus mou dans la marche au portant. Sans entrer dans les subtilités des gréements souples des bateaux de course, qui sont réglés en route selon les allures, au même titre que les voiles, petit à petit, vous prendrez conscience qu'un gréement n'est jamais figé. A l'occasion d'une navigation bord à bord avec un autre bateau, vous entrerez vite dans le jeu. L'action sur les voiles est primordiale pour entretenir la vitesse, mais le gréement a également ses secrets et permet d'améliorer l'équilibre et la rentabilité d'un plan de voilure.

La vérification du mât (reprise du mou des haubans et mise en place des goupilles) est fondamentale. Aucun skipper ne devrait appareiller sans avoir fait le tour du pont pour vérifier la bonne tenue du mât. Lorsqu'il se trouvera plus tard à la barre, il pensera sûrement que ce n'était pas là du temps perdu. Il sera difficile d'intervenir plus tard si le vent monte, et cette première opération est primordiale, ne serait-ce qu'au niveau de la sécurité.

Avant de partir, il convient de préparer la voilure, de s'assurer que les drisses sont bien en place et qu'elles suivent un chemin correct depuis la tête de mât. Vérifiez également le cheminement des écoutes sur le pont et la position des filoirs. Si le vent est instable, veillez à passer les bosses de ris et à bien les assurer. Au vent arrière, il est compliqué de les passer en bout de bôme. Au près, cette manœuvre nécessite une gymnastique difficile et dangereuse. Si la bosse de ris a été installée au port, la manœuvre de réduction de voilure est prête.

Le tour du pont s'achève par une vérification du mouillage. Il doit être à la fois bien arrimé pour ne pas cogner sur le pont ou dans sa baille et rapidement accessible en cas de besoin. L'action de mouiller doit toujours être réfléchie, mais peut, dans un cas extrême, sauver une manœuvre cafouilleuse et éviter, en dernier ressort, que le bateau n'aille à la côte.

Avant l'appareillage, ces quelques gestes de vérification, effectués dans la tranquillité du mouillage, éviteront de travailler plus tard dans l'urgence : positionner le filoir d'écoute de foc, quitte à le régler plus tard à sa place exacte en fonction de l'allure par rapport au vent...

... vérifier les goupilles de ridoirs. Elles doivent être bien fixées et ne pas déchirer le foc sur son passage...

... placer les manivelles de winches dans leur logement...

... vérifier l'accessibilité du canot de survie...

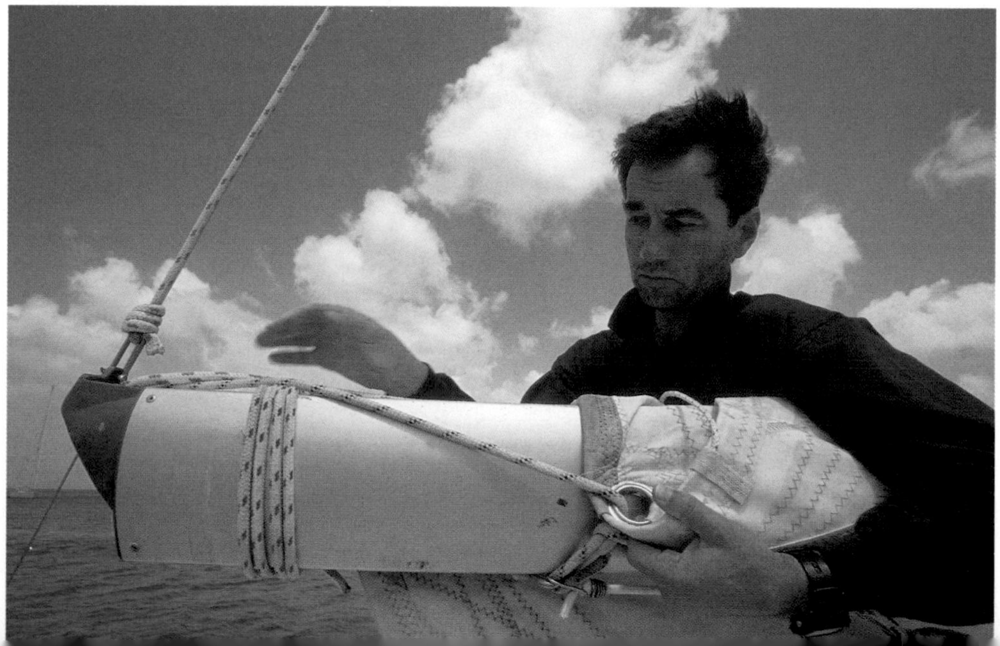

... fixer sur la grand-voile au moins la première bosse de ris.

S'HABILLER EN MER

Evoluer dans l'air du grand large, et même des embruns, fait partie des plaisirs de la navigation. Mais, pour rester toujours en harmonie avec les éléments et garder un moral gonflé à bloc, il convient d'être habillé correctement en toute circonstance. La situation en mer peut évoluer soudainement. Passant d'une allure tranquille de vent arrière, les vagues peuvent venir à l'assaut du pont si le bateau passe à l'allure de près, et bouleverser la vie du bord. Et si le grain menace, c'est toute la physionomie du bord qui se transforme. D'une situation idyllique en maillot de bain, le ciré peut s'imposer très vite. Les gens de mer connaissent ces changements qui ponctuent leur journée et modifient leur vie. Quelques heures plus tard, il est aussi réconfortant de voir réapparaître le soleil avec un vent qui revient gentiment sur l'arrière. L'embellie est magique en mer. Elle n'est véritablement appréciée qu'après un long moment de mauvais temps gris, qui chamboule le physique, fait côtoyer le mal de mer et ressortir les idées noires.

Quelle que soit la météo, le bon équipier doit pouvoir continuer à être opérationnel à longueur de quart. Il y a encore une vingtaine d'années, l'humidité était difficile à combattre par gros temps, et il fallait jongler avec l'astuce pour rester au sec. Aujourd'hui, avec la découverte des tissus synthétiques et le perfectionnement des coupes de vêtements, le plaisancier a les moyens de se protéger efficacement contre la pluie envahissante et les embruns salés.

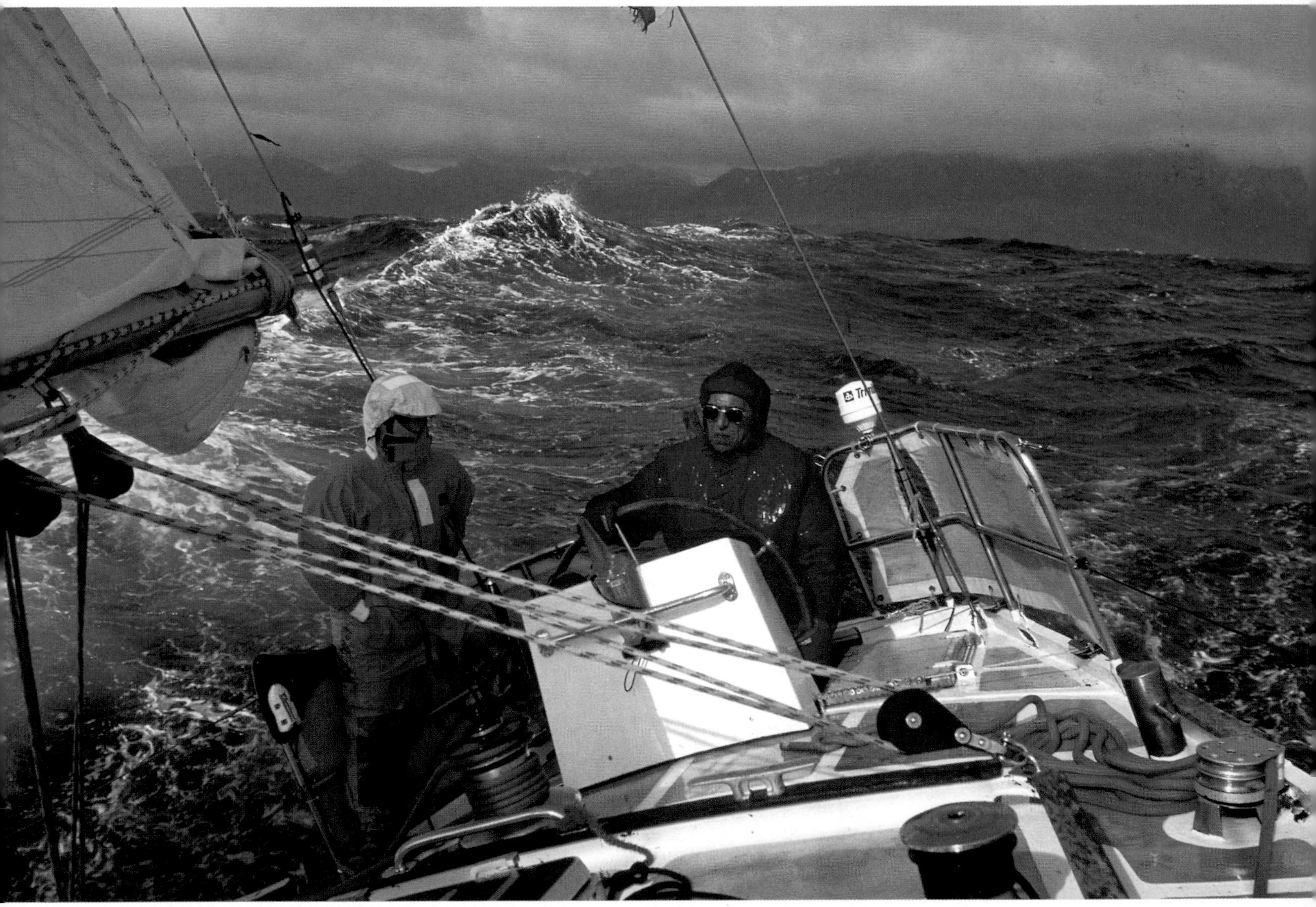

En mer, se protéger des intempéries obéit à des règles fondamentales. Il est impossible d'apprécier la navigation à sa juste valeur en étant mouillé et en ayant froid.

Par temps ordinaire et maniable, il n'est pas nécessaire, pour naviguer, de revêtir des vêtements spécifiques en dehors des chaussures. Il suffit, comme à terre, de se sentir à l'aise, et ne souffrir ni du chaud ni du froid. Ceci étant, le contenu du sac marin recèle quelques vêtements incontournables. Une tenue pour le froid comporte un bon chandail de laine et une chemise épaisse qui remplace le rayé de coton d'autrefois, bien que celui-ci soit toujours disponible dans les bonnes boutiques de mer, ainsi que des chaussettes de laine. Le short fait partie de la tenue légère pour le soleil.

Mais une fois passé le stade du temps ordinaire, où chacun s'habille à sa manière, le mauvais temps et la pluie imposent un certain type de vêtements. Le choix d'un bon ciré et d'une bonne paire de bottes, compte tenu du progrès de ces dernières années, est facile. A bord d'un bateau de croisière, l'ensemble veste-pantalon constitue l'une des meilleures protections. Il permet de revêtir uniquement le bas avec des bottes dans du temps intermédiaire, et de n'enfiler le haut que lorsque la mer commence à véritablement mouiller le pont et l'équipage. Par très mauvais temps, une serviette autour du cou évite que l'eau ne s'infiltre à l'intérieur des vêtements.

Avant de revêtir le ciré, le chandail de laine peut garantir contre le froid, mais il existe désormais de nombreux sous-vêtements, que l'on porte également en montagne, qui assurent chaleur et confort.

EN MER, IL FAUT DORMIR AVANT D'AVOIR SOMMEIL, SE COUVRIR AVANT D'AVOIR FROID ET SE NOURRIR AVANT D'AVOIR FAIM

Rester pieds nus sur un pont n'est pas conseillé. Même par beau temps, la chaussure de pont est nécessaire. Autrefois, les tennis faisaient l'affaire. Puis est venue la mode des *docksides* en cuir traité, mises au point à Newport sur les 12 mètres de la Coupe de l'America. Avec le développement des vêtements de loisirs et de sport, de nombreuses marques donnent désormais pleinement satisfaction. L'essentiel est d'avoir un pied bien tenu et une semelle antidérapante, de manière à être à l'aise pour manœuvrer. Il existe également de nombreuses marques de bottes étudiées pour travailler sur le pont.

Le sac du marin doit également contenir un bon sac de couchage garantissant le sommeil en toute circonstance, un couteau personnel (chacun dispose du meilleur et du plus beau), une paire de lunettes de soleil (attention à la réverbération des voiles et du cap à tenir sur le soleil levant !), un chapeau à large bord qui protège des morsures du soleil, impossible à soustraire du paysage de grand beau temps.

Comme dans toute autre discipline, se vêtir en mer est une question de goût et d'habitude. Chacun a ses manies. Mais quand le mauvais temps sévit, l'uniforme est de mise : rien ne remplace un bon ciré et une bonne paire de bottes. Comme dans la vie, le reste est une question de discipline. Se battre sur un bateau contre le mauvais temps demande une énergie farouche. Certains équipiers – ce sont d'ailleurs les meilleurs techniquement – sont toujours secs et à l'heure pour prendre leur quart. Le skipper attend perpétuellement les autres : ils sont toujours à la recherche de la botte qui manque et grelottent en permanence.

Les règles sont indispensables dans les situations difficiles à vivre au quotidien. Un sac étanche pour le duvet évite, par exemple, qu'il soit mouillé quand il n'est pas occupé par le dormeur. Garder son ciré à portée de main, sans encombrer, permet de ne pas subir le premier paquet de mer qui balaye le pont. Un pantalon mouillé ne doit pas rester en boule à l'intérieur ; des moyens existent pour le faire sécher en profitant d'un rayon de soleil. La vie en croisière par mauvais temps est rarement un moment de plaisir. Face à cette situation, les équipiers expérimentés réagissent en permanence et positivent au maximum. Le comportement passif est à prohiber. Même la décision d'aller dormir et de s'organiser en conséquence par rapport au travail de l'équipage doit être prise en temps utile. Se laisser aller dans les conditions parfois difficiles du mauvais temps est souvent la porte ouverte à l'ennui et au malencontreux mal de mer.

L'ensemble veste-pantalon de cirés est la tenue de base de tout équipier dès que le pont commence à mouiller, ou simplement par temps de pluie. Avantage : la veste et le pantalon peuvent être portés indépendamment. Un harnais est incorporé au niveau de la poitrine ; les deux boucles, passées dans le mousqueton de la ligne de vie, permettent de s'amarrer efficacement.

Cette combinaison de survie en latex, fabriquée par la société Cotten, est conçue pour laisser suffisamment d'aisance pour manœuvrer sur le pont. En cas de naufrage, elle assure l'étanchéité tout en permettant de garder la chaleur. Elle équipa efficacement Thierry Dubois, récupéré dans l'océan Indien sur son radeau de survie, après son chavirage dans la course du Vendée Globe Challenge de 1997.

Veste de quart au col montant verrouillant l'étanchéité au niveau du cou, à la fois imperméable et chaude. Elle est équipée d'un gilet flottant intérieur et d'un harnais incorporé dont les deux boucles extérieures sont réunies au niveau de la poitrine.

Gilet "océanique" permettant de mieux conserver la chaleur du corps. Il peut être porté à l'intérieur du bateau, ou encore sur le pont en l'enfilant sous la veste de quart ou sous le ciré.

Grâce à leurs étonnantes propriétés – elles conservent la chaleur même en étant humides –, les fourrures polaires en fibres synthétiques ont pris la place des bons vieux chandails.

MANŒUVRER AU PORT

Il est possible d'accoster une cale au vent, en se plaçant sous le vent pour arriver en douceur. Accoster vent arrière est à la portée de tous. Réaliser cette manœuvre vent debout est tout de même plus pratique. Attraper un corps mort par l'arrière n'est valable que dans peu de cas. Mieux vaut faire tête au vent et "cueillir" la bouée à l'étrave, avec une vitesse nulle. A voir cafouiller les novices, une constatation s'impose : ils réalisent de savantes manœuvres pour effectuer des actions simples. Les règles fondamentales de la manœuvre ne sont pas faites pour les snobs, les militaires de la Royale ou les traditionnalistes ; elles ont simplement été édictées par l'expérience et pour réduire les gestes et les efforts. Si les vrais marins continuent à se préoccuper du sens du vent pour accoster, il s'agit là d'une règle de bon sens. Et pour peu que le courant s'en mêle, il faut également l'intégrer au raisonnement.

Si la réalisation d'une manœuvre un peu compliquée est si belle, si elle continue de procurer autant de plaisir à son équipage, c'est qu'elle intègre une somme de connaissances importantes et témoigne d'une véritable compréhension de la navigation. Les navigateurs des années 1950 ont tous en mémoire au moins une manœuvre savante et osée, effectuée sous voiles dans les règles de l'art. Le 12 mètres *Vinetta* venant prendre le coffre au milieu du port du Palais à Belle-Ile tout en mouillant par l'arrière. *Eloise* venant sur son poste d'amarrage dans le bassin des yachts au cœur de La Rochelle. *Glénans* sortant d'une profonde souricière constituée des pontons du port anglais de Gosport.

Une manœuvre est satisfaisante dans la mesure où son succès dépend d'actions issues de plusieurs observations, quelquefois

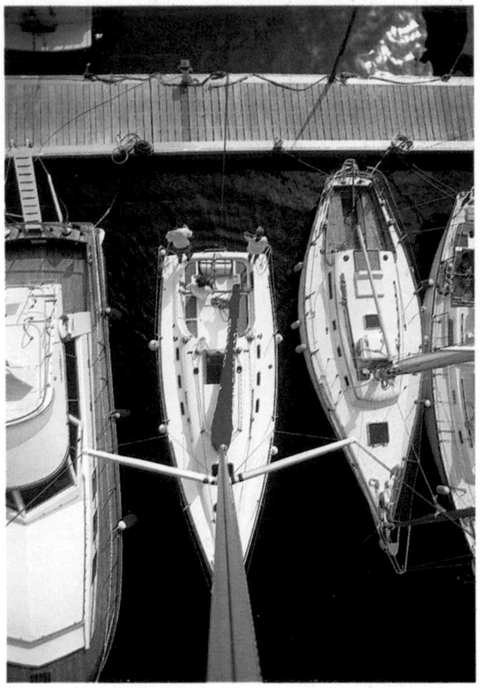

Le bateau vient se placer cul à quai, en ayant mouillé l'ancre sur l'avant ou bien pris au passage la ligne de mouillage avec sa gaffe.

Les manœuvres de port se préparent à l'avance. Les équipiers ont pris soin de placer les ballons aux bons endroits de la coque, les amarres sont frappées aux taquets et passées sous les filières avant d'être envoyées à terre.
Conseil : le barreur doit garder de la vitesse et observer les repères autour de lui pour estimer ses mouvements d'avance et de dérive.

INFLUENCE DU PAS DE L'HÉLICE

Le pas de l'hélice influence le comportement du bateau en marche arrière en le déviant de son cap. Pour contrer cette tendance, il faut savoir intervenir sur l'erre du bateau. Embrayé en marche arrière, le bateau prend de la vitesse et part en crabe. Jl faut alors débrayer l'hélice pour annuler l'effet néfaste du pas et redonner au gouvernail sa fonction principale. Seul l'expérience permet de doser le moteur et la barre afin de réussir la manœuvre.

1

2

Accostage.
1 Le bateau aborde le quai en "avant lente" avec un angle d'une trentaine de degrés, puis le moteur est débrayé.
2 L'amarre de tête est envoyée à terre, puis l'amarre arrière.

délicates, de la part du barreur. La configuration du lieu, la force et la direction du vent et du courant, le fardage et le déplacement du bateau définissant son erre, la connaissance des capacités de son équipage, sont autant de paramètres qu'il faut étudier avant d'agir.

Aujourd'hui, la navigation sous voiles ne se fait plus que rarement dans les ports, mais le mouillage forain et la prise de corps mort doivent pouvoir s'exécuter sans difficulté. Il est intéressant, par temps "facile", de s'entraîner à mouiller ou accoster à la voile. C'est amusant, et cela permet de mieux connaître son bateau ; c'est utile dans la mesure où le moteur n'est pas à l'abri d'une panne. La navigation au moteur nécessite également de son côté une bonne connaissance du fardage et de l'erre du bateau, ainsi que des éléments physiques. Le succès de ces manœuvres dépend en grande partie du sens de l'observation du barreur, une qualité qui fait partie du fameux sens marin, clé de voûte de toute navigation.

L'amarrage au port

Pour évoluer dans un port, il est évident qu'une vitesse lente est recommandée. Elle est d'ailleurs souvent limitée à 5 nœuds. Mais il faut savoir également qu'un bateau n'est manœuvrant qu'avec un minimum de vitesse, et pour peu que le vent souffle de travers, il faut conserver de l'allure pour être évolutif. Il faut surveiller en permanence, non pas le grain qui accourt, en mer, de l'horizon, mais les bateaux de servitude qui circulent et les autres plaisanciers, qui peuvent soudain sortir des pontons.

Le matériel à l'approche du quai est toujours le même. Quelques défenses disposées de chaque bord – la longueur de leurs amarres sera réglée plus tard, une fois à poste – et au moins un bout à l'arrière et un autre à l'avant pour parer au plus pressé. Attention à la profondeur ! Les autres bateaux sont une bonne indication, mais il est important de s'être fait une idée au préalable quant aux profondeurs du port à marée basse et l'entrée où l'on peut accueillir les visiteurs.

Dans les ports modernes, une capitainerie est en veille permanente et distribue les places disponibles. Il est alors possible d'appeler en VHF (généralement sur le canal 09) pour savoir quelle place utiliser.

Naviguer lentement mais garder de la vitesse pour manœuvrer, tenir toujours compte du vent pour évoluer, sont les deux conduites à tenir en toute circonstance. Les équipiers ne doivent pas gêner la vue du barreur placé à l'arrière. Lorsqu'on aborde un chenal, les bateaux à voile ou moteur, petits ou grands, doivent respecter leur droite.

En passant votre boucle d'amarrage à l'intérieur de la boucle déjà en place, vous permettrez au bateau déjà amarré de quitter la place sans défaire son bout ni le vôtre.

1

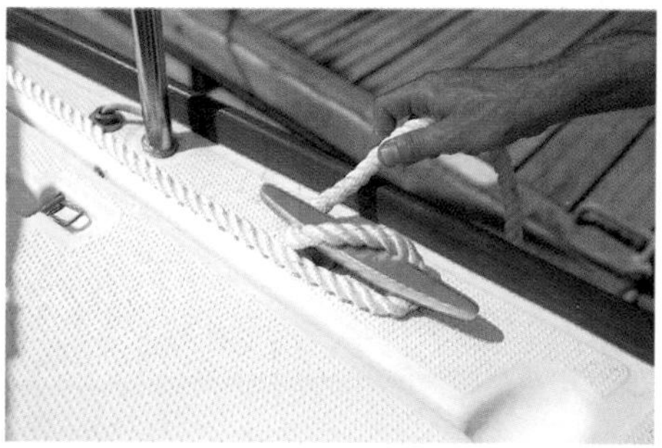

2

3

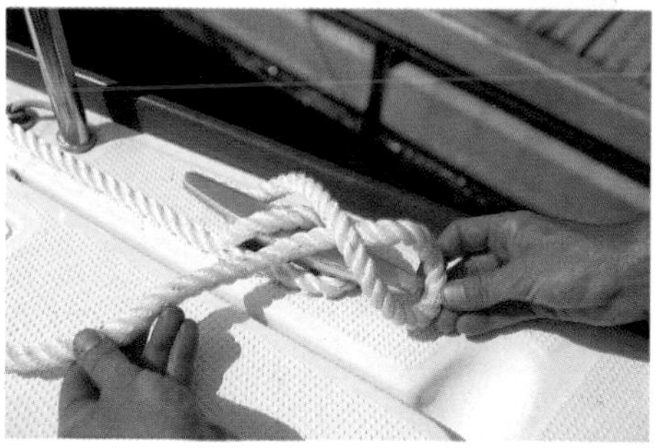

4

1 2 3 Frapper l'amarre au taquet de pont.
4 Une demi-clef effectuée en dernier sur le taquet "verrouille" l'amarrage.

3

4

3 Les ballons sont placés sur la coque avant de mettre en place les gardes montantes et descendantes.
4 Une dernière vérification de l'ensemble des amarres (ici, quatre) est faite avant de quitter le bateau.

MOUILLER

Dans un port, la place réservée aux plaisanciers est le plus souvent constituée de pontons ou *catways*, où le bateau vient se glisser. Il arrive encore que les bateaux soient positionnés cul à quai. Dans ce cas, il faut reculer en ayant pris un peu de distance et prendre à la gaffe la bouée qui soutient le mouillage destiné à tenir le nez du bateau, puis reculer jusqu'à venir poser les aussières sur le quai.

C'est quelquefois l'ancre du bateau qui tient l'étrave. Il faut alors préparer le mouillage à l'avant pour le mouiller au large, puis reculer dessus jusqu'à venir sur le quai. Deux difficultés se présentent alors : le pas de l'hélice, qui va avoir tendance à faire venir le bateau sur un bord ; le vent traversier, dont il faut tenir compte. Le réglage de la chaîne à l'avant se fera en dernier, en fonction de la position de l'arrière du bateau par rapport au quai.

LE MATÉRIEL DU BORD

Les ancres sont différentes par leur forme et leur poids, et s'adaptent à des fonctions et des tonnages variés. Les ancres en forme de soc de charrue crochent dans tous les types de fonds. Les ancres plates, conçues pour les fonds de vase, de sable ou d'algues, "décrochent" plus soudainement. Quatre ancres, chaque type disposant de grosseurs différentes, sont disponibles sur le marché : FOB, CQR, Britany et Danforth.

Le mouillage d'un bateau classique dispose au moins de deux ancres, d'une chaîne mesurant au moins 40 mètres, rallongée par un câblot en Nylon multitresse de gros diamètre. Il est pratique de marquer sa chaîne avec des repères peints, jalonnant par exemple les dix et les cinq mètres intermédiaires.

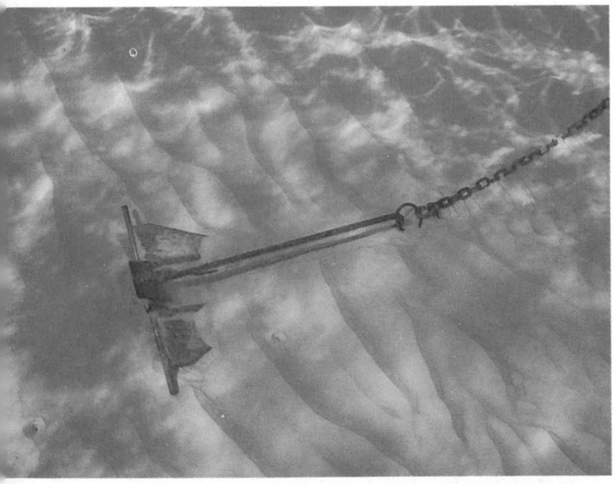

Les deux ancres le plus couramment utilisées : l'ancre CQR en forme de soc de charrue, qui croche a peu près partout ; l'ancre plate, davantage utilisée pour les fonds de vase et de sable.

LE LIEU DE MOUILLAGE

Avant de jeter l'ancre, il convient de bien choisir l'endroit où le bateau doit rester mouillé en sécurité pour passer la nuit, ou même plusieurs heures. C'est une fois de plus affaire d'observation et de bon sens. C'est le fond qui commande, et il faut tenir compte de la hauteur d'eau à marée basse. La houle et les vagues sont également d'une importance capitale. Même une faible houle résiduelle influençant un plan d'eau abrité du vent peut se révéler désagréable pour la nuit. Mieux vaut choisir un lieu venté, sans vagues, où le bateau sera bien "tenu", qu'un endroit totalement abrité du vent mais dont la surface de l'eau est ballottée par une houle molle et irrégulière. Rien de tel pour entretenir toute la nuit des bruits irréguliers et pas toujours identifiables, néfastes pour le sommeil, et que l'on peut résumer ainsi. Les drisses cognant sur le mât, le vit-de-mulet et le palan de la grand-voile qui grincent entraînés par la bôme, les boîtes de conserve qui s'entrechoquent dans les fonds, les bols qui roulent lentement dans le placard de la vaisselle, et même les planchers qui grincent. Mais le vent a également son mot à dire ; il peut changer de direction, et vous faire éviter de 180 degrés l'autre côté de votre ancre. Enfin, il faut tenir compte de la position des voisins de mouillage, qui doivent, comme vous, pouvoir éviter sans gêne autour de leur mouillage. Avec l'encombrement des plans d'eau en été, cette précaution est essentielle. C'est au dernier de trouver la place idéale en fonction de celles déjà occupées, sans pousser du nez les camarades de mouillage.

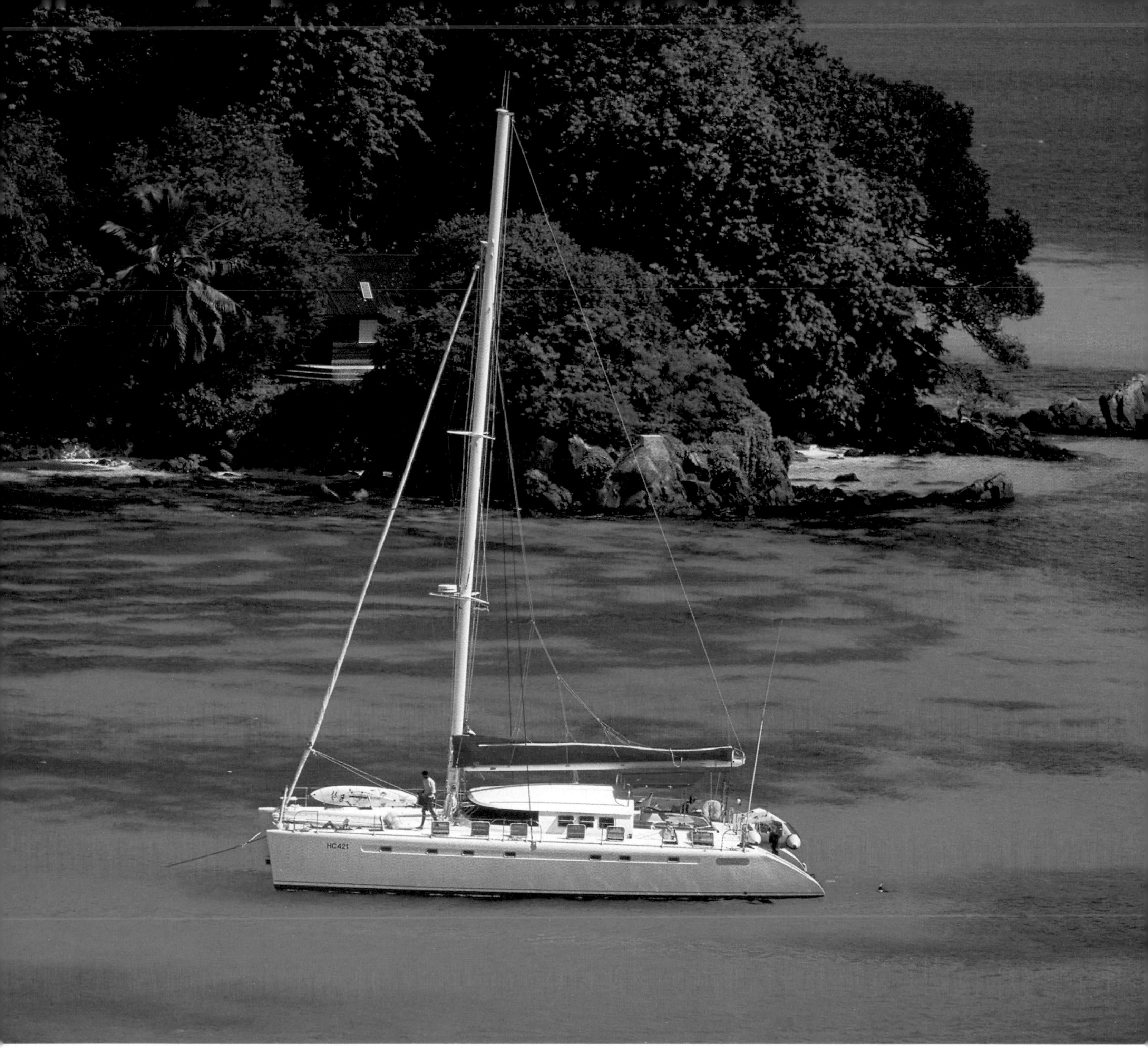

Jeter l'ancre

Après avoir trouvé l'endroit de mouillage sûr, il convient de jeter l'ancre. La méthode est chaque fois la même. Réaliser une approche lente debout au vent jusqu'à venir déposer l'ancre au moment où le bateau n'avance plus et commence à culer. L'équipier d'avant ne doit pas la lancer comme un vulgaire paquet, mais la laisser descendre délicatement en contrôlant la chaîne dans le davier ; il doit mouiller la longueur voulue et s'assurer en tirant sur la ligne de mouillage que l'ancre a bien croché ; enfin, assurer au taquet. Dans le premier quart d'heure, il est utile de vérifier comment le bateau évolue, si le mouillage ne chasse pas et tient bon, si tout est clair.

Dans certains cas, vent contre courant, il peut être intéressant de réaliser l'approche vent arrière, soit au moteur, soit sur le foc prêt à être amené, et de mouiller vent arrière. Il faut alors laisser filer la chaîne, puis la tenir pour que le bateau vire et fasse tête au vent.

Le nombre de mètres à laisser filer pour réaliser une bonne tenue est très différent, il dépend de plusieurs facteurs : la force du vent et l'état de la mer, la nature du fond et la profondeur. Plus l'angle que fait la chaîne d'ancre avec le fond est petit, plus l'ancre aura des chances de rester bien crochée. Les marins ont coutume de dire : une fois le fond, trois fois la chaîne. Mais si le mouillage n'est pas trop sûr, cinq fois le fond n'est pas de trop pour dormir sur ses deux oreilles. Ce qui veut dire que, pour un fond de 5 mètres, il est nécessaire de mouiller 25 mètres de ligne de

La tranquillité d'un aussi beau moment est liée à la sécurité de votre mouillage de jour comme de nuit.

Un mouillage se prépare à l'avance. Il faut, en particulier, vérifier que la chaîne est claire, et pour cela la sortir sur le pont. Examiner si la longueur est suffisante pour le fond et s'assurer que son extrémité est bien verrouillée au bateau.

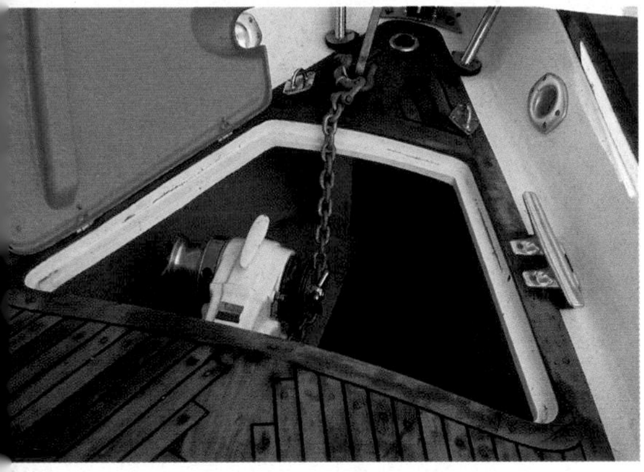

L'usage d'un guindeau bien conçu facilite les opérations de mouillage. Ici, un guindeau entièrement escamotable sous le pont.

mouillage. Attention cependant ! Plus la longueur de votre mouillage sera grande et plus important sera votre rayon d'évitage.

L'aussière, qui peut remplacer la chaîne, est plus facilement manœuvrée en raison de son faible poids. Mais le poids de la chaîne présente l'avantage d'amortir les à-coups provoqués par les vagues. Le mouillage mixte, aussière-chaîne, est aussi possible.

La chaîne peut être laissée dans le davier d'étrave, mais il est préférable, pour éviter le raguage inutile de l'acier, d'y faire passer le câblot qui prolonge la chaîne en prenant soin qu'il ne souffre pas. Pour cela, il est parfois nécessaire de le fourrer avec un chiffon ou un morceau de caoutchouc pour éviter l'usure. Il se coupe beaucoup plus facilement que l'on croit, avec un peu de clapot. Le câblot ou la chaîne viennent ensuite sur un bon taquet d'amarrage, placé sur la plage avant. Sur les bateaux supérieurs à 10 mètres de long, un guindeau s'intercale entre le davier et le taquet. Il assure la retenue du mouillage, et sert surtout à la remontée de la chaîne et de l'ancre, pour le plus grand soulagement des reins de l'équipier.

En règle générale, il faut toujours être prêt à appareiller. C'est souvent par nuit noire que le vent se lève et que le bateau commence à chasser. Pour cette raison, le dormant du mouillage (la partie qui ne sert pas et reste sur le pont) doit toujours être clair. Une première solution consiste à filer davantage de ligne pour permettre à l'ancre de crocher plus facilement. Si cela ne sert à rien, il faut lever l'ancre et partir remouiller dans un endroit moins profond ou mieux abrité.

Oringuer est une sécurité à prendre par fond douteux où l'ancre peut se trouver prisonnière. Cette technique consiste à relier l'ancre à un orin soutenu par un flotteur. En cas de difficulté, cet orin permet de remonter l'ancre selon une direction différente de celle du bateau, et de la dégager plus facilement du fond.

Plusieurs techniques existent pour réaliser un mouillage plus performant. Il est possible de tenir le bateau au moyen de deux ancres placées au bout de deux lignes disposées en éventail devant le bateau (affourcher). Par petit temps, le bateau mouille la première ancre et court un instant sur son erre perpendiculairement au vent, avant de mouiller la seconde. Le réglage de tension des deux lignes de mouillage s'effectue en dernier. Il est également possible de mouiller la première ancre puis d'aller poser la seconde au moyen de l'annexe pour en choisir soigneusement l'endroit idéal.

Deux ancres de différentes grosseurs peuvent être utilisées sur la même ligne de mouillage, la première (la plus petite) freinant la seconde (empenneler). Mais il est plus délicat de mouiller un tel dispositif.

La prise de corps mort

La façon d'arriver sur un corps mort, au moteur comme à la voile, tient compte du vent. Il faut parvenir le plus lentement possible au voisinage de la bouée et en sai-sir l'anneau, ou, plus sûrement encore, la chaîne par en dessous. Ensuite, si la bouée est munie d'un orin, amarrer avec celui-ci. Sinon, il faut

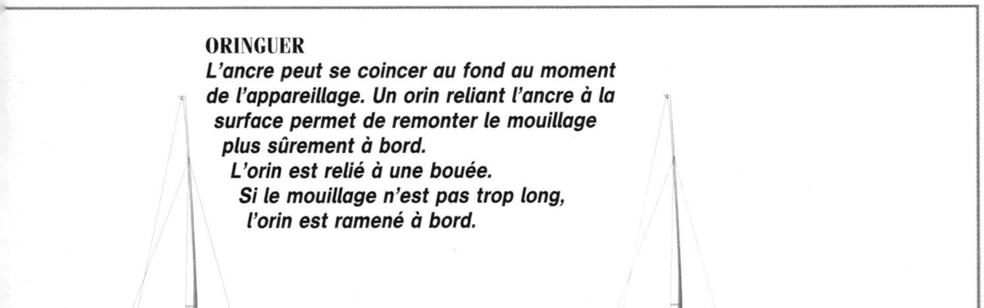

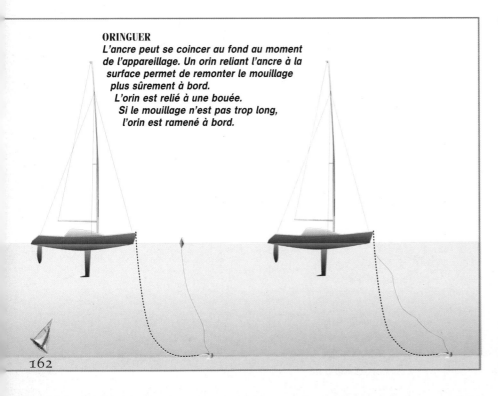

ORINGUER
L'ancre peut se coincer au fond au moment de l'appareillage. Un orin reliant l'ancre à la surface permet de remonter le mouillage plus sûrement à bord.
L'orin est relié à une bouée.
Si le mouillage n'est pas trop long, l'orin est ramené à bord.

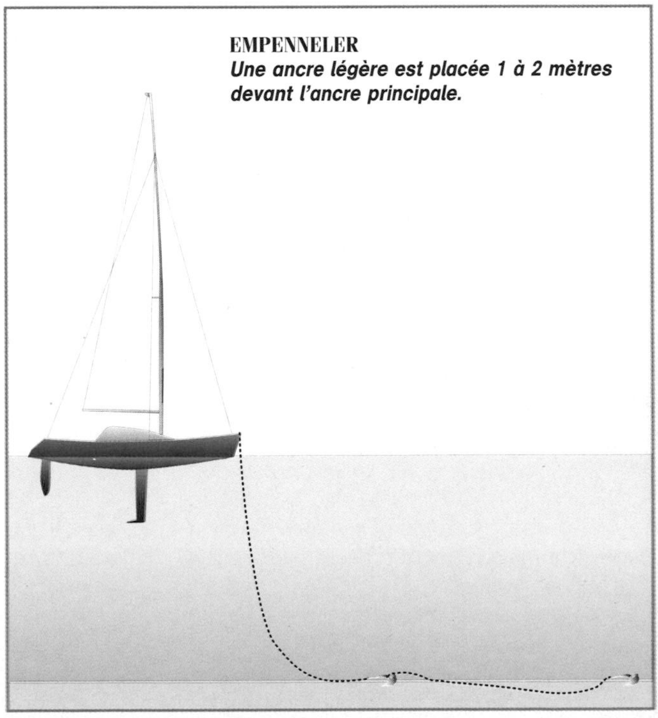

EMPENNELER
Une ancre légère est placée 1 à 2 mètres devant l'ancre principale.

passer son propre bout, et pour cela s'allonger à l'avant pour accéder à la bouée. Il est préférable d'exécuter cette manœuvre à deux, l'un tenant la bouée, l'autre passant le bout.

Avec un peu d'expérience, il est plus confortable de prendre la bouée avec un foc amené au dernier moment et de terminer sous grand-voile seule. L'équipier d'avant est moins gêné. Avec du vent qui ne souffle pas dans le même sens que le courant, il peut être utile d'amener la grand-voile au préalable et de terminer sagement sur le foc, qui peut être étouffé très rapidement une fois le corps mort saisi.

L'échouage

Dans les mers à marée, il est possible de s'échouer pour réparer sa coque, la peindre ou procéder à un carénage. Dans tous les cas, une inspection du fond doit être effectuée à la marée précédente pour vérifier la nature du fond. Les bateaux à faible tirant d'eau peuvent être maintenus verticalement par des béquilles soigneusement fixées. Il est également possible d'échouer le long d'un quai. Des précautions sont à prendre à la descente du bateau, pour qu'il s'appuie bien sur le quai et qu'il ne parte pas de l'autre côté. Pour cela, il est nécessaire de placer des poids sur le pont, côté quai, pour le faire appuyer. Il est possible d'assurer l'échouage en tenant le mât par un bout prévu à cet effet, ou encore une drisse, frappés sur la cale. Attention alors à bien larguer cette retenue au moment où le bateau remontera avec la marée !

La règle du mouillage en situation classique : une fois le fond, trois fois la chaîne.

AFFOURCHER
Deux ancres sont mouillées en éventail.

LA MANŒUVRE DE L'HOMME À LA MER

Un équipier qui tombe à la mer est le risque de navigation le plus grave sur un bateau de plaisance. Même par beau temps, cet incident ne doit jamais être pris à la légère. La raison en est simple : il peut, et c'est arrivé de nombreuses fois, entraîner la mort de celui qui est tombé du bateau.

Marcher à quelques centimètres du bord d'une falaise est fortement déconseillé. Quelques dizaines de mètres en dessous, la mort vous guette. Un équipier qui manœuvre sur le pontet, qui nage mal, équipé d'un ciré et de bottes, par mauvais temps, avec un barreur peu expérimenté et un équipage qui procède à ses premières sorties, est placé dans le cas du promeneur de la falaise. Il doit savoir que tomber à l'eau peut être mortel.

Par beau temps et mer plate, la chute à la mer ne prête généralement pas à conséquence et est souvent due à une étourderie. Il est facile de récupérer le nageur. Par mauvais temps, c'est une autre histoire. Et quand l'équipier n'est pas sûr de lui, il ne doit pas hésiter à revêtir son harnais de sécurité pour aller manœuvrer. Une situation apparemment simple peut se transformer rapidement en catastrophe à la suite d'une manœuvre qui cafouille.

Pour pallier cette situation, les bons marins ont coutume d'examiner froidement le cas. Il n'est absolument pas ridicule de se préparer à cette éventualité en exécutant la manœuvre de l'homme à la mer en situation réelle, dans du petit temps et en toute connaissance de cause, avec des équipiers préparés. Cet exercice donnera du recul pour affronter l'incident s'il se présente, et mettra en confiance. L'exercice programmé à l'avance n'a rien à voir avec la situation réelle, mais il permet de mettre en place une technique qui a fait ses preuves. Le barreur et l'équipage devront ajuster cette technique en fonction de l'état du moment, mais ils auront une base de travail scrupuleusement adaptée au cas précis de l'homme à la mer.

Trois actions doivent être effectuées dans l'instant où l'équipier passe par-dessus bord.

- La première personne qui constate l'accident le fait savoir à tout le bateau en criant.
- Elle jette la bouée, placée à cet effet dans le balcon ou les filières, le plus près de l'homme à la mer.
- Elle ne le quitte pas des yeux. Avec de la mer et certains éclairages, la tête du nageur se perd en quelques secondes.

Vient ensuite la manœuvre pour revenir le plus rapidement, et surtout avec le meilleur placement possible pour sortir l'homme de l'eau.

Au près, et même par temps maniable, il peut être intéressant de prolonger le bord de quelques secondes (une trentaine) pour s'écarter de celui qui est tombé et avoir plus de latitude pour manœuvrer et venir se placer exactement à l'endroit voulu par rapport à lui. Le bateau revient sur l'homme à la mer après un virement de bord, ou mieux, un empannage. La règle d'or est de ne pas trop partir sous le vent, sous peine d'avoir du mal à remonter rapidement, et de prendre soin de rester toujours manœuvrant. Une fois proche du nageur, il faut arrêter le bateau en jouant de la grand-voile et du foc à contre, tout en restant au vent pour se laisser "tomber" sur lui.

Au vent arrière, la situation est bien plus délicate. L'équipier tombé à l'eau s'éloigne très rapidement. Un exemple : à 6 nœuds, ce qui représente une vitesse faible au largue, il sera à plus de 180 mètres du bateau en une minute. Dans ce cas, celui où continuer à faire

L'homme à la mer doit signaler sa présence par tous les moyens possibles.

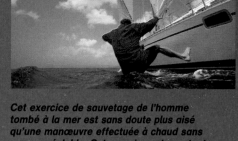

route est obligatoire jusqu'au moment où le spi peut être amené, il faut s'efforcer de garder son sang-froid. La précipitation est l'ennemi numéro un, et il faut mettre de l'ordre avant de remonter au vent. Le guetteur à l'arrière, qui ne perd pas le nageur de vue, est indispensable, dans la mesure où le bateau va effectuer une bonne distance sous le vent. Le moteur peut être ensuite une bonne solution pour revenir au vent et gagner du temps, à condition qu'aucun bout ne vienne bloquer l'hélice. Sous voiles, il faut remonter au vent en tirant des bords courts et de l'ordre d'une centaine de mètres. Dans ce cas, la plus grande difficulté sera de retrouver la position de l'homme à la mer. Pour cette raison, il peut être adroit, et toujours si cela est possible, de "baliser" la chute avec des objets flottants en plus de la bouée prévue à cet effet. Un maximum d'éléments flottants facilitera le repérage.

Une fois près du nageur, reste à l'embarquer à bord. Il s'agit là d'une phase délicate et décisive. Elle ne laissera peut-être pas de seconde chance. La règle à suivre est de crocher l'homme à la mer de diverses manières, mais le crocher et ne plus le lâcher ! Une sangle préparée à l'avance, ou un bout, passés sous les bras, peuvent assurer la "prise" si le bateau bouge. Il peut s'avérer utile de démonter les filières intermédiaires qui ceinturent le pont pour faciliter le retour à bord de l'homme tombé à la mer et éviter de passer par-dessus les filières. Avec un peu de temps, il est souvent efficace d'assurer (en toute sécurité) un équipier du bord qui sera désigné pour descendre dans l'eau et agir le premier pour assurer une prise sur le nageur.

Une fois le bateau stoppé et l'homme ceinturé ou tenu fermement, les méthodes de remontée peuvent varier. Happé à plusieurs, l'homme peut être monté sur le pont en ayant un rôle actif. S'il ne peut aider à la manœuvre, il est possible d'utiliser une drisse pour le soulever et lui faire passer les filières. Un palan frappé sur la bôme est également pratique et permet de travailler à l'extérieur du bateau.

Les manuels recommandent de prendre l'heure au moment de la chute et de relever le cap de celui qui est à l'eau. C'est bien de le faire lorsque cela est possible. Certains instruments électroniques, actionnés immédiatement au moment de la chute, permettent de retrouver la position exacte en indiquant un cap et une distance. C'est une aide efficace.

Mais dans ces circonstances extrêmes, rien ne remplace l'expérience, le sang-froid, le sens marin. Evitant de croire que la chute de l'homme à la mer n'arrive qu'aux autres, il est fortement recommandé de réaliser la manœuvre réelle à l'occasion d'un exercice, et de se tenir prêt à toute éventualité.

Cet exercice de sauvetage de l'homme tombé à la mer est sans doute plus aisé qu'une manœuvre effectuée à chaud sans aucun préalable. Cet exercice est pourtant loin d'être inutile, car il met face à la réalité, avec des gestes concrets à accomplir et une synchronisation qu'il faut connaître pour la réussite de l'opération.
La première action de celui qui tombe à l'eau est de hurler dès qu'il le peut pour attirer l'attention.

La première action des membres de l'équipage est de lancer immédiatement, avec le maximum de précision, la bouée de sauvetage.

Après avoir parcouru quelques dizaines de mètres, le bateau remonte au vent pour aller virer sur la droite du plan d'eau et revenir vers le naufragé.

L'équipier du bord jette un bout à l'homme à la mer. Avec du vent, il peut être déterminant, pour monter l'homme à bord, de préparer un second bout pour assurer la prise.

Le naufragé est amené près du tableau arrière pour faciliter son embarquement.

NAVIGUER SUR MULTICOQUE

Catamaran ultra-léger dessiné dès 1920 par Nathanael Herreshof, architecte américain à qui l'on doit également de nombreux bateaux, dont plusieurs "defenders" de la Coupe America.

La bataille de la résistance et de la remontée au vent

Le multicoque ne représente qu'une faible proportion des bateaux de croisière courants, mais il est de plus en plus présent dans certains secteurs, telles les unités proposées à la location. C'est qu'il correspond parfaitement à ce type de programme. Les nouveaux navigateurs qui en font la découverte ne peuvent se passer de son côté pratique et de sa grande habitabilité. Il se développe aussi dans le domaine de la voile sportive, avec les catamarans légers et ultra-rapides. Enfin, quelques navigateurs hauturiers le choisissent pour arpenter le monde. C'est Philip Weld, vainqueur de la Transat anglaise en 1980 à bord d'un trimaran, qui disait dès 1965 : *« Une fois que vous aurez navigué une saison sur un multicoque, jamais plus vous ne naviguerez sur un monocoque. »*

Le multicoque – prao, catamaran ou trimaran – est vieux comme le monde. La raison en est simple. Cette embarcation à plusieurs coques résout le difficile problème de la stabilité sans s'alourdir d'un lest inutile. C'est l'écartement des coques qui fournit l'équilibre. Le poids du bateau est donc extrêmement léger, et la vitesse beaucoup plus facile à entretenir. Les pirogues polynésiennes et les praos qui balayèrent le Pacifique font appel à ce principe. Déjà, l'extravagante vitesse de ces engins légers est en mesure de couvrir de longues distances, avec le vent, à des moyennes élevées. Les pirogues de 12 mètres de long des îles Mariannes naviguaient couramment au-dessus de 15 nœuds il y a plusieurs siècles.

Les gréements s'affinèrent pour gagner au vent ; les dérives entrèrent en action pour limiter la tendance à marcher en crabe ; les gouvernails trouvèrent des fixations plus efficaces. Depuis de très longues années, ceux qui, d'une manière ou d'une autre, essaient d'aller plus vite sur la mer sont nécessairement obligés de penser au multicoque.

Une infinité de bateaux, des plus farfelus aux plus sérieux, peuplent l'histoire de la navigation sur plusieurs coques. Légers, pour aller vite, larges pour être stables, ils possèdent un lest quasiment inexistant. La contrepartie est évidente. Bon nombre d'embarcations bricolées ne sont pas assez solidement construites pour de telles vitesses et se brisent ; un nombre encore plus important rompent subitement la loi de l'équilibre et chavirent sans pouvoir revenir à l'endroit.

Le vaste domaine des multicoques va progressivement être conquis à travers les péripéties multiples et en résolvant petit à petit deux difficultés majeures : être suffisamment résistants tout en restant légers, afin de supporter la vitesse particulièrement élevée, et améliorer l'angle de navigation au vent.

Dans le domaine de la plaisance pure, dès les années 1920, le grand architecte Nathanael Herreshof conçoit des petits catamarans de 7 mètres, qui naviguent plus rapidement que les gigantesques et lourds monocoques. Ces petites unités légères vont extrêmement vite, sans transporter beaucoup de matière, sans développer beaucoup d'efforts. Ce principe de base va à l'encontre des théories traditionnelles. Pendant très longtemps, la vitesse d'un bateau ne pouvait être que proportionnelle à sa longueur, et sa sécurité

dépendait de sa robustesse et de son poids. Un bateau chavirable allait contre les idées reçues et le sens marin. Pour ces raisons, les fanatiques des multicoques seront longtemps écartés du milieu traditionnel du yachting et considérés comme de loufoques amateurs.

Il faut attendre les années 1970 pour que les multicoques entrent vraiment dans la cour des bateaux de compétition et soient respectés pour leurs possibilités de vitesse étonnantes. A cet égard, la course transatlantique anglaise en solitaire, dont les concurrents ne sont soumis à aucune règle quant au choix de leurs embarcations, va contribuer à cette reconnaissance. Déjà, en 1968, le prao *Three Cheers* de Tom Follet montre le bout de l'oreille et termine à la troisième place avec ses 12 mètres de long. Plusieurs personnalités font de ces bateaux à part une spécialité. Des études spécifiques sont menées par des architectes britanniques comme Prout, Kelsall et Piver, par l'Américain Newick, l'Australien Crowerth, le Français Allègre.

La navigation sur multicoque procède d'un état d'esprit à part. Elle allie confort et vitesse à bord d'une unité qui ne connaît pas la gîte.

L'histoire est éloquente : en 1972, le trimaran de 20 mètres conçu par Tabarly est le premier multicoque à remporter une grande épreuve de haute mer contre des monocoques entre les mains d'Alain Colas. En 1978, le minuscule *Olympus* de Birch bat le grand *Kriter* de Malinovsky à quelques centaines de mètres de l'arrivée de la Route du Rhum. Rien ne peut désormais entraver la suprématie des multicoques en matière de vitesse sur l'eau. Ils ont, au fur et à mesure des nombreuses expériences, gagné la bataille de la remontée au vent. Avec la découverte des matériaux polyester et carbone, ils sont devenus à la fois plus légers et plus résistants. Bientôt, l'hydrofoil, délivré du frottement avec la mer grâce à ses foils qui soulèvent la coque, traversera l'Atlantique en trois ou quatre jours. Il s'agit là d'une page à écrire pour la première décade du siècle à venir.

Comme souvent, l'expérience des multicoques de course va profiter aux unités destinées à la croisière. Ils vont surtout contribuer à mettre au point des techniques et des astuces servant la construction de multicoques d'abord conçus pour se promener. Les multiples avantages de ces unités à plusieurs coques vont gagner les flottes de loueurs de bateaux, à la demande croissante des clients, qui recherchent avant tout le confort d'un bateau logeable et à la surface de pont importante. Plusieurs chantiers vont développer ce type d'unités en les construisant en série.

LE MULTICOQUE DE SÉRIE

Les catamarans habitables de série sont devenus la coqueluche des sociétés de location. L'absence de gîte, l'habitabilité exceptionnelle, la rapidité, séduisent bien des amateurs. Par rapport aux bateaux qualifiés de classiques, comme les monocoques, ces unités offrent quelques avantages, mais aussi quelques inconvénients. La manière de faire, que l'on navigue sur une ou plusieurs coques, demeure la même. La tenue de l'estime et la navigation ne changent pas ; les voiles s'envoient et s'amènent de la même manière, et les manœuvres s'effectuent selon le même principe. Cependant, la morphologie des multicoques et leurs réactions au vent et à la mer engendrent un comportement particulier dont il faut tenir compte pour naviguer à leur bord. Par très gros temps, le comportement d'un multicoque est très différent et requiert davantage de précautions pour rester en sécurité.

LES AVANTAGES

L'absence de gîte

C'est étonnant à concevoir de la part d'un propriétaire de quillard classique, mais le multicoque ne penche pas, ou du moins très peu. Et c'est un formidable avantage pour se tenir sur le pont, mais aussi pour vaquer à ses occupations quotidiennes, à l'intérieur du bateau.

L'habitabilité

Du fait de sa largeur importante, le trimaran, comme le catamaran, dispose d'un volume habitable énorme par rapport au monocoque. Le fractionnement possible des aménagements du fait de la présence des deux coques sur le catamaran est intéressant. Elles sont reliées la plupart du temps par une plateforme centrale qui abrite le carré et la cuisine, et qui forme comme une pièce à vivre au milieu du bateau. La nuit, chacun est chez soi.

La grande largeur autorise une surface de pont qui n'a aucun équivalent sur d'autres types de bateaux. Elle facilite les manœuvres et aménage une large place pour le repos de jour : pique-nique, farniente et bain de soleil.

L'esthétique pour ce type de prestations passe-t-elle au rayon des oubliettes ? Oui, quelquefois, mais la plupart des bons architectes respectent un certain compromis et font en sorte que la hauteur sous barrots soit suffisante pour ne pas donner au bateau trop de hauteur de roof. Le fardage intervient également dans ce raisonnement.

Les performances

Sur les catamarans modernes de série, même confortablement aménagés, les performances sont, en moyenne, supérieures à celles des monocoques de mêmes dimensions. Aller vite sans beaucoup d'efforts est le lot des multicoques actuels. La grand-voile lattée, alliée à un petit foc monté sur enrouleur, permet une force propulsive considérable et une grande facilité d'utilisation. Lorsque le vent monte, il est facile de vriller le profil de la grand-voile pour laisser s'échapper le vent. De toute façon, la technique moderne de prise de ris demande désormais peu d'effort pour en réduire la surface. La voile lattée, même larguée, ne bat pas ; elle descend facilement lorsqu'il est nécessaire de l'amener.

Le tirant d'eau

Non négligeable en croisière, le faible tirant d'eau des multicoques par rapport aux quillards est un atout supplémentaire. Approcher à quelques dizaines de mètres d'une plage est souvent agréable. Pour les petits bateaux, il peut même être possible, par beau temps et sans houle, de s'échouer en bordure de mer, sur la plage.

Le plaisir procuré par un bateau à sec fait partie des joies de naviguer. L'équipage profite à la fois du sable et de l'eau, tout en gardant ses affaires personnelles à portée de main. Le bricolage d'un bateau échoué volontairement pour parfaire sa propreté et bricoler les éléments

Le faible tirant, même des grands multicoques, permet d'accéder à un grand nombre de mouillages.

de sa coque est un plaisir partagé par tous les marins.

LES INCONVÉNIENTS

L'accessibilité dans les ports

L'importante largeur des multicoques de croisière (environ 7 mètres pour 12 mètres de long) est une gêne pour trouver une place dans un port. Pas question de se glisser subrepticement dans un petit coin ! Sur un mouillage forain, le multicoque est en revanche plus confortable, dans la mesure où il roule moins qu'un monocoque.

Le fardage

Le fardage important peut être un inconvénient. De fait, la manœuvre d'un multicoque demande de l'habitude. Pour envoyer les voiles, comme pour de nombreuses autres manœuvres, il faut prendre soin de bien se tenir dans le lit du vent. De même pour faire route au moteur, plus que sur tout autre bateau, il faut toujours intégrer la dérive.

Ce fardage supérieur à celui d'un monocoque est dû à l'importance de la hauteur des superstructures. La faiblesse des œuvres vives – absence de quille – ne contrebalance pas ce handicap. Des données qu'il faut intégrer dans les manœuvres sous voiles, mais surtout dans celles exécutées au moteur dans les ports. De nombreux bateaux pallient cet inconvénient en disposant de deux hélices, une pour chaque coque. Avec cet équipement, la manœuvre de port est alors grandement facilitée.

L'allure de près

Le catamaran de croisière n'est pas conçu pour réaliser, à l'allure de près, un cap élevé. Mais sa vitesse importante compense souvent largement le surplus de route. A la barre, il est souhaitable de ne pas trop piper, sous peine de perdre beaucoup de vitesse. Mieux vaut laisser du vent dans les voiles et faire de la route avec aisance. La portance augmentera ainsi de façon notable, et au bout du compte, après plusieurs bords, le multicoque de conception classique sera gagnant à la marque au vent par rapport à un monocoque de croisière de dimension analogue.

Les prix

En raison des prestations qu'il offre, le multicoque se loue plus cher qu'un monocoque comparable. Il est plus spacieux et plus habitable.

Il n'y a pas de recette miracle, le choix d'un catamaran ou d'un trimaran pour pratiquer la croisière est affaire de goût, d'habitude, voire de mentalité. Le plaisir de progresser au près dans la brise fraîche à bord d'un bateau bien équilibré est incomparable. Dans ce domaine, rien ne remplacera un bon monocoque. Dans celui de l'agrément de la vie à bord, le multicoque est souvent supérieur. Néanmoins, il ne faut pas tomber dans l'excès et transformer son bateau en un gigantesque intérieur. Un bon multicoque est un bateau disposant d'une bonne tenue à la mer, et les performances seront souvent liées à la valeur de son déplacement. Les multicoques, encore moins que les monocoques, ne supportent pas la surcharge. Le fractionnement des aménagements présente l'avantage de rendre totalement indépendantes les cabines tout en offrant, grâce à l'importance du carré, une vie commune plus agréable.

L'envoi de cette grand-voile lattée est facilité par la présence d'une drisse mouflée (démultiplication grâce à une poulie placée au point de drisse (ci-dessous)).

La longue barre d'écoute permet de déborder la grand-voile dans la brise, augmenter la force propulsive au largue et réduire le risque de chavirage par temps extrême.

Les manœuvres sur multicoque

Par petit temps et jusqu'à une brise qualifiée de maniable, les manœuvres d'un multicoque s'effectuent de la même manière que celles d'un monocoque. Le virement de bord est plus délicat, les coques freinent le passage du lit du vent, et il faut faire en sorte de garder toujours de l'erre pour passer sur l'autre bord.

Par gros temps, certaines précautions sont à prendre. Sans vouloir dramatiser, le barreur d'un multicoque, dans la forte brise, doit toujours conserver à l'esprit qu'un tel bateau peut chavirer. Pour cette raison, la réduction de voilure doit s'effectuer sans tarder, dès que le vent monte et que la mer se forme. Certains bateaux sont plus vulnérables que d'autres, et c'est à chaque équipage d'en évaluer les risques. Dans du très gros temps, naviguant sous voilure réduite, il peut être confortable d'appuyer la progression au près avec le moteur et de réduire ainsi les à-coups pour conserver une vitesse plus constante. Dans le cas où le bateau dispose de dérives, il est souvent utile de les relever de moitié pour mieux répartir les efforts de la mer sur les coques et éviter l'effet de crochepied.

Si, naviguant par le travers du vent, la mer devient vraiment méchante, la décision de changer de cap peut se révéler nécessaire, quitte à revenir sur la route après le mauvais temps. Dans cette situation, le pilote automatique est à proscrire. Mieux vaut un barreur vigilant, assisté d'un équipier tenant l'écoute à la main. Garder le foc à contre pour virer par gros temps peut s'avérer indispensable.

Placer le foc à contre aide au virement de bord.

Il est évident que par gros temps le multicoque doit être mené avec beaucoup de vigilance. Seule l'expérience de chaque type de bateau dictera la meilleure conduite à suivre. La quantité de surface de voilure à porter, la meilleure proportion à donner entre la surface de la grand-voile et celle du foc sont différentes selon les conditions de temps rencontrées et selon les bateaux. Malgré leur vulnérabilité, qui reste toujours présente dans les cas extrêmes, les catamarans actuels sont devenus beaucoup plus

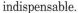

marins qu'auparavant. Pour ces bateaux plus difficiles à retenir qu'à lancer, la règle absolue consiste à ne pas les surtoiler. Pour cela, il ne faut pas hésiter à réduire la voilure dès l'arrivée du vent fort, afin de ralentir la vitesse et conserver la parfaite maîtrise de la manœuvre.

Prise de ris à bord du catamaran* Explorer *pendant le record du Pacifique Nord en août 1998. Des gestes effectués déjà sur les vergues des grands voiliers du XIXe siècle.

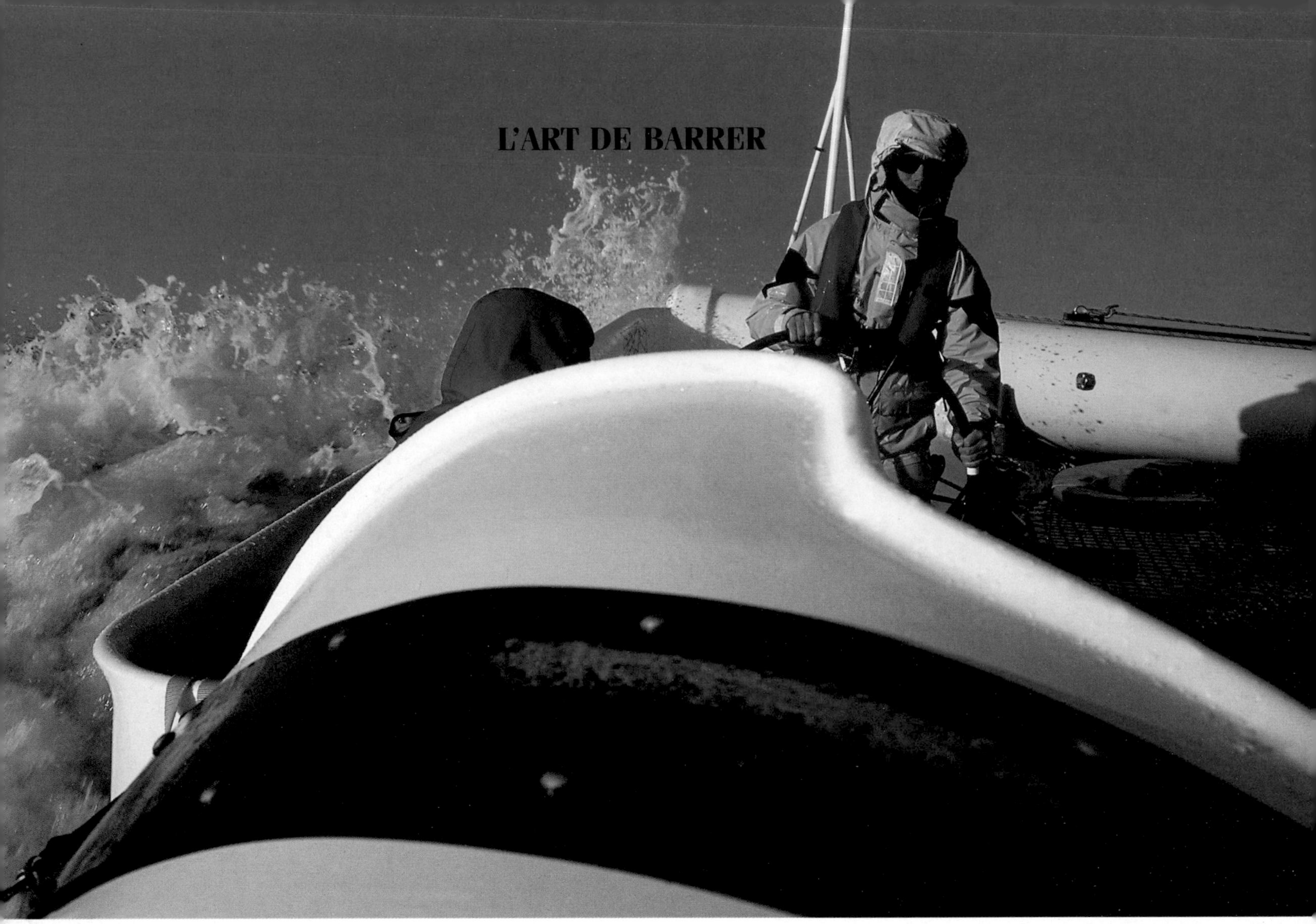

L'ART DE BARRER

Le barreur est en symbiose avec le bateau. Par les réactions de la barre, il connaît son comportement et doit s'efforcer de le tenir constamment en équilibre.

L'action de barrer est véritablement un art. Pourquoi un équipier, au terme de quelques heures de barre, est-il si attentif et efficace ? Pourquoi, après plusieurs saisons de navigation, cet autre est-il toujours aussi mauvais ? Dennis Conner, dont la carrière fulgurante de barreur a marqué l'histoire de la Coupe de l'America, répétait à qui voulait l'entendre que le toucher de barre, l'expérience, étaient proportionnels au temps passé… à la barre. Il lui est arrivé de naviguer quelque 300 jours par an pour s'entraîner à la conquête de la coupe.

Le don est important, le travail aussi. Peu de régatiers ont acquis comme lui cette faculté de ressentir un bateau par l'intermédiaire du safran qui commande la marche, mais également la vitesse et l'équilibre. Les barreurs d'expérience connaissent les moments où ils sont bons, en harmonie avec le bateau. Ils savent aussi passer la main dans les instants de fatigue. Barrer en croisière ne nécessite pas la même attention, la même qualité, que durant une course, où la vitesse doit primer. Le poste de barreur est néanmoins un poste privilégié, qui ne se satisfait d'aucun dilettantisme. Une carène propre, de belles voiles bien réglées ne servent à rien avec un mauvais barreur, même en croisière.

André Mauric, l'architecte marseillais qui prend toujours un soin particulier à travailler l'équilibre de ses bateaux, a coutume de dire : *« Un bateau stable ne doit être sollicité par le barreur que pour changer de direction. Le reste du temps, il doit marcher tout seul. »* Une manière d'affirmer que le safran est un frein s'il n'est pas dans l'axe de la carène. Dans la pratique, il n'est pas question de lâcher la barre jusqu'au virement de bord suivant, mais le toucher de l'homme de barre doit se faire avec le moins d'à-coups possible. Les mouvements du bateau doivent être accompagnés au rythme des vagues et agir sur la route du bateau à bon escient.

A cet égard, et cela fait tout l'intérêt de la chose, chaque situation est différente. Par mer plate, l'action sur le safran est légère. Par mer formée, les vagues ont tendance à déséquilibrer la carène, le vent agit sur un centre de voilure qui se déplace, et le barreur devra continuellement replacer le bateau sur sa route.

Le type d'allure change également radicalement la situation. La navigation au près demande une grande attention, pour à la fois travailler le cap et la vitesse et parvenir toujours au meilleur compromis. La navigation au vent arrière, hors les situations exceptionnelles de gros temps, est moins délicate, et le cap à suivre reste la priorité. On peut ainsi qualifier la première de “navigation en finesse” et la seconde de “navigation en poussée”.

Entres ces deux types d’allure, le largue a également son originalité. Quand le vent est frais, c’est souvent au largue que le bateau devient ardent. Dans cette situation, le réglage est primordial entre la grand-voile et le foc. Rien ne sert d’avoir un bateau trop ardent. Il demande trop de barre au vent. Dans ce cas, il est essentiel de commencer par un bon réglage d’écoute de grand-voile par rapport au foc, voire de descendre la grand-voile sous le vent au moyen de la barre d’écoute.

Nous voyons ainsi que le barreur est maître de nombreux facteurs à bord. A travers la barre, c’est tout le comportement du bateau qui s’offre à lui. Il sait avant tout le monde s’il faut modifier les réglages de voiles. Conserver le cap demandé, tout en gardant le bateau en équilibre et à la bonne vitesse, commande au bateau d’avoir des voiles réglées en conséquence. Et c’est au barreur de sentir les réactions du bateau en toute circonstance.

Chaque barreur a ses habitudes, ses manies, pour mieux se concentrer. L’angle de gîte, l’action du vent sur le visage, le bruit de la coque au passage de l’eau renseignent inconsciemment le barreur sur sa route par rapport au vent. Le bon barreur a besoin de nombreux indices pour accomplir sa besogne correctement. Barrer devient vite, pour celui qui apprécie un jeu subtil, un exercice physique et mental d’une grande précision.

Les instruments sont également présents dans le cockpit pour renseigner le barreur. Le compas lui permet de garder sa route, les cadrans indiquent la direction et la force du vent. Les débutants ont besoin du compas pour tenir le cap, en particulier au près. Mais, petit à petit, il est bon, pour barrer en finesse, de se fonder sur les réactions du bateau pour le diriger. C’est à ce prix, délivré de la vision du compas, qui ne sera plus qu’un repère à consulter de temps à autre, qu’il est possible de barrer le plus finement.

Le gros temps est un cas particulier. Voiles arisées au plus près, barrer devra devenir instinctif. Il faut savoir alors anticiper une vague, abattre dans un creux pour relancer le bateau, et toujours travailler la barre pour conserver la vitesse tout en soulageant le bateau et éviter qu’il ne tape et souffre inutilement. Au vent arrière, l’exercice peut devenir très physique. Tant que le bateau surfe sur la vague, le safran, bien tenu par l’eau qui défile, ne bronche pas et le bateau reste en ligne. Puis vient le moment où il s’arrête de surfer. Sa coque ralentit et se cabre. Ses lignes d’eau se trouvent modifiées, et pour éviter l’enfournement, le barreur doit anticiper et replacer le bateau en position favorable pour subir la vague suivante. Par brise maniable, ce jeu peut s’avérer excitant. La difficulté par mer forte de l’arrière est de ne pas se faire prendre par surprise alors que le bateau abat et entraîne l’empannage involontaire. La parade est alors de monter de quelques degrés au vent avant le passage de la vague et d’abattre pour surfer avec elle.

Chaque bateau a des réactions propres. Un bateau fin et disposant d’un tirant d’eau élevé passe plus en douceur en pénétrant la vague. Un bateau large et léger esquive et soulage davantage ; il sollicite l’action du safran pour rester en ligne. Avec l’habitude, chaque situation entraîne de la part du barreur des réflexes différents. Petit à petit, des automatismes se créent. De toute façon, même à l’occasion d’un bord tranquille effectué en croisière, la concentration est nécessaire pour faire marcher le bateau correctement. Tenir la barre permet de mieux comprendre un bateau et d’apprécier les divers aspects de son comportement.

Le pilote automatique

Depuis longtemps, les marins – en particulier les solitaires, et pour cause – ont cherché des solutions pour mettre au point un système permettant de quitter la barre. De nombreux principes utilisant le vent autorisèrent de garder un cap constant par rapport au vent. Des girouettes telles celles inventées par Chichester, Hasler ou Gianolli permirent à de nombreux coureurs et croiseurs de naviguer seuls.

Avec le développement de l’électronique, le pilote automatique s’est installé à bord de nombreux bateaux de croisière. Il permet de garder un cap constant par rapport au nord, et non plus par rapport au vent, comme le faisait la girouette. Son principe est très fiable, et libère l’équipage d’une tâche quelquefois ingrate. Il n’existe pas de pilote universel. Il doit être choisi en fonction du bateau et du programme de navigation. Deux types de pilotes sont à la disposition des plaisanciers chez les fabricants : les pilotes de cockpit, qui peuvent actionner soit une barre franche, soit une barre à roue ; les pilotes fixes mécaniques ou hydrauliques installés sur le secteur de barre ou sur le circuit hydraulique de la commande de direction.

Les pilotes de cockpit utilisés le plus couramment en plaisance fonctionnent tous sur le même principe. C’est un compas qui transmet l’information à un système électronique couplé à un moteur. Celui-ci commande un vérin rendu solidaire de la barre. Si le bateau s’écarte de la route demandée, le compas actionne un signal qui déclenche la mise en route du moteur jusqu’à la remise au cap initial.

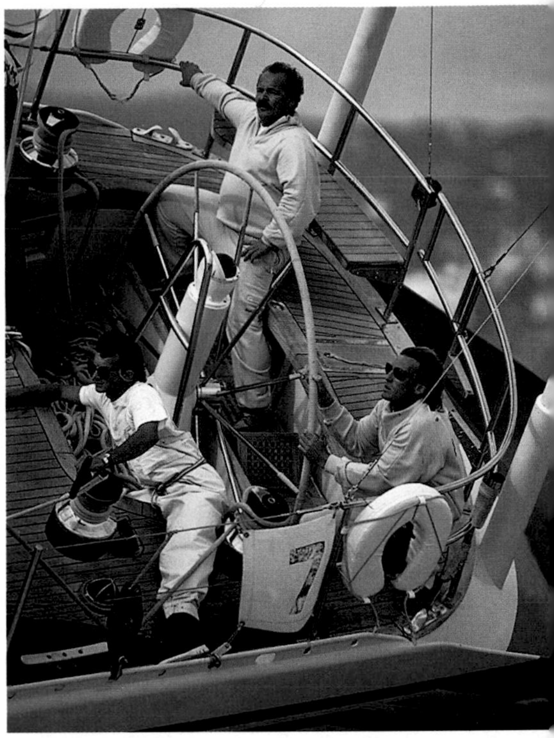

Cette grande barre à roue permet de se placer sous le vent pour mieux observer le foc du bateau et barrer en finesse.

La barre franche est plus agréable et plus précise à bord des unités de “petite” taille (inférieures à 10 mètres).

Pilote automatique branché dans le cockpit sur une barre franche.

À PROPOS DE L'ANNEXE

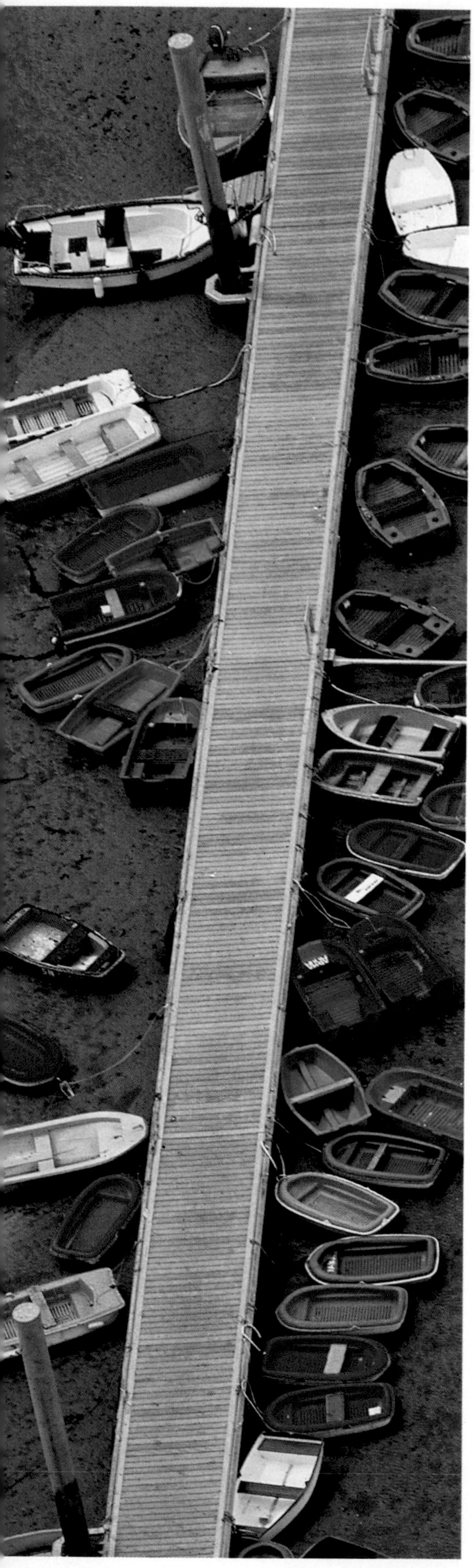

Il est difficile de se passer d'une annexe. Sans elle, les beaux souvenirs des excursions à terre n'existeraient pas. Les retours tardifs dans la nuit noire seraient impossibles. Mouiller une seconde ancre pour affourcher demanderait au barreur des circonvolutions délicates. Les croissants du petit déjeuner ne seraient jamais ni frais ni odorants ; la belle cravate dessinée à la flottaison de la coque toujours sale. Et si certains marins restent à bord à l'occasion d'un mouillage pour bricoler, la plupart d'entre eux ont besoin de partir à la découverte, ou plus simplement se baigner à la plage.

Pour naviguer, il faut d'abord se rendre à bord. Tous ceux qui ont navigué un jour connaissent les hurlements poussés par les équipiers trempés dès les premières secondes par l'eau qui passe subrepticement par-dessus les boudins d'une annexe. Et si l'un d'entre eux se lève sans préalable ni méthode, le désastre est à venir. L'annexe, trop petite, trop lourdement chargée, mal gonflée, menée trop rapidement, donne le ton de la croisière. L'observation attentive de l'embarquement d'un équipage est instructive. Son comportement est souvent le reflet de son expérience et de son caractère.

Autrefois, les pêcheurs se rendaient à bord de leurs bateaux au corps mort avec un canot en forme et lesté, propulsé par un aviron de godille. Jouant avec la position du corps, équilibrant chaque vague, se servant du poids de l'annexe pour conserver de l'erre, jonglant avec les risées, c'était une façon élégante et intelligente de se propulser. Puis les pneumatiques facilement dégonflables et pouvant être rangés aisément dans les coffres du cockpit ou dans le peak avant ont bien évidemment pris le dessus. Ces annexes ont facilité la vie et renforcé l'autonomie de l'équipage. Avec elles, il est possible de débarquer en toute circonstance.

Ceci étant, dès que le vent se lève, elles sont loin d'être pratiques. Le fardage offert par la coque rondouillarde et l'absence de quille efficace, malgré la présence des fausses quilles, rendent la propulsion difficile aux avirons. Par beau temps, ce moyen de locomotion est idéal, mais avec un peu de vent et de mer, l'exercice devient périlleux, voire impossible. Dans ces conditions, le petit moteur hors-bord a vite remédié à cette lacune. La quasi-totalité des annexes sont désormais équipées de petits moteurs. Un appareillage supplémentaire dont il faut s'occuper avec soin au cours de la croisière, mais également au moment de l'hivernage.

L'annexe est indispensable pour se rendre à bord. Les constructeurs ont mis au point de nombreux modèles rigides ou gonflables.

Il existe toutes sortes d'annexes sur le marché, mais l'avantage du pneumatique est évident à bord d'un bateau de plaisance. Il permet d'effectuer la plupart des tâches qui entourent le bateau, et une fois plié et rangé dans un coffre, on oublie sa présence.

Le pneumatique semble peu fragile. Pourtant, son bon état au terme de quelques années dépend de la façon dont il a été manié et entretenu. Il est préférable de ne pas marcher dessus quand il n'est pas gonflé. Il est bon de le soulager lorsqu'on arrive sur la plage pour éviter le contact avec le sable rugueux. A sec et gonflé à bloc, le pneumatique n'aime pas le soleil ardent. Ne pas l'abandonner non plus plusieurs heures au gré des flots, coincé entre deux chalutiers, ou dans le déferlement des vagues d'une côte. Enfin, le remorquage n'est pas conseillé. Il vaut mieux le hisser à bord, à moins d'avoir prévu un amarrage correct qui répartisse l'effort du point d'ancrage sur la paroi gonflée de la coque.

Pour nager, c'est-à-dire se propulser à l'aide des avirons, les dames doivent être soigneusement montées, et le pneumatique bien gonflé. Des points d'appui d'aviron mal assurés et qui oscillent à chaque effort manquent d'efficacité. Pour naviguer au moteur, le bon sens prime : ne pas oublier le starter, ni le coupe-circuit, assurer le moteur avec un bout amuré à l'annexe (les pressents se desserrent avec les vibrations), éviter les bouts dans l'hélice, vérifier que le réservoir contient suffisamment d'essence… et, pour la sécurité, il est bon de disposer toujours à bord d'une paire d'avirons, au moins d'une pagaie !

L'annexe permet également d'aller poser un bout à terre, une seconde ancre pour assurer un mouillage. Par petit temps, elle permet aussi de remorquer son bateau. Il est possible de le tirer par calme blanc. Mieux vaut le pousser en l'amarrant à couple pour éviter les à-coups du bout de remorquage dès que les vagues se lèvent. Dans tous les cas, ces manœuvres simples demandent la coordination des équipiers et un minimum de méthode. Avoir toujours en tête le sens du vent et travailler en fonction de sa direction est fondamental.

Une annexe pneumatique se répare sans difficulté. Les trous se bouchent à la manière des chambres à air de vélo avec des colles adaptées à ce type de problème. Elle s'entretient avant l'hivernage en la passant à l'eau douce afin de retirer toute trace de sel et de sable. Il est préférable de ne pas la dégonfler complètement ni la plier avant de la laisser longtemps au repos. Sinon, il faut procéder en deux temps, et ne la dégonfler qu'une fois parfaitement sèche. Le talc favorise la tenue du caoutchouc une fois la coque pliée et retarde le vieillissement.

L'HIVERNAGE

Il est tentant de passer son dernier week-end de loisir à naviguer une dernière fois, quitte, en revenant, à consacrer quelques heures à la propreté avant l'hivernage. Il est plus sage d'utiliser ce moment pour réviser son bateau, le retour des beaux jours et de la première sortie n'en seront que plus agréables. Les derniers jours de vacances sont souvent l'occasion de faire le point de la saison et de préparer la suivante.

Le lieu d'hivernage, tout d'abord, est important. De plus en plus de propriétaires disposent d'une place à quai toute l'année et laissent leur bateau à l'eau, au ponton. Il peut être utile de sortir le bateau quelques mois, afin de faire sécher la coque et de mieux ventiler l'ensemble du bateau. Les amarres devront être assurées et les ballons astucieusement positionnés pour éviter à la coque de s'abîmer.

Si votre bateau reste longtemps au corps mort, ce doit être dans un endroit bien abrité et sur un corps mort qui a été révisé. Quelqu'un sur place devra veiller sur lui régulièrement. L'amarrage est primordial. Il est nécessaire de veiller au raguage, en particulier à l'endroit du passage des chaumards. Ne pas hésiter à doubler l'amarre correctement. Même chose si le bateau hiverne sur vasière. L'intérêt de cette formule est de ne rien coûter, mais une surveillance régulière est fortement conseillée.

Reste la formule d'hivernage à terre, qui est de loin la meilleure. L'opération de gruttage complique un peu les choses, mais une fois à terre et bien calé, le bateau, rincé par la pluie, peut attendre plusieurs mois en toute tranquillité. L'état du Gelcoat de la coque et de la quille peut être vérifié tranquillement. L'idéal est de faciliter la ventilation à l'intérieur en laissant ouverts quelques hublots pour favoriser la circulation de l'air. Si le budget le permet, il sera encore mieux à l'intérieur d'un hangar, à l'abri des intempéries, et c'est le lieu idéal pour venir bricoler durant l'hiver.

A flot ou à terre, le bateau ne doit pas être abandonné avant d'avoir été soigneusement inspecté. C'est le moment idéal pour se souvenir de tous les détails qui n'allaient pas et noter soigneusement les bouts à changer, les modifications à effectuer soi-même ou par un chantier. C'est aussi l'occasion de le nettoyer entièrement, après avoir retiré l'armement, entreposé à part, comme l'annexe pneumatique et son moteur hors-bord, le matériel de sécurité tel le canot de survie, les harnais et brassières, les bouteilles de gaz, les extincteurs et le matériel de cuisine avec tous les vivres, les vêtements de mer, bottes et cirés. Ce n'est pas forcément un luxe de démonter le réchaud de la cuisine pour le nettoyer sur le quai !

Mais le plus gros travail consiste à nettoyer à l'eau douce l'ensemble du bateau, pont et intérieurs, y compris les fonds, les planchers, les toilettes, après les avoir soigneusement rincées, ainsi que les différents coffres. Les bacs à eau potable ne doivent pas rester l'hiver avec un fond d'eau à l'intérieur. C'est le moment de les rincer avec un désinfectant ou un peu d'eau de Javel pour éviter la prolifération des bactéries. Le puisard équipé de la pompe électrique devra être lessivé, et la crépine de la pompe soigneusement nettoyée, les vannes et les passe-coque vérifiés.

Les voiles, moteur du bateau, doivent faire l'objet d'une attention spéciale, être au moins étalées et passées à l'eau douce avant d'être correctement séchées et pliées. Les traces de rouille et les salissures peuvent être ôtées au moyen de produits spéciaux. Les coutures à refaire et les déchirures seront notées pour être signalées au voilier. Au moment de l'armement, vous ne vous souviendrez plus des endroits à revoir. Les écoutes, foc et grand-voile seront beaucoup plus agréables à tenir et circuleront mieux dans les poulies si elles ont été largement baignées dans l'eau douce pour évacuer le sel et la poussière.

Sur le pont, les winches, qui ont travaillé plusieurs mois, demandent une révision. Il est simple de les démonter afin de nettoyer les différentes pièces et enduire les différents roulements de graisse. Taquets coinceurs et barres d'écoute seront aussi nettoyés. Quant à la chaîne de mouillage, il est bon de la sortir entièrement du puits, de la laisser sécher quelques heures et d'en vérifier l'état.

RÉVISION DU MOTEUR

Au plan mécanique, il faut recharger complètement les batteries sans les débarquer et graisser les cosses sans les rebrancher sur les bornes, mais en les entourant soigneusement d'un chiffon sec. Des produits existent pour pulvériser les tableaux électriques et enlever toute trace de condensation. Graisser également les prises extérieures. Pour le moteur, il peut être intéressant de demander à un professionnel de procéder à une vidange et à une révision complète.

Reste les espars. La bôme est facile à vérifier, ainsi que le tangon. Ne pas oublier le vit-de-mulet, pièce névralgique du système. Quant au mât, s'il n'est pas impératif de le démonter du bateau chaque année, il faut néanmoins en prendre le plus grand soin. Il est fondamental de contrôler l'état des ridoirs, de les nettoyer et les graisser. Il est bon de surveiller l'état général d'un mât, compte tenu des efforts qu'il encaisse durant la saison.

"Hiverner" : se dit d'un bateau qui passe l'hiver. Période où le bateau ne navigue pas et se trouve désarmé entre deux saisons.

Posé sur sa quille, étayé de chaque côté, ce Requin passe l'hiver sous un hangar à l'abri des intempéries.

SAVOIR-VIVRE EN BATEAU

Le cheval, le golf, ou encore le tennis, ont leurs traditions ancestrales élaborées au fil des années et des habitudes. Il en est de même pour le bateau, où cohabitent des équipiers qui présentent la particularité de pouvoir parcourir le monde, de se rencontrer, et de vivre côte à côte au mouillage. C'est l'une des raisons pour lesquelles les marins ont inventé un langage et établi entre eux un code de bonne conduite. Il est de moins en moins respecté par les navigateurs novices, mais, avec l'habitude, ceux-ci se rendront compte, comme dans la vie courante, qu'il est quelquefois agréable de côtoyer des gens de bonne compagnie. Et si les traditions continuent d'exister dans une discipline quelquefois rude et exigeant des efforts physiques parfois contraignants, elles sont souvent tout simplement une marque de politesse agréable pour autrui.

L'étiquette navale et le savoir-vivre n'ont rien d'obligatoire. Certains s'en passent très bien. Ces termes regroupent les usages et les traditions en vigueur. Parmi eux, le langage du signalement à l'aide des pavillons revêt pourtant un caractère officiel. C'est le même pour tous les bateaux du monde. Au risque de paraître désuets, ces quelques conseils de base mettent l'accent sur un minimum de règles qu'il vaut mieux connaître, sous peine de passer pour un goujat.

L'ETIQUETTE NAVALE

La nuit, un bateau ne porte aucun pavillon. Il se hisse au lever du jour et s'amène à la tombée de la nuit.

Le pavillon national est le plus important des pavillons du bord. Il confère au bateau qui l'arbore sa nationalité et sa personnalité, avec ses droits et devoirs. Il s'envoie sur un mâtereau fixé sur le couronnement. En route et sous voiles, ce pavillon se porte à la corne d'un gréement aurique ou en haut du mât d'artimon, dans le cas d'un ketch, d'un yawl, ou encore d'un goélette. Au port et au mouillage, il n'est obligatoire que le dimanche, les jours fériés et fêtes légales. Il doit également être arboré sur ordre donné par les autorités militaires ou civiles. A la mer, il ne se porte qu'à la sortie d'un port ou d'une entrée. A l'étranger, il est un représentant de son pays, avec ses obligations, mais aussi la protection des agents consulaires.

Le pavillon de courtoisie s'envoie sur la drisse de la barre de flèche tribord du mât avant dès que l'on pénètre dans les eaux territoriales du pays visité, ou bien en tête de mât. Il doit être de taille inférieure à celle du pavillon national.

Le pavillon particulier de club, de forme triangulaire, s'envoie en tête de mât, ou, si ce n'est pas possible, en barre de flèche tribord, hormis à l'étranger, où il sera hissé dans les barres de flèche bâbord pour laisser le pavillon de courtoisie à tribord.

Le pavillon particulier de propriétaire s'envoie en route, en tête de mât. Au port, le pavillon de club est envoyé en tête de mât, le pavillon de courtoisie à tribord, et le pavillon de propriétaire à bâbord. Le pavillon de propriétaire n'est à poste que lorsque le propriétaire est à bord.

Le pavillon de course se fixe au pataras pendant la durée de la régate, à environ deux mètres au-dessus du pont.

Le pavillon Q (jaune) envoyé à bâbord sert à demander la libre pratique dans un port étranger. Les pavillons N et C du code international des signaux signifient que le navire est en détresse et demande secours immédiat.

LE SAVOIR-VIVRE

La règle d'or est de gêner le moins possible les voisins de mouillage dans un port, et pour cela, il n'est pas défendu : de demander l'autorisation d'accoster un autre bateau, d'aider l'amarrage du bateau voisin sur le vôtre, de passer en avant du mât et ne pas traverser le cockpit d'un bateau à couple, d'être discret la nuit, de prévenir d'un appareillage matinal et placer son bateau en conséquence pour gêner le moins possible la vie du port.

Pour l'anecdote, et en matière de préséance, il faut savoir que le côté d'honneur est le côté tribord, en arrière des haubans. C'est là que s'effectuera l'embarquement des invités de marque et du propriétaire !

Et s'il est pour le moins curieux d'embarquer sur le pont en teck d'un bateau de plaisance avec des chaussures à clous, personne ne peut l'empêcher. Les lois de la discipline du bord et de la politesse dépendent du bon ou du mauvais vouloir du skipper.

Comme dans la vie quotidienne, un minimum de savoir-vivre est de mise pour évoluer avec courtoisie dans le monde du bateau.

LE MATELOTAGE

Avec le manque de temps, les filins préfabriqués, les matériaux polyester, l'art du matelotage se perd. Il est cependant nécessaire pour donner à son bateau un aspect fini et propre et techniquement utile dans certaines manœuvres précises. Moins de 10 nœuds suffisent pour réaliser l'ensemble des tâches du marin à voiles, les autres sont superflus, mais peuvent néanmoins permettre de connaître dans certains cas l'histoire de la voile. La bible en la matière, baptisée *Le Hasley* ou *Le Grand livre des nœuds,* d'origine britannique et traduit en français, en comporte plus de 3 000 !

Pour terminer un cordage effiloché, il est bon de savoir au moins réaliser une épissure et une surliure.

Les nœuds indispensables

Les nœuds qui doivent être connus, car ils servent souvent, sont au moins les suivants : le nœud de chaise, la demi-clef, le nœud de cabestan, le nœud en huit et le nœud plat.

Savoir confectionner un œil épissé comme ce gréeur professionnel n'est pas forcément utile pour le plaisancier. Mais il doit connaître quelques nœuds usuels, et, pourquoi pas, savoir réaliser une surliure pour fignoler les bouts de son bateau.

Une demi-clef avec un tour mort.
Il est simple, rapide à faire et il tient. C'est un nœud à tout faire. Il se défait facilement.

Le nœud de cabestan.
Il a le privilège de se serrer sur lui-même quand on tire dessus. On peut l'assurer avec une demi-clef. Le défaire est aussi facile que le faire.

Le nœud en huit.
Il se fait instinctivement, par exemple au bout des écoutes.

Le nœud plat.
Il sert à relier provisoirement deux cordages. Il peut glisser. Il est utile de l'assurer par deux demi-nœuds. Ne pas utiliser de cordages de diamètres trop différents.

Le nœud de chaise.
L'indispensable. Il permet de former une boucle non coulissante à l'extrémité d'un cordage. Plus on tire dessus, plus il est solide. On le dénoue facilement en le prenant par derrière.

CHOISIR SON BATEAU

Le choix d'un bateau n'est pas une mince affaire. Surtout, chacun a sa propre façon de définir son bateau idéal. Pour simplifier les choses, disons que la longueur va directement influencer le comportement à la mer, la vitesse et la capacité d'aménagement. Elle est liée au déplacement, qui, avec la qualité de la construction de la coque et l'importance de l'accastillage et des équipements, vont définir le prix. Si le coût d'achat d'un bateau guide l'acheteur en fonction de ses moyens financiers, il n'est pas tout. Le programme du bateau, l'utilisation que l'on peut en faire, est un autre argument pour choisir d'une façon rationnelle. Viennent ensuite les questions de goût et d'esthétique de chacun.

Mais l'équation de base est résolue quand le futur propriétaire a réussi à faire coïncider le budget avec le programme. Ensuite, c'est une question de priorité : pour un même prix, faut-il privilégier l'habitabilité et le confort ou la performance ? choisir pour une même longueur un tirant d'eau important ou une quille courte ? disposer d'un maximum de couchettes ou avoir un vaste carré mais moins de place pour dormir ? C'est à chacun de décider selon ses goûts, la manière dont il compte vivre à bord, le nombre de personnes à embarquer.

Les salons nautiques sont des endroits idéaux pour comparer les différents bateaux du marché et discuter avec les professionnels.

En arpentant les rives d'un salon nautique, c'est quelquefois un millier de bateaux qui s'offrent, à sec, dans un port géant. Pour le matériau, le choix est plus facilement réglé. Le polyester s'annonce comme étant le matériau idéal pour un bateau de série. L'aluminium est réservé au bateau d'une taille au moins égale à 10 mètres et destiné à un programme de croisière hauturier. Quant au bois, s'il redevient à la mode, c'est dans des créneaux particuliers : petits canots de l'après-midi qui renouent avec la tradition, bateaux construits à l'unité, sur plan, et dont le budget est tout de suite élevé.

De nombreuses unités sont conçues pour la petite croisière – celle qui consiste à naviguer la journée le long de la côte et rentrer pour passer la nuit au port ou sur un mouillage forain bien abrité. Il s'agit de bateaux mesurant environ 6 à 8 mètres, dont le budget peut varier entre 80 000 à 400 000 F. Cette fourchette doit être considérée comme une indication sommaire. Un petit bateau simple peut procurer bien des satisfactions à la mer, avoir de bonnes possibilités de vitesse et ne coûter que 80 000 F dans la mesure où ses équipements son minimals et son confort spartiate. A l'inverse, le prix d'un catamaran large et spacieux mais de même longueur et possédant tout le confort pour vivre à bord peut être cinq fois supérieur. C'est au futur propriétaire de se faire une idée précise en visitant les bateaux, en discutant avec les vendeurs, en comparant les prix, en lisant les journaux spécialisés et en prenant l'avis d'experts, qui ont une vue globale du marché. Un bon conseil : rien ne remplace un jugement à bord, en situation de navigation. Les chantiers disposent souvent de modèles de démonstration, qu'il ne faut pas hésiter à solliciter.

Les bateaux d'une longueur supérieure à 8 mètres et jusqu'à environ une douzaine de mètres sont conçus pour le même programme de croisière côtière, mais peuvent envisager plus sereinement une navigation de nuit et embarquer davantage de monde. L'équipage d'un bateau d'une dizaine de mètres est en moyenne de six personnes. Disons plutôt que ce bateau est conçu en général pour six vraies couchettes. Le carré peut accueillir au moins deux autres personnes pour la nuit, et, à l'inverse, ce bateau peut n'être mené confortablement en croisière que par quatre personnes amarinées. Le volume du bateau et la qualité de ses prestations, comme d'ailleurs son comportement à la mer, sont dictés par sa longueur. La fourchette de prix pour un bateau d'une dizaine de mètres – prix à considérer comme une première indication – va de 500 000 F à 1 MF.

Les bateaux d'une longueur supérieure à 12 mètres peuvent être considérés comme des bateaux hauturiers, capables de navigations côtières, mais également de longues traversées océaniques. Ils ont pour eux une vitesse moyenne honorable (7 à 8 nœuds au près, supérieure à 12 nœuds au vent arrière), un volume habitable satisfaisant le confort d'un équipage de six à huit personnes et de la place pour le matériel. Les prix sont très différents selon la qualité de la construction et le degré de finition, mais aussi le niveau de la motorisation, de l'accastillage et de l'électronique. Il n'est pas rare qu'un tel bateau dépasse 2 MF à l'achat et que des bateaux de mer particulièrement luxueux de cette dimension coûtent le double.

Page de droite. La définition du bateau idéal est différente selon chaque propriétaire, mais le but d'une acquisition réussie est de faire coïncider le budget avec le programme.

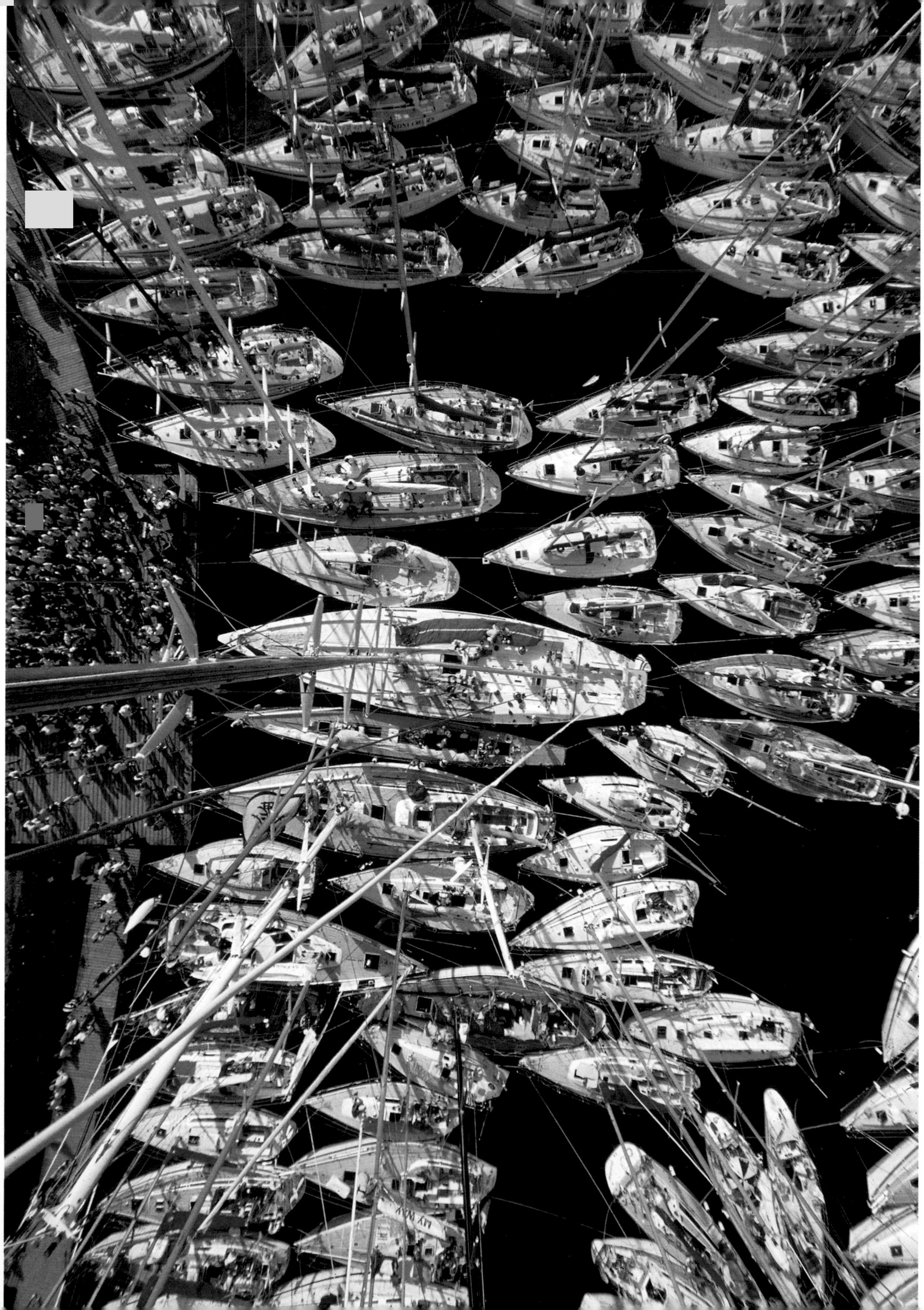

OCCASION

Depuis une bonne trentaine d'années de plaisance active, le parc de bateaux s'est enrichi de nombreuses unités de série. Une bonne partie de ces bateaux changent de propriétaire régulièrement, et constituent un marché très important du nautisme. Il y en a pour tous les goûts et toutes les bourses, mais le futur acheteur d'occasion doit savoir écarter les bateaux malsains et se tenir au courant des prix du marché. Entre 30 000 F un bateau ancien d'environ 6 mètres de long et 700 000 F un bateau d'environ 12 mètres, tout est possible, à condition de passer le temps nécessaire à chercher la bonne occasion.

Dans ce marché fluctuant, la tendance de la fin des années 1990 est différente selon la taille des bateaux. Les petites unités tiennent la cote, certains modèles particulièrement recherchés ont même vu leur cote monter. Les bateaux proches de 9 mètres ont des prix de revente plutôt stables, à condition d'être bien entretenus et de posséder un équipement moderne. Au-dessus de 10 mètres, les bateaux subissent une décote importante. Cela s'explique en partie par le gonflement du marché. Le nombre de bateaux de ce type s'est accru avec le développement des unités de location, dopées par la loi sur la défiscalisation. Sur un plan général, un premier constat s'impose : grâce au développement d'un marché de l'occasion actif et en plein développement, le bateau n'a jamais été aussi abordable.

Après trente années d'une riche production en série, le marché de l'occasion dispose de nombreux modèles.

Comment trouver le bateau d'occasion de ses rêves ?

De nombreuses informations existent sur le marché du bateau d'occasion, des journaux aux salons flottants. Les petites annonces des journaux spécialisés offrent un important panel de bateaux classés par longueur. Ces listes sont particulièrement fournies au moment du salon nautique de décembre, où les propriétaires "louchent" sur leur nouvelle unité. Le début de printemps est également un moment propice qui précède la prochaine saison sur l'eau. Il existe quelques journaux qui donnent également l'*Argus* des bateaux en fonction de leur âge.

Du côté des sociétés de location, certaines d'entre elles mettent en vente depuis 1990 des bateaux parvenus au terme de leur contrat de défiscalisation après cinq ans de bons et loyaux services. Et si les frais de rapatriement du bateau sont souvent à la charge de l'acheteur, le prix très inférieur à ceux pratiqués en métropole reste attractif.

Les grands chantiers ont également des réseaux d'occasion actifs et bien organisés. Il peut être intéressant d'aller visiter sur place un important concessionnaire. Les chantiers mettent par ailleurs en vente quelques bateaux de démonstration. De leur côté, les salons de l'occasion se développent, et ont lieu régulièrement chaque année dans plusieurs ports. Citons enfin les enchères publiques, qui proposent parfois des bateaux à des prix particulièrement intéressants.

Les modalités d'achat

Lorsque cela est possible, l'idéal est de naviguer sur le bateau que l'on souhaite acheter avant de se décider. C'est le meilleur moyen d'apprécier son état. Il peut être particulièrement instructif de le mettre à terre pour réaliser des tests d'osmose et surveiller l'état de la base du lest et son accroche avec la coque, de vérifier le jeu de la mèche de safran et l'état des différentes sorties de coque situées sous la flottaison.

La visite du bateau à sec est fondamentale, l'examen de la liste de l'inventaire aussi. En fonction du prix de base du modèle, c'est évidemment la qualité de l'accastillage, de l'électronique et des équipements divers, en particulier ceux de survie, qui va finaliser le prix. Les diverses cotes établies depuis plusieurs années servent à réguler le marché de l'occasion.

L'expert, dont le métier est de connaître le bateau, et qui passe son temps à vérifier l'état d'un moteur, d'un circuit électrique ou hydraulique, est très informé des prix du marché. Il peut conseiller sur l'état d'un bateau et sur son prix, en fonction des travaux nécessaires à effectuer. Il est en mesure de délivrer un rapport dont le contenu est fondamental pour fixer le prix définitif. Dans la mesure où de nombreuses compagnies d'assurance demandent ce rapport pour des unités âgées de plus de dix ans, il est préférable de faire réaliser ce travail avant la vente.

Pour être tout à fait concret, une fois la décision prise, il reste à régler deux problèmes : financer son achat et trouver un mouillage pour les jours qui viennent. Si le bateau n'a pas été construit par un amateur, il est possible de passer par un organisme de crédit. C'est le même principe que pour un bien immobilier. Il faut rédiger une promesse de vente avec condition suspensive d'obtention de crédit. 20 % d'apport est le pourcentage le plus courant. Ensuite, tout dépend du dossier et de la banque, mais, en règle générale, les taux de crédit sont plutôt plus élevés que dans le domaine de l'immobilier, et tournent autour de 8 à 12 %. Citons la formule de crédit-bail, ou leasing, possible dans le cas d'une reprise de leasing ou de l'achat auprès d'un professionnel.

Pour résoudre les questions de mouillage, souvent difficiles, il n'y a aucune recette

Ce petit cotre a fière allure posé sur le sable, mais il vaut mieux naviguer à son bord à marée haute avant de signer le chèque qui vous fera propriétaire.

miracle. Les listes d'attente existent dans quelques ports très courus ; d'autres disposent toujours de places. Le mouillage sur corps mort peut être une solution dans certains lieux privilégiés. En tout état de cause, une petite enquête préalable s'impose pour régler cette difficulté, de nature très différente selon les régions et les époques de l'année.

Les formalités d'achat

En matière de formalités, ce sont les bureaux des Affaires maritimes et des Douanes de chaque port qui sont concernés par les problèmes de la plaisance.

Une mutation de propriété s'effectue sans frais. Mais l'acheteur devra, pour un bateau supérieur à 3 tonneaux, acquitter les frais annuels de francisation qui s'appliquent sur la coque et sur le moteur en fonction de sa puissance au-delà de 5 chevaux.

Pour la vente d'un bateau d'occasion, il est nécessaire de remplir un acte de vente sur papier libre ou sur formulaire, daté et signé et adressé au bureau des Affaires maritimes dont dépend le bateau, ainsi que, éventuellement, la demande de changement de nom. Parallèlement, des “fiches plaisance” disponibles auprès des Affaires maritimes sont à envoyer aux Douanes. Dans un second temps, l'acte de vente visé par les Affaires maritimes, les “fiches plaisance” et l'acte de francisation sont adressés au bureau des Affaires maritimes où le bateau est francisé. C'est à cette occasion que s'effectue le cas échéant le changement de port d'attache.

Le coût d'entretien

Au moment de l'achat d'un bateau neuf ou d'occasion, il est important de connaître les dépenses auxquelles le propriétaire devra faire face. Si elles dépendent du tonnage du bateau, leur importance a la même hiérarchie. La place de port est la dépense la plus importante dans la plupart des cas ; elle est fonction de la longueur du bateau. L'acte de francisation à régler chaque année est une somme relativement faible (500 F pour un bateau de 8 mètres, 2 500 F pour un bateau de 10 mètres). Viennent ensuite l'assurance, la révision obligatoire de la survie, l'entretien du moteur, la mise à l'eau…

A titre d'exemple, si l'on tient compte du prix d'une place de port à l'année, le budget annuel d'entretien moyen d'un bateau de 8 mètres est de l'ordre de 15 000 F. Il est de 25 000 F pour un bateau de 9 mètres et 35 000 F pour un bateau approchant les 10 mètres. Ces chiffres ne sont que des approximations concernant des bateaux classiques et sans surprise.

Louer permet, lorsqu'on le souhaite, d'accéder à ce mouillage paradisiaque.

LOUER

Etre propriétaire de son bateau est le rêve de nombreux plaisanciers, et beaucoup le réalisent. Ils jouissent alors d'une totale liberté quant à son utilisation, et prennent plaisir à son entretien, qui fait également partie de l'art de naviguer. La location connaît pourtant un développement soutenu depuis une quinzaine d'années. Elle présente des intérêts indiscutables, et les sociétés de location l'ont bien compris en mettant au point des produits sérieux permettant aux plaisanciers de profiter de prestations qu'ils ne peuvent obtenir avec leur propre unité.

La location offre de nombreux avantages. C'est une formule de navigation très souple – possibilité de choisir le lieu de navigation et le type de bateau –, abordable au regard du coût financier, en particulier si l'on établit des comparaisons avec le prix d'un bateau neuf. C'est enfin une formule de navigation "libre", qui n'entraîne aucune contrainte annexe, comme par exemple l'obligation d'un entretien courant et d'une gestion permanente.

Le revers de la médaille est évident. Avec le développement de la plaisance, se sont créées de nombreuses sociétés dont il est difficile de vérifier le sérieux. Elles n'ont pas toute la surface financière ni la compétence pour mettre dans le commerce des bateaux en mesure de satisfaire un programme de location.

La souplesse de navigation

Avec le développement des flottes de location, il est désormais possible de concilier voile et voyage. Ceux qui possèdent la technique de la voile peuvent accéder, grâce à ces structures, à de multiples lieux de croisière. Les sociétés de location dirigent des bases sur les nombreux plans d'eau français, mais aussi en Grèce, en Turquie, aux Antilles, dans l'océan Indien ou en Océanie. Le week-end ou le mois, avec ou sans skipper, elles ont mis au point une tarification en fonction des différents lieux et du niveau des prestations. Outre de pouvoir choisir son endroit de navigation, qui peut d'ailleurs varier au fil des années, le locataire peut également sélectionner son bateau et faire des comparaisons. Ce peut être l'occasion de tester un grand multicoque confortable, de barrer un bateau performant, voire d'essayer un bateau pour guider un achat ultérieur. Le changement de la destination de vacances et la possibilité de naviguer sur des bateaux différents sont les deux grands avantages de la location.

Au niveau financier, il s'agit plutôt d'une question de mentalité que d'une question de coût. L'achat d'un bateau de croisière d'une taille raisonnable (supérieure à 10 mètres), même d'occasion, représente un budget conséquent (supérieur à 500 000 F en 1998). Certains plaisanciers n'envisagent pas d'autres solutions que de devenir propriétaires et ne laisseront jamais leur bateau une seule saison. Ils y ont leurs habitudes, programment leurs croisières, et vouent à leur unité un profond attachement. Les partisans de la location sont sans doute moins "puristes". Ils prennent plaisir à naviguer, même loin de chez eux, mais sans se coltiner avec les contraintes de l'entretien, que ce soit les factures ou le temps passé à gérer l'intendance. La passion que met le propriétaire dans l'entretien de son bateau, et qui fait partie de sa vie, devient une corvée.

La population des personnes qui louent est constituée de plaisanciers différents. Il y a ceux qui n'ont pas encore acheté leur bateau, préfèrent changer de plan d'eau pour naviguer, prenant plaisir à utiliser des bateaux différents. Il y a également d'anciens propriétaires, pour qui l'entretien de leur unité est devenu trop contraignant et qui souhaitent accéder à plus de liberté. Il y a enfin les propriétaires qui ont les moyens financiers de naviguer à bord de leur propre bateau pendant les grandes vacances tout en prenant le loisir d'aller goûter aux joies de navigations lointaines en jouant le dépaysement.

Ces destinations sont désormais nombreuses et variées. Il est possible de naviguer en location depuis maintenant une vingtaine d'années sur les trois plans d'eau français, Manche, Atlantique et Méditerranée, mais aussi dans des pays plus éloignés comme les Antilles, la Grèce, la Turquie, les Baléares et la Tunisie. Des bases de location s'ouvrent désormais un peu partout. Les grosses sociétés américaines et européennes couvrent aujourd'hui l'ensemble du monde. Citons le Venezuela, Cuba, les Seychelles, la Thaïlande, et plusieurs endroits du Pacifique comme Tahiti, les îles Tonga, et même les eaux plus froides de l'Ecosse, de la Suède ou de la Patagonie.

Rester vigilant

Dans le domaine de la location, en pleine expansion, il convient de rester vigilant et de prendre toutes les précautions nécessaires avant de signer le chèque de caution qui va retenir le bateau. Il faut également faire attention au moment de signer la liste d'inventaire qui va consigner la présence et le bon fonctionnement des différents appareils du bord. La location recouvre de fait des métiers très divers, du gestionnaire de flotte au simple loueur à ses heures perdues, en passant par la véritable agence de location ou l'agence de voyages. Ces différents intervenants n'offrent pas les mêmes prestations, ni les mêmes garanties. Le contrat de location doit être examiné attentivement quant au calendrier des paiements, les clauses d'annulation, mais aussi les questions de caution, d'assurances, de franchise. Dans un second temps, et une fois à bord, les loueurs sérieux font signer un inventaire complet du bateau, qu'il faut vérifier soigneusement. Cette opération plutôt rébarbative est pourtant indispensable. C'est une excellente occasion de faire connaissance avec le bateau en présence d'une personne qui le connaît parfaitement et de poser toutes les questions utiles sur son fonctionnement.

Certains équipements, pourtant importants, ne sont pas toujours comptés dans le prix de la location. C'est souvent le cas du spinnaker, qu'il faut prendre soin de vérifier avant de partir. L'utilisation d'un asymétrique ou d'un spi classique peut être demandée. Le nombre de voiles peut être minimal, et il est possible d'en discuter avec le loueur. Même chose pour l'électronique : certaines VHF portables, certains GPS, sont loués en supplément. Pour les annexes, les moteurs ne sont pas toujours fournis dans les formules standard. Les équipements supplémentaires, comme les planches à voile ou le matériel de plongée, sont toujours optionnels. Dans les sociétés de location importantes, il est possible de s'offrir les services d'un skipper et d'une hôtesse, qu'il faudra néanmoins loger. Enfin, la formule *one-way* (avec convoyage au retour) devient de plus en plus fréquente. En accord avec le loueur, le locataire laisse le bateau à son dernier mouillage et n'a pas à le ramener à la base. Cette prestation est quelquefois comprise dans le prix de location des grosses sociétés qui disposent de plusieurs bases.

Chaque société de location gère ses prix. Les différents paramètres servant de base à l'établissement des tarifs sont les suivants : le nombre de couchettes, lié d'ailleurs à la longueur du bateau, la durée d'utilisation, mais aussi le lieu de location du bateau, qui intègre le coût du voyage plus ou moins long et la saison choisie (tarifs différents en haute et basse saisons).

Avec un peu de recherches et de précautions, la connaissance de la technique de la navigation permet d'effectuer, grâce à la location, des croisières de rêve en choisissant le lieu de navigation et le bateau idéal. De très nombreuses formules de location existent, et permettent à la fois un dépaysement complet et un moment de voile inoubliable. Une opportunité que de nombreux marins plaisanciers ont raison de saisir à l'occasion d'une navigation exceptionnelle.

PLAISANCE ET LÉGISLATION

Le skipper d'un bateau à voiles de plaisance n'a pas besoin de permis pour naviguer, et il peut se rendre où il veut, à condition que son matériel de sécurité soit en règle. Cet armement imposé est fonction de la catégorie de navigation dans laquelle il navigue. Des contrôles de sécurité sont de plus en plus fréquemment effectués en mer par les inspecteurs des Affaires maritimes pour vérifier ce matériel. Toute infraction donne lieu à des amendes, voire des jours d'emprisonnement !

La liste du matériel obligatoire est disponible auprès des organismes officiels, des Affaires maritimes, ou encore de certains bureaux de port. Il est généralement livré avec le bateau par le constructeur. Nous en donnons certaines précisions pour mémoire, ainsi que l'obligation liée à la francisation et l'immatriculation.

Les bateaux à voiles de moins de 2 tonneaux

La francisation du bateau n'est exigée que pour les bateaux se rendant à l'étranger par voie maritime. Quant à l'immatriculation, elle est obligatoire auprès de la Marine marchande.

Les bateaux à voiles supérieurs à 2 tonneaux

Ils doivent être obligatoirement francisés s'ils naviguent dans les eaux maritimes françaises, et immatriculés.

L'assurance

Elle n'est pas obligatoire pour naviguer, mais la plupart des ports de plaisance exigent que les bateaux soient couverts par une assurance responsabilité civile. De toute façon, il est fortement recommandé de le faire.

L'impôt sur le revenu

Un bateau de plaisance est considéré comme un signe extérieur de richesse, et doit faire l'objet d'une déclaration dans "les éléments du train de vie" s'il jauge plus de 3 tonneaux pour un voilier.

Le matériel de sécurité obligatoire

La législation est quelque peu différente selon les catégories de navigation, de la catégorie 1, la plus éloignée (supérieure à 200 milles de la côte), à la catégorie 6, la plus proche de la côte (jusqu'à 2 milles).

Depuis juin 1996, une directive du Parlement européen a introduit de nouvelles mesures pour l'ensemble des pays de la Communauté européenne destinées à harmoniser les législations en matière de construction des bateaux. A partir de juin 1998, tous les bateaux neufs vendus en Europe doivent répondre à cette réglementation et être marqués CE.

Pour ce qui concerne le matériel de sécurité, ce sera la même chose. Les six catégories de navigation anciennes seront progressivement remplacées pour répondre aux nouveaux critères. Elles ne correspondront plus à des distances d'éloignement d'un abri, mais au type de temps qu'il sera possible d'affronter. Fondées sur la force du vent et l'état de la mer, ces catégories, au nombre de quatre, iront de A à D.

Le matériel de sécurité est important, et regroupe les rubriques suivantes pour chacune des six catégories, dont nous donnons ici quelques exemples.

- Engins de sauvetage : radeau de sauvetage obligatoire pour les quatre premières catégories (1 à 4) et une brassière de sauvetage éprouvée par personne à bord pour toutes les catégories.
- Matériel d'assèchement et d'incendie.
- Pharmacie : boîte de secours.
- Appareils, instruments nautiques : corne de brume, baromètre, jumelles, sextant…
- Matériel de manœuvre : apparaux de mouillage, avirons, gaffe, barre franche de secours…
- Signaux pyrotechniques de détresse : fusées, fumigènes…
- Matériels d'armement et de rechange : jeu de voiles de route, manœuvres courantes, tourmentin, cisaille…
- Documents : journal de bord, annuaire des marées, code des signaux…

Quelques précisions concernant la sécurité

Le canot pneumatique

Il existe trois types de canots pneumatiques de sauvetage. Le canot de classe V, qui permet de naviguer en quatrième catégorie. Le canot de classe II, allégé, qui permet de naviguer jusqu'en troisième catégorie. Le canot de classe II, qui peut être utilisé en première et deuxième catégories.

Les gilets de sauvetage

Les gilets font partie du matériel de sauvetage individuel et doivent être homologués. Ils permettent une aide à la flottabilité destinée aux personnes sachant nager. Il existe quatre familles de gilets dont les normes répondent au label CE. Ces gilets sont de taille différente et destinés à être utilisés par des personnes de poids différents.

Les gilets sont souvent associés aux harnais. Lorsqu'un équipier éprouve le besoin de revêtir un gilet de sauvetage, c'est que le temps est mauvais et qu'il est également tant de mettre son harnais pour s'amarrer sur le pont. C'est à chacun de connaître ses

Les nouvelles catégories européennes

La catégorie de conception A, désignée par le terme "en haute mer", autorise les bateaux à naviguer par temps supérieur à la force 8 et englobe les six catégories de navigation actuelles. La catégorie B, désignée par le terme "au large", autorise les bateaux à naviguer jusqu'à la force 8 et comprend les catégories de navigation de 2 à 6. La catégorie de conception C, appelée "à proximité de la côte" autorise les bateaux à naviguer jusqu'à la force 6 et englobe les catégories de navigation 4, 5 et 6. Quant à la catégorie D, "en eaux protégées", elle autorise la navigation jusqu'à la force 4 et intègre la catégorie 6.

Les anciennes catégories de navigation françaises

zone 1 : + 200 milles d'un abri,
zone 2 : - 200 milles d'un abri,
zone 3 : - 60 milles d'un abri,
zone 4 : - 20 milles d'un abri,
zone 5 : - 5 milles d'un abri,
zone 6 : - 2 milles d'un abri.

Tableau des correspondances

En attendant l'application définitive de la nouvelle réglementation du matériel de sécurité, la correspondance officielle entre l'ancienne et la nouvelle catégorie européenne est la suivante :

zones 1 et 2 : catégorie A
zones 3 et 4 : catégorie B
zones 5 et 6 : catégorie C.

limites, mais c'est aussi au skipper d'imposer le port du harnais à un équipage s'il en éprouve la nécessité.

Certains fabricants ont mis au point des brassières à harnais incorporé, solution logique, car beaucoup plus faciles à mettre, et donc très pratiques. Il s'agit d'engins personnels qu'il est bon de revêtir à l'occasion d'un essai préalable et d'entretenir soigneusement. Ce n'est pas par force 8, la nuit, qu'il faut se préoccuper de savoir où se trouve son vêtement pour l'adapter ensuite à votre taille !

Si le matériel homologué doit se trouver à bord, il n'est pas interdit, surtout dans le domaine de la sécurité, d'utiliser un matériel que l'on préfère et qui a fait également ses preuves. La formule du ciré équipé d'un harnais incorporé est sans doute la solution la plus souple. Elle est utilisée à bord des bateaux de course. Le harnais reste à poste dans le ciré. La ligne de vie qui sert à s'accrocher au pont demeure dans la poche du ciré ou à un endroit du bateau facilement accessible. Quand l'équipier souhaite s'assurer sur le pont, il n'a plus qu'à crocher la ligne de vie sur son harnais à l'autre bout sur le pont. Il existe aussi de nombreux autres vêtements permettant à la fois de se prémunir contre les intempéries et d'assurer sa sécurité avec une réserve de flottabilité, ainsi qu'un harnais incorporé.

La bouée de sauvetage, la perche IOR

La bouée de sauvetage, à poste dans le balcon arrière, doit toujours être prête à être lancée. Elle est reliée à un feu, qui se met en route automatiquement au moment de son retournement dans l'eau. Un soin particulier doit être apporté à cet ensemble : fixation à la fois efficace et rapidement largable sur le balcon, vérification du bon fonctionnement du feu.

Pour les bateaux qui naviguent beaucoup, une perche IOR peut être utile. C'est un engin de signalisation mis au point à bord des bateaux de course de l'International Offshore Rule. Il a l'intérêt de porter un feu à son extrémité supérieure et d'être plus longtemps visible qu'une vulgaire bouée dès qu'il y a de la mer. La perche IOR se stocke soit dans le pataras, soit dans un long tube fixé sur le pont. Comme la bouée, elle doit pouvoir être larguée en quelques secondes.

Même si la voile a souvent la priorité sur le moteur, mieux vaut éviter de faire manœuvrer un gros navire marchand. Le voilier manœuvre la plupart du temps avec plus d'aisance.

BALISAGE, RÈGLES DE ROUTE ET PRIORITÉS

Au grand large, le bateau est libre de tous ses mouvements. C'est le vent et la mer qui commandent. Près de terre, les hommes se sont progressivement organisés pour mettre en place un dispositif permettant de guider les navires. Le balisage fait partie de ce dispositif. Il s'agit de l'ensemble des marques placées par le département de l'équipement du Service des phares et balises à l'usage des navigateurs. Les balises proprement dites, mais aussi les bouées, les tourelles et certains autres amers, sont édifiés et entretenus par cet organisme officiel. L'Association internationale de signalisation maritime a unifié l'ensemble des systèmes du monde entier et instauré un système de balise maritime unique et en vigueur depuis 1982.

Ce système partage le monde en deux zones, A et B. Les côtes européennes sont régies par le système A. En Amérique, au Japon, dans la Corée du Nord et aux Philippines, c'est le système B qui prévaut. Il faut savoir, par exemple, que les Antilles appartiennent au système B. Les chenaux d'entrée balisés par le système latéral disposent par exemple de bouées aux couleurs inversées (rouge et vert) par rapport au système A.

Se repérer en mer pour un néophyte n'est pas une chose facile, et les premiers jours de navigation sont plein d'interrogations. Sur l'immensité grise, le seul repère fixe est donné par le compas, qui indique les points cardinaux. Mais, avec un peu d'habitude et une bonne paire de jumelles, le langage du balisage est plutôt simple. Avant toute observation, et tout report sur la carte, il convient de bien avoir le nord en tête. Chacune des bouées dispose d'une signification précise indiquée par divers signes conventionnels. La forme, la couleur, éventuellement le feu qui la surmonte, renseignent utilement sur la raison de sa présence.

La navigation à voiles ne nécessite aucun permis, ce n'est pas une raison pour faire abstraction de toute connaissance en matière de balisage. Un minimum de bases doivent être apprises et retenues. Avec l'habitude, ce sont toujours les mêmes cas qui reviennent. Les manuels de navigation donnent tous les détails de ces marques, dont certaines beaucoup plus importantes que les autres pour le plaisancier. Le balisage latéral, qui marque les méandres d'un chenal, et le balisage cardinal, qui signale un danger, sont par exemple deux systèmes à assimiler parfaitement. En navigation plaisancière, ils reviendront sans cesse.

LE LANGAGE DE BALISE

Dans le balisage, ce sont cinq catégories de marques qui ont été retenues pour baliser la route.

Le "système latéral" guide à travers un chenal avec des couleurs de bouées et des couleurs de feux. Elles sont disposées pour un navigateur venant du large et entrant dans le chenal. Vert à tribord (droite), rouge à bâbord (gauche).

Le "système cardinal" signale des dangers et utilise une signalétique en rapport avec les quatre points cardinaux pour noter l'emplacement de la bouée par rapport à ce danger.

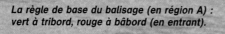

La règle de base du balisage (en région A) : vert à tribord, rouge à bâbord (en entrant).

Par exemple : une bouée de sud signale un danger au nord de cette bouée ; il faudra donc la laisser au nord et passer au sud.

Les "dangers isolés" sont soumis à un balisage spécial et marquent le plus souvent la présence d'un danger d'étendue restreinte.

La "marque d'eau saine" balise le fond autour de la marque et signale qu'il n'y a aucun danger autour d'elle. Ces marques balisent par exemple les axes de chenaux.

Les "marques spéciales" indiquent des zones remarquables soumises à des réglementations particulières, comme une zone de baignade par exemple.

L'identification des feux

Avec l'habitude, il est quelquefois plus facile de naviguer la nuit que le jour. C'est que les phares sont plus aisément repérables et identifiables que les amers rencontrés de jour. Ceci est surtout valable pour les atterrissages sur la côte et l'approche. Au moment où le bateau se trouve la nuit près de terre, les feux de chenaux et d'entrée de port sont parfois plus difficiles à distinguer parmi les feux de la côte.

Comme les bouées rencontrées de jour, les feux ont leur code, qui permet au navigateur de les identifier. Chaque feu dispose de sa couleur, de son rythme et de sa période. Chacun est répertorié dans le livre des feux. Ils figurent aussi sur les cartes avec leurs principales caractéristiques. Pour identifier correctement un feu, il convient tout d'abord de prendre son temps, de s'habituer à sa lumière et de ne pas vouloir reconnaître celui que l'on souhaite trouver. Ses caractéristiques comptent avant tout. C'est ensuite qu'il convient de chercher son nom et de faire des recoupements éventuels avec les feux avoisinants pour être sûr de son jugement. L'habitude et l'expérience sont fondamentales, et il faut s'efforcer de s'entraîner dès que cela est possible.

Les règles de route et priorités

En mer, il y a certes moins de trafic que sur les routes, mais il arrive néanmoins que les bateaux se croisent. Ils doivent respecter des règles strictes. Le texte officiel du règlement pour prévenir les abordages en mer figure à l'inventaire de tous les bateaux naviguant de la première à la cinquième catégorie.

En matière de navigation à voile, la règle d'or est celle du tribord amures. Le bateau qui, sous voile, reçoit le vent de tribord est prioritaire. Le bateau bâbord amures lui doit la route et s'écarter en conséquence.

Si les deux bateaux sont tribord amures, celui qui est au vent doit s'écarter de la route de celui qui est sous le vent. Même chose si les deux bateaux se trouvent bâbord amures. C'est celui qui se trouve sous le vent qui est prioritaire.

En règle générale, naviguant à la voile, il faut s'écarter de tout bateau que l'on rattrape. Si le bateau navigue au moteur, il doit le passage au bateau à voile.

Les bateaux dans les chenaux doivent se tenir du côté droit de la berge. Les bateaux à voile ne doivent pas se trouver sur la route des navires, qui doivent pouvoir naviguer en toute sécurité.

Certains passages très fréquentés, comme le Pas-de-Calais ou la région d'Ouessant, disposent de couloirs de navigation. La réglementation internationale recommande aux voiliers d'utiliser le moteur par vents faibles dans ces endroits encombrés afin de ne pas gêner la circulation. Un petit voilier n'est pas obligé de suivre ces dispositifs de séparation de trafic. Il peut passer au large, ou encore plus à terre, dans la mesure où ces couloirs sont faits pour des navires ayant besoin de beaucoup de profondeur pour évoluer et qu'ils sont relativement éloignés de la côte.

Le sens marin n'est pas au-dessus des lois. Mais dans un espace où évoluent des bateaux de taille et de conception si différentes, l'essentiel est de ne pas gêner le bateau que l'on va croiser. L'estimation des vitesses, les endroits dangereux, les précautions à prendre viennent avec l'expérience. Et si, en mer, un grand paquebot à moteur doit le passage à un petit voilier, selon le règlement officiel des abordages, il n'est pas indispensable de croiser sa route de près pour la simple satisfaction d'user du bon droit !

La règle de base de la priorité sous voiles : tribord amures est prioritaire.

Ce phare visible de jour et éclairé la nuit marque le groupe d'îlots rocheux.

LE MAL DE MER

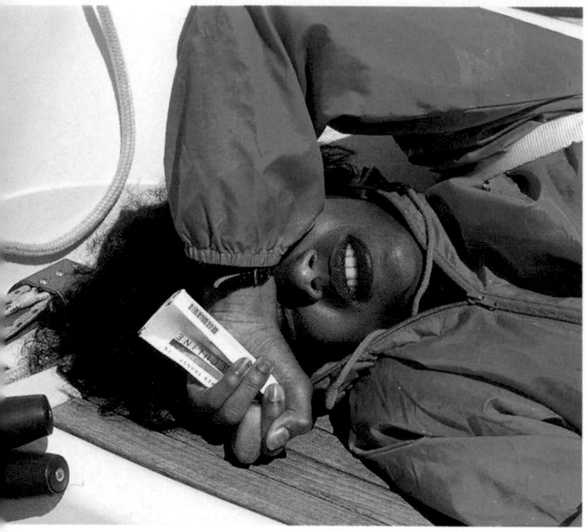

Dès que le mal de mer se déclare, il vaut mieux s'allonger et avoir la tête bien calée.

La station debout chez l'homme est un défi perpétuel aux lois de l'équilibre et de la pesanteur. L'acquisition de la verticalité n'a pu se faire que grâce au perfectionnement progressif du système d'analyse de la position du corps dans l'espace. Ce système est situé dans l'oreille interne. Des systèmes d'analyse annexes, où interviennent les yeux, les muscles, les ligaments, se sont également développés.

Imaginons de minuscules électrodes à l'intérieur de l'ampoule. Quand, entraînée par les mouvements du corps, la bulle bouge dans l'ampoule, elle vient toucher certaines électrodes. Les électrodes sollicitées informent, par l'intermédiaire d'un nerf transmetteur, certaines régions du cerveau contenant les centres de l'équilibre.

Ainsi, grâce à la position des bulles (il y a en fait, dans chaque oreille, 3 bulles, et donc 3 ampoules disposées dans les 3 plans de l'espace), ces formations cérébrales reçoivent en permanence des renseignements sur la position du corps. Ces informations sont confirmées par les autres récepteurs, tels les yeux ou autres éléments situés au niveau des jambes (muscles, ligaments).

Comme dans un ordinateur, les formations cérébrales intègrent instantanément toutes ces données et provoquent, par réflexe, la contraction ou le relâchement de certains muscles. C'est le travail discret de ces muscles qui permet de rester debout.

Mais sur un bateau, tout se complique, car tout en étant assis ou allongé, le corps suit les mouvements du bateau et les bulles bougent. En revanche, les systèmes d'analyse annexes (muscles, ligaments) restent muets, car le corps est immobile.

La discordance des informations transmises depuis les récepteurs de l'oreille et les autres récepteurs perturbe l'action des différentes formations cérébrales impliquées dans le maintien de l'équilibre. Ces formations, dans l'impossibilité de donner une réponse cohérente, accumulent les informations, qu'elles ne savent pas utiliser, créant peu à peu un surplus d'influx nerveux. Audelà d'une dose supportable, il faut évacuer cette surcharge nerveuse, et c'est le vomissement qui s'en charge. Puis, peu à peu, les centres de l'équilibre assimilent ces informations incohérentes, pour ne plus en tenir compte : c'est l'amarinage.

Le temps nécessaire à cette adaptation est très variable selon les individus, mais dans la plupart des cas, il est obtenu au terme de 3 jours. Puis c'est le retour à la terre.

Les informations incohérentes si bien assimilées disparaissent brutalement. Mais persiste souvent une rémanence de ces informations qui faisaient partie de l'environnement "naturel" du marin.

C'est cette persistance de la perception des mouvements disparus que traduit le mal de terre, impression ébrieuse d'un sol en constant mouvement.

Les causes du mal de mer

Les facteurs déclencheurs du mal de mer :

- Les mouvements du bateau : les mouvements de haut en bas (mouvements de tangage) sont les plus à craindre. La sensibilité est maximale pour les mouvements perpendiculaires à la ligne œil-oreille ; elle est minimale pour les mouvements parallèles. C'est une des raisons pour lesquelles on est moins sensible couché que debout ou assis.
- Les mouvements propres de la tête : ils accentuent les conflits d'informations en apportant d'autres informations contradictoires. Aussi, il est important de garder la tête immobile lorsqu'on est malade.
- Le rôle de l'œil est également essentiel : pouvoir garder la ligne d'horizon ou tout point fixe de la côte comme repère permet au système de l'équilibre de garder une référence géométrique très salutaire. C'est pourquoi il est préférable de rester sur le pont tant que les conditions de sécurité le permettent.

Capacités d'adaptation, quatre catégories de sujets sont définies :

- Les sujets très sensibles et qui s'adaptent lentement : c'est souvent la catégorie qui apprécie le moins le bateau.
- Les sujets très sensibles, mais qui s'adaptent rapidement : vite malades et vite guéris, ils acceptent avec fatalité ce passage obligé vers la haute mer.
- Les sujets peu sensibles et qui s'adaptent lentement : pas vraiment malades, pas vraiment en forme, ils supportent d'être barbouillés en permanence.
- Les sujets peu sensibles et qui s'adaptent rapidement : ce sont les plus heureux. Pour eux la mer ne bouge pas plus que le plancher des vaches…

Autres facteurs individuels à prendre en compte :

- L'âge : la sensibilité augmente de deux à douze ans, pour se stabiliser ensuite et décroître doucement avec les années. Après cinquante ans, le mal de mer devient assez rare.
- Le sexe : à activité égale à bord, on ne note pas de différence significative.
- La psychologie : penser au mal de mer est le meilleur moyen de faire apparaître les troubles. Avoir l'esprit occupé est excellent pour éviter le mal de mer.
- La fatigue, la faim, le froid, l'humidité : ces facteurs diminuent les facultés d'adaptation aux mouvements du bateau.

• Les odeurs : par leurs vertus évocatrices, elles conditionnent souvent l'apparition du mal de mer.

LES SYMPTÔMES DU MAL DE MER

Au début, on décrit souvent une apathie, une somnolence, un ralentissement des temps de réaction.

Puis le mal entre dans sa forme active, qui débute par des maux de tête, des bâillements, une pâleur du visage, des sueurs froides. Les éructations précèdent les nausées et les vomissements.

Avec les vomissements, une grande lassitude s'installe, qui s'accompagne d'un désintérêt pour le bateau comme pour soi-même. A ce stade, il y a réel danger de chute à la mer par ralentissement ou absence de réactions. Il faut attacher les malades qui restent à l'extérieur, la tête penchée par-dessus les filières. Les vomissements apportent un soulagement certain. Ils correspondent à une libération de la surcharge nerveuse liée aux conflits d'informations, comme nous l'avons expliqué précédemment.

Selon les catégories définies, l'intensité et la durée des troubles est variable. Dans l'immense majorité des cas, les troubles passent, souvent après une bonne période de sommeil.

LE TRAITEMENT DU MAL DE MER

Les antihistaminiques

L'action de ces produits consiste à limiter l'influence des informations en provenance des centres de l'équilibre par une "anesthésie" de certaines voies nerveuses. Ces produits entraînent souvent une somnolence, et quelquefois des maux de tête, une sécheresse de la bouche, des palpitations, des vertiges. Ils sont en général contre-indiqués chez la femme enceinte, les enfants en dessous de 15 ans (parfois moins), les porteurs de glaucome. Ils interdisent la consommation conjointe d'alcool.

Les transdermiques

Pour tenter d'avoir une action locale dirigée plus spécifiquement sur le système de l'équilibre, le procédé transdermique à coller derrière l'oreille diffuse lentement à travers la peau une substance anesthésiante efficace pendant 72 heures. Toutefois, ce système peut présenter des effets secondaires comme une sécheresse de la bouche, des troubles visuels, une somnolence.

Les antivomitifs

Ces médicaments agissent directement sur les centres du vomissement. Leur action est en général moins efficace, mais ils ont l'avantage d'avoir peu d'effets secondaires et de contre-indications.

Les produits homéopathiques, s'ils sont utilisés en phase préventive avant le départ en mer, paraissent améliorer les capacités d'adaptation au mal de mer.

Les méthodes d'acumassage développées à partir de principes de médecine traditionnelle chinoise, en agissant sur un point du poignet, semblent capables d'évacuer la surcharge nerveuse avant qu'elle n'atteigne les centres du vomissement.

De nombreux produits semblent actifs sans qu'aucun n'ait fait la preuve d'une efficacité à 100 %. A chacun de trouver dans cette liste le médicament qui lui convient le mieux.

LES CONSEILS COMPLÉMENTAIRES

Il faut partir en mer :

• en bonne forme physique et après une bonne nuit de sommeil ;
• après avoir pris le temps de manger des aliments faciles à digérer ;
• après s'être habillé chaudement : il vaut mieux retirer bottes et cirés plutôt que devoir les enfiler.
• en remplissant ses poches de quelques barres de céréales, qui permettront de tenir sans avoir besoin de descendre dans la cabine ;
• en prévoyant quelques bouteilles d'eau (type Vichy) à portée de main dans le cockpit.

Une fois en mer :

• s'économiser : la station debout, et même la station assise, favorisent le mal de mer. En l'absence d'activité particulière, il vaut mieux s'allonger ;
• éviter les balades à l'étrave comme le séjour prolongé à l'intérieur, surtout en début de croisière ;
• grignoter des barres de céréales, des fruits, des gâteaux secs, boire abondamment.

Si ça ne va pas :

• s'allonger près du centre de gravité du bateau, sur le plancher de la cabine, au niveau de l'arrière de la quille ;
• la tête doit être bien calée par des coussins ou des sacs.

Si ça ne va vraiment pas :

• demander que l'on vous attache dans le cockpit et installez-vous du côté sous le vent ; à l'intérieur, demander un seau avant qu'il ne soit trop tard...

Même si cette situation est très inconfortable, faites le maximum pour être discret. Le mal de mer a souvent les vertus d'un virus, et une épidémie mal contrôlée peut parfois mettre en danger tout un équipage.

Pour les sujets enclins au mal de mer, la navigation au près, par mer formée, est généralement l'allure à laquelle il faut faire le plus attention à ne pas être malade.

Prime Times
RF 1986

8
En course

« La compétition à la voile est d'abord un état d'esprit, qui rend impossible la simple idée de naviguer mal réglé. »
Bruno Peyron

Incomprise des croiseurs tranquilles, qualifiée d'excessive à ses heures, gourmande en financements, meurtrière quelquefois, la course s'est spécialisée à outrance. Elle fut longtemps appelée course-croisière. Les bons plaisanciers amateurs pouvaient y aligner leur yacht.

Mais à partir des années 1970, un fossé s'est creusé entre le plaisancier moyen et le coureur de haute mer. Le développement des matériaux modernes, le sponsoring et le professionnalisme ont développé des unités qui n'ont plus rien à voir avec des bateaux de série. Ces épreuves ne demeurent pas moins de formidables bancs d'essai pour le matériel, un domaine d'innovation en perpétuelle mutation, et un moyen d'expression exemplaire pour les coureurs d'océans, qui parcourent désormais le monde entier. Des compétitions plus modestes, mais qui rassemblent plusieurs centaines de bateaux, comme le Spi Ouest-France *ou le* Spi Dauphine, *organisé par les étudiants, et bien d'autres épreuves continuent d'exister.*

Le grand public se perd dans le maquis d'épreuves très différentes, disputées en solitaire ou en équipage, sur une, deux ou trois coques.

Le calendrier est désormais riche et varié.

Pour freiner la course à l'armement et à l'argent, les organisateurs ont petit à petit limité la longueur, qui influence directement la vitesse. Très peu de courses actuelles sont entièrement libres. Avec des succès inégaux, ils ont mis au point des règlements qui permettent à des bateaux différents de courir les uns contre les autres. Malgré cette complexité apparente, l'intérêt de la course au large réside dans l'ensemble de ces dispositifs qui convergent vers la recherche de l'efficacité et de la vitesse sur l'eau, et qui sont d'ailleurs en perpétuelle mutation en fonction des expériences sur le terrain.

UN SIÈCLE DE COURSES

Depuis que l'homme navigue à la voile, il n'a pu s'empêcher de tenter d'aller plus vite sur l'eau en apprivoisant les éléments, en utilisant des techniques chaque fois plus efficaces pour dominer un milieu hostile. Aller vite sur l'eau nécessite des moyens humains et technologiques hors du commun, une adresse exceptionnelle à manœuvrer.

Régate de 6 mètres JI en baie de Cannes. Créée en 1906 à Londres, la Jauge internationale a donné naissance à plusieurs superbes séries de bateaux de course pure, courant en temps réel.

Chaque discipline du sport de la voile – de la course-croisière en équipage à la course de haute mer en solitaire, en passant par des spécialités telles la Coupe de l'America ou la Whitbread – demande des qualités spécifiques, qui tendent toutes vers un seul objectif : la maîtrise du bateau. Pour être le meilleur, il faut dominer mieux que les autres une quantité de paramètres concernant la conception du bateau, la manœuvre, le choix de la route. Cette recherche perpétuelle de la vitesse représente tout l'intérêt de la course.

Le Français Eric Tabarly conçoit des bateaux chaque fois plus efficaces, et remporte à deux reprises la Transat anglaise en solitaire. L'Américain Dennis Conner s'impose comme un merveilleux barreur dans les épreuves de la Coupe de l'America. Le Français Bruno Peyron établit en multicoque le premier record du tour du monde en équipage et sans escale, dans le cadre du Trophée Jules-Verne. Le Néo-Zélandais Peter Blake enlève coup sur coup des épreuves majeures aussi différentes que le Trophée Jules-Verne (tour du monde sans escale) et la Coupe de l'America. Pour sa première participation dans une épreuve de haute mer, l'Américain Paul Cayard termine premier dans la Whitbread, la plus grande épreuve autour du monde en équipage. Le Français Christophe Auguin aligne trois victoires en solitaire autour du monde. Dans le circuit des multicoques de 60 pieds, Loïck Peyron s'impose comme un formidable vainqueur à bord de l'un des plus performants trimarans du monde.

Tous ces hommes ont en commun, dans des disciplines très variées, l'art de maîtriser leur bateau et d'être les plus rapides par rapport au temps établi antérieurement ou à leurs concurrents directs. Depuis plusieurs décennies se sont progressivement créées des courses au large de type différent : simple triangle olympique de quelques milles en eau abritée, traversée des océans, tour du monde avec et sans escale.

Ces compétitions sur monocoques et multicoques ne sont pas nées en un jour. Elles sont

Page précédente.
Les régates de Cowes (île de Wight) donnent toujours lieu à un spectacle d'une rare intensité.

le fruit d'une longue pratique et du rêve fou des hommes. Au milieu du XIXe siècle, trois courses à travers l'Atlantique donnent le coup d'envoi des épreuves océaniques à bord de grands bateaux menés par des équipages composés surtout de professionnels. Puis vient l'épreuve de 1905, organisée par le Cruising Club of America, où la goélette *Atlantic* remporte la course de la traversée transatlantique en battant cinq autres concurrents en 12 jours.

De New York aux Bermudes, la première course océanique a lieu en 1906. Arrêtée pendant la guerre, cette compétition fut à nouveau organisée par le Cruising Club of America en 1923, et devint bisannuelle en 1926, alternée avec celle du Fastnet. En Angleterre, le premier Fastnet se dispute en 1925, à l'initiative du Royal Ocean Racing Club, au départ de Cowes, dans l'île de Wight. Quant à la troisième épreuve du globe, celle de Sydney-Hobart, elle ne débute qu'en 1945 sous l'égide du Cruising Yacht Club of Australia.

L'une des premières difficultés fut de déterminer le temps effectué par chacun des bateaux de taille différente. La course de 1905 se disputa sans handicap. C'est dire le peu de chances qu'avaient les "petits" bateaux. Et ils n'en eurent aucune. On rechercha alors un système permettant de mesurer facilement les yachts à flot, dont on pouvait mesurer un coefficient de vitesse, ou *rating*. Celui-ci permit de calculer le temps compensé à partir du temps réellement mis pour effectuer la course. La jauge anglaise du RORC est née en 1931 de cette étude et fut adaptée au fil des nouveautés et des expériences. Elle fusionna en 1970 avec la jauge américaine du CCA, créée en 1932 pour donner la jauge IOR (International Offshore Rule).

En parallèle de ces compétitions classiques courues en équipage se développe un système fondé sur un principe différent. Il naît en 1960 de la création de la première course en solitaire à travers l'Atlantique Nord, de Plymouth à Newport, à l'initiative de l'Anglais Blondie Hasler. Pour les courses en équipage du RORC, c'est le rating qui permet le classement de chaque bateau. Les épreuves en solitaire développent un autre principe. Les bateaux n'ont aucune contrainte, le système de handicap n'existe pas, c'est l'équipage, composé d'une seule personne, qui "limite" les possibilités du bateau. Chichester remporte l'épreuve de 1960. Tabarly invente un bateau de 14 mètres pour l'épreuve de 1964... et gagne. En 1976, seize années après la création de l'épreuve, courue tous les quatre ans, Alain Colas est inscrit avec un bateau de 72 mètres de long. Le gigantisme sonne le glas de la première génération des courses en solitaire. Dès lors, les organisateurs vont faire pleuvoir les limitations, en commençant par réduire la longueur.

La course en solitaire ne continue pas moins à engendrer des bateaux stupéfiants. Avec elle, les progrès techniques sont considérables : apparition de matériaux toujours plus légers et résistants, développement des multicoques, dont personne ne soupçonnait les performances. Cette période féconde marque de nombreuses créations et l'ouverture d'une nouvelle branche de la course au large différente de la voile traditionnelle représentée par le RORC. La Route du Rhum de 1978 va naître de ce mouvement des compétitions en solitaire.

De leur côté, les traditionnelles courses du RORC vont donner naissance à la Whitbread en 1973, une course en équipage autour du monde et en quatre étapes qui va s'affiner au fil des épreuves quadriennales.

Les courses en solitaire du BOC Challenge et du Vendée Globe Challenge sur monocoque de 60 pieds, dont le premier départ a lieu en 1982, vont naître d'une autre tendance. La grande première des épreuves autour du monde en solitaire a été réalisée dès 1968. Elle était motivée par un réel besoin d'absolu et de découverte. C'est dans cet esprit d'aventure que se lancèrent, quatorze années plus tard, les coureurs de ces compétitions en solitaire à l'échelle de la planète. Ils réalisent des navigations époustouflantes, des temps chaque fois améliorés, des moyennes journalières pulvérisées. Les chevaliers des Temps modernes se nomment désormais Jeantot, Lamazou, Gautier, Auguin. Ils entrent dans la légende.

En équipage comme en solitaire, les navigateurs n'ont pu s'empêcher d'agrandir leur terrain de jeu à l'échelle de la planète. Des traversées de l'Atlantique du début du siècle, les coureurs sont passés aux tours du monde avec plusieurs escales puis non-stop. Les courses actuelles balayent les Quarantièmes Rugissants au sud des grands caps australs. Dans ces eaux, il y a encore soixante-dix ans, nos ancêtres gagnaient leur pain au péril de leur vie à bord des grands voiliers. La course au large a développé des moyens techniques de navigation considérables, et les bateaux à voiles ont fait en moins d'un siècle des progrès énormes. Ils sont désormais en mesure de parcourir toute la planète à des moyennes remarquables. Le record à battre, détenu par Olivier de Kersauzon depuis 1997, est de 71 jours. Les bateaux les plus rapides au monde participeront à The Race, la course qui ouvre le prochain siècle, et dont le départ aura lieu à Gibraltar en l'an 2000. Tout laisse penser que les records sont encore à battre.

ADMIRAL'S CUP, UNE COMPÉTITION ENTRE LES NATIONS

Disputée tous les deux ans depuis sa création en 1957 par le célèbre club du RORC, l'Admiral's Cup est au yachting ce que la Coupe Davis est au tennis. Baptisée Champagne Mumm Admiral's Cup depuis 1983, sponsoring oblige, cette épreuve de course au large disputée en équipage est considérée, sans en avoir l'appellation officielle, comme un véritable championnat du monde. La raison est simple : aucune compétition n'a accueilli autant de nations différentes pour un même challenge. Les Anglais, bien sûr, mais également les Américains et les Australiens, sont les piliers de cette épreuve britannique. Sont aussi régulièrement présents les Allemands, les Danois, les Italiens, les Néo-Zélandais et les Français. Dans les années 1980, une vingtaine de nations se disputaient le fameux trophée.

Pendant la première quinzaine du mois d'août, les équipes, composées de trois bateaux différents, s'affrontent au départ de Cowes, dans l'île de Wight. Quatre courses sont disputées dans le Solent, le bras de mer qui sépare l'île de Wight du continent anglais. Une course s'effectue en Manche, baptisée la Channel Race. La sixième épreuve est le fameux Fastnet, du nom du phare situé au sud de l'Irlande. Partant de Cowes, les bateaux virent le Fastnet avant de redescendre vers Plymouth, où est jugée l'arrivée après 600 milles de course.

Chaque pays est représenté par une équipe de trois bateaux accumulant des points au fil des courses. A bord de ces prototypes de haut niveau technologique, naviguent les meilleurs marins de la planète, issus des milieux de la Coupe de l'America, des jeux Olympiques ou de la Whitbread. Les meilleurs concurrents de cette épreuve complexe doivent réunir les compétences de régatier pour s'imposer dans les petites courses *inshore*, mais aussi de marin de haute mer confirmé pour faire la meilleure route à travers la mer d'Irlande. La complexité de l'Admiral's Cup est là : rassembler le plus de points à bord de trois bateaux sur des épreuves de nature différente.

Si la victoire a longtemps été réservée aux seuls Anglo-Saxons (Angleterre, USA, Australie), les Allemands ont enlevé l'épreuve en 1973 et en 1985 grâce à leur discipline d'équipe et à leur esprit d'organisation. La France, qui n'avait jamais brillé et dont les qualités semblaient si mal adaptées à une course d'équipe, s'impose contre toute attente avec le team *Corum* en 1991.

L'Admiral's Cup est liée depuis 1957 à l'histoire classique de la course au large. Elle a sacré les plus grands architectes du monde et les meilleurs skippers. Les bateaux les plus rapides de tous les pays y ont participé à travers les différents règlements de jauge

Pour s'abriter du courant, les bateaux tirent des petits contre-bords le long de l'île de Wight, permettant de se "hisser au vent".

revus et corrigés. De nombreux faits d'armes demeurent. Parmi eux, personne n'oubliera ceux de l'année 1979. Alors que le gros de la flotte arrive au voisinage du phare du Fastnet, que seules quelques grosses unités ont arrondi le rocher, une tempête d'une extrême violence arrive de l'ouest et soulève une mer énorme. Pour les concurrents, il ne s'agit plus de faire route, mais de sauver sa peau. Sur les 300 bateaux en course, dont 50 disputent l'Admiral's Cup, 194 abandonnent. Dans la violence des éléments, 24 bateaux seront perdus, et on déplore la perte de 15 vies humaines.

Après cet événement tragique, une scrupuleuse analyse des faits et de nouvelles mesures concernant la sécurité, les Anglais donnent à nouveau le départ du Fastnet deux années plus tard, assorti d'une nouvelle clause. La participation à l'Admiral's Cup est réservée aux bateaux dont le skipper et au moins la moitié de l'équipage ont participé pendant l'année précédente à deux courses du RORC, ou une course du RORC et une autre course d'au moins 200 milles.

Unique dans les annales de la voile, ce championnat a puisé ses forces dans la manière dont les Anglais conçoivent la voile. En dehors du simple domaine sportif, où les concurrents de l'Admiral's Cup ont acquis un formidable niveau, l'ambiance de cette course qui côtoie les rives verdoyantes du Solent est unique. Les parcours *inshore* de cette épreuve au sommet sont dessinés au milieu des autres courses, et les concurrents doivent tenir compte du courant, qui sévit parfois puissamment, mais également des compétiteurs d'autres circuits dont les différents bords s'entrecroisent. Ce fut longtemps le charme du plan d'eau de Cowes.

Avec le professionnalisme, les skippers s'accommodent mal d'une telle organisation, et les épreuves de l'Admiral's Cup se jouent désormais sur des parcours spéciaux. Pour l'édition 1999, un changement fondamental va marquer l'histoire de cette course. Le fameux Fastnet n'est plus à l'ordre du jour, et les régates se disputeront en juillet, en dehors des épreuves de la semaine de Cowes. Quatre courses *inshore* restent au calendrier avec deux courses de haute mer de 400 milles chacune : la Channel Race et la Wolf Rock Cup, qui emprunte son nom au phare de la pointe de la Cornouaille. Quant aux bateaux destinés à courir l'épreuve, ils sont choisis parmi les meilleurs prototypes du moment, avec des longueurs de 36, 40 et 50 pieds. Pour les anciens, l'apparition à l'horizon du célèbre phare du sud de l'Irlande restera gravée dans les mémoires comme un superbe moment de voile.

Départ musclé sur la célèbre ligne du Royal Yacht Squadron.

DE L'OSTAR À L'*EUROPE 1 STAR*

Créée en 1960, cette course fut longtemps appelée tout simplement la Transat. Quarante années plus tard, malgré la concurrence d'autres compétitions, elle demeure l'épreuve reine des solitaires. Organisée avec le soutien du journal anglais l'*Observer*, elle est d'abord baptisée l'Ostar (Observer Singlehanded Transatlantic Race), puis, avec l'aide de la station de radio *Europe 1*, elle devient la Transat Observer Europe 1. Elle prend finalement le nom d'Europe 1 Star à partir des années 1980.

Phil Weld vient de remporter l'Ostar 1980 après 17 jours de course. Son épouse est la première à le féliciter après le franchissement de la ligne.

En 1960, année de sa création, la course remportée par Francis Chichester comptait cinq concurrents, dont son créateur Blondie Hasler. Pour sa cinquième édition en 1976, elle accueille 130 compétiteurs, et devra être limitée à 110 bateaux en 1980. Il s'agit là d'un phénomène unique dans les annales de la plaisance de haute mer. La simplicité du règlement – un homme, un bateau, un océan – est en mesure de satisfaire la liberté des hommes de mer et d'encourager la mise en œuvre de matériel nouveau, sans la gêne ou le frein occasionnés par un système de jauge ou une règle de handicap.

Le trajet entre Plymouth, siège du Royal Western Yacht Club, organisateur technique de l'épreuve, et Newport a également les qualités d'un parcours complet. Il se résume en une longue traite de 3 000 milles contre les dépressions d'ouest. Le dernier quart du parcours se joue généralement dans des vents moins soutenus, en bordure du courant du Labrador et ses icebergs, puis dans les brumes de Nantuket. Le colonel Blondie Hasler voulait en faire une compétition mettant en valeur la performance humaine. Il y a réussi bien au-delà de ses espérances.

Aucune épreuve n'a autant sollicité l'intelligence des concepteurs et la compétence des marins solitaires. Elle a engendré tout au long de sa vie les projets les plus fous. Elle a fait également naître des modes durables et des tendances éphémères tel l'avènement des bateaux géants. Dans le domaine des monocoques, le *Vendredi 13* de Terlain ou le *Club Méditerranée* de Colas ont fait date. Quant aux multicoques, parfaitement adaptés à la vitesse en solitaire, des bateaux aussi efficaces que *Three Cheers* de Mac Mullen, *Third Turtle* de Birch, *Moxie* de Weld ou *Pen Duick IV* et *Paul-Ricard* de Tabarly ont bouleversé l'architecture navale de plaisance.

De grandes compétitions comme la Coupe de l'America, l'Admiral's Cup et la Whitbread ont progressivement participé à l'histoire de la course au large. Avec leurs anecdotes, leurs drames, leurs rebondissements et leurs moments de bravoure, les dix éditions de la Transat en solitaire ont également marqué la mémoire du large.

De Plymouth (Grande-Bretagne) à Newport (USA), tous les quatre ans :

1960. Victoire de Chichester en 40 jours à bord de *Gipsy Moth*.

1964. *Pen Duick II* est sous spi (80 mètres carrés) au départ devant 14 participants. Tabarly gagne en 27 jours devant Chichester.

1968. 35 bateaux au départ. Tabarly est présent à bord de *Pen Duick IV*, un trimaran de 20 mètres, mais il doit abandonner sur avarie. Victoire de Williams, premier coureur à être sponsorisé (Sir Thomas Lipton) et à recevoir des indications de course depuis la terre. *Cheers,* le troisième bateau classé, est un petit prao de 12 mètres skippé par Tom Follet.

1972. 52 bateaux au départ. Colas a racheté le trimaran *Pen Duick IV* à Tabarly. *Vendredi 13*, un monocoque de 39 mètres mené par Terlain, lui donne la réplique. Le trimaran l'emporte de 16 heures après 20 jours de mer. Cinquième, le trimaran *Three Cheers* dessiné par Newick.

1976. 120 partants. Cinq fortes dépressions d'ouest. Colas et son *Club Méditerranée* de 72 mètres. Deux disparus. 43 abandons. Tabarly s'impose pour la seconde fois à bord du sixième *Pen Duick* conçu pour un équipage de 14 personnes. Birch est classé second sur son minuscule trimaran de 9 mètres, *The Third Turtle*. Colas est troisième après une escale à Terre-Neuve.

1980. Limitation à 110 bateaux et 17 mètres de long. Les balises embarquées permettent le repérage des concurrents et le déclenchement éventuel des secours grâce au système Argos, utilisé la première fois en 1979 dans la Transat en double Lorient-les-Bermudes-Lorient. Tabarly doit courir avec l'hydrofoil *Paul-Ricard*, mais blessé à l'épaule, il laisse le commandement à Marc Pajot. A 65 ans, l'Américain Phil Weld l'emporte en 17 jours à bord du trimaran *Moxie* dessiné par l'Américain Newick. Les multicoques ont désormais la suprématie dans les courses en solitaire.

1984. Les dix premiers bateaux arrivent à 12 heures d'intervalle. Les 13 premiers battent le record de 1980. La route orthodromique, la plus courte en distance, n'est plus forcément la plus rapide. Les multicoques se placent plus bas et évitent les allures de près dans le vent violent. Philippe Poupon coupe la ligne en tête. Mais Yvon Fauconnier, qui s'est détourné pour assister Jeantot dans son chavirage, est crédité de 16 heures. Il devance finalement Poupon, arrivé seulement 11 heures devant lui en temps réel.

1988. 95 concurrents au départ. Huitième édition. Poupon, qui a déjà remporté la Course du Figaro et la Route du Rhum, emporte la Transat en 10 jours et 9 heures à la moyenne de 12 nœuds. Moussy est second à 18 heures, Loïck Peyron troisième.

1992. 66 concurrents au départ. 55 à l'arrivée. Vent debout et icebergs. Une Transat classique au vent maussade et une course particulièrement difficile. Parlier domine dans la classe des monocoques. Loïck Peyron, premier des multicoques, enlève l'épreuve avec 30 heures d'avance.

1996. Francis Joyon chavire alors qu'il est en tête avec 300 milles d'avance. Gerry Roofs l'emporte en monocoque. Loïck Peyron renouvelle sa victoire de 1992 en 10 jours et 10 heures, 3 heures devant Paul Vatine. Comme Tabarly, Peyron devient un double vainqueur de la Transat.

A bord de ses trimarans, baptisés* Fujicolor*, Loïck Peyron a remporté de nombreuses victoires en équipage et en solitaire, dont la Transat anglaise à deux reprises, en 1992 et 1996.

LA ROUTE DU RHUM, UNE INVENTION FRANÇAISE

Dans quelques minutes, entourée d'une foule d'admirateurs, Florence Arthaud va entrer dans l'histoire de la course au large en remportant l'épreuve de 1990 en 14 jours.

Qui aurait pu dire avant sa première édition en 1978 que la Route du Rhum deviendrait cette superbe classique en solitaire disputée tous les quatre ans ? Qui aurait pu imaginer que le titre suprême de cette épreuve magique, repaire de marins musclés, soit détenu un jour par une femme ?

Pour disputer les épreuves du vénéré club du RORC et assister aux départs des grandes courses océaniques, il a longtemps fallu se rendre en Angleterre. Jusqu'au jour où Michel Etevenon décida que personne n'avait le monopole de l'organisation des courses sur la planète. En 1973, à l'époque où *« cela ne se faisait pas »*, il parvient à convaincre André Boisseaux, PDG de Kriter, d'investir dans une nouvelle forme de publicité. Avec la première Whitbread, qui prend son envol à Portsmouth en septembre 1973, commence la saga des bateaux portant la marque du mousseux.

En faisant ses gammes dans le monde des grandes courses à dominante britannique, Michel Etevenon constate deux choses. Même si ces épreuves sont passionnantes, même si les skippers se battent dans des corps à corps surprenants avec l'Océan, le public est mal informé. La course est réservée à une poignée de passionnés embarqués depuis l'enfance. Par rapport à d'autres sports médiatisés, la voile mérite mieux que cela. L'autre constatation concerne l'arrivée de ces grandes compétitions, qui se déroule dans l'indifférence quasi générale. Dans ses yeux brille déjà l'éclat des tropiques.

La première édition de la Route du Rhum, disputée en 1978 entre Saint-Malo et Pointe-à-Pitre aux Antilles, est un festival. Birch et son petit multicoque coiffent Malinovsky et son grand monocoque de 98 secondes sur le fil de l'arrivée, devant les télévisions du monde entier. Emotion encore avec la disparition d'Alain Colas. *Pen Duick IV*, l'ancien bateau d'Eric Tabarly, disparaît à tout jamais sans laisser aucune trace.

La balise Argos qui permet de suivre l'épreuve et le déclenchement des secours si nécessaire équipe les concurrents de la deuxième édition de la Route du Rhum en 1982. Marc Pajot et son catamaran *Elf Aquitaine* réalisent le temps de 18 jours. En 1986, Philippe Poupon tombe le record en 14 jours et 15 heures à bord du trimaran *Fleury-Michon*. En 1990, contre toute attente, c'est Florence Arthaud qui l'emporte, et qui améliore encore le record de l'épreuve de 5 heures à bord de *Pierre Ier*. Elle entre dans l'histoire de la course au large tout entière. Poupon finit 8 heures... derrière. A l'avenir, elle devient la femme à battre !

Dans la version 1994 de la Route du Rhum, Laurent Bourgnon, à bord de *Primagaz*, est cet homme-là. Il remporte l'épreuve devant Paul Vatine et bat de 4 petites heures le record de Florence Arthaud. Pourtant, le mauvais temps d'ouest de novembre qui souffle en tempête n'épargne personne. Après quatre jours de course, un tiers de la flotte, soit 25 bateaux, a déjà fait machine arrière. Loïck Peyron, l'un des favoris, doit se retirer après avoir démâté. Le monocoque de Halvard Mabire perd sa quille et se retourne. Le skipper, réfugié sur la coque, sera secouru. A l'entrée de l'hiver, la sixième Route du Rhum a encore frappé, prouvant une fois encore la qualité de ses vainqueurs.

La Transat anglaise et son parcours sur l'Atlantique Nord en juin a longtemps dominé la scène océanique. Tous les quatre ans, en novembre, la Route du Rhum lui donne désormais la réplique. Ces deux titres sont actuellement les plus enviés des coureurs d'océans.

Le fameux duel Birch-Malinovsky à l'arrivée de l'édition 1978 sonne le glas des monocoques dans les courses "open". Le petit trimaran jaune bat le grand monocoque bleu de 98 secondes.

EN COURSE EN SOLITAIRE AUTOUR DU MONDE

En remportant la première édition du Vendée Globe Challenge en 1990, Titouan Lamazou, à bord de Ecureuil d'Aquitaine, *après avoir fait le tour du monde sans escale, réalise un temps (109 jours) qui ne sera battu que sept années plus tard.*

Les Transat océaniques, comme l'Europe 1 Star et la Route du Rhum, qui n'imposent aucun type de bateau, sacrent désormais le meilleur coureur sur multicoque. En solitaire, ces machines ne peuvent être rattrapées par les monocoques. Dans les hautes latitudes sud et les mers énormes, ces engins à plusieurs coques, bien qu'ayant fait des progrès dans le domaine de la sécurité, restent vulnérables, surtout menés par un équipage d'une seule personne. Une raison suffisante pour légitimer les tours du monde en solitaire et en course des BOC et Globe Challenge, exclusivement disputés sur des monocoques de 60 pieds.

La course pionnière en la matière est organisée en 1968 par les Anglais. C'est un pari fou pour l'époque, compte tenu de la conception des bateaux. Elle révéle Bernard Moitessier, qui ne termine pas l'épreuve, préférant abandonner et continuer vers Tahiti. Elle connaît la fin tragique de Donald Crowhurst, qui disparaît après avoir commis la plus grande tricherie de l'histoire de la voile. Il reste en Atlantique en laissant croire qu'il a fait le tour du monde, mais ne se résout pas à affronter le public à son retour et se donne la mort. Elle consacre enfin la victoire de Robin Knox Johnston, qui effectue le tour de la terre à bord de *Suhali* en... 313 jours sans escale !

Il faut attendre l'année 1982 pour que les organisateurs donnent à nouveau le départ d'une épreuve en solitaire autour du monde. Cette fois, c'est une course en quatre étapes, d'où le Français Philippe Jeantot sort vainqueur après 159 jours de course. C'est encore lui qui remporte la seconde édition de cette épreuve en 1986. Puis il a l'idée d'une nouvelle épreuve sans escale au départ de son fief des Sables-d'Olonne.

Le premier Vendée Globe Challenge quitte la France en 1989. Titouan Lamazou est le premier de retour après avoir contourné l'Antarctique sans escale en 109 jours. Le bateau de Philippe Poupon, couché au large de l'Afrique par une déferlante, reste sur le flanc. C'est Loïck Peyron, en passant une remorque à son compagnon, qui aidera *Fleury-Michon* à se relever.

Dorénavant, alterneront le BOC Challenge (en quatre étapes) et le Vendée Globe Challenge (sans escale), courses toutes deux courues en solitaire sur des monocoques de 18 mètres de long. Christophe Auguin l'emporte dans le BOC Challenge de 1990 puis à nouveau dans l'épreuve de 1994. Alain Gautier quant à lui sort vainqueur du deuxième Vendée Globe Challenge de 1992.

En novembre 1996, 17 coureurs solitaires s'élancent des Sables-d'Olonne pour la troisième édition du Vendée Globe Challenge, disputée sans escale et sans assistance. Les bateaux qui s'en vont vers le Sud à la recherche des grands vents d'ouest pour un tour du monde express de la planète ont encore progressé. Depuis leur entrée en lice dans les circuits open des grandes courses en 1986, les 60 pieds (18,28 mètres) n'ont cessé de pulvériser les moyennes et les records de vitesse. A son retour des USA en 1995, Christophe Auguin a conservé une vitesse de 20 nœuds (37 kilomètres/heure) 12 heures durant ! En 1996, les 60 pieds les plus extrêmes s'apparentent à des luges sans freins, capables de surfer pendant des semaines sur les vagues géantes formées par les dépressions du Grand Sud. Les architectes Finot-Conq ont conçu six bateaux pour l'épreuve, selon les règles imposées : 18 mètres de long, redressement automatique du bateau en cas de chavirage, quatre cloisons intérieures, gîte du bateau limitée à 10 degrés quand les ballasts sont remplis d'eau.

Pour réaliser ces prouesses en solitaire, les architectes ont élaboré des coques à la fois résistantes (utilisation de matériaux en carbone préimprégnés) et relativement légères (8 tonnes). Quant à la stabilité, elle est assurée par la forte largeur (5,80 mètres), ainsi que par un lest placé au bout d'un immense aileron (environ 3 tonnes, à 4 mètres sous la flottaison). Cette morphologie permet de "torcher" une toile monumentale (300 mètres carrés au près et plus de 500 mètres carrés au vent arrière), disposer d'un bateau très puissant, et atteindre d'importantes moyennes dans des zones difficiles. Les architectes utilisent d'autres stratagèmes pour tenir ces monstres en équilibre. Plusieurs tonnes d'eau, quatre tonnes pour certains, peuvent être emmagasinées, au vent, dans des ballasts disposés dans la coque. Le bateau d'Isabelle Autissier dispose même d'une quille pivotant dans le plan latéral, et le lest de 2,7 tonnes peut être hissé au vent. Enfin, Yves Parlier est le seul à partir autour du monde avec un mât pivotant, tenu par des barres de flèche géantes.

Dans cette épreuve géante, l'océan Indien, une fois de plus, donne de la voix. Les événements qui vont suivre laissent penser que certains bateaux demeurent fragiles dans de telles conditions de mer et font réfléchir organisateurs, architectes et coureurs. Coup sur coup, trois bateaux vont au tapis. Le bateau de Raphaël Dinelli est couché par une déferlante. Il se redresse mât cassé avec une voie d'eau grave et commence à couler. Peter Goss, un autre concurrent, se déroute et parvient à sauver son camarade 36 heures plus tard. Thierry Dubois, dont le bateau s'est aussi retourné, résiste sur la coque, puis est sauvé par une équipe de la marine australienne venue à la rescousse alors qu'il a embarqué dans son canot de sauvetage. Quant à Tony Bullimore, son bateau perd sa quille et se retourne. Le skipper reste à l'intérieur pendant trois jours en attendant les secours de la marine australienne. Aussi loin de la terre, dans de telles conditions météorologiques, ces sauvetages tiennent tous du miracle. Le Canadien Gerry Roofs n'a pas eu cette chance. Il cesse de donner des nouvelles à mi-distance de l'Australie et du cap Horn. Malgré le détournement de plusieurs concurrents sur la zone présumée de sa présence, le navigateur ne donne plus aucun signe de vie. Plusieurs mois plus tard, la coque du bateau retourné est aperçue près des côtes chiliennes.

Christophe Auguin sort vainqueur de ce cauchemar après une superbe course où il n'a jamais été inquiété. Il remporte ainsi sa troisième course autour du monde ! Les responsables des organisations de courses, comme les architectes et les coureurs, se mettent à l'ouvrage pour trouver la parade à la vulnérabilité de ces bateaux dans des circonstances extrêmes. Comme les multicoques, certains monocoques, larges et disposant de ballasts et de mâts géants, sont devenus dangereux en chavirant trop facilement, mais, surtout, en restant stables en position inversée. Les coureurs, réunis sous la bannière de l'IMOCA (association regroupant les skippers de 50 et 60 pieds), établissent de nouvelles règles de sécurité et définissent en particulier un nouvel angle de chavirage pour renforcer la stabilité du bateau. Les 60 pieds des prochaines épreuves tiendront compte de ce nouveau règlement.

Formidable arrivée de Christophe Auguin aux Sables-d'Olonne. Il signe ainsi, en 1997, sa troisième victoire dans une course autour du monde en solitaire.

DE LA WHITBREAD À LA VOLVO OCEAN RACE

En organisant en 1973 la course autour du monde sous l'égide de la marque Whitbread, les Britanniques, héritiers d'un long passé maritime, créent une épreuve d'une nouvelle dimension. Ils poussent les marins plaisanciers à se pencher sur la conception de voiliers capables d'affronter tous les océans du globe et les fameuses quarantièmes latitudes sud.

Quoi de plus symbolique que de partir puis de revenir à son point de départ en bouclant la grande boucle ? vouloir se rendre compte soi-même que la planète où nous vivons est vraiment ronde ? En 1968, le journal *Sunday Times* avait lancé la course du Globe d'Or, mais elle était réservée aux solitaires, et la conception des bateaux ne répondait à aucune norme de course. La Whitbread Round the World Race est la première épreuve autour du monde organisée pour des bateaux menés par des équipages et répondant à la jauge de course de l'IOR, celle en vigueur pour les compétitions côtières et semi-hauturières tel le Fastnet, avec quelques aménagements, notamment en matière de sécurité.

Le 8 septembre 1973, 17 concurrents s'élancent de Portsmouth pour une traite de 27 000 milles en quatre étapes, avec escales à Cap Town, Sydney, Rio de Janeiro. Ils ne seront de retour qu'au printemps, après avoir traversé les océans Atlantique, Indien et Pacifique et doublé les trois fameux caps australs : Bonne-Espérance, Leewin et Horn. Pour la centaine de pionniers qui naviguent à l'occasion de cette grande première, tout est à découvrir. Au XXe siècle, cette épreuve est encore une aventure.

Les monstrueux surfs sauvages, qui durent des journées entières, dans l'océan Indien et le Pacifique font partie des grands moments de la Whitbread.

En franchissant la ligne d'arrivée en vainqueur, le Mexicain *Sayula II*, un bateau appartenant à la série des Swan 65, apporte la démonstration des possibilités de navigation d'un yacht moderne bien mené. Malgré les péripéties, les 17 yachts au départ sont à l'arrivée. *Pen Duick VI* de Tabarly, le bateau le plus rapide, démâte à deux reprises. La seconde étape de l'océan Indien est meurtrière pour deux équipiers tombés à la mer. Dans le Pacifique, un troisième homme est fauché par une vague alors qu'il manœuvre sur le pont. A mi-chemin de l'Australie, *Sayula II*, le futur vainqueur, est couché par une vague géante, mais les hommes restent accrochés à bord et le gréement tient bon, les avaries ne sont que superficielles. L'ensemble des bateaux de la flotte découvre ces contrées lointaines et apprend à se battre contre les éléments.

Cette première grande classique hauturière est véritablement une aventure. Pour la seconde édition, disputée quatre années plus tard, en 1977, il ne suffit plus d'arriver, les coureurs sont venus pour gagner. *Flyer*, dessiné par Stephens, devance une flotte de 15 bateaux après quatre étapes océaniques. Au fil des épreuves, les marins conçoivent des unités mieux adaptées à ces conditions météorologiques et ces grandes distances. Petit à petit, ils parviennent à dompter les éléments en toute circonstance. Vingt années plus tard, dans ces mêmes mers, les équipiers des bateaux modernes sont en régate 24 heures sur 24, les écoutes à la main, dans des surfs ahurissants et des moyennes vertigineuses.

Durant les cinq premières épreuves de la Whitbread, de 1973 à 1990, si les performances des bateaux évoluent, le principe de la course reste le même. Elle se dispute sur des bateaux de tailles différentes, répondant à la jauge IOR et classés au handicap. De cette manière, le premier au temps réel n'est pas obligatoirement déclaré vainqueur. En 1986, le Français Lionel Péan s'impose à bord d'*Esprit d'équipe*, un bateau ne mesurant que 17 mètres. Au fil des ans, les escales ont lieu à Cap Town, Punta del Este, Auckland, Sydney, Rio, Freemantle, Mar del Plata, Fort Lauderdale. Les plus grands skippers de haute mer sont venus se frotter à cette course devenue mythique : Tabarly n'a jamais réussi à s'imposer ; Peter Blake, vainqueur en 1990, a participé à cinq épreuves ; Skip Novak a couru quatre fois la course, comme Pierre Felhman ; Tracy Edwards est la première femme engagée avec un équipage entièrement féminin en 1989-1990.

Une nouveauté d'importance marque l'édition 1993-1994 et fait entrer l'épreuve dans une nouvelle génération. Si les organisateurs maintiennent encore une fois les grands bateaux IOR dans la course, ils créent un nouveau prototype conçu spécialement pour cette épreuve autour du monde. Baptisé *Whitbread 60*, ce monocoque mesure 19,50 mètres de long et est mené par une douzaine d'équipiers. Quatre années plus tard, en 1997, la Whitbread quitte une nouvelle fois Portsmouth, mais les concurrents composent une flotte homogène.

Les bateaux sont quelque peu différents, mais ce sont tous des W60. Parmi ces 9 unités, 8 sont signées par l'architecte néo-zélandais Bruce Farr. Ces prototypes ultraperformants portant des ballasts remplis d'eau pour compenser la gîte accomplissent des performances remarquables et sont en mesure d'abattre plus de 400 milles en 24 heures dans les meilleures conditions de vent portant. Tous les moyens de navigation sont bons pour choisir la meilleure route, et en 1998, le foisonnement d'informations disponibles sur Internet est une véritable nouveauté. Ordinateurs pour le calcul et les prévisions de route, voiles non plus cousues mais moulées directement en trois dimensions, nourriture et boissons lyophilisées, transmission d'images du bord vers la terre grâce au standard B, coques en sandwiches Nomex-Kevlar, les bateaux de la Whitbread naviguent aux avant-postes de la technologie. Ils sont à la haute mer ce que les bateaux de l'America's Cup sont au triangle olympique, les plus avancés dans leur domaine.

Pour l'édition 1997-1998, disputée en huit étapes autour du monde et remportée par Paul Cayard sur *EF Language*, la moyenne des budgets par unité avoisine 50 millions de francs, ce qui donne une idée du degré de perfectionnement des bateaux. Dans le simple domaine de la voilure, le règlement limite le nombre de voiles à utiliser pendant l'épreuve à 48 ! Pour une douzaine d'hommes embarqués, certains équipages sont composés de plus de 50 personnes qui travaillent à l'intendance et l'entretien à la manière d'une véritable écurie automobile de Formule 1.

Après l'édition 1997-1998, la marque Whitbread passe la main. En 25 ans, elle aura hissé cette épreuve au firmament des courses en équipage en faisant cohabiter le sport et la finance. Les grandes firmes commerciales désireuses d'assurer leur promotion autour du monde ont attiré à elles les plus grands skippers du moment dans un tournoi à l'échelle de la planète. La prochaine édition de 2002 sera courue sous l'emblème de Volvo, et tout laisse penser que la course autour du monde a encore un bel avenir. Les plus grands marins sont prêts à accomplir une nouvelle révolution et refaire le monde à bord des *Volvo Ocean 60*.

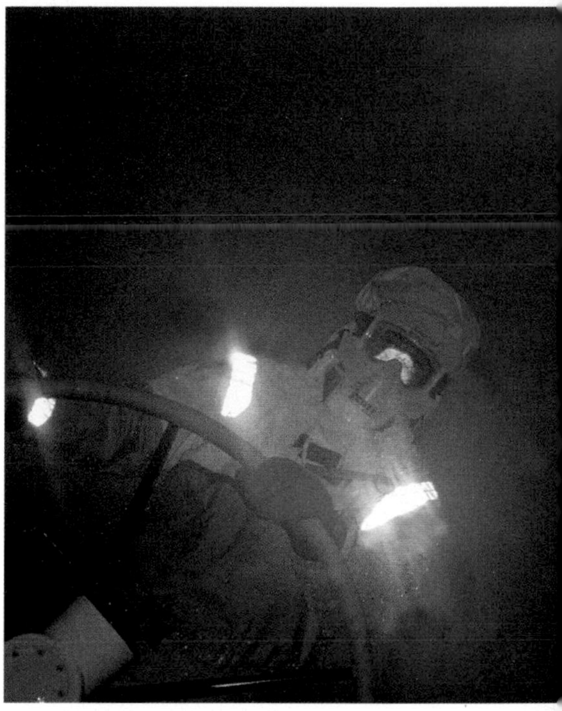

Ce n'est ni un martien ni un personnage lunaire, mais un terrien participant à la course autour du monde en équipage qui se protège du froid et des embruns.

LES JEUX OLYMPIQUES, UNE RÉGATE MONDIALE

Hors des épreuves de haute mer, les jeux Olympiques tiennent une place à part dans le monde du yachting et représentent une discipline de très haut niveau dans le domaine de la régate. C'est la seule forme de voile de compétition disputée à l'échelle mondiale. Les derniers jeux d'Atlanta en 1996 ou de Barcelone en 1992 ont vu s'affronter plus de 70 nations sur l'eau. Les régatiers qui participeront aux jeux de Sydney en octobre de l'an 2000 sont de véritables professionnels, doués de qualités physiques et techniques hors du commun acquises grâce à un entraînement intensif. Les meilleurs d'entre eux travaillent leur discipline plus de 200 jours par an.

Les premiers jeux Olympiques de l'ère moderne ont eu lieu à Athènes en 1896, inspirés par le baron Pierre de Coubertin. Mais la voile ne fit son apparition qu'en 1900, à l'occasion des jeux de Paris, et les épreuves de voile eurent lieu sur le plan d'eau de Meulan, sur la Seine, avec 42 bateaux inscrits.

Elvström, le roi Paul, fut sacré aux jeux Olympiques, sur des bateaux aussi différents que le Finn *(dériveur en solitaire), le* Star *(quillard), le* Soling *(quillard) et le* Tornado *(catamaran).*

Cette discipline a par la suite toujours existé, excepté en 1904 aux jeux de Saint-Louis, dans le Missouri, mais aussi en 1980, où les Français se rangèrent au côté des nations ayant boycotté les jeux de Moscou.

La célèbre navigatrice française Virginie Hériot, qui remporta l'or dans la série des 8 mètres JI en 1928 à Amsterdam, est associée à l'histoire des Jeux. Les Français ont souvent été présents, puisque la palme de la participation revient à la France et à la Suède. Mais le record de médailles d'or revient à la Grande-Bretagne, à la Norvège et aux USA. Parmi les huit médailles d'or obtenues par le Danemark, quatre sont dues à Paul Elvström, connu sur tous les plans d'eau du monde et qui court dans des disciplines aussi diverses que le solitaire avec le *Finn*, le quillard avec le *Star* et le *Soling*, et le catamaran avec le *Tornado*.

Les séries de bateaux qui disputent les différentes épreuves des Jeux sont régulièrement changées et sélectionnées au niveau international parmi les classes de bateaux les plus nombreuses et les plus actives du moment. Les séries olympiques possèdent leur propre statut, contrôlé par l'IYRU en collaboration avec le Comité international olympique. Pour les jeux de Sydney en l'an 2000, les séries se répartissent ainsi :

• Hommes et femmes.

Planche à voile, solitaire et double disputés par des hommes et des femmes. Planche à voile Mistral. *Moth Europe* (solitaire) pour les femmes et *Finn* (solitaire) pour les hommes. Le double est couru en *470*.

• Séries open.

Participation des hommes ou des femmes (les hommes représentant une majorité écrasante) à bord des bateaux suivants : *Laser*, *Forty Niner* (49e), *Tornado*, *Soling et Star*. Ce dernier quillard avait été retiré en 1996, mais vient d'être réhabilité dans l'attente d'une nouvelle série donnant une onzième et nouvelle médaille aux femmes dans le domaine du match-racing. Une discipline qui devrait voir le jour en 2004. Toutes ces unités courent en flotte, sur des parcours disposés soit en triangle (autour de trois bouées), soit en "banane" (autour de deux bouées).

LES BATEAUX DES JEUX OLYMPIQUES DE SYDNEY EN L'AN 2000

Mistral : cette planche à voile est acceptée aux Jeux dès 1984 en série masculine, puis apparaît en 1992 comme série féminine. Longueur : 3,70 mètres. 7,4 mètres carrés de voilure pour 15,5 kilogrammes.

Le *Moth Europe* est un dériveur de compétition en solitaire né en 1933 aux USA. Il apparaît en France en 1938 sous le nom de *Moth* et devient série olympique en 1992.

Longueur : 3,35 mètres. Poids : 63 kilogrammes.

Le *Finn* est reconnu série olympique en solitaire depuis 1952. Plan de Sarby. Longueur : 4,50 mètres. 10,20 mètres carrés de voilure.

Le *470* est un dériveur à deux équipiers né en France en 1963 du crayon de André Cornu. Plus de 50 000 exemplaires ont été construits. Il fait son apparition aux Jeux en 1976. Il est également choisi en 1988 pour la nouvelle classe féminine. Longueur : 4,70 mètres.

Le *Laser* est un dériveur olympique solitaire dessiné par l'Américain Bruce Kirby en 1972. Il arrive en Europe dans les années 1970 et participe aux Jeux pour la première fois en 1996. Longueur : 4,23 mètres.

Le 49e, appelé *Forty Niner*, est un dériveur de haute performance ressemblant aux fameux 18 pieds australiens. Il fut créé en 1995 par Bethwaite, et fera son entrée sur la scène olympique en l'an 2000. Il est amené a remplacer le *Star*. Longueur : 4,90 mètres. 21,70 mètres carrés pour 125 kilogrammes.

Le *Tornado* est un catamaran à deux équipiers conçu par les Anglais en 1966. C'est le seul multicoque des Jeux, où il a fait son apparition en 1972. Longueur : 6,09 mètres. 21 mètres carrés de voilure pour 145 kilogrammes.

Le *Soling* est un quillard à trois équipiers dessiné en 1963 par Jan Linge et introduit aux Jeux en 1972. Equipage mixte autorisé par l'IYRU en 1996. Longueur : 8,20 mètres. 21,7 mètres carrés de voilure pour 1 035 kilogrammes.

Le *Star* est un quillard à deux équipiers dessiné en 1911 par Francis Sweisguth, un collègue américain de William Gardner. Les premières régates eurent lieu en 1916, et l'association de classe voyait le jour en 1922. Il fut absent des Jeux en 1976, remplacé par le Tempest, mais réhabilité dès 1980. Longueur : 6,89 mètres. 29 mètres carrés de voilure pour 800 kilogrammes.

Le Tornado, *ici en régate pendant la semaine préolympique à Hyères en 1995, a fait son apparition aux Jeux de 1972.*

LA COUPE DE L'AMERICA, LE PLUS VIEUX TROPHÉ

Combien de temps l'aiguière d'argent tant convoitée restera-t-elle en Nouvelle-Zélande ?

Dans le milieu de la course, la Coupe de l'America, disputée depuis 1851, revêt un caractère très spécifique. Loin de la haute mer et des grandes vagues, deux bateaux défendent, le temps d'une régate grandiose, l'honneur de leur pays. C'est le plus vieux trophée sportif du monde. Sa conquête est un enjeu à la fois politique et économique. En l'an 2000, sur le plan d'eau d'Auckland, la Nouvelle-Zélande, détentrice du trophée, défend chèrement sa peau contre le reste du monde à l'occasion de la trentième rencontre.

L'histoire de la coupe date de 1851. L'Américain Georges Schuyler, fondateur du New York Yacht Club, se rend en Angleterre à bord de sa goélette *America* de 30 mètres de long, pour disputer les régates de Cowes. Cette petite ville balnéaire de l'île de Wight située sur la côte sud anglaise est alors le théâtre de compétitions nautiques inscrites aux festivités internationales de l'Exposition universelle de Londres. Le 22 août, *America* participe à une course mémorable qui consiste à faire le tour de l'île de Wight en partant vers l'est. Elle remporte l'épreuve devant 16 bateaux anglais, et se voit décerner la Coupe des Cent-Guinées. Il s'agit d'une aiguière en argent massif pesant 4 kilos et 198 grammes et mesurant 68 centimètres de haut, qui va prendre le nom de la belle goélette. L'America's Cup était née !

DUEL AU SOMMET DE L'ART DE NAVIGUER

La Coupe de l'America fonctionne encore selon les règles en vigueur dès sa première édition. Il s'agit d'abord d'une compétition entre yacht-clubs. Le meilleur défendeur sélectionné par son club affronte le meilleur challengeur en une série de régates gagnantes qui constituent la Coupe de l'America proprement dite. Ces régates se courent à deux bateaux, autour de trois bouées. Cela implique une stratégie de course radicalement différente de celle d'une régate classique, et se résume à un duel. Celui qui est devant contrôle, défend et tente de conserver l'avantage. La connaissance et l'interprétation du règlement régissant cette joute deviennent un élément du match. A travers les péripéties des épreuves au fil du temps, c'est le *Deed of gift*, la règle mise au point dès la première épreuve par les tenants du titre, qui prévaut. Mais le fonctionnement de la coupe est placé sous l'autorité d'un comité des sages (le Trustee comitee), qui regroupe l'ensemble des yacht-clubs ayant détenu la coupe.

Pas moins de 24 défis, dans un laps de temps de 129 années balayées par deux guerres mondiales, vont être lancés sans succès par les Britanniques et les Australiens contre les Américains. Il faut dire que

C'est le peintre Marin-Marie qui coucha sur le papier l'instant historique où la goélette America "déboucha" en tête aux Needles, à l'occasion de son tour de l'île de Wight victorieux.

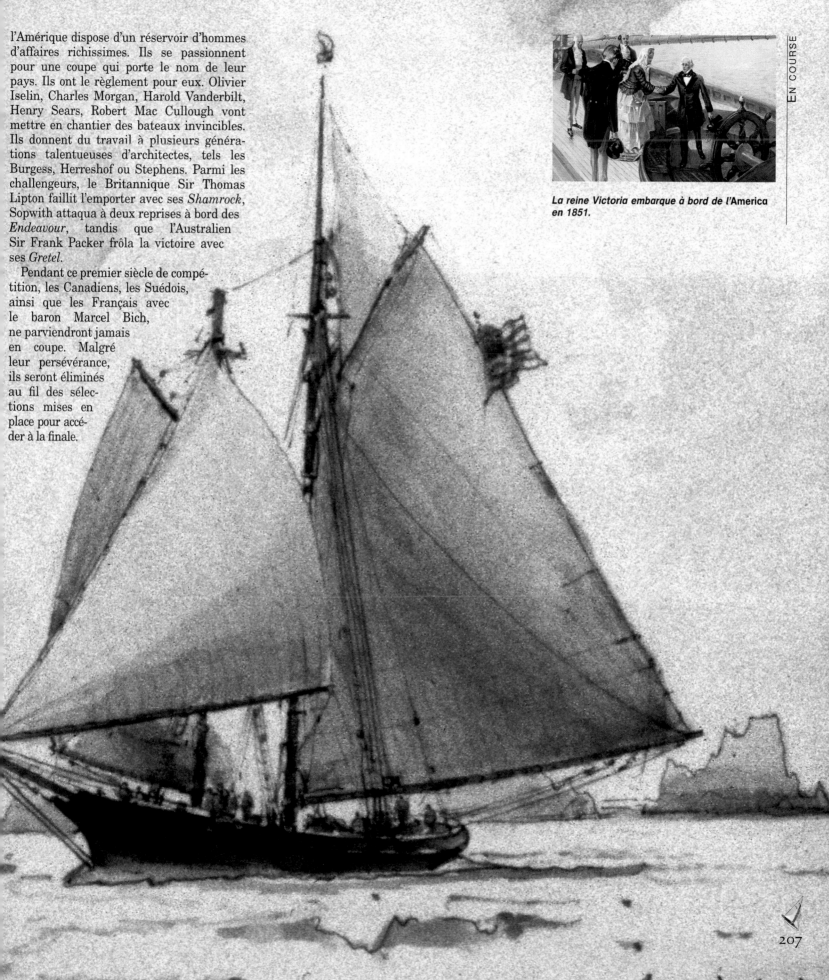

PORTIF DU MONDE

l'Amérique dispose d'un réservoir d'hommes d'affaires richissimes. Ils se passionnent pour une coupe qui porte le nom de leur pays. Ils ont le règlement pour eux. Olivier Iselin, Charles Morgan, Harold Vanderbilt, Henry Sears, Robert Mac Cullough vont mettre en chantier des bateaux invincibles. Ils donnent du travail à plusieurs générations talentueuses d'architectes, tels les Burgess, Herreshof ou Stephens. Parmi les challengeurs, le Britannique Sir Thomas Lipton faillit l'emporter avec ses *Shamrock*, Sopwith attaqua à deux reprises à bord des *Endeavour*, tandis que l'Australien Sir Frank Packer frôla la victoire avec ses *Gretel*.

Pendant ce premier siècle de compétition, les Canadiens, les Suédois, ainsi que les Français avec le baron Marcel Bich, ne parviendront jamais en coupe. Malgré leur persévérance, ils seront éliminés au fil des sélections mises en place pour accéder à la finale.

*La reine Victoria embarque à bord de l'***America** *en 1851.*

La quille à ailettes de Australia II, peinte en trompe-l'œil, bouleversa l'architecture et permit aux Australiens de remporter la coupe.

1983. Première victoire non américaine. Alan Bond, l'armateur de Australia II, a pris la barre peu après le passage de la ligne. John Bertrand, barreur et skipper du bateau, savoure une bière amplement méritée.

1995. De retour à Auckland, Peter Blake est accueilli en héros après sa belle victoire à San Diego.

1983, LA COUPE EST AUSTRALIENNE

Il faut attendre le vingt-cinquième défi pour que la coupe, enfin, change de camp. Les Australiens, après sept défis perdus et vingt ans de travail, sont les premiers "étrangers" à conquérir le célèbre trophée. *Australie II*, et sa quille à ailettes conçue par l'astucieux Bob Mile, enfonce *Liberty* par quatre victoires à trois. Le milliardaire de l'immobilier Alan Bond et le fin barreur John Bertrand entrent dans la légende. Pour marquer la victoire, le Premier ministre australien décrète une fête nationale dans tout le pays.

Pas moins de quinze challengeurs représentant six nations et quatre défendeurs australiens s'inscrivent à l'impitoyable joute de 1987, à Freemantle. Dennis Conner, le perdant de 1983 à Newport, remporte d'abord la Coupe Louis-Vuitton. Celle-ci consiste à définir avant la coupe, avec des épreuves de présélection, les deux protagonistes, challengeur et défendeur. Conner défait ensuite Ian Murray, représentant du Royal Perth Yacht Club. *« Je fais ce que j'ai à faire, gagner »*, dira Dennis Conner. Originaire de San Diego en Californie, il y ramène l'aiguière pour quelque temps. En 136 ans, elle n'aura été absente d'Amérique que durant 3 ans, 4 mois et 8 jours !

LE CLASS AMERICA REMPLACE LE 12 MÈTRES

Avec 1992 commence une ère totalement nouvelle pour l'histoire de la coupe. A San Diego, cette année-là, les acteurs ont radicalement changé. De l'imagination des plus talentueux architectes du monde est né le *Class America*. Plus légers, plus longs et plus voilés que les "vieux" 12 mètres de 1987, ces nouveaux engins de vitesse s'imposent comme de merveilleux outils pour participer au duel au sommet. Trois mesures principales donnent une idée de sa morphologie. La longueur est proche de 24 mètres, la surface de voilure se situe autour de 300 mètres carrés au près et 650 mètres carrés au portant, enfin, le déplacement avoisine 20 tonnes. La régate suprême est relancée. Ils sont huit challengeurs cette année-là à attaquer l'Amérique. Mais le trophée reste au San Diego Yacht Club après la victoire de Bill Koch à bord de *America 3*. L'Italien Raoul Gardini et son *Il Moro Di Venezia* s'inclinent dans un score de 5 à 1.

En 1995, *Team New Zealand* est le second bateau non américain à remporter la Coupe de l'America. Peter Blake est le héros du jour. Il se défait au cours des sélections de la Coupe Louis-Vuitton de six challengeurs. Et il bat en coupe Dennis Conner et *Young America* par un score sans appel de 5 à 0. Son secret : la scientifique mise au point du bateau vainqueur à l'aide d'un "lièvre" identique qui donne la réplique.

LES NÉO-ZÉLANDAIS CHALLENGEURS POUR L'AN 2000

Ce trophée si convoité concrétise, pour ce "petit" pays, la conquête du large. Après avoir remporté l'Admiral's Cup, le tour du monde Whitbread et le Trophée Jules-Verne, les Néo-Zélandais s'affirment comme étant les maîtres des mers. Aujourd'hui, l'équipe de chaque défi est une machine complexe où doivent cohabiter les intelligences sportive, financière, scientifique et technique. La réussite de l'opération dépend du parfait fonctionnement de cette entité pendant de nombreux mois avant l'épreuve. Passés au grade de défendeurs, les Néo-Zélandais reçoivent, les premiers mois de l'an 2000, les différents challengeurs du monde entier, y compris les Américains, pour la trentième édition de la coupe.

Duel d'anges sur mer argentée. Dans quelques minutes, l'un des deux aura gagné, l'autre perdu l'un des plus prestigieux, des plus anciens et des plus rocambolesques trophées de la planète.

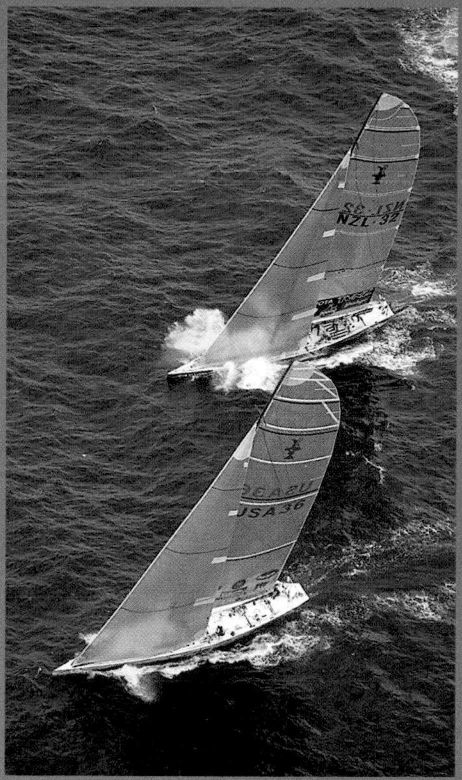

Combat rapproché entre la Nouvelle-Zélande (au vent) et l'Amérique.

LES DIFFÉRENTES JAUGES DE COURSE

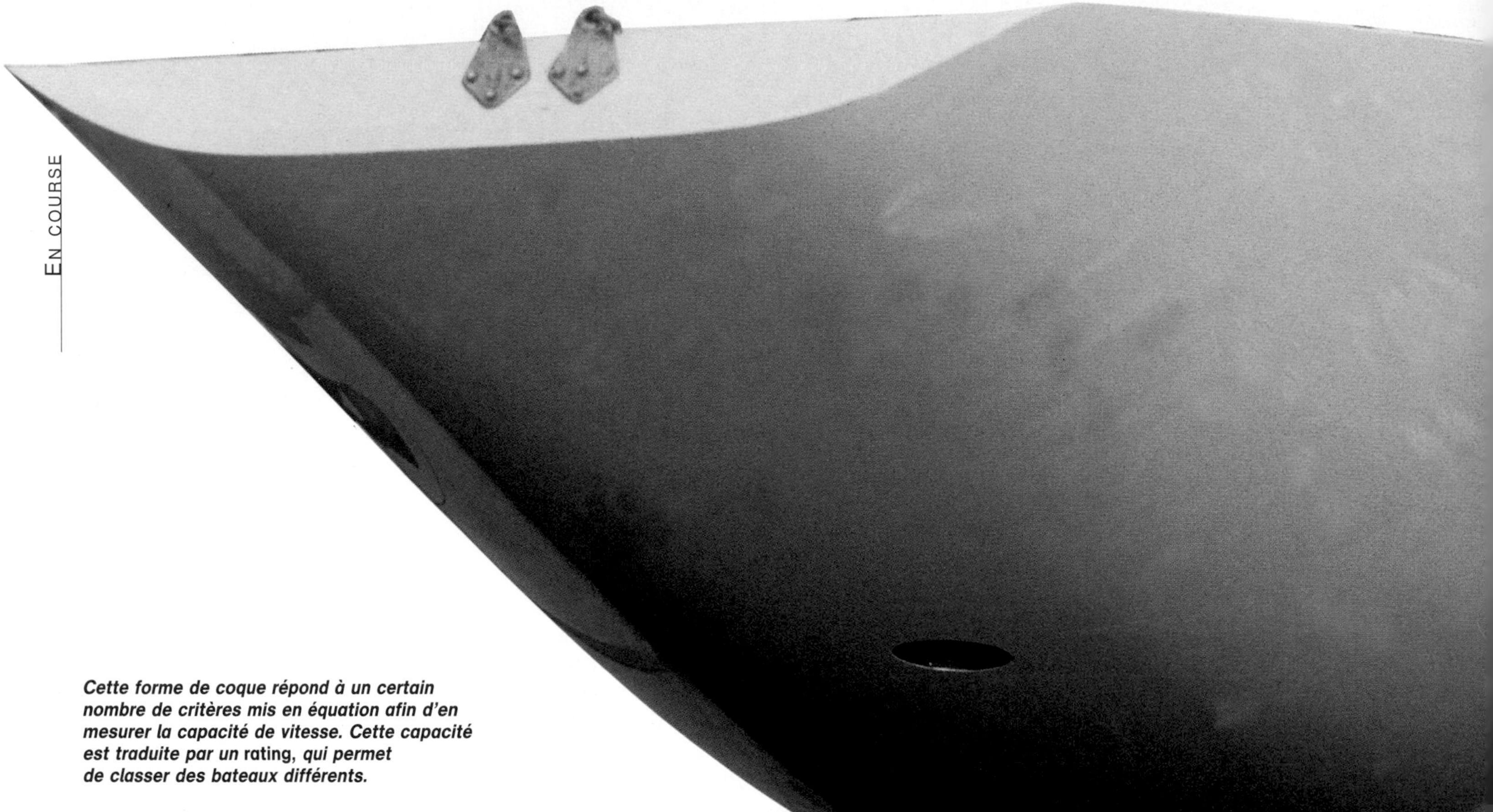

Cette forme de coque répond à un certain nombre de critères mis en équation afin d'en mesurer la capacité de vitesse. Cette capacité est traduite par un* rating*, qui permet de classer des bateaux différents.

Si les bateaux en présence au sein d'une même régate étaient toujours rigoureusement identiques, la jauge n'aurait pas été inventée. Au fur et à mesure du développement de la plaisance et de la course au large dans le monde entier, il fut nécessaire d'établir des règles pour faire se rencontrer des bateaux différents. Le fait qu'elles constituèrent en elles-mêmes un élément important du match compliqua la question. Les architectes adaptèrent en effet les bateaux à la jauge.

Les bateaux des grandes épreuves en solitaire ou en double sont limités en longueur et disposent de leur règlement. Quelques courses comme le Trophée Jules-Verne ou The Race sont totalement libres. Des courses en équipage comme la Whitbread autour du monde se disputent à bord de bateaux conçus spécifiquement pour cette épreuve. De nombreuses compétitions ont également lieu sur des monotypes classés au temps réel. Mais pour classer des milliers d'autres bateaux qui veulent se rencontrer en régate et qui sont de dimensions différentes une jauge internationale fut nécessaire pour établir un temps compensé.

LA FIN DE L'IOR

La chute des empires commence toujours au moment ou leur rayonnement apparaît comme le plus fort. Il en fut ainsi de la jauge IOR (International Offshore Rule) au milieu des années 80, alors qu'elle était au faîte de sa splendeur. Qui plus est, l'ennemi ne venant jamais du côté où on l'attend, l'élément destructeur de la jauge IOR ne fut pas une jauge rivale initiée par un groupe ou un club, mais une nouvelle jauge IMS, que les gestionnaires de l'IOR imaginaient et rêvaient de voir devenir la première jauge mondiale universelle.

LA JAUGE IMS

La difficulté d'une jauge en temps compensé est de trouver la limite acceptable entre la théorie et la pratique sur l'eau. L'IMS s'est jetée à corps perdu dans cette approche théorique, allant jusqu'à calculer pour chaque voilier son potentiel de vitesse à toutes les allures et pour toutes les forces de vent. La régate devenant pour chaque concurrent une course contre son ombre virtuelle. Le comité de course publie après la course les conditions météorologiques que les concurrents ont vécues. La formule de jauge calcule alors pour

LES AUTRES JAUGES

A travers le monde, existent des dizaines de jauges locales en temps compensé. Elles sont généralement simples (peu de mesures) quant à leur mise en œuvre et leur utilisation. Elles conviennent localement, car elles gèrent des voiliers locaux (jauge utilisée sur lacs, par exemple). Deux jauges (Handicap national en France et PHRF aux USA) utilisent comme principe les statistiques des vitesses réelles des voiliers. Le TCF ou le TMF est calculé à partir des résultats de chaque famille de voiliers dans les régates. L'idée est très intéressante, mais irréaliste, car certains voiliers ne participent qu'à deux, voire trois, régates dans l'année, et ne représentent parfois que deux exemplaires d'une série. Appliquer des calculs statistiques dans ces conditions relève de l'utopie.

chaque voilier son temps théorique de course. Il ne reste plus qu'à calculer, pour chaque voilier, la différence entre son temps théorique et son temps réel, pour connaître celui des voiliers qui aura réalisé la meilleure performance. Le nec plus ultra

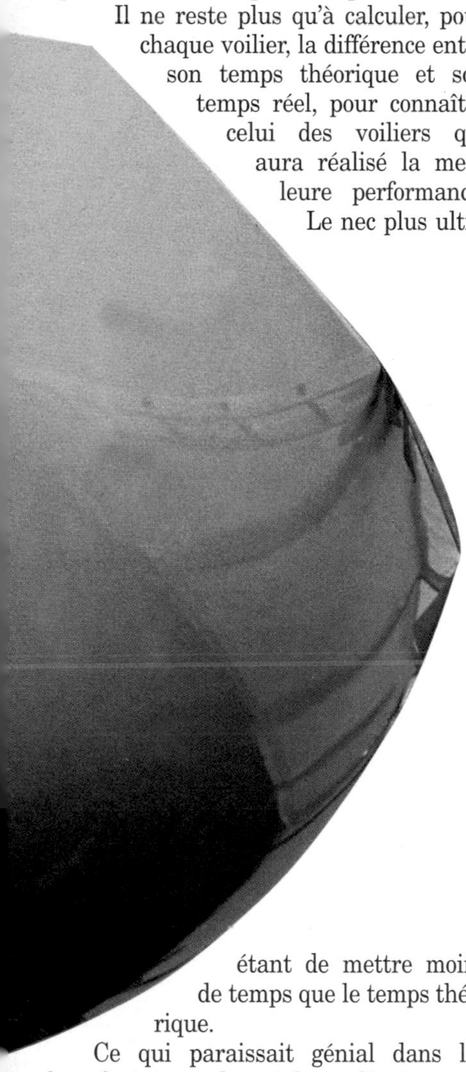

étant de mettre moins de temps que le temps théorique.

Ce qui paraissait génial dans les salons feutrés ou devant les ordinateurs du MIT est immédiatement devenu un outil complexe et incompréhensible, même pour les coureurs les plus expérimentés. De plus, les promoteurs de l'IMS imaginaient que cette jauge serait une jauge juste, c'est-à-dire non exploitable par les architectes. On s'aperçut très vite que pour en trouver les failles, il suffisait de posséder un outil d'analyse (appelé VPP, Velocity Prediction Program) plus performant que celui de l'IMS. Posséder un tel programme informatique demandait des connaissances, mais surtout des milliers de dollars, ce que actuellement seuls quelques bureaux d'architectes ont été capables de mettre en œuvre. L'IMS est aujourd'hui moribonde.

La naissance du CHS

Deux clubs, le RORC (ce club avait déjà inventé la jauge du RORC en 1925, qui fonctionnera jusqu'en 1973) et l'UNCL (club national français dont les ancêtres créèrent quelques jauges vers 1906), lancèrent en 1983 le CHS (Channel Handicap System). Le CHS partait d'un axiome simple : la formule mathématique permettant de calculer le handicap de chaque bateau est secrète. Les mesures des paramètres de chaque voilier (longueur, largeur…) sont fournies par les propriétaires, qui effectuent un autocontrôle. Le CHS était la première jauge déclarative et secrète. Les spécialistes de l'IOR éclatèrent de rire, ceux de l'IMS débutante ne se posèrent aucune question, persuadés que ce CHS ne vivrait que l'espace d'un été. Or, depuis 1983, le CHS existe, prospère, et quelque 6 000 à 7 000 voiliers dans le monde utilisent cette jauge. Belle performance lorsqu'on se souvient qu'aux plus beaux jours de l'IOR la flotte mondiale était forte de 4 500 bateaux.

Alors que le CHS se développait, l'IMS sombrait lentement, victime de sa complexité et de la volonté inconsciente de ses initiateurs d'en faire une jauge perfectionniste.

Quelle solution ?

Dites-moi quel type de régate vous voulez faire et je vous dirai quelle jauge utiliser. Si vous voulez régater pour un prix modique entre amis amateurs éclairés, faites-vous jauger dans une jauge simple tel le CHS. Un bon bateau de croisière bien construit, correctement voilé, et surtout bien mené, fera l'affaire. Et ce type de voilier existe dans tous les catalogues des chantiers.

Si vous souhaitez régater à haut niveau, alors prévoyez l'achat d'un monotype. Il en existe de toutes les longueurs. Le coût ne sera plus le même, le plaisir de régater sera toujours présent, mais n'imaginez pas embarquer vos amis pour une balade à la journée.

Un exemple de l'extravagance de la Jauge internationale : l'étranglement de cette partie de la coque située à l'avant, sous la flottaison, marque l'endroit où sera prise la mesure de jauge. Cette mesure devra être la plus avantageuse possible sans pénaliser la vitesse.

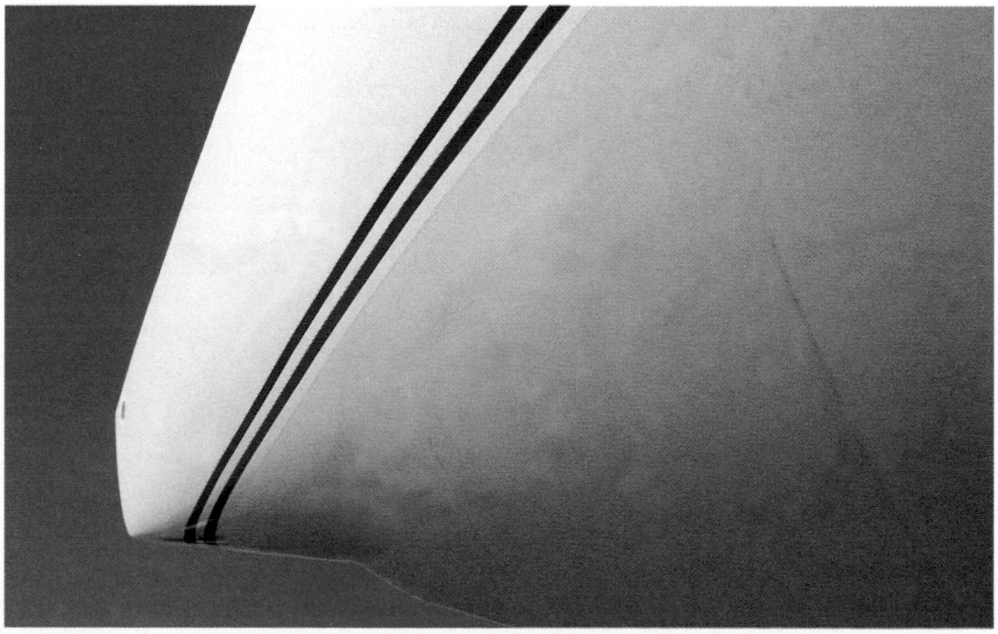

9
Hauts lieux

« Etre “marin”, ce n’est pas seulement raidir le pataras pour accentuer la quête du mât et rendre le bateau plus ardent, ni glisser son haveneau sous les massifs de goémon à l’heure adéquate où la crevette abonde. Ce n’est pas un arsenal de techniques, de connaissances, ni même un code défini. C’est un regard. »
Hervé Hamon, Besoin de mer.

Même le coureur acharné, le marin technicien ou le navigateur pointilleux a un jour levé la tête vers le ciel au-dessus de la mer. Il s’est rendu compte de la pureté du ciel. Il a pris conscience d’un endroit différent au fur et à mesure de l’allongement du sillage. Puis à l’horizon, les premiers oiseaux ont annoncé la terre. Quelques heures plus tard, l’ancre plongeait dans l’eau bleue. Il abordait un nouveau monde.
Le plaisancier peut courir à la recherche de la vitesse, il peut se mesurer à ses concurrents, ou braver les tempêtes. Un jour ou l’autre, c’est pour retrouver l’escale qu’il navigue. Le bateau a le pouvoir magique, grâce à la force du vent, de transporter ses passagers sur la quasi-totalité du globe et d’accéder à de nombreux paradis terrestres. Accessibles à la voile, voici quelques-uns d’entre eux.

Bora Bora.
Naviguer à la frange des atolls formés par les coraux durant des millénaires, respirer ces odeurs iodées d’eaux claires perpétuellement brassées et oxygénées, mouiller entre les îles,... joies de la navigation dans le Pacifique.

Les falaises de Needles.
Plantées dans la mer et terminées par un phare, elles constituent la pointe ouest de l'île de Wight sur la côte sud anglaise. Pour les plaisanciers, elles marquent le royaume du Solent et ses mouillages parmi les rivières verdoyantes.

La petite ville de Cowes, sur la rive nord de l'île de Wight, avec ses yacht-clubs célèbres et ses pubs enfumés, appartient sans conteste aux grands lieux de la voile mondiale.

Les alentours de Bréhat en Bretagne Nord.
Dans ce dédale de cailloux qui s'étend vers le large sur plusieurs milles, la navigation doit être précise. Au cours des six heures de marée, le paysage revêt des visages très différents.

Un peu plus à l'ouest, la couleur rose des rochers de Ploumanac'h est une des singularités de la côte bretonne.

Saint-Tropez.
Au pied des maisons groupées autour de l'église du petit bourg provençal, les régates de la baie donnent lieu chaque année en septembre à des joutes nautiques endiablées.

Venise.
Les formes galbées et les couleurs chatoyantes des gondoles vénitiennes peuplent l'ancestrale cité lacustre.

Costa Smeralda en Sardaigne.
Cette côte échancrée, fort prisée des plaisanciers italiens, espagnols et français, offre de multiples mouillages sauvages dans une eau translucide.

Porto Cervo.
Ce port plaisancier de la côte nord de la Sardaigne, aménagé dans un fjord long et profond, est le lieu de rassemblement des plus beaux yachts à voiles et à moteur du monde.

L'île d'Elbe.
Elle représente un lieu d'escale original parmi les îles italiennes de la mer Tyrrhénienne.

Iles Féroé.
A quelques centaines de kilomètres au nord de l'Ecosse, l'archipel volcanique danois dresse son architecture sauvage au milieu de l'Atlantique Nord.

L'Islande.
Cet Etat insulaire de l'Atlantique Nord est soumis aux phénomènes volcaniques. Le mélange des eaux chaudes et froides donne lieu à des phénomènes de condensation étonnants et façonne de curieux paysages. Le plaisancier y croise de nombreux bateaux de pêche, l'une des principales activités de l'île.

Le Groenland.
Moins visitées car plus froides, les îles du Grand Nord offrent des escales aux paysages grandioses. Au Groenland, l'eau douce des glaciers vient fleurter sur la côte avec l'eau salée de la mer, sous l'œil étonné des plaisanciers de passage.

Newport, Rhode Island.
Sur la côte est des USA, à quelques heures de New York, cette station balnéaire abrita la Coupe de l'America pendant près d'un siècle. Elle fut en particulier le royaume des 12 mètres JI. C'est aussi à Newport qu'est donné le départ, toutes les années impaires, de la fameuse course des Bermudes.

San Diego, Californie.
Au sud de Los Angeles, la grande ville californienne de l'Ouest fut pendant quelques années le fief des régates de la Coupe de l'America, avant qu'elle ne parte en Nouvelle-Zélande.

Les Bahamas.
Au sud de la Floride, au climat tropical, les eaux coraliennes de ce chapelet d'îles contiennent de merveilleux mouillages pour les bateaux de plaisance.

Iles Marquises.
De l'avis des navigateurs hauturiers, peu d'océans au monde recèlent autant de trésors que le Pacifique. L'archipel des Marquises, situé au nord-est de Tahiti, offre un magnifique relief montagneux et volcanique dominant la mer.

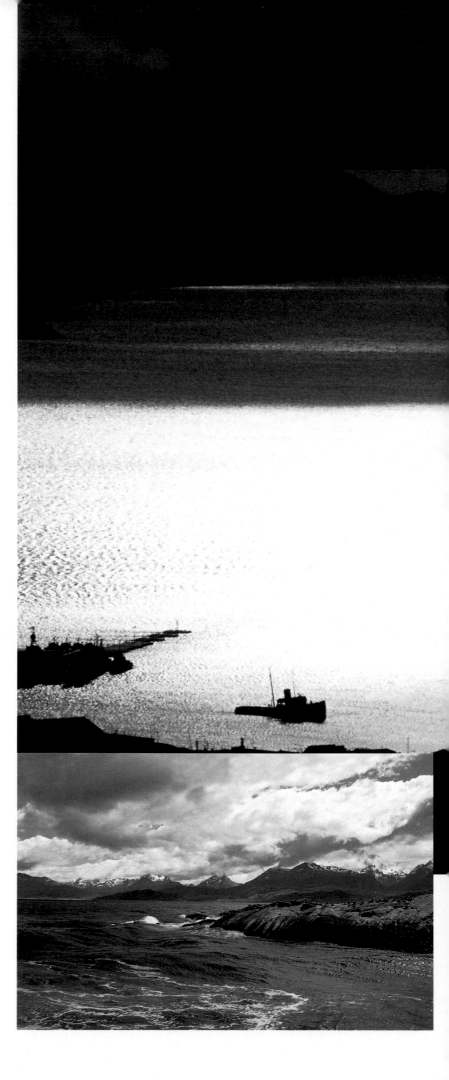

Le cap Horn.
***Le cap Horn, l'Everest des marins, balise de l'extrémité du continent américain par 56 degrés de latitude sud. En l'approchant après une course folle et une longue attente, Bernard Moitessier l'avait décrit ainsi :* « Si petit et si grand... Un rocher colossal, dur comme le diamant. »**

La Patagonie.
La Patagonie n'a rien à voir avec les Antilles. En hiver, le froid y est intense. Et pourtant, certains navigateurs hauturiers expérimentés ne peuvent plus s'en passer. Elle se mérite sans doute, et la folie de son paysage provoque des satisfactions rares.

Ushuaïa.
Ushuaïa est le gardien de la Terre de Feu. Ce port argentin, aux confins du Grand Sud, veille sur les îles et les côtes alentour. Les marins y préparent l'appareillage vers les canaux de la Patagonie, les îles Falkland et le continent antarctique.

VOILES DE L'AN 2000

QUE RÉSERVE L'AVENIR ?

Petit exercice de prospective pour conclure sur une note d'imagination : aussi paradoxal que cela puisse paraître, autant la voile de compétition est à la pointe de la haute technologie et de l'innovation (le carbone a été utilisé sur les bateaux de course dix ans avant la Formule 1), autant le marché de la plaisance est étrangement conservateur. Cette frilosité n'empêchera pas quelques évolutions inéluctables.

Les bateaux sont déjà d'une incroyable facilité d'utilisation. Toutes les innovations imaginées ou développées pour la compétition équipent depuis longtemps les bateaux de croisière du monde entier : enrouleurs de voile, winches auto-enrouleurs, pilotes automatiques, chaussettes à spi, systèmes de positionnement...

Le progrès ira probablement vers encore plus de simplicité : de plus en plus de grand-voiles lattées rendant leur maniement et les prises de ris proches d'un jeu d'enfant, des drisses de grand-voile mouflées (deux brins), des focs solent sans recouvrement et *self tacking* (c'est-à-dire qu'ils passent automatiquement d'un bord à l'autre sur leur rail), des gréements sans bastaque ni pataras, voire des mâts carbone sans haubans du tout, des plans de pont dépouillés où presque rien ne dépasse, des déplacements plus légers, des bouts dehors fixes supportant des spinnakers asymétriques ou gennakers sur enrouleur. Des étraves droites et des carènes pures et simples où la longueur de flottaison maximum permettra un gain de vitesse moyenne et de confort. Des appendices variés, dériveur intégral, voire biquille pour se poser n'importe où...

SOLEIL, VENT, VITESSE

Des sources d'énergie naturelle (soleil, vent, vitesse) remplaceront les sources à combustion. Des systèmes de recyclage des déchets permettront une protection absolue de l'environnement. Des dispositifs de sécurité autoriseront un bateau à revenir automatiquement sur un homme à la mer... Bref, c'était déjà facile, ça va devenir insolent !

L'équipement électronique embarqué va probablement bouleverser bien des habitudes. Bien que ce ne soit pas essentiel, il faut s'attendre à vivre et gérer ce bouleversement. En moins de dix ans, nous sommes passés de la navigation au sextant à la navigation au GPS de poche alimenté par quatre piles A4. Les cartes marines du monde entier tiennent dans quelques disquettes. Les systèmes de navigation DECCA, Loran, Gonio, qui ont bercé les nuits de tous les marins du monde pendant des décennies, ont fait place à un bout de magie de la taille d'un téléphone portable.

Téléphone et communication... parlons-en justement. Les stations de trafic en graphie (morse) ont été fermées dès 1997. Nos enfants ne connaîtront ni la drôle de musique générique qui ouvrait chaque vacation, ni la voix chaleureuse de nos amis opérateurs radio de Saint-Lys Radio, qui a fermé en 1998. En croisière côtière, vous pouvez déjà converser avec votre téléphone mobile, et demain la planète sera couverte d'un réseau de satellites permettant de l'utiliser depuis n'importe quel point du globe. C'est déjà le cas aujourd'hui avec un matériel (Mini M) moins lourd et encombrant qu'une simple VHF des années 1970.

Nous étions capables d'envoyer des photos au large du cap Horn dès 1993. Nous allons pouvoir envoyer de l'image télé en direct de n'importe quel point de la planète avec des systèmes dérivés des prototypes pionniers de The Race 2000-2001.

Tout cela n'est déjà plus révolutionnaire puisque déjà presque assimilé (excepté l'image live). Qu'est-ce qui pourrait bien ressembler à une révolution, et non pas à une évolution, dans le petit monde de la voile ? La dernière révolution a été l'invention de la construction plastique (dont les composites actuels ne sont que des dérivés). La prochaine sera probablement plus culturelle que technologique.

Petit exercice de prospective pure : qu'est-ce qui peut radicalement bouleverser la manière de se mouvoir avec un mobile évoluant sur l'eau avec des éléments naturels ? Ne parlons que de performance, c'est plus simple pour ce genre d'exercice.

VERS UNE AUTRE ZONE DE VENT

Si l'on se cantonne à l'exercice purement physique du sujet, on peut imaginer que la difficulté majeure, du simple fait de vouloir se mouvoir entre air et eau, est précisément cette zone d'échange de milieu, qui est par définition hétérogène ou non homogène, au choix. En clair, un avion ou un sous-marin évolue en milieu homogène, un bateau non. Et c'est ce qui le freine le plus.

Par conséquent, si l'on tente d'imaginer une révolution réelle, elle peut se situer sur deux axes : soit la recherche d'évolution vers un milieu homogène (air ou eau), soit la recherche d'une autre source de propulsion (par exemple la zone de vent des cerf-volants).

Entre l'air et l'eau, il y a plus de chances pour que l'on cherche à s'extraire de l'eau que le contraire. C'est la démarche de l'hydroptère, qui utilise sa vitesse pour décoller et ainsi accélerer à nouveau. En théorie, ça fonctionne. En pratique, ça fonctionne par mer plate, ou, disons, avec des vagues courtes. Bien évidemment, ça ne fonctionne pas (aujourd'hui) par mer formée... Mais demain ?

Aujourd'hui, le prototype mesure 18 m et "vole" sur des foils de 6 m sur des vagues d'un mètre. Supposons qu'un jour on soit capable de construire des foils de 20 m, serait-il possible de voler sur des vagues de 4 m ?

Intéressant, non... ?

Mais en quoi cela peut-il constituer une révolution pour le plaisancier ? Cela ne pourra le concerner que lorsque la révolution culturelle sera aboutie, que chacun aura eu le courage d'aller au bout de sa logique. La logique de demain, la logique de la spécialisation. Des bateaux de course pour la course, des bateaux de location pour la location, des bateaux de propriétaires pour les propriétaires, des bateaux de voyage et d'exploration pour les voyageurs, des bateaux de tradition pour les amoureux du classique, etc. A cette condition, et à cette condition seulement, on a une chance de louer un jour un catamaran de 15 m de long, monté sur foils rétractables, tracté par un cerf-volant autostabilisé, et rentrer au port avec deux moteurs électriques absolument silencieux alimentés par les vitres du salon de pont.

Il faudra probablement quelques années de plus et un peu d'audace.

Monotypie ou liberté totale

En compétition (mise à part la Coupe de l'America), il semble que l'évolution tend vers deux axes distincts et complémentaires : la monotypie d'une part, et la liberté totale de l'autre. La première pour des raisons évidentes d'intérêt sportif pur, voile-contact, classement en temps réel, absence de jauge compliquée, de course à l'armement, compréhension du public, etc.

La seconde pour des raisons tout aussi évidentes : besoins d'imagination, de vision, de rêve, de liberté qui, sous l'impulsion du Trophée Jules-Verne et de The Race, développeront des valeurs de progrès et d'innovation.

La monotypie est une tendance universelle, qui fait ses premiers progrès par zone continentale, voire régionale, mais qui aura tendance à se mondialiser. Si en l'an 2000, il existe une bonne dizaine de classes monotypes majeures par zone géographique, il est probable qu'il n'en subsistera qu'une dizaine dans le monde entier vingt ans plus tard (je ne parle pas des séries olympiques, qui pour la plupart sont d'un anachronisme étonnant).

L'open océanique gardera son attrait grâce à la recherche et l'innovation qu'elle engendre. Des " minis " 6,50 m aux géants de The Race, en passant par les 60' open, le vivier de l'imagination est voué à l'internationalisation. Je parierais volontiers sur l'émergence d'une classe de 50 pieds universelle à long terme. Taille océanique minimum, polyvalente, probablement la seule capable de drainer plus de 30 pays dans son sillage.

L'avenir de telle ou telle classe, sa survie ou son succès, dépendra autant de ses qualités ou de son programme que de son marketing. Il faudra des histoires simples, des messages simples, des règles simples.

Le train est en marche, et 2004, un siècle après le record de l'Atlantique de Charlie Barr entre New York et l'Angleterre, me semble un bon rendez-vous pour faire le prochain point.

Une harmonie essentielle

De toute façon, tout cela n'a pas beaucoup d'importance. L'essentiel est plutôt de savoir si le clapotis que vous entendez en ce moment est un son harmonieux, est-ce que le bruit de l'eau sur la coque correspond à celui que vous êtes en droit d'entendre avec le réglage que vous venez de faire avant de descendre ?

Vos voiles sont bien réglées et ne font pas un bruit. Les enfants regardent le lever du soleil attachés dans le cockpit. Vous croisez tranquillement une flotille de pêche, et un catamaran de 35 m passe vous saluer en rentrant au port après une nuit d'entraînement... Vous pouvez peut-être faire chauffer un peu d'eau pour un bon café...

Bruno Peyron

LES GRANDES DATES DE L'HISTOIRE DU YACHTING

1815, création du yacht-club de Cowes
1833, le club de Cowes devient le Royal Yacht Squadron
1838, création de la Société des régates du Havre
1844, création du New York Yacht Club
1851, *America* remporte la Coupe des Cent-Guinées à Cowes
1870, première édition de la Coupe de l'America à New York
1882, première semaine de Kiel en Allemagne
1895, création des Solent One Design dans le Solent
1895, première Seawanhaka Cup
1898, Joshua Slocum réalise le premier tour du monde en solitaire
1898, première Coupe de France
1899, première One Ton Cup
1900, la voile devient sport olympique
1903, adoption des règles de course universelles aux USA
1905, la goélette *Atlantic* établit le record de la traversée de l'Atlantique d'est en ouest, il va tenir 75 ans
1906, première course transpacifique
1906, première course des Bermudes
1906, mise au point de la Jauge internationale à Londres
1907, création de l'IYRU (International Yacht Racing Union)
1911, construction du Star
1922, création du CCA (Cruising Club of America)
1925, création du RORC (Royal Ocean Racing Club)
1925, première épreuve du Fastnet avec 7 participants
1927, apparition des génois (grands focs) sur les 6 mètres JI
1941, premières épreuves du RORC en Floride
1945, première épreuve de la course Sydney-Hobart
1947, création du centre nautique de Glénan
1947, première course Buenos Aires-Rio de Janeiro
1948, le Danois Paul Elvtröm remporte sa première médaille olympique
1953, première Giraglia en Méditerranée
1953, amorce de la construction de bateaux en série avec l'utilisation du contre-plaqué et du bois moulé
1957, première édition de l'Admiral's Cup en Angleterre
1958, arrivée du polyester dans la construction des bateaux de plaisance, premier *505* en plastique chez Lanaverre
1958, première Coupe de l'America à Newport sur 12 mètres JI
1960, première Transat en solitaire, remporté par Francis Chichester en 40 jours
1961, première édition de la "petite" Coupe de l'America, disputée sur catamaran
1964, Eric Tabarly remporte la deuxième Transat en solitaire
1965, plus de 100 bateaux au départ du Fastnet
1966, première Hal Ton Cup
1967, premières Quarter Ton Cup et Two Ton Cup
1968, adoption de la jauge IOR (International Offshore Rule)
1969, Robin Knox Johnston remporte la première course en solitaire autour du monde sans escale ; Bernard Moitessier abandonne et rentre à Tahiti après un tour complet du globe
1969, apparition des premières planches à voile Windsurfer
1970, première épreuve de la course en solitaire de l'*Aurore*, qui deviendra la Solitaire du *Figaro*
1971, plus de 200 bateaux au Fastnet
1973, première édition de la Whitbread (course autour du monde en équipage et par étapes au départ de Portsmouth)
1976, Tabarly remporte sa deuxième Transat en solitaire à bord de *Pen Duick VI*
1977, première édition de la Mini-Transat (traversée en solitaire de l'Atlantique sur des bateaux de 6,50 mètres)
1978, création de la Mini Ton Cup par la revue *Bateaux*
1978, création du Tour de France à la voile
1979, 300 bateaux au départ du Fastnet, les concurrents affrontent une tempête qui causera la disparition de 15 personnes
1980, Eric Tabarly bat le record de la traversée de l'Atlantique à bord de l'hydrofoil *Paul-Ricard*.
1980, première édition de La Baule-Dakar
1981, première Transat en double
1982, l'Australien Johnatan Sanders boucle deux tours du monde sans escale
1982, apparition des premières voiles en Kevlar
1982, première édition du BOC Challenge (course autour du monde avec escales) remportée par Philippe Jeantot en 159 jours
1983, les Australiens remportent la Coupe de l'America à Newport
1984, la planche à voile est aux jeux Olympiques
1984, première édition de Québec-Saint-Malo
1986. 2e BOC Challenge, vainqueur Philippe Jeantot
1987, l'Américain Dennis Conner reprend la Coupe de l'America aux Australiens
1988, la voile féminine devient une classe à part entière aux jeux Olympiques sur le dériveur *470*
1988, l'Australien Johnatan Sanders boucle trois tours du monde sans escale
1988, médaille d'or pour deux Français aux J.O. en *470* (Péponnet-Pillot) et catamaran *Tornado* (Le Déroff-Hénerd)
1988, Serge Madec, à bord de *Jet Service*, établit un nouveau record de la traversée de l'Atlantique vers l'est en 7 jours et 6 heures
1989. 1er Vendée Globe (course autour du monde sans escale) remporté par Titouan Lamazou en 109 jours et 8 heures
1989, Olivier de Kersauzon réalise un tour du monde en solitaire en 125 jours avec deux arrêts "techniques"
1990, victoire en 109 jours de Titouan Lamazou dans le Vendée Globe
1990, 3e BOC Challenge, remporté par Christophe Auguin
1992, 2e Vendée Globe remporté par Alain Gautier en 110 jours et 2 heures
1994, 4e BOC Challenge remporté par Christophe Augin
1996, 3e Vendée Globe remporté par Christophe Auguin
1996, disparition de Gerry Roofs dans le Vendée Globe
1998, première édition de New York-San Francisco remportée par Yves Parlier à bord de *Aquitaine Innovations*
1998, disparition de Eric Tabarly au large du pays de Galles alors qu'il naviguait vers l'Ecosse au mois de juin à bord de *Pen Duick*.
2000, départ de The Race, le 31 décembre

Records (distances parcourues) officiellement ratifiés par le WSSRC (World Sailing Speed Record Council).

Plus longue distance en 24 heures
Primagaz, trimaran de 18,29 mètres, skippé par Laurent Bourgnon. 540 milles, les 28 et 29 juin 1994 en Atlantique Nord.
Silk Cut, monocoque de la classe des Whitbread 60 (19,51 mètres), skippé par Lawrie Smith. 449,10 milles, les 19 et 20 novembre 1997 dans les hautes latitudes sud.

Les records de l'Atlantique
Distance 2 950 milles du phare d'Ambrose (New York) au cap Lizard (Grande-Bretagne).

Multicoque en équipage : *Jet Service V*, Serge Madec, 6 jours et 13 heures.
Multicoque en solitaire : *Primagaz*, Laurent Bourgnon, 7 jours et 2 heures.
Monocoque en équipage : *Géodis*, Christophe Auguin, 9 jours et 22 heures.
Super-yacht : *Phocéa* (ex.-*Club Méditerranée*), Bernard Tapie, 8 jours et 3 heures.

Le record du Pacifique Nord
Yokohama (Japon)-San Francisco (USA) :
Explorer, Bruno Peyron, 14 jours et 17 heures.

Record absolu sur 500 mètres
Yellow Pages Endeavour, 46,52 nœuds.

Records divers
Trophée Jules-Verne (tour du monde) : *Sport-Elec*, Olivier de Kersauzon, 71 jours et 14 heures.
Tour du monde en monocoque (Vendée Globe) : *Géodis*, Christophe Auguin, 105 jours et 20 heures.
New York-San Francisco : *Aquitaine Innovations*, Yves Parlier, 57 jours et 3 heures.
Transat en solitaire (Plymouth-Newport) : *Fleury-Michon*, Philippe Poupon, 10 jours et 9 heures.
Route du Rhum (Saint-Malo-Pointe-à-Pitre) : *Primagaz*, Laurent Bourgnon, 14 jours et 6 heures.
Fastnet (Cowes-Fastnet-Plymouth) : *Nirvana*, Marvin Green, 2 jours et 12 heures.
Sydney-Hobart : *Morning Glory*, Hasso Plattner, 2 jours et 4 heures.
Newport-les Bermudes : *Boomerang*, Georges Coumantaros, 2 jours et 9 heures.

(Liste à jour de l'ensemble de ces records : août 1998.)

BIBLIOGRAPHIE

Ashley Clifford W., *Le Grand livre des nœuds*. Voiles/Gallimard. 1979.
Aubry Jean-Pierre, *Structure et construction du voilier*. EMOM. 1980.
Basseporte Gérald et Etienne Gaucher, *Trimarans et autres multicoques*. Fernand-Nathan. 1980.
Bernot Jean-Yves, *Météorologie locale : croisière et régate*. FFV/Chiron, coll. Biblio Voile. 1995.
Brel Albert, *L'Electronique de navigation*. ETAI, coll. Technique marine. 1992.
Brel Albert, *Electricité et confort à bord*. ETAI, coll. Technique marine. 1992.
Delbart Bernadette, *La Régate, les règles de course commentées*. FFV, mémento technique. 1998.
Cazeils Nelson et Doron Jean-Paul, *Toutes les pêches en mer, au bord et au large*. Editions Ouest France/Le Pêcheur de France. 1995.
Chauve Jean-Yves, *Le Guide de la médecine à distance*. Editions Distance, coll. L'Appel médical. 1998.
Chéret Bertrand, *Les Voiles : comprendre, régler, optimiser*. FFV/Chiron, coll. Biblio Voile. 1998.
Clausse Roger et Bessemoulin Jean, *Météo, vents, nuages et tempêtes*. EMOM. 1978.
Finot Jean-Marie, *Eléments de vitesse des coques, la jauge IOR*. Editions Arthaud. 1977.
Gilles Daniel, *La Transat, un océan d'exploits*. Neptune-Pen Duick. 1980.
Gilles Daniel, *Admiral's Cup*. Voiles/Gallimard. 1986.
Gilles Daniel, *La Coupe de l'America*. Editions Gallimard. 1977.
Gilles Daniel, *Eric Tabarly*, Editions du Pen Duick/Ouest France. 1990.
Gilles Daniel et Malinovsky Michel, *La Croisière*. Editions Neptune/EMOM. 1975.
Gilles Daniel, *Les Coureurs du grand large, la course autour du monde par ceux qui l'ont vécue*. EMOM/Neptune. 1979.
Gliksman Alain, *Croisière et Course*. EMOM/Neptune. 1979.
Gliksman Alain, *Voile et Navigation*. Denoël/Editions maritimes. 1976.
Gliksman Alain, *La Voile en solitaire, de Slocum à la Transatlantique*. EMOM/Denoël. 1976.
Grée Alain, *Mouillage, équipement et technique*. Voiles/Gallimard. 1981.
Gutelle Pierre, *Voiles et Gréements*. EMOM. 1979.
Gutelle Pierre, *Construire son bateau en bois*. EMOM. 1981.
Gutelle Pierre, *Architecture du voilier*. EMOM. 1979.
Glénan, *Le Nouveau cours des Glénan*, Editions du Seuil. 1995.
Gloux-Boclé Anh, *Nœuds et Matelotage*. Editions Ouest France. 1996.
Illingworth John, *Course-croisière (offshore)*. Editions du Compas. 1963.
Johnson Peter, *Whitbread Round The World Race*. 1973-1993.
Johnson Peter, *Encyclopédie du yachting*. Editions Arthaud. 1991.
Le Carrer Olivier, *Construction amateur en plastique*. EMOM. 1983.
Malice Jean-Philippe, *Les Instruments de navigation*. EMOM. 1979.
Mayençon René, *Météorologie marine*. EMOM. 1982.
Marin-Marie, *Vent dessus, vent dedans*. Editions Gallimard. 1989.
Moitessier Bernard, *La Longue route*. Editions Arthaud. 1971.
Moitessier Bernard, *Tamata et l'Alliance, mémoires*. Editions Arthaud. 1993.
Paulet D. et Presles D., *Architecture navale, connaissance et pratique*. Editions de la Villette. 1998.
Pawson Des, *Comment réussir tous les nœuds*. Editions Hachette, 1998.
Peyron Bruno, *Tour du monde à la voile en quatre-vingts jours*. Hachette/Carrère. 1993.
Pinaud Yves-Louis, *Pratique de la voile*. EMOM/Neptune. 1981.
Rey H.A., *Sachez lire les étoiles*. EMOM. 1980.
Slocum Joshua, *Seul autour du monde sur un voilier de onze mètres*. Chiron-Sports. 1975.
Sizaire Pierre, *Le Guide des étoiles*. Les Grandes éditions françaises. 1961.
Stern-Veyrin Olivier, *Navigateur en haute mer, le point et les routes*. Editions Arthaud. 1976.

Revue *Bateaux* : hors-série *Location*, hors-série *Skipper*.
Revue *Voiles et Voiliers* : hors-série *La grande croisière*, *Sécurité*, *Les bons réflexes*, *Paré à naviguer*, *La météo facile*, *Les gréements traditionnels*, *Etoiles et point astro*, *La navigation facile*.
Voiles et Voiliers, coll. J'apprends : *La Régate, faire le point*.
UNCL, *Guide CHS 1998*.

CRÉDITS PHOTOGRAPHIQUES

Les photographies sont de l'agence *Sea and See*
2, passage Thiéré, Paris XIe
tél. : 01 48 06 21 01

Albonico Marco, p., 216[1]
Allisy Daniel, pp. 8c, 9c, 14[1], 14[2], 14[4], 14[5], 14[6], 14[7], 14[8], 15[2], 15[3], 15[4], 15[6], 16c, 44[3], 44[4], 45[3], 45[6], 49[1], 49[2], 49[3], 52b, 54[1], 54[2], 56b, 58h, 63b, 65, 65[1], 65[2], 66[2], 67, 68, 69[1, 2, 3, 4], 70[1, 2], 71[1, 2, 3, 4, 5], 72[1, 2, 3, 4], 73[1, 2, 3, 4], 77[3], 78[3], 82, 94, 104[1,4,5], 105[4,5,6], 106[4], 107[5,6], 110[1], 112[3], 113[3,4], 115, 118b, 120, 122, 124[1,2], 126[1,3], 127[1,2,3], 128[1,2,3], 129[1,2,3], 131[4], 133[2,3], 134[1,3], 137[1,2], 138[3], 141[1,3,4], 142, 143[1,2], 144[1,2,3], 145[1,2,3,4,5], 146, 147[1,2,3], 149[2], 152, 153[1,2,3,4,5], 154, 155[1,2,3,4,5], 156, 157[1,2,3,4,5], 159[5], 162[2], 164, 165[1,2,3,4,5], 166, 167, 168, 170[1,2,3,4], 173[1], 174, 175[1,2], 177[2,3,4,5,6], 188, 189, 200[1,2], 201, 204, 208[1], 215[1], 219[2], 221[2,3], 222[1, 3]
Baeyens Justine, p. 180
Barrault Didier, p. 215[2]
Bassani P., p. 203
Bichon Franck, p. 45[1]
Borlenghi Carlo, couverture, pp. 20, 30, 36, 50, 53, 54[3], 60, 62b, 63h, 77[4], 78[2], 81[1,2], 119[2], 134[2], 135[2], 190, 194, 195, 208[4], 214[1], 217[1], 220[2,3], 222[2]
Canone Bernard, p. 148[1]
Chapuis Olivier, pp. 22, 26, 96b, 135[3], 136, 177[1], 197, 198
Charles Alain, pp. 44[1], 44[6], 45[4]
Charpentier Laurent, pp. 59[1], 59[2], 59[3], 59[4], 59[5], 59[6], 60[4], 61[1], 61[2], 61[3], 61[4], 77[1, 2], 101[10], 139[2], 150, 173[2]
Cipelli Luigi, p. 187[2]
De Kersauzon Olivier, pp. 9h, 10h
De Tienda Luc, p. 24
Della Zuana Pascal, p. 17
Duck Noëlle, pp. 125, 217[3]
Fayet Jean-Claude, p. 163
Février Christian, pp. 10b, 18d, 31[2], 31[3], 31[4], 43, 54[4], 56h, 57h, 57b, 58b, 60[1], 60[2], 74, 83h, 83b, 126[2], 131[3], 132[2], 135[4], 149[1], 160[1], 185, 192, 196, 211, 217[2], 220[1],
Forster Daniel, pp. 111[3], 114, 176, 208[2,3]
Freon Francis, pp. 140
Fyot Annie, pp. 38, 44[2], 44[7], 46, 79[1], 81[5], 214[2], 216[2]
Gauthier Jo, pp. 148[2,3]
Gilles Daniel, pp. 12, 55b, 206[1]
Guillemot Eric, pp. 11, 15[9]
Gurney Guy, p. 76
Lorang Eric, pp. 218[1], 219[1]
Lucas Serge, p. 116
Malice Jean-Philippe, pp. 84 à 91
Manioro Dominique, p. 186
Martegani Vicenzo, p. 45[5]
Martin-Raget Gilles, pages de gardes, pp. 3, 4, 18h, 31[1], 78[1], 96, 97[1, 2,3,4,5,6,7,8,9], 98[1,2,3,4,5], 99[1,2,3,4], 100[1,2,3], 101[1,2,3,4,5,6,7,8,9], 102[1,2,3,4], 103[1,2,3,4,5,6], 104[2,3], 105[1,2,3], 106[1,2,3], 107[1,2,3,4], 108[1,2,3,4,5,6,7,8,9], 109[1,2,3,4,5,6,7], 110[2,3,4], 111[1,2], 112[1,2], 113[1,2], 118h, 131[1,2], 132[1], 158[1,2,3,4,5,6], 159[1,2,3,4,6,7], 161, 182, 187[1], 212, 225
Martinoni Paolo, p. 119[1]
Moitessier Bernard, pp. 15[7], 6, 8b, 222[4]
Perret Bernard, p. 218[2,3]
Peyron Bruno (équipage), p. 121
Popov Nicolas, p. 221[1]
Pouquet Gilles, p. 131[5]
Ravon Didier, pp. 16b, 42g, 42c, 42d, 45[2], 48, 48[1], 48[2], 48[3], 49[4], 60[3], 79[2, 3], 80, 81[3, 4], 132[3], 133[1], 135[1], 138[1,2], 139[1], 162[1], 173[3], 178, 210
Rudy, p. 117
Salle François, p. 205
Sezerat Antoine, pp. 92, 130, 138[4]
Soehata Kaoru, p. 209
Taglan Jacques, coll., p. 207
Tienda Brothers, p. 141[2]
Tomlinson Rick, pp. 23, 66[1], 179, 202
Wiame Laurent, p. 181
Zedda Yvan, pp. 18g, 32, 34, 134[4]

Sea and See, pp. 6, 8b, 160[2], 199
Sea and See, coll. Vibart, pp. 14[3], 15[1],15[5]
DR, pp. 10c, 15[8], 52h, 206[2]
Skip Novah, pp. 171, 172

GLOSSAIRE

Artimon : ensemble constitué du mât et de la voile situés à l'arrière sur un gréement à plusieurs mâts.

Arisée : se dit d'une voile dont la surface a été réduite. Prendre un ris.

Bâbord amures : allure à laquelle le bateau reçoit le vent de bâbord.

Barre d'écoute : sert à tenir l'écoute de grand-voile sur le pont.

Bateau de jauge : bateau conçu pour une jauge précise, dont les formes ont été calculées pour satisfaire à ses mesures.

Beaupré : espar qui prolonge le gréement vers l'avant de la coque. Elément du bout dehors sur lequel sont amurés les focs.

Bôme : espar supportant la grand-voile dans sa partie basse et tenu au mât par le vit-de-mulet.

Brigantine : voile aurique située sur le mât d'artimon (arrière) d'un grand voilier.

Brick-goélette : voilier à deux mâts avec des voiles carrées à l'avant et une voile aurique à l'arrière.

Canot (prononcer le "t") : petite embarcation non pontée, souvent utilisée pour le service du port.

Cat-boat : embarcation gréée d'une grand-voile unique.

Carénage : nettoyage de la carène.

Catamaran : bateau à deux coques.

Chaloupe biscayenne : embarcation à deux mâts naviguant dans le golfe de Biscaye.

Chébec : petit voilier équipé d'une voile latine et pouvant naviguer aux avirons.

Classe J : bateaux appartenant à la classe J et choisis pour disputer la Coupe de l'America de 1930 à 1937 aux USA.

Clipper : grand voilier long-courrier.

Coque à tableau : coque terminée à l'arrière par un plan plat perpendiculaire à l'axe du bateau.

Cotre : bateau gréé avec un seul mât et disposant de plusieurs focs à l'avant du plan de voilure.

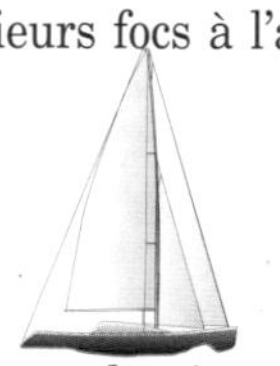

Cotre franc : cotre classique équipé d'une voile aurique dont la vergue est moyennement apiquée. Il porte également une voile de flèche.

Cutter : mot anglais pour désigner un cotre ("qui coupe l'eau").

Defender : celui qui défend dans une régate à deux. Par opposition à "challenger", celui qui attaque.

Demi-coque : petit modèle, à l'échelle, d'une coque coupée en deux dans le sens longitudinal. Servait à l'origine à la recherche des lignes d'eau et désormais à la décoration.

Dérive latérale : dérive placée à l'extérieur de la coque du bateau, le long du bord, à droite et à gauche.

Dérive sabre : dérive traversant la coque d'un bateau en son milieu et coulissant dans le puits de bas en haut.

Dériveur : bateau pourvu d'une dérive.

Doris : petite embarcation de pêche à clins équipant les morutiers.

Drisses : manœuvres servant à envoyer et amener les voiles.

Ecoutes : manœuvres servant à régler les voiles par rapport au vent.

Equipet : volume de rangement servant le plus souvent aux effets personnels, vide-poches, planchette à rebord servant d'étagère.

Flèche : voile coiffant la grand-voile et disposée dans la partie supérieure du gréement.

Foc : voile située en avant du mât.

Foc de Gênes ou génois : foc de grande dimension venant recouvrir la voile et envoyé par petit temps.

Frégate : petit bateau de guerre à voile.

Gabarre (du mot grec) : embarcation servant au transport et au déchargement des marchandises.

Gig : bateau de plaisance à avirons. Yole très allongée.

Goélette : bateau à plusieurs mâts égaux, ou encore avec le mât à l'arrière plus grand que les autres.

Grand-voile : voile principale.

Grand-voile non bômée : grand-voile à bordure libre ; elle ne dispose pas de bôme (ou de gui) pour tenir sa partie inférieure.

Gréement : ensemble des dispositifs permettant de porter la voilure d'un bateau.

Gréement aurique : gréement supportant des voiles en forme de quadrilatère.

Gréement Marconi : gréement supportant des voiles triangulaires.

Gréement longitudinal : grément composant l'ensemble des manœuvres placées dans l'axe du bateau, comme l'étai et le pataras, qui tiennent le mât sur l'avant et l'arrière (par opposition au gréement latéral).

Hiloire : pièce de bois bordant verticalement les entrées du pont (cockpit, écoutilles) et interdisant à l'eau de pénétrer.

Hirondelle : nom donné autrefois aux bateaux pilotes.

Hooker : nom commun pour désigner un type de bateau irlandais.

Hunier : voile de forme carrée.

Hydroptère : bateau utilisant sa vitesse pour déjauger en s'appuyant sur des plans porteurs appelés foils.

Jauge : mesure de capacité intérieure d'un bateau (volume) ou définition d'une mesure pour désigner une formule conventionnelle.

Ketch : bateau à deux mâts dont le mât arrière (artimon) est plus petit que le mât avant.

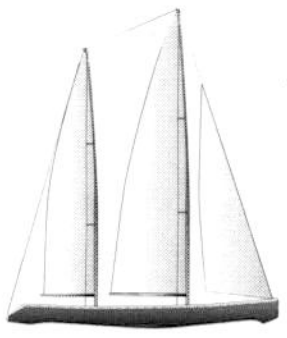

Lameneur : pilote local dont le métier est d'indiquer la route.

Lisse : pièce longitudinale placée sur toute la longueur d'une coque de manière à tenir les membrures situées dans le plan transversal. C'est sur ces membrures que seront posés les bordés qui formeront la "peau" de la coque.

Livarde : pièce solide du gréement pour tenir la voile déployée.

Lest : élément lourd placé dans la quille et formant contrepoids pour contrebalancer l'effort de la voilure. Sur un yacht, il est en fonte, ou encore en plomb.

Lougre : voilier à plusieurs mâts, gréé de voiles au tiers surmontées par une ou plusieurs voiles de flèche également gréées au tiers.

Mât non haubané : mât libre, tenu par aucun hauban.

Mille : le mille marin mesure 1 852 mètres.

Mètre JI : un 6 mètre JI est par exemple un bateau de 6 mètres de jauge internationale. La Jauge internationale, créée au début du siècle à Londres, définit un certain nombre de séries classées selon leur longueur.

Misaine : mât situé le plus en avant.

Monotype : bateau répondant à une série dont les caractéristiques sont déterminées.

Navigation hauturière : navigation au large, en haute mer. Par opposition à la navigation côtière.

Œuvres vives : partie immergée de la coque, carène.

Œuvres mortes : partie émergée de la coque, ce qui se trouve au-dessus de la flottaison.

Outrigger : gréer à l'extérieur, nom donné aux embarcations de course portant la ferrure, qui tient les avirons, à l'extérieur de la coque.

Périssoire : embarcation pointue aux deux bouts, à fond plat, propulsée à la pagaie.

Phare carré : voile carrée d'un plan de voilure.

Pilote du Havre : bateau, la plupart du temps gréé en cotre aurique, qui assurait le pilotage dans la baie de Seine et allait au-devant des grands voiliers en Manche.

Fife : nom d'une lignée d'architectes anglais de bateaux de plaisance ayant connu son heure de gloire à la fin du siècle dernier.

Quillard : bateau équipé d'une quille (par opposition au dériveur).

Régate : à rapprocher de "course". Mieux approprié pour les courses se déroulant près de la côte.

Roof : élément d'un pont coiffant les aménagements. Toiture.

Rowing : matière entrant dans la composition du sandwich constituant une coque en polyester.

Sabord : créneau ouvert dans la coque pour laisser passer la gueule d'un canon.

Sharpie : coque à bouchains vifs et à fond plat. Par extrapolation : nom d'un dériveur monotype.

Sinagot : ancien bateau de pêche du golfe du Morbihan, peu profond, équipé de deux voiles au tiers.

Sloop : bateau portant un seul mât équipé d'une voile et d'un foc.

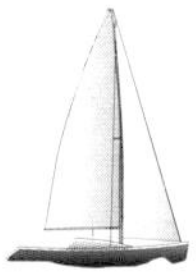

Smack : nom commun pour désigner un type de bateau anglais.

Tangonner : utilisation du tangon pour tenir le foc ouvert au vent arrière.

Tape-cul : mât arrière d'un bateau portant plusieurs mâts (artimon).

Tartane : voilier de Méditerranée à gréement latin.

Tonneau : unité de volume, de déplacement, de jauge.

Tonture : forme longitudinale du pont. Elle peut être droite ou inversée. Elle peut être "creuse" dans la mesure où le pont, au milieu du bateau, est plus bas que dans sa partie avant ou arrière.

Tirant d'eau : profondeur mesurée entre la flottaison d'une coque et son talon de quille.

Tribord amures : allure à laquelle le bateau reçoit le vent de tribord.

Vit-de-mulet : pièce reliant la bôme au mât.

Winch : treuil facilitant le travail des drisses et des écoutes.

Wishbone : type de gréement utilisant, entre deux mâts, des voiles triangulaires en position inversée deux à deux.

Yawl : bateau à deux mâts dont le mât avant est plus grand que le mât arrière et où la barre est située en avant du mât arrière.

Yole : canot long et plutôt fin, à avirons ou à voiles, généralement bordé à clins et pourvu d'un arrière à tableau.

TABLE DES MATIÈRES

 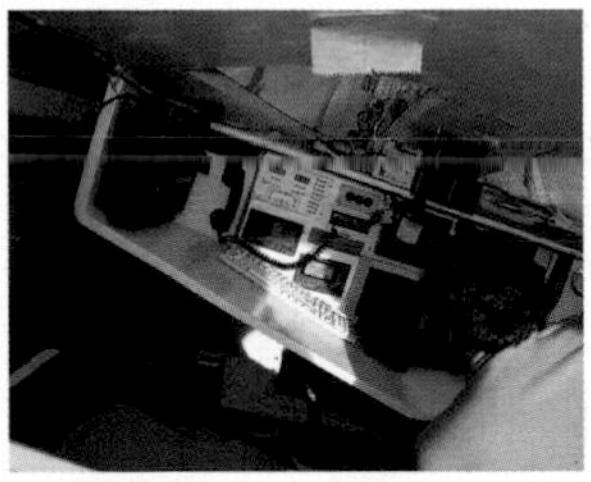   

5 La manœuvre du bateau

6 La navigation

7 En croisière

8 En course

9 Hauts lieux

Imprimé en Espagne par Gráficas Estella S.A.

Dépôt légal : 1441-10-1998
N° d'édition : 46097
23-30-6001-4/01
ISBN : 2012360017

DISNEYLAND
PARIS